明清中国画大师研究丛书·第一辑

郑板桥

周积寅/主编

周积寅/著

四川美术出版社

图书在版编目（CIP）数据

明清中国画大师研究丛书. 第一辑. 郑板桥 / 周积寅主编. -- 成都：四川美术出版社, 2018.12
ISBN 978-7-5410-8457-7

Ⅰ. ①明… Ⅱ. ①周… Ⅲ. ①中国画—画家—人物研究—中国—明清时代②郑板桥（1693-1765）—人物研究 Ⅳ. ①K825.72

中国版本图书馆CIP数据核字(2018)第299663号

MING-QING ZHONGGUOHUA DASHI YANJIU CONGSHU DI-YI JI
明清中国画大师研究丛书·第一辑
郑板桥
ZHENG BANQIAO
周积寅/主编
周积寅/著

出 品 人	马晓峰
责任编辑	陈　荣　陈　晶
助理编辑	罗　群　吉　丽
责任印制	黎　伟
责任校对	陈　玲　田倩宇
出版发行	四川美术出版社
地　　址	成都市锦江区金石路239号
成品尺寸	145mm × 210mm
印　　张	20.375
字　　数	410千
图　　幅	115幅
制　　作	成都华林美术设计有限公司
印　　刷	成都市金雅迪彩色印刷有限公司
版　　次	2019年12月第1版
印　　次	2019年12月第1次印刷
书　　号	ISBN 978-7-5410-8457-7
定　　价	79.00元

序言

中国画有着悠久的历史，千载而下名家辈出，他们留下浩瀚的作品和丰富的画学理论，是中华文化极其珍贵的遗产，很值得我们学习和研究。

20世纪20年代至50年代，美术史论家们往往为了教学上的需要，编写出版了不少中国美术史、绘画史著作。但相对来说，关于画家的专题研究甚微。20世纪50年代起，上海人民美术出版社组织了一批美术史论家撰写出版了一套六十余种的“中国画家丛书”小册子，这虽是一种通俗读物，却颇受读者欢迎，可惜未能出齐就中止了。真正为一些美术史论家所重视，对画家作深入的专题研究是从20世纪60年代开始的，但时隔不久，遇上了“文化大革命”，研究中断。20世纪80年代以后，对中国画家特别是对近现代中国画家虚谷、赵之谦、任伯年、吴昌硕、齐白石、徐悲鸿、刘海粟、张大千、潘天寿、李可染、陈之佛、钱松嵒等人的研究，取得了十分可喜的收获。

为弘扬中华文化，促进中外文化交流，研究中国古代画家无疑是当今美术史论家的一项重要课题。感谢四川美术出版社的厚爱，委托我组织编写一套“明清中国画大师研究丛书”。经商定，我们选择了明清两朝最具代表性的十六位画家——戴进、沈周、文徵明、唐寅、陈淳、徐渭、董其昌、陈洪绶、弘仁、髡残、龚贤、八大山人、王石谷、恽寿平、石涛、郑板桥作为研究专题。当然，从研究明清绘画发展史的角度来看，明代的王履、王绂、夏昶、林良、吕纪、吴伟、仇英、曾鲸，清代的王时敏、萧云从、王鉴，王原祁、吴历、高其佩、袁江、金农、邹一桂等人，也具有非常重要的地位，但由于时间原因，我们暂且只能割爱了。

我们之所以选择明清这十六位画家作为研究对象，是因为在中国绘画发展史的长河中，他们生活的时代距我们最近，并都是蜚声海外的名家、大师。他们的艺术承先启后，代表了明清绘画的最高水平，他们存世的实物资料和文献资料最丰富，对近现代画家的影响也最大。

明清已是中国封建社会的后期，这期间开始的资本主义萌芽得到了缓慢发展，其社会经济、政治与思想文化的发展变化直接影响着中国画的起伏、消长及其承传、变异。这些大师绝大多数活动在全国经济中心——江南的江苏、浙江一带，是这个时代继往开来的艺术探索者和革新家。虽然，他们有着不同的生活经历、继承关系、美学思想、创作方法和艺术成就，但他们凭着自己的聪明才智与刻苦勤奋，从先贤优秀文化传统中汲取营养，从不同角度和层面，在不平坦的艺术道路上，为开创各自的艺术新风，攀登时代的艺术高峰而奉献了自己的一生。学者甚众，分别形成各种画派，其画家与画派之多，为中国画的发展做出了不可磨灭的贡献。

这套丛书的撰写，大致采用以下几种体例：（一）生平事迹。反映画家成长的全过程，揭示其完整的艺术生活道路以及所处的时代背景、社会氛围等。（二）艺术成就及其在中国美术史中的地位作用。着重对画家的艺术思想、师承关系、技法特点、艺术风格以及影响等方面进行全面、系统、充分的研究与评价，科学、客观地评估画家的历史地位与作用，同时指出其局限性。（三）彩色图片若干幅，黑白插图视文字需要而定。（四）附录。以艺术为主的年表；书画作品目录；画论、书论、文论辑要；题画录；诸家评论辑要；参考文献（画家著述目及他人著述目）。

参加本书撰写的各位先生，是一批颇有成就的老、中、青美术史论家、美学家，感谢他们的合作。他们在各自的工作岗位上都很繁忙，能在一年之内挤出时间完成这一研究课题，是十分辛苦的。

我们的统稿原则是在诸家商议的大框架之下，充分尊重每位作者的研究方法、创见、成果。

编辑这套丛书，是一项意义深远的文化工程，限于水平，恐有不妥之处，敬请专家、读者提出宝贵的建议和批评。

周积寅

目录

第一章 郑板桥所处时代

清代是中国历史上的最后一个封建王朝。从康熙到乾隆中期统一了台湾，平定了准噶尔部贵族的叛乱，抵御了沙俄对我国黑龙江流域的侵略，使统一的多民族的封建国家得到了进一步的巩固和发展。

清初，特别是康熙时期，为了缓和民族矛盾，采取了一系列的措施，逐步稳定了社会秩序，生产力得到了恢复和发展。乾隆时期，许多城市的商业出现了繁荣的景象，各地和各族人民之间的经济、文化交流进一步加强，海外贸易在闭关政策的束缚下有一定的发展。这就构成了中国历史上的又一个所谓“太平盛世”。但这种“太平盛世”只不过是封建社会的“回光返照”而已。资本主义萌芽有所发展，市民、商人力量的增长，无情地冲击着封建制度。大官僚、大地主兼并土地，过着饱食终日、无所用心的骄奢淫逸的生活；与此相反，终岁勤劳的广大农民的生活却十分贫苦。清初的一些自耕农，到乾隆时期，他们的“田之归于富户者，大约十之五六”，这些被兼并了土地的农民沦为佃户，一年生产之后，“日给之外，已无余粒”[1]。这样一来，广大劳动人民和清统治者的矛盾逐日加深，人民起义此起彼伏。如康熙、乾隆年间，就发生了广东、台湾人民反清斗争，湖北武昌绿营兵起义，山西蒲州人民起义，云南李天枢等起义，贵州、湖南等地苗族人民起义，新疆乌什、甘肃循化回民起义，山东堂邑清水教王伦等起义，台湾天地会林爽文起义等。清王朝出于其统治需要，一方面采取高压政策：在政治上表现为武装镇压，对有抗清思想的知识分子进行思想钳制，如“科场案”、“奏销案”、大兴文字狱。文字狱自古有之，但是文网之密、处刑之重、规模之广，以清王朝最甚。康、雍、乾三朝，先后发生的大小文字狱，见于记载的就有七八十起之多。最骇人听闻的如：康熙时兴戴名世《南山集》之狱；雍正时以“维民所止”案杀查嗣庭，以“清风不识字，何必乱翻书”句兴狱杀徐骏；乾隆时以《咏黑牡丹》诗“夺朱非正色，异种也称王”戳沈德潜尸；乾隆时以《一柱楼诗》徐述夔父子坐死等。清廷还颁令购求遗书，有关指议朝政者，一律销毁。另一方面，清统治者又采取“怀柔政策”：康乾两朝皇帝的屡次南巡，提倡程朱理学、以八股取士、开设“博学鸿词”、编纂《四库全书》等，以安定民心，束缚人们的思想，诱以功名利禄，网罗天下知识分子，为巩固其政权服务。在这种封建文化专制主义牢笼下，有相当一批知识分子在理学和八股圈子中讨生活，走上了读书、考试、做官的道

---

① 《清经世文编》《户政编》。

路。就书画篆刻家而论，康、乾间登科第而得官的就有毛奇龄、毛际可、高层云、王原祁、蒋廷锡、沈宗敬、张鹏翀、邹一桂、张照、郑燮、董邦达、张镠、钱载、张若霭、钱维城、梁同书、王文治、桂馥、余集、潘奕隽、黄钺、孙星衍、伊秉绶、张问陶、关槐、阮元、梅庚、李鱓、陆飞、王宸、汪承霈、张敔、钱维乔、缪炳泰、龚有融、王学浩等几十人之多。

清王朝的两手政策，导致了政治空气和学术思想的沉寂窒息，清代考据学之兴盛即与此有关；也导致美术创作上不敢触及现实，因袭前人的摹古思潮泛滥。清初统治阶级所扶持的“四王”（王时敏、王鉴、王原祁、王翚）摹古画派居于“正统”地位。到了清中叶，以学王原祁的娄东派和学王翚的虞山派势力最大，北京、苏州、太仓、常熟是他们的根据地。这两派一直统治着清代中、晚期画坛，画山水以黄公望为远祖，以董其昌为近宗，陈陈相因，造成“人人大痴，个个一峰”的僵死局面。

尽管清王朝对文化思想钳制很严，但还是出现了一些进步的思想家和具有民主思想色彩的知识分子，如哲学家颜元、戴震，文学家曹雪芹、蒲松龄、吴敬梓。这些生活在清中叶的思想家和知识分子从不同的文化领域不约而同地要求个性解放，对腐朽的封建专制主义制度进行了无情的揭露与抨击。与此同时，还有所谓“扬州八怪”画家群体，他们在绘画上所表现的异端特质，正是对封建正统主义摹古派绘画的猛烈叛逆，成为活跃于当时画坛上的一支生力军。

“扬州八怪”者谁？

一般多依清·李玉棻《瓯钵罗室书画过目考》中所说的八人：金农[①]、高翔[②]、汪士慎[③]、黄慎[④]、李鱓[⑤]、李方膺[⑥]、郑燮、罗聘[⑦]。今人许莘农《扬州八家画集》（1959年文物出版社出版）、顾麟文《扬州八家史料》（1962年上海人民美术出版社出版）、柳声白《扬州八怪全集》（1979年台北艺术图书公司出版）、杨新《扬州八怪》（1981年文物出版社出版）、天津市艺术博物馆编《扬州八家画选》（1982年天津人民美术出版社出版）、秦岭云《扬州八家丛话》（1986年上海人民美术出版社出版）皆沿李说。在此先后的其他著作、画集所说与李说不完全一致：

清·汪鋆《扬州画苑录》说："怪以八名，如李复堂、

① 金农（1687—1764），字寿门，又字司农、吉金，号冬心先生、稽留山民、曲江外史、昔耶居士等，浙江仁和（今杭州）人。少受业于何焯，与丁敬等相交。曾被荐举博学鸿词科，入京应选未就而返。好游历，客扬州鬻诗文、卖书画最久。写隶书古朴，楷书自创一格，号称"漆书"。亦能篆刻，得秦、汉法。五十岁后始作画，画竹、梅、鞍马、佛像、人物、山水，格调拙厚淳朴。有些作品由他学生罗聘、项均代笔。著有《冬心先生集》《冬心先生杂著》等。

② 高翔（1688—1753），字凤岗，号西唐、樨堂，江苏甘泉（今扬州）人。擅作山水，画梅风格疏秀，兼能画像。并精刻印，学程邃，亦善诗，有《西唐诗钞》。

③ 汪士慎（1686—1759），字近人，号巢林、溪东外史等，原籍安徽休宁，居江苏扬州。精篆刻和隶书。工画花卉，尤擅画梅，笔墨清劲。偶亦作人物。善诗，有《巢林诗集》。

④ 黄慎（1687—1768后），初名黄盛，字公懋，亦作躬懋，曾用名江夏盛。后更名黄慎，改字恭寿，别号瘿瓢山人，简称瘿瓢、瘿瓢子，福建宁化人，久寓扬州。家贫，卖画为生。善人物，初学上官周，后用狂草笔法作画。多取神仙故事和文人士大夫的生活为题材，有时也画纤夫、渔民、乞丐，形象往往怪特，兼工花鸟和山水。也能诗，有《蛟湖诗草》。

⑤ 李鱓（1686—1757，一作1762），亦作觯，字宗扬，号复堂、懊道人，江苏兴化人。康熙年间举人，曾为宫廷作画，后任滕县知县，被免职后，在扬州卖画。擅花卉虫鸟，初师蒋廷锡，画法工致；又师高其佩，进而崇尚写意，取法徐渭、朱耷，落笔劲健而有气势。能诗。

⑥ 李方膺（1695—1755），字晴江、秋池，号虬仲，江苏南通人。曾任乐安、兰山、潜山、合肥知县；去官后寓南京借园，自号借园主人，常往来扬州卖画。擅画松竹兰菊，尤长写梅，用笔放纵而苍劲。亦能诗。

⑦ 罗聘（1733—1799），字遁夫，号两峰、花之寺僧，江苏甘泉（今扬州）人，自题所居为"朱草诗林"。金农弟子。画人物、佛像、花果、梅竹、山水，自成风格。作《鬼趣图》闻名于世。兼能诗，有《香叶草堂集》。妻方婉仪，亦工画梅竹兰石；子允绍、允缵均善画梅。

啸村[①]之类。”

清·凌霞《天隐堂集·扬州八怪歌》列郑燮、金农、高凤翰[②]、李鱓、李方膺、黄慎、边寿民[③]、杨法[④]八人。

清·葛嗣浵《爱日吟庐书画补录》列金农、郑燮、华嵒[⑤]等。

陈师曾《中国绘画史》（1922年上海石城书店出版）列闵贞[⑥]、李方膺、金农、罗聘、郑燮、汪士慎、黄慎、高翔、李鱓而成九人。

黄宾虹《古画微》（1925年商务印书馆出版）列李方膺、汪士慎、高翔、边寿民、郑燮、李鱓、陈撰[⑦]、罗聘八人。

郑午昌《中国画学全史》（1929年中华书局出版）列金农、罗聘、郑燮、闵贞、汪士慎、高凤翰、黄慎、李鱓八人。

---

① 啸村，即李葂，安徽怀宁人，寓居扬州贺园。诸生。乾隆十六年（1751）清帝南巡召试有赐。晚年落魄，寄食瓜洲。工诗画，擅山水、花卉、翎毛。尝为两淮盐运使卢雅雨（1690—1768）画《虹桥揽胜图》著名于时。著有《啸村近体诗》。

② 高凤翰（1683—1748），字西园，号南邨，晚年号南阜老人。山东胶州人。曾官泰州巡盐分司，久寓江苏扬州一带。能诗，工书法、篆刻，善画山水、花卉，不拘成法。晚年右手病废。自号丁巳残人，亦号尚左生，改以左手作书画，仍很苍劲。好藏砚，达千余方，均手自铭琢。有《砚史》《南阜山人全集》等。

③ 边寿民（1684—1752），初名维祺，字颐公，又字渐僧，号苇间居士，江苏山阳（今淮安）人。秀才。工诗词、书法，间画山水、花卉，均有别趣。尤擅泼墨画芦雁，江淮间颇有声誉。著有《苇间书屋词稿》《苇间老人题画集》一卷。

④ 杨法，字己军，号白云帝子，江苏南京人，寓居扬州。工书、善画，亦精刻印。乾隆十年（1745）曾作《隶书古诗十九首册》。长于花卉。其书名大于画名，画作流传亦极少。

⑤ 华嵒（1682—1756），字秋岳，号新罗山人、东园生、布衣生、离垢居士等，福建上杭人。曾在造纸作坊做徒工。少时既喜绘画，后寓杭州，在扬州卖画甚久，晚年居杭州。擅画人物、山水，尤精花鸟、草虫、走兽，远师马和之，近受陈洪绶、恽寿平及石涛等影响。重视写生，画格松秀明丽，别树一帜。工书，亦能诗。有《离垢集》《解弢馆诗集》。

⑥ 闵贞（1730—？），字正斋，江西人，侨居汉口镇，曾流寓扬州。其父母早死，为追写双亲遗像，奋发学画，人称“闵孝子”。擅长写意人物、花鸟、山水，兼工篆刻。

⑦ 陈撰（1686—？），字楞山，号玉几，鄞（今浙江宁波）人，居钱塘（今杭州），以书画游江淮间，遂流寓扬州。乾隆元年（1736）被荐举博学鸿词科，拒不应试。善草书，工花卉，尤精写梅；间作山水。工诗文，著有《绣铗集》《玉几山房诗集》，并辑有《玉几山房画外集》。

俞剑华《中国绘画史》（1937年商务印书馆出版）说：“愚以为是诸人者均曾树帜于维扬之画坛，当时虽有八怪之名，而其实人数不止于八人，并无固定之人名，后人遂不免稍有出入。”他综合陈师曾、郑午昌、秦仲文三家之说“列其同者于前，而列其异者于后”，即为金农、罗聘、郑燮、李鱓、汪士慎、李方膺、高翔、高凤翰、黄慎、闵贞而成十人。

俞剑华并存说，对后来产生影响，1962年故宫博物院、南京博物院、江苏省美术馆在南京联合举办了“清代扬州画派作品展览”，展出了“扬州八怪”十三家作品，这十三家就是愈剑华所说的十家加上华喦、边寿民、陈撰三家。1985年江苏美术出版社出版《扬州八怪画集》并开始组织编辑出版《扬州八怪研究资料丛书》，一共收录了“扬州八怪”十五位画家，即十三家再加上李葂、杨法两家。

王伯敏《中国绘画史》（1982年上海人民美术出版社出版）对“扬州八怪”有新的解释：“‘八怪’就是奇奇怪怪，与‘八’的数字关系不大。所以‘扬州八怪’，八人也好，九人也好，就是十五人也好，反正是这些‘怪’画家，或称之为‘扬州画派’。”

20世纪50年代以来，一些美术史学者和博物馆工作者认为“扬州八怪”应改称为“扬州画派”或“扬州八怪画派”；1980年扬州市文联成立了“清代扬州画派研究会”，其后陆续编印了《清代扬州画派研究集》；1985年台北艺术图书公司出版了林秀薇编译的《扬州画派》画册。其实，“扬州八怪”各家师承不一，风格各异，未必能成一派。但他们绝大多数都是有所作为的文人画家，有着共同之点：反对泥古不化，以水墨写意花鸟梅竹为主，不受拘束，阔笔放纵，诗书画结合，追求个性解放，强调抒发感情，具有独创精神，都受到当时“四王”摹古画派的排斥、诋毁，视之为怪。清·汪鋆《扬州画苑录》说：

所惜同时并举，另出偏师。怪以八名，如李复堂、啸村之类。画非一体。似苏、张之捭阖，偭徐、黄之遗规。率汰三笔五笔，覆酱嫌粗；胡诌五言七言，打油自喜。非无异趣，适赴歧途。示崭新于一时，只盛行乎百里。

汪鋆显然是站在封建正统主义立场上来批评“扬州八怪”的，虽然措词激烈，但他不得不承认这是一种“崭新于一时”的绘画艺术，所谓“适赴歧途”，正是区别于“四王”正统摹古画派所走的道路。当然“扬州八怪”是很难得到封建社会上层的士大夫与正统文人的喜爱的，清宫廷更不会收藏他们的作品,但为什么能在方圆百里的扬州一带盛行呢？汪氏并未说明原因，却可引发我们去思考一个与此相关的问题，就是在“扬州八怪”的十五家中，只有高翔、罗聘（祖籍安徽）是扬州人，而其他各家都不是扬州人，如金农、陈撰是浙江人，华嵒、黄慎是福建人，闵贞是江西人，汪士慎、李葂是安徽人，高凤翰是山东人，杨法是南京人，李鱓、郑燮是兴化人，李方膺是南通人。他们的艺术活动为何会集中到扬州来呢？这与扬州当时繁荣发展的商业经济有很大的关系。

扬州，在江苏省的中部，东依运河，南临长江，北踞蜀岗，从唐宋以来一直是江苏地区经济中心、著名大城市之一。它地当江淮要冲，南北枢纽，货资云集，商业繁荣。其时仅是“扬州关”一处关税，每年就要征到税银四万四千八百多两。漕米北运，也是必经之道。手工业也极发达，以漆器镶嵌等最为著名。所经商的行业主要是盐、典、茶、木、粮食与布匹等。其中盐业尤为重要，两淮盐的产额占全国第一位，盐税占全国商业总税收的一半，故而管理盐务的最高行政机构“两淮盐运使衙门”就设在扬州，因此盐官盐商麇集扬州。盐商多安徽徽州、歙县以及山西、陕西之寓籍扬州者，而以徽州商人（简称徽商）人数最多。据统计，明嘉靖到清乾隆时移居扬州的客籍商人有八十名，其中徽商占四分之三，徽商成为扬州盐商的主要代表，是我国明清时期一大商人集团。陈去病《五石脂》云：“扬州之盛，实徽商开之。”徽商对扬州的政治、经济、文化、社会风尚均产生过全面而又深刻的影响。

明末清初是扬州盐商大发展时期，至乾隆年间大小盐商多至二百余家，已达到天下之富无出其右的程度。李澄《淮鹾备要》卷七云：“淮商资本之充实者，以千万计，其次亦以数百万计。”乾、嘉年间，扬州盐商豪侈甲天下，百万以下者谓之小商。此际以千万计的盐商已为数不少，《扬州画舫录》卷十五记述徽州出身的汪廷璋云：“汪廷璋，字令闻，号敬亭，歙县稠墅人。自其先世大千迁扬州，以盐荚起家，甲第为淮南之冠。……父交加，……守财帛，富至千万。”“富至千万”者，还有汪交如、张四可等人，其他安、亢、江、黄、程、方、郑等大姓盐商，多拥资不下数百万。徽州出身的江春，也是此时的豪商之一。《（光绪）两淮盐法志》卷十四载道：“江春，字颖长，歙人，江演孙也。……父承瑜卒，遂嗣为商总。……乾隆中，每遇灾赈、河工、军需，百万之费，指顾立办，以此受知高宗纯皇

乾隆年间扬州城池图

帝。……由侯铨道特加布政使衔。”这位扬州盐商商总，曾奉旨借帑三十万给皇帝，在灾赈、河工、军需之际，他一下子又捐输百万两白银，由于其“指顾立办”，从而为乾隆皇帝所知遇，并赐予布政使衔。《清朝野史大观》卷十一记载，在乾隆南巡至扬州时，一切供应由江春承办，一日乾隆游大虹园（即今之瘦西湖），至一处，顾左右曰：“此处颇似南海之琼岛春阴，惜无喇嘛塔耳。”江春闻之，“亟以万金贿帝左右，请图塔状”，“既得图，乃鸠工庀材”，一夜之间，就建成了白塔。第二天，乾隆又游之，大为惊异，询知其故，叹曰：“盐商之财力伟哉！”

巨额盐业资本，对扬州城市的经济繁荣兴盛起了巨大的推动作用。盐业的兴盛带动了商业、手工业的发展，并大大改变了扬州城市面貌。为了奉迎清帝“南巡”，盐商们在康、乾时建筑了塔湾行宫与天宁门行宫，并建有许多风景点，如虹桥揽胜、长堤春柳等二十四景。扬州新旧两城的许多街道也是由盐商公议修竣的。其中徽商马曰琯独力修竣自广储至便益门街道，其余十四段由他商公修。同时修竣的还有官井。徽商汪应庚兴复平山堂、杨灵寺，建五烈祠、万松岭。除此，盐商们无不在城中宅畔建造富丽堂皇的园林，他们各出新意，争奇斗丽，正如孔尚任所描绘的那样：

名园十里斗繁华，咫尺仙园闭在家；
转入亭中千曲路，不知篱外几重花。①

杭州以湖山胜，苏州以肆市胜，扬州则以园亭胜，三者

①《孔尚任诗文集》卷二。

鼎峙，不分轩轾。其时，扬州有名园数十余处，以城北为最集中。最著名的私家园林多位于瘦西湖两岸，如江春之净香园、程梦星之篆园、郑侠如之休园、马曰琯兄弟之小玲珑山馆等，皆为盐商招客高会之所。

由于盐业的发展，促进和加强了扬州与外地之间的经济交往。如盐商们用大批盐艘载盐至湖广等地，又载大米及其他货物而归。

盐商主要是徽商对扬州地方文化事业发展也起了促进作用。徽商与山西、陕西商人最大的不同点是他们兼商人与士人于一身，即所谓“贾而儒”。如：

马曰琯（1688—1755），字秋玉，号嶰谷，诸生，“好学博古，考校文艺，评骘史传，旁逮金石文字。南巡时赐两御书克食。尝入祝圣母万寿于慈宁宫，荷丰貂宫纡之赐。归里以诗自娱，所与游者当世名家。四方之士过之，适馆授餐，终身无倦色”。著有《沙河逸老小稿》。

马曰璐，系马曰琯之弟，工诗，与兄齐名，称“扬州二马”。举博学鸿词不就，著有《南斋集》等。

江春（1721—1789），诸生，“工制艺，精于诗，与齐次风、马秋玉齐名。先生论诗南马北查之誉。台秋玉下世，方伯（江春）遂为秋玉后一人”。著有《水南花墅吟稿》《深庄秋吟》。

程梦星，康熙五十一年（1712）进士，五十五年（1716）告归扬州，建篆园，立诗社。

安岐（1683—？），字仪周，号麓村，学问渊通，精鉴赏，收藏之富，甲于海内。著有《墨缘汇观》。

这些富商大贾，为了他们的享乐，也为了附庸风雅，于是不惜一切代价来兴办文化事业。这一行为也得到地方盐官的大力支持。如他们在自家的园亭馆舍中，延致名士，结社吟诗，主持诗文之会；刊刻贮藏书籍；修建书院、学校；扶助贫穷文士；收买书画；提倡与支持戏曲事业等。因此在扬州这个地区，吸引了全国各地的许多文学家、艺术家。据清·李斗《扬州画舫录》统计，从清初至乾隆末，从各地来扬州的知名书画家连同本地的就有一百几十人之多。而“扬州八怪”则是其中之代表。

历史证明，书画的繁荣发展，有两个方面的重要原因：一个是政治方面的。最高统治者利用绘画宣传礼教、宗教，作为其统治的工具，为其装饰宫廷、粉饰太平服务。他们设立画院（如南唐、西蜀、两宋画院），罗致画家，授予官职，提供其优越的创作条件，促进了宫廷绘画的兴盛。另一个是经济方面的。凡是通都大邑、交通便利的大城市，在商业经济繁荣的形势下，必然刺激和影响绘画向手工业商品的性质发展，如明代中后期的苏州、松江及清代中叶的扬州。书画家本身将自己的作品带入市场，画作就成了商品，书画家不仅是制造商，也是出售商。卖字卖画，始于汉唐，在元以前，靠卖画为生者，多为职业画家，被称为行家、画工；文人画家多出身于富裕之家，业余作画以自娱或赠友人，一般是不卖画的，被称为利家、戾家。商人的形象开始在文人画家心目中总不那么好，所谓“无奸不成商”，商人与奸诈者往往划上了等号。到了元代，情况开始发生变化，一些文人画家生活并无保障，不得不靠卖画为生。李方膺题墨梅诗云："偶想元章换米时，五都市上亦矜奇"，可见王冕卖画是为了等米下锅。但这些文人画家却不失其高雅品格，董其昌《容台别集》中有一段记述："吴仲圭与盛子昭比门而居，四方以金帛求子昭画者甚众，而仲圭之门阒然，妻子颇笑之。仲圭曰：'二十年后不复尔。'果如其言。盛虽工，实有笔墨蹊径，若非仲圭之苍苍莽莽有林下风气，所谓气韵非耶。"吴镇自信，虽穷而不以所画媚世，这正是文人画家卖画与专业画家卖画不同之处。到了明清，文人画家队伍比以前扩大多了，但家庭经济败落者不在少数。商品经济的繁荣发展，书画商品化的进一步加剧，成了绘画发展的主要动力。许多文人画家为了展示自身创造的价值，公开出卖自己的诗文书画。唐寅诗云："闲来写笔丹青卖，不使人间造孽钱。"文徵明到了晚年，名望越来越高，求他作画的纸绢堆积如山。《明画录》卷三说他卖画有"三不肯应"：宗藩（藩王贵族）、中贵（宦官）、外国（洋人），可见买主除了一般文人士大夫外，更多的恐怕还是商人。这时期，就是无须靠卖画为生的一些文人画家也卖起画来，如沈周、陈继儒、董其昌诸家，他们的画在市场上供不应求，于是伪作大量出现，有人造沈周的假画请沈题字，他竟然也应允；董其昌卖画，常请赵左、沈士充等人代笔，这种以假充真的欺骗行为，本是一些为利私图的商人干的，画家无疑也染上了这种商人习气。

至于清代"扬州八怪"，他们或因功名不就，"以布衣雄世"；或退出官场，"两袖清风"；或出身清苦，终生不仕。皆一身二任，既是书画家，又是商人。但他们与一般商人不同，他们主要是靠自己创作的诗文书画来维持生活。

金农自题墨兰诗云："苦被春风勾引出，和葱和蒜卖街头。"

黄慎自题《渔妇图》轴云："换得城中盐菜米，其余沽酒出横塘。"

李鱓自题《菊花图》轴云："黄金碧玉徒争艳，卖与豪家佐酒卮。"

李方膺自题墨梅诗云："我是无田常乞米，借园终日卖梅花。"

郑板桥自题墨竹诗云："宦海归来两袖空，逢人卖竹画清风。"又题《兰竹石图》云："聊凭卖画佐朝餐。"

郑板桥在晚年公开张贴书画价目表，即所谓润格或笔榜：

大幅六两。

中幅四两。

小幅二两。

书条、对联一两。

扇子、斗方五钱。

凡送礼物、食物，总不如白银为妙。公之所送，未必弟之所好也。送现银，心中则喜乐，书画皆佳。礼物既属纠缠，赊欠尤为赖账。年老神倦，亦不能陪诸君子作无益语言也。

画竹多于买竹钱，纸高六尺价三千；

任渠话旧论交接，只当秋风过耳边。

乾隆己卯，拙公和尚属书谢客。板桥郑燮。

叶廷琯《鸥陂渔话·郑板桥笔榜》卷六云："字画索润，古人所有，板桥笔榜小卷，盖自书书画润笔例也。见之

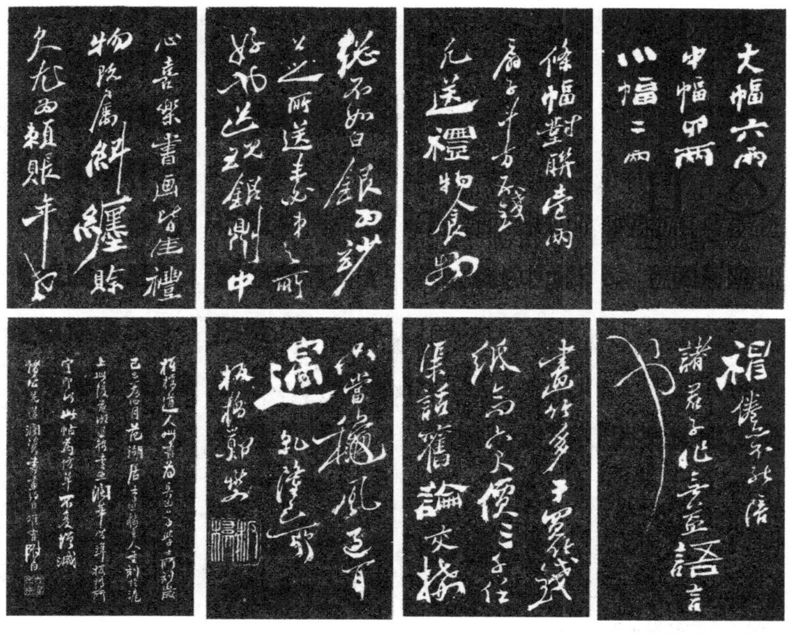

板桥《润格》

友人处，其文云：‘大幅六两，……’此老风趣可掬。视彼卖技假名士，偶逢旧友，貌为口不言钱，而实故靳以要厚酬者，其雅俗真伪，何如乎。”郑板桥是中国书画经济史上正式以货币形式肯定书画家劳动价值，并诉诸文字的第一人，对后世影响很大，直至今天。从郑板桥《行书杂记》卷中透露，“扬州八怪”之金农、李鱓、高凤翰、高翔、郑燮等人，每人每年所卖字画可获千金，少亦数百金。这笔收入是相当可观的，板桥一年的润格钱是他任潍县令年薪的一倍。即以板桥的润格推之，若平均一幅字画以三两银子计算，他们每人每年卖出的书画作品可达三四百幅，这些作品除了满足本地大贾富户及市民阶层需要外，还通过书画商运往外地。据不完全统计，至今流传于海内外博物馆及私人手中的“八怪”作品尚有一万余件。

“扬州八怪”在艺术上“不拘于法度”“崭新于一时”，正是迎合了新兴的市民意识。他们在这种不受礼教约束的豪放不羁的商业都市生活中，放下了“士”的架子，彻底改变了对商人的看法，敢于与商人交往抬高了商人的地位；商人也极力为“八怪”捧场，收藏他们的作品，扩大他们的知名度。“八怪”要维生，靠盐商；盐商要风雅，靠“八怪”。可以说，没有扬州盐商，也就没有“扬州八怪”，他们之间是一种鱼水般的关系：

一、盐商为“扬州八怪”衣食住行、书画活动提供了一切优越的条件。

（一）盐商之私家园林为“扬州八怪”下榻之所，使他们衣食住行有了基本保证。如：

华嵒经常下榻于员果堂的渊雅堂中，晚年住在盐商汪玉枢的玉玲珑馆中，并与汪氏结成儿女姻亲，在友人厉鹗的介绍下，又成了马氏小玲珑山馆的座上客。

金农主要寓僧舍，也曾与陈撰小住马氏小玲珑山馆，并不时与盐商徐赞侯、贺君召、江春来往。

黄慎两度寓扬，先客居天宁寺，后住在贺君召贺园中，较长时间住在杨星倬之刻竹草堂、杨星嵝之双松堂和李氏美成草堂中。黄氏曾将他与园主的关系比之于养士者孟尝君与士冯驩的关系。

郑燮开始与黄慎、李鱓住天宁寺，其后便住进了花商汪

扬州天宁寺（今扬州博物馆）

希文所筑之李氏小园、马曰琯所居的枝上村，去官后住城北竹林寺，晚年归兴化。

陈撰开始住盐商銮江项氏家，后又住程梦星之篠园十年，晚年与画家许滨同寓江春之康山草堂，死后由江春葬于杭州南屏之阳。

（二）盐商们喜结社吟诗，凡延致名士，总少不了“扬州八怪”之成员参加。

在盐商举行的诗文之会中，以马氏小玲珑山馆、程氏篠园与郑氏休园为最盛。[①]

马氏兄弟结邗江吟社，赋诗交友，人比之“汉上题襟”“玉山雅集”，一时极盛，成为扬州文人活动会聚的中心。

乾隆七年（1742）暮春之初，金农、郑燮、杭世骏、厉鹗

① 《扬州画舫录》卷八。

文宴于马氏小玲珑山馆。马氏分赠马四娘画眉螺黛、太子坊纸、宋元古砚；昆季设宴，金农、杭世骏咏诗，厉鹗抚琴，板桥画竹。

乾隆九年（1744）正月二十三，马氏兄弟招汪士慎同诸友好游梅花书院，因雨，留饮小玲珑山馆，分韵赋诗。

马氏兄弟将与文人的游宴唱和之作结集为《韩江雅集》，汪士慎、高翔等也成了韩江雅集中人。汪士慎《巢林集》中有若干首作品记载了雅集活动，如《试灯前一日集小玲珑山馆听高西唐诵雨中集字怀人》《和西唐行庵雅集之作》《崛谷半查招饮行庵》等；高翔有《首春二日嶰谷昆季招饮未赴，用见柬八庚韵》。

乾隆二十二年（1757），曾任两淮盐运使的卢雅雨举行了规模盛大的"虹桥修禊"，和韵者达七千余人，金农、郑燮、汪士慎、李葂、罗聘等与会，编次得三百余卷。

乾隆二十六年（1761）谷雨日，江春招同杭世骏、郑燮等八人游铁佛寺，分赋得箓字。

因为园主是大商富贾，或是盐官，他们仿效了文人主持诗文书画之雅集活动，鉴于他们有雄厚的资财，这种雅集活动办得更有特色，更有气魄。李斗《扬州画舫录》卷八记载："至会期，于园中各设一案，上置笔二、墨一、端砚一、水注一、笺纸四、诗韵一、茶壶一、碗一、果盒茶食盒各一。诗成即发刻，三日内尚可改易重刻，出日遍送城中矣。每会酒肴俱极珍美。一日共诗成矣，请听典。邀至一厅甚旧，有绿琉璃四，又选老乐工四人至，均没齿秃发，约八九十岁矣，各奏一曲而退。倏忽间命启屏门，门启则后二进皆楼，红灯千盏，男女乐各一部，俱十五六岁妙年也。”

（三）盐商收藏大量图书、文物、字画，为“扬州八怪”学习、阅读、欣赏、研究带来极大方便。

在扬州徽商中，藏书最多的要数程晋芳、马氏兄弟和汪楫。程晋芳购书五万卷。马氏小玲珑山馆有丛书前后二楼，藏书百橱，藏书之富为江南四大家之一；还藏有模拓最早、拓工最精的《华山碑》；据马曰璐《南斋集》诗题，其家藏有李成《寒林鸦集图》、苏轼《文竹屏风》、赵子固《墨兰图》、赵孟頫《墨梅图》、黄公望《天池石壁图》、赵原《杨铁崖吹笛图》、文徵明《煮茶图》、仇英《画册》、王鉴《山庄雪霁图》、渐江《梅花古屋图》、徐枋《吴中名胜图》、何焯《手书苏轼陆游联绝册》，还有同时人禹之鼎、陈撰、高凤翰等人的作品；每逢端午节，在其堂斋轩室中皆悬挂钟馗图，无一同者，皆明以前画家所作，“可谓巨观”。

曾为盐总商总的安岐，在其《墨缘汇观》中著录平生收藏书画，上迄晋唐，下逮元明，多系书画名迹。书法如三国·魏·钟繇《荐季直表》，西晋·陆机《平复帖》、索靖《出师颂》，东晋·王羲之《袁生帖》、王珣《伯远帖》，唐·虞世南《临王右军兰亭序》、怀素《自叙帖》，北宋·赵佶《瘦金书千字文》、苏轼《洞庭中山二赋》及《寒食诗》、黄庭坚《松风阁诗》……；绘画如东晋·顾恺之《女史箴》卷，隋·展子虔《游春图》卷，唐·李思训《江帆楼阁图》轴、戴嵩《斗牛图》，五代·董源《潇湘图》卷、赵幹《江行初雪图》卷，北宋·李成《读碑窠石图》轴，南宋·赵伯骕《万松金阙图》卷，元·倪瓒《江岸望山图》轴、王蒙《青卞隐居图》轴，明·董其昌《仿杨升没骨山水图轴》等。其收藏之富、罗致之广、鉴别之精，史不多见。

歙商姚际恒，富收藏，著有《古今伪书考》、《好古堂书目》及《好古堂家藏书画记》。

徽商吴绍浣，嗜书画，精鉴赏，藏有颜真卿《竹山堂联句》、怀素《小千字文》、王维《辋川图》、贯休《十八罗汉》等。

在"扬州八怪"及盐商诗文集中，常提及"八怪"被盐商招饮、读书、赏花、观摩书画文物之事，他们艺术功力之深、眼界之高，莫不与此有关。

（四）盐商赞助刻印"扬州八怪"诗文集。

此期间，扬州书籍刊刻事业极发达，许多著名大型丛书由盐商出资刻成，如《全唐诗》，用银六十万之多。此外还刻印了《佩文斋书画谱》《佩文斋咏物诗选》《历代题画诗》《历代赋汇》《渊鉴类函》等。"扬州八怪"中汪士慎、金农、郑燮、李葂等人的诗文集，也是由盐商资助刻印的。

二、"扬州八怪"为盐商做贡献。

（一）为其写字、作画、咏诗。

金农为马氏小玲珑山馆作《梅花图》卷；郑燮为马氏小玲珑山馆书联："咬定几句有用书，可忘饮食；养成数竿新生竹，直似儿孙。"并为马曰琯作《墨竹》扇面；汪士慎、高翔于小玲珑山馆为马曰琯绘《梅花帐》巨制，汪士慎还作《吟两明轩盆荷呈嶰谷、半查主人》《嶰谷半查招饮行菴》

诗等。

高翔为黄柏园作《黄园图》，杨法为其黄园书“柳下风来，桐间月上”八个字。

华嵒为徐氏家藏周太仆铜鬲绘画，杨法为之法书。

金农、李鱓、郑燮、杨法等数十人先后为贺君召之东园各景题额或书联。

郑燮为陈敬斋之梅庄撰写并行书《梅庄记》卷。

为卢雅雨作《墨竹图》轴

郑燮为卢雅雨两淮盐运史署园亭书写“苏亭”额，并作《墨竹图》轴；李葂作《虹桥揽胜图》；高凤翰、李葂皆为《雅雨夫子出塞图》作题；高凤翰有《即日再别雅雨公》《闻鸡再送雅雨山人出塞》诗；李葂有《雅雨夫子重莅淮南喜赋》、《题雅雨夫子借书图》二首、《陪卢雅雨夫子邓尉山看梅》诗等。

（二）为其鉴定文物书画。

盐商们以收藏珍贵文物名人书画为尚，社会上作伪者甚多，于是“扬州八怪”中的金农、陈撰等人，便成了他们的鉴定人员。如马氏小玲珑山馆所藏的华山碑宋拓本，即由金农鉴定而入藏之；项氏鼎彝图书之富甲天下，都是经过陈撰过眼的。

（三）为盐商解围。

清·朱克敬《雨窗消意录》甲集卷三记载了这么件事：金农客扬州，“诸盐商慕其名，竞相延致。一日，有某商宴客平山堂，金首坐。席间以古人诗句‘飞红’为觞政，次至某商，苦思未得，众客将议罚，商曰：‘得之矣：柳絮飞来片片红。’一座哗然，笑其杜撰。金独曰：‘此元人咏平山堂诗也，引用綦切。’众请其全篇。金诵之曰：‘廿四桥边廿四风，凭栏犹忆旧江东。夕阳返照桃花渡，柳絮飞来片片红。’众皆服其博洽。其实乃金口占此诗，为某商解围耳。商大喜，越日以千金馈之”。盐商苦思，只咏一句“柳絮飞来片片红”，既未交代“古人诗句”出处，又未得全篇，故“一座哗然，笑其杜撰”，若不是金农解围，这位盐商定会尴尬得不可收拾，名声也会大受影响。金农灵机一动，以“口占此诗”全篇，使“众服其博洽”，他假托为“元人咏平山堂诗”，竟蒙骗了众人耳目，说明金农才思敏捷，高众人一筹。正因为“诸盐商慕其名，竞相延致”，在盐商处于为难时刻，金农当然要帮其忙了。

若从最早所见康熙四十二年（1703）李鱓二十二岁传世作品算起，至嘉庆四年（1799）罗聘去世前留下作品为止，他们的创作活动将近一百年时间，大体可分为三个时期：

初期——从康熙四十二年（1703）至雍正十三年（1735）的三十三年间，“扬州八怪”的创作队伍已基本形成，李鱓、高凤翰、边寿民、汪士慎、李鱓、陈撰、黄慎、高翔处于中青年时期，创作了大量的作品；金农只见有书法作品；郑板桥书法尚未形成自己的风格，虽进行绘画创作，但迄今未发现有传世作品；闵贞、罗聘尚生活在幼年时代。

中期——从乾隆元年（1736）至三十年（1765）间，创作队伍最强壮，老、中、青俱全，十五家俱在，他们在一起活动时间最长，创作的书画作品也最多，水平也最高，堪称“黄金时代”。

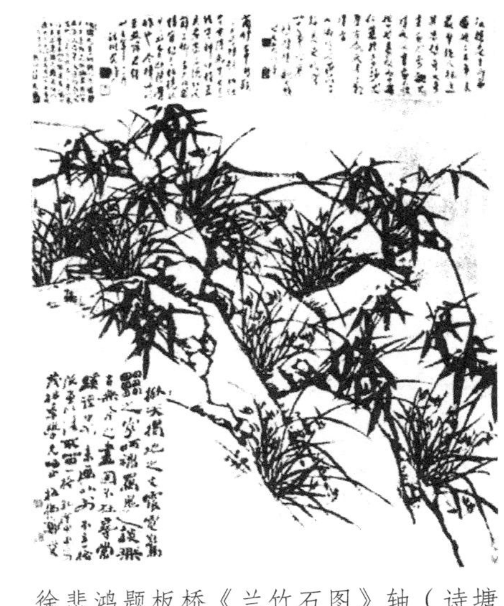

徐悲鸿题板桥《兰竹石图》轴（诗塘右方）

后期——从乾隆三十一年（1766）至嘉庆四年（1799）的三十四年间，“扬州八怪”绝大多数人已谢世，黄慎不久也离开了人间。只剩下闵贞、罗聘“坚守阵地”，他们虽精力旺盛，创作了不少作品（包括罗聘的名作《鬼趣图》在内），但就这支“创作队伍”来说，已进入尾声。

“扬州八怪”的活动期，正值扬州盐业发展的鼎盛期，嘉庆之后，扬州地区绘画活动随着盐业的走向衰落而衰落，因此也就再也产生不出超乎“扬州八怪”一类的画家群体了。

在“扬州八怪”中，以郑板桥成就最高，影响也最大。徐悲鸿称他是“中国近三百年来最卓绝的人物之一。其思想奇，文奇，书画尤奇。观其诗文及书画，不但想见高致，而其寓仁慈于奇妙，尤为古今天才之难得者”。[①]

① 徐悲鸿题板桥《兰竹石图》轴诗塘，无锡市博物馆藏墨迹。

第二章 郑板桥生平概述

兴化市地处江苏省中部，东邻东台、大丰，西接高邮、宝应，南与泰州毗连，北与盐城接壤，地势低洼，河湖纵横，号称水乡。它已有几千年的历史，相传春秋时属吴，战国时属楚，为楚将昭阳之食邑，今市政府所在地故名昭阳镇。

从元末至清代，一批在海内外有影响的政治家、学者，如元末明初文学家施耐庵，明代三位宰相宗臣、高谷、李春芳，清代文艺理论家刘熙载，书画家李鱓、郑板桥等均出生在这里。

一、读书、教书

郑板桥，名燮，字克柔，号板桥，又号理庵，康熙三十二年癸酉（1693）十月二十五日子时生于兴化东门外古板桥一个家境清寒的书香人家。“兴化有三郑氏，其一为铁

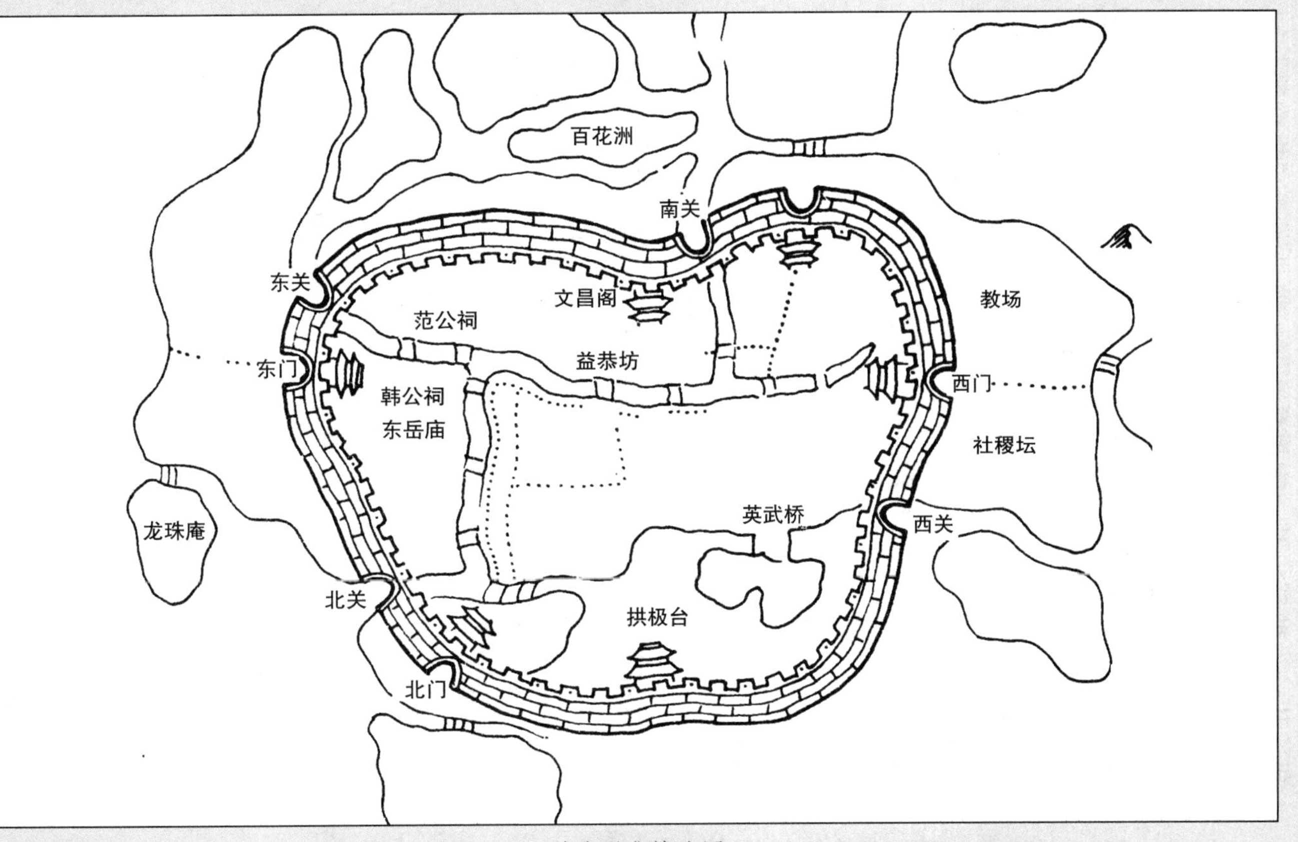

清代兴化城池图

郑，其一为糖郑，其一为板桥郑”，他是属于“板桥郑”一系的，因自喜其名，故号板桥、板桥道人、板桥居士。

板桥之先世居苏州，明洪武年间迁居兴化城内之汪头。曾祖新万，字长卿，庠生；祖父湜，字清之，未仕；父之本，字立庵，号梦阳，虞生；母汪夫人，淮安府盐城县人，汪翊文之女，端庄聪慧特绝；外祖父汪氏，奇才博学，隐居不仕（板桥文学性分，得外家气居多）；继母郝夫人，江苏淮安府盐城县人，郝林森室女；叔之标，字省庵，生子墨，字五桥，庠生。

板桥四岁时，母汪氏去世，其《乳母诗序》云：“燮四岁失母，育于费氏。”费氏是他祖母蔡氏的侍婢。费氏善良、勤劳。蔡氏待她很仁厚，她待板桥很慈爱。“时值岁饥，费自食于外，服劳于内。每晨起，负燮入市中，以一钱市一饼置燮手，然后治他事。间有鱼飧瓜果，必先食燮，然后夫妻子母可得食也。”[①]七岁时，“费亦不支，其夫谋去，乳母不敢言，然常带泪痕。日取太孺人旧衣溅洗补缀，汲水盈缸满瓮，又买薪数十束积灶下，不数日竟去矣。燮晨入其室，空空然，见破床败几纵横，视其灶犹温，有饭一盏、菜一盂，藏釜内，即常所饲燮者也。燮痛哭，竟亦不能食矣”。[②]乳母离开郑家后，板桥便被送至亲戚家由蔡二表姑母抚养，雍正十二年（1734）板桥作《恭颂徐母蔡二姑母》小诗二章[③]回忆这段生活情景：

---

① 《郑板桥集·诗钞·乳母诗》。
② 《郑板桥集·诗钞·乳母诗》。
③ 北京故宫博物院藏墨迹。

罗炜空腹绣鸳鸯，月淡灯寒夜正长；
被底孤雏惟解睡，梦中双雁不成行。
廿年婚嫁今才毕，百尺松筠老更强；
惨淡自临楼上镜，不堪青鬓总苍苍。
忆昔相从□□年，外家池屋傍红莲；
侄方凭虎矜神骏，姑正描鸾坐绣帘。
晌眼风光扫落花，两家人物付奔川；
惟余妙理谈无尽，羯末终输道韫贤。

板桥十岁，乳母“来归侍太孺人，抚爕倍挚”。翌年，乳母费氏之子“俊得操江提塘官，屡迎养之，卒不去，以太孺人及爕故”。[1]

汪氏殁后，板桥之父娶继母郝夫人，郝无子，视板桥如亲生子；其叔父之标也十分喜爱板桥。板桥《七歌》[2]云：

无端涕泗横栏干，思我后母心悲酸。
十载持家足辛苦，使我不复忧饥寒。
时缺一升半升米，儿怒饭少相触抵，
伏地啼呼面垢污，母取衣衫为湔洗。
呜呼！三歌兮歌彷徨，北风猎猎吹我裳！
有叔有叔偏爱侄，护短论长潜复匿；
倦书逃药无事无，藏怀负背趋而逸。
布衾单薄如空橐，败絮零星兼卧恶；
纵横溲溺漫不省，就湿移干叔夜醒。
呜呼！四歌兮风萧萧，一天寒雨闻鸡号。

---

① 《郑板桥集·诗钞·乳母诗》。
② 《郑板桥集·诗钞·乳母诗》。

其父“以文章品行为士先，教授生徒数百辈，皆成就。板桥幼随其父学，无他师也。幼时殊无异人处，少长，虽长大，貌寝陋，人咸易之。又好大言，自负太过，漫骂无择。诸先辈皆侧目，戒勿与往来。然读书能自刻苦，自愤激，自竖立，不苟同俗，深自屈血委蛇，由浅入深，由卑及高，由迩达远，以赴古人之奥区，以自畅其性情才力之所不尽。人咸谓板桥读书善记，不知非善记，乃善诵耳。板桥每读一书，必千百遍。舟中、马上、被底，或当食忘匕箸，或对客不听其语，并自忘其所语”。[1]真可谓“立志不分，乃凝于神”。其父为了让板桥及早成才，在他十二岁至十六岁时，便让他去真州（今江苏仪征市真州镇）之毛家桥读书，板桥在后来的题画竹中提到这段有意义的经历：

余少时读书真州之毛家桥，日在竹中闲步，潮去则湿泥软沙，潮来则溶溶漾漾，水浅沙明，绿荫澄鲜可爱。时有鲦鱼数十头，自池中溢出，游戏于竹根短草之间，与余乐也。[2]

板桥十六岁，又回到家乡从陆震学填词。《重修兴化县志》卷八云：

陆震，字仲子，一字种园。廷抡子。少负才气，傲睨狂放，不为龌龊小谨。宋冢宰荦巡抚江南，期以大器。震澹于名利，厌制艺，攻古文辞及行草书。性孤峭，贫而好饮，辄以笔质酒家，索书者出钱赎笔。家无担石储，顾数急友难。……诗工截句，诗余妙绝等伦，郑燮从之学词焉。所填甚夥，身后无子，稿半佚，同里刘宗霈搜罗荟萃，属休宁程某锓版行世。

① 《板桥自叙》，见《郑板桥集·补遗》。
② 《郑板桥集·题画》。

因为陆震的人品、学识出人头地，所以立庵才把板桥交给他教导，板桥后来诗词和品学上的成就受陆震的影响甚深。《板桥集》中，多次提到他的这位老师。如《板桥诗钞·七歌》云：

种园先生是吾师，竹楼桐峰文字奇；

十载乡园共游憩，壮心磊落无不为。

《板桥词钞·自序》云：

陆种园先生讳震，邑中前辈，燮幼从之学词，故刊刻二首，以见一斑。

《板桥集·题画·竹》云：

小院茅堂近郭门，科头竟日拥山尊；夜来叶上萧萧雨，窗外新栽竹数根。燮常以此题画，而非我作也。吾师陆种园先生好写此诗，而亦非先生之作也。想前贤有此，未考厥姓名耳。特注明于此，以为吾曹攘善之戒。

在板桥书法作品中，不止一次地书写陆震的诗词，如《行书陆种园满江红词》轴（中国国家博物馆藏墨迹）、《行书陆种园江南春词十首》卷（北京裴济民藏墨迹）、《行书陆种园七言绝句十二首》卷（南京宋文治藏墨迹）、《行书陆种园忆江南词十六首》卷（美国佅林卡藏墨迹）、《行书陆种园满江红词》轴（黄氏白云堂藏墨迹）等，陆之诗词清新疏荡，具有浓郁生活气息和乡土风味，板桥一再书写，表现了对老师的敬佩爱慕之情。陆之诗词集世所罕见，由于板桥附刻于《词钞》和书写，使得陆的部分诗词和板桥《词钞》、书法一同流传，用此法来纪念老师对自己的教导，是很有意义的。

与板桥同时向陆学词的还有顾于观、王国栋等十七人，其中板桥与顾于观为知音。在以后的往来中，他们相互投赠诗词，如板桥有《贺新郎·送顾万峰之山东常使君幕》词，[①]顾于观有《赠板桥郑大进士》《板桥移居口占以赠》《板桥》等诗，[②]寄托着他们的深厚友情。

板桥二十二岁左右，开始了他的绘画创作活动，这从乾隆二十八年（1763）他自题《墨竹图》（横幅，沈阳故宫博物院藏墨迹）“今年七十有一，不学他技，不宗一家，学之五十年不辍”，推知而来。当然，在此之前，他已经在学习绘画了，启蒙老师是谁，至今尚未得其解。

二十三岁，与同邑徐氏结婚，婚后感情和谐，生二女一子。板桥说自己“酷嗜山水”，“游历山水虽不多，亦不少”。[③]斯年，他首次远游，赴北京，住瓮山（今颐和园之万寿山）并作《小楷书欧阳修秋声赋》轴[④]。

在清王朝怀柔政策的影响下，板桥从小就苦读经史，力图走一般知识分子所向往、追求的仕途生活。

他在《板桥自叙》中说：“康熙朝，……是时，板桥方应童子试，无所知名。”并自称是“康熙秀才”，[⑤]但未指是何年？板桥所说的“童子试”，是明清两代取得生员（秀才）资格的入学考试，简称童试，亦称小考、小试，三年内举行两次：丑、未、辰、戌年为岁考，寅、申、巳、亥年为

① 《郑板桥集·词钞》。
② 《澥陆诗钞》卷四、五、九。
③ 《板桥自叙》，见《郑板桥集·补遗》。
④ 上海陆平恕藏墨迹。
⑤ 《板桥自叙》，见《郑板桥集·补遗》。

科考。关于板桥中秀才之年代有三说：

王家诚《郑板桥传》（1978年台北艺术图书公司出版）说是康熙四十八年（1709）己丑十七岁中秀才。

柳声白《扬州八怪全集》（1979年台北艺术图书公司出版）说是康熙五十三年（1714）甲午二十二岁中秀才。

秦岭云《扬州八家丛话》（1986年上海人民美术出版社出版）说是康熙五十五年（1716）丙申二十四岁中秀才。

拙著《郑板桥年谱》取秦说。

板桥中秀才之后，理应马上准备参加乡试，即康熙五十六年（1717）丁酉、五十九年（1720）庚子，雍正元年（1723）癸卯、四年（1726）丙午、七年（1729）己酉，就是说直至他雍正十年（1732）壬子中举人之前，共有五次参加乡试的机会，是没有参加，还是屡试未中，还是有别的原因？板桥在《刘柳村册子》[①]中透露了这一消息：

板桥貌寝，既不见重于时，又为忌者所阻，不得入试。愈愤怒，愈迫窘，愈敛厉，愈微细，遂作《渔父》一首，倍其调为双叠，亦自立门户之意也。

这首《渔父·本意》词，载入其《板桥集·词钞》中：

宿雨新晴江气凉，湿烟初破柳丝黄。才上巳，又清明，桃花村店酒瓶香。漠漠海云微漏日，茫茫春水渐盈塘。波澹荡，燕低昂，小舟丝网晒鱼梁。

在踏上仕途的一开头，就受到如此重大打击，使他产生了极其复杂的矛盾心理，借以过着世外桃源般的渔父生活，来求

① 《郑板桥集·补遗》。

得心理上的暂时平衡。其实，他并未甘心、留恋这种生活。

这时，因为有了儿女，为了家庭生活，他在二十六岁设塾于真州之江村，连续做了四年的私塾先生。因无功名，地位微贱，被人瞧不起，传其《教馆诗》[①]即为佐证：

教馆原来是下流，傍人门户过春秋。

半饥半饱清闲客，无锁无枷自在囚。

课少父兄嫌懒惰，功多子弟结冤仇。

……

于康熙五十八（1719）所作《村塾示诸徒》[②]云：

飘蓬几载困青毡，忽忽村居又一年；

得句喜拈花叶写，看书倦当枕头眠。

萧骚易惹穷途恨，放荡深惭学俸钱；

欲买扁舟从钓叟，一竿春雨一蓑烟。

在他看来，教馆的“清闲生活”犹如无锁无枷的囚牢，这种困顿失意之感，使他的隐逸思想时而占据了上风。业余之际，他便将兴趣集中到对诗书画的研究上：

江馆清秋，晨起看竹，烟光日影露气，皆浮动于疏枝密叶之间，胸中勃勃，遂有画意。……[③]

三十岁时，他父亲立庵去世，因教馆的收入微薄，为了父亲的丧葬，不得不多方张罗，方应付过去。他在《七歌》[④]中形容那时情况说：

郑生三十无一营，学书学剑皆不成。

① 《郑板桥集·补遗》。
② 《郑板桥集·诗钞》。
③ 《郑板桥集·题画》。
④ 《郑板桥集·诗钞》。

市楼饮酒拉年少，终日击鼓吹竽笙。
今年父殁遗书卖，剩卷残编看不快。
爨下荒凉告绝薪，门前剥啄来催债。
呜呼！一歌兮歌逼侧，惶遽读书读不得。
……
我生二女复一儿，寒无絮络饥无糜；
啼号触怒事鞭朴，心怜手软翻成悲。
萧萧夜雨盈阶戺，空床破帐寒秋水。
清晨那得饼饵持，诱以贪眠罢早起。
呜呼！眼前儿女兮休呼爷，六歌未阕思离家。

这便是板桥一家贫困而悲惨的生活写照。

二、卖画扬州

板桥之父亡后，生活更加困难，妻子和一男二女全需他来养活，故仅靠教书是不行的了，这大概是他转而卖画的一个重要原因吧。板桥在《和学使者于殿元枉赠之作》诗中云：①

十载扬州作画师，长将赭墨代胭脂；
写来竹柏无颜色，卖与东风不合时。

所谓“十载扬州作画师”，即指板桥三十一岁至四十岁左右在扬州的一段卖画生活。四十岁他在南京考中举人之后就逐渐脱离了这一行业，去读书准备更高一级的朝廷会试。

①《郑板桥集·诗钞》。

二十年前旧板桥（印章）
清·朱文震刻

他曾用一闲印《二十年前旧板桥》讲述“郑板桥未第时，薄游扬州，人无识者”[①]这十年时间。他以画师的身份“日卖百钱，以代耕稼；实救贫困，托名风雅”[②]来维持生活。虽然他那时已画得不坏，但因初出茅庐，知道的人不多，因而也没有多少人前来向他求画。斯时，他与金农相交，金农《冬心先生题画记》曾记录了板桥这一段落拓生活：“板桥风流雅谑，……十年前予与先后游广陵，相亲相洽，若鸥鹭之在汀渚也。又善画竹，雨梢风箨，不学而能。广陵故多明童，巧而黠，俟板桥所欲，每逢酒天花地间，各持研笺纨扇，求其笑写一竿。板桥不敢不应其索也。若少不称陈蛮子、田顺郎意，则更画。醉墨渍污上下禁袖不惜也。”

在扬州卖画之际，板桥继续着他的游历活动。雍正元年（1723）初春，游海陵（今泰州），宿弥陀庵，始与梅鉴和尚交往；第二年（1724）出游江西，识无方上人于庐山，在无方上人家与笔帖式保禄结交；接着游湖南洞庭湖，作《浪淘沙·和洪觉范潇湘八景》词；过黄陵庙，为黄陵庙女道士画竹。雍正三年（1725）第二次出游京师（今北京），“欲以直隶秀才入北闱，为友人所阻。先不得入小试，遂发愤入山，与老僧枯坐，或游于碎泉乱石卧松倒柏之间”。[③]清·郑方坤《板桥诗钞小传》说他“壮岁客燕市，喜与禅宗尊宿及

① 《申报馆丛书·续集》《古今小说部丛书》第九集、《笔记小说大观》第三集。
② 《郑板桥集·诗钞·署中示舍弟墨》。
③ 《刘柳村册子》，北京故宫博物院藏墨迹。

期门、羽林诸子弟游。日放言高谈，臧否人物，无所忌讳，坐得是狂名”。在此期间，他与乾隆皇帝之叔父慎郡王允禧认识，慎郡王于乾隆十一年（1746）所作《喜郑板桥书自潍县寄到》一诗中回忆了这段交游之情景：“二十年前晤郑公，谈谐亲见古人风，东郊系马春芜绿，西墅弹棋夜炬红。浮世相看真落落，长途别去太匆匆。忽看堂上登双鲤，烟水桃花锦浪通。”[①]在京，尚拜见了大理寺少卿孙勷，为送其予告归乡，作《盆兰图》并题七绝一首[②]；并拜见了同邑即将归田的兵部职方司主事官孙兆奎，作《送职方员外孙丈归田讳兆奎》七律二首[③]。他在这一年所作的《燕京杂诗》中云：

不烧铅汞不逃禅，不爱乌纱不要钱；

但愿清秋长夏日，江湖常放米家船。

所谓“不爱乌纱”，并非真意，只不过是一种牢骚而已，事实上，这次北游，莫不与寻求仕途有关。他虽寄宿在佛门，但更多的接触还是皇亲、官僚及皇家警卫军子弟，只是没有能够实现自己的这种政治抱负而已。他自己记录这时的心境说：“雍正三年，岁在乙巳，予落拓京师，不得志而归，因作《道情》十首以遣兴。”[④]他孜孜以求的是“得志”，何谓得志？板桥曾在《范县署中寄舍弟墨第四书》[⑤]中说：“吾辈读书人，入则孝，出则悌，守先待后，得志加泽于民，不得志修身见于世。”因此，他仍不放弃通过读书、

① 《紫琼岩诗钞》卷中。

② 《郑板桥集·题画》。

③ 《郑板桥集·诗钞》。

④ 《板桥书道情词墨迹》，民国八年石印。

⑤ 《郑板桥集·家书》。

仕途实现其志，即“加泽于民”，也以此摆脱其“落拓”的生活。但他对那些“一捧书本，便想中举、中进士、作官，如何攫取金钱、造大房屋、置多田产”者是极力反对的，认为他们“起手便错走了路头，后来越做越坏，总没有好结果”的[①]。

他游京师而归的第三年，又游了南通州，并作《游白狼山》七绝二首[②]。

雍正六年（1728）春，板桥读书于扬州天宁寺，呫哔之暇，与他的同学陆白义、徐宗于等人比赛读书之生熟，默写《论语》《孟子》《大学》《中庸》全文，不到两个月而成，核对原文，无一字之误，并合装为《四书手读》。“四书”之名始于宋代，以《孟子》升经，又以《礼记》中之《大学》《中庸》二篇与《论语》《孟子》配合，至淳熙间（1174—1189）朱熹撰《四书章集句注》。“五经”即《诗》《书》《礼》《易》《春秋》，始称于汉武帝时。“四书”“五经”长期以来被视为儒家经典著作，成为封建社会科举取士的初级标准书。板桥在《四书手读·序》中云：“‘四书’‘五经’，自家又未尝时刻而稍忘。无他，当忘者不容不忘，不当忘者不容忘耳。”板桥是将它列为“不当忘者”之类的，他认为“自昌黎（韩愈）辟佛以来，孔明大道，佛焰渐息，帝王卿相，一遵‘六经’‘四子’之书，以为齐家治国平天下之道”，[③]故下功夫苦读之。近人谈

① 《郑板桥集·家书》。

② 《郑板桥集·诗钞》。

③ 《郑板桥家书·焦山读书寄四弟墨》。

国桓为《四书手读》作序云：“人第见其（板桥）洒落多姿风流自赏，而不知下帷攻苦，纯而后肆其兴酣，落笔蔚然，经藉之光皆自读破万卷来也。”

这一年的八月，板桥、李鱓、黄慎同寓扬州天宁寺，并研讨书画上的一些问题。

雍正九年（1731），妻徐氏病故。板桥和徐氏结婚后的十七年中，虽生活“极贫”，夫妻却是患难与共的，他们生有二女一子，可惜的是其子犉不幸早夭，板桥有《哭犉儿五首》诗[①]。从板桥的一些诗作如《贫士》[②]《七歌》[③]《闲居》[④]中不时流露出他们夫妻之间的深厚感情。其《客扬州不得之西村之作》诗[⑤]云：“落日无言秋屋冷，花枝有恨晓莺痴”，对徐氏之殁，表示了十分悲痛凄惋、空虚落寞的心情。徐氏去世后，尚作《韬光庵》诗[⑥]，有“我已无家不愿归”句；中举人后作《得南闱捷音》诗[⑦]有“无人对镜懒窥帏”句，也都从各个角度寄托了板桥对妻子的悼念。

板桥料理妻子后事之后，旧岁将去，家里穷得揭不开锅，更无法解决来年去南京参加乡试的盘缠，于是他在十二月二十九日作《除夕前一日上中尊汪夫子》诗一首[⑧]呈斯年刚上任的兴化县令汪芳藻，叙述家境之苦：

① 《郑板桥集·诗钞》。
② 《郑板桥集·诗钞》。
③ 《郑板桥集·诗钞》。
④ 《郑板桥集·诗钞》。
⑤ 《郑板桥集·诗钞》。
⑥ 《郑板桥集·诗钞》。
⑦ 《郑板桥集·诗钞》。
⑧ 《郑板桥集·诗钞》。

琐事贫家日万端，破裘虽补不禁寒；
瓶中白水供先祀，窗外梅花当早餐。
结网纵勤河又沍，卖书无主岁偏阑；
明年又值抡才会，原向秋风借羽翰。

汪氏“于除夕见板桥诗，即大赠金，玉成其进士，邑中之美谈也”。[①]

三、中举人、进士及宦游

雍正十年（1732）秋，板桥赴南京江南贡院参加乡试。

乡试后，即游南京名胜古迹石头城、周瑜宅、桃叶渡、劳劳亭、莫愁湖、长干里、台城、胭脂井、高座寺、明孝陵、方景两先生祠等。作《念奴娇·金陵怀古》词十二首[②]、《满江红·金陵怀古》词[③]、《白门杨柳花》[④]、《长干女儿》[⑤]、《长干里》诗[⑥]等。

接着游杭州西湖，作《韬光》诗[⑦]；于韬光庵为松岳上人作画并题五绝一首[⑧]；作《沁园春·西湖夜月有怀扬州旧游》

① 周榘《题板桥先生行吟图》轴，北京荣宝斋藏墨迹。
② 《郑板桥集·词钞》。
③ 《郑板桥集·词钞》。
④ 《郑板桥集·诗钞》。
⑤ 《郑板桥集·诗钞》。
⑥ 《郑板桥集·诗钞》。
⑦ 《郑板桥集·诗钞》。
⑧ 《郑板桥集·题画》。

清代南京江南贡院

词；于钱塘江观潮，作《观潮行》[1]、《弄潮曲》诗[2]，指出“世人历险应如此，忍耐平夷在后头”。在《雍正十年杭州韬光庵中寄舍弟墨》[3]一信中，以天道福善祸淫的思想，教导子弟为人处世要心存宽厚，并引用我国历史上第一次农民起义领袖陈胜的话“王侯将相宁有种乎”，反映了板桥早期民主进步思想。

在杭州接到中举的报喜后，不禁悲喜交集，感到十载征途发达太迟了。因为此时他的父母、继母、妻子、儿子都已不在人世，“何处宁亲唯哭墓”，“捧入华堂却慰谁？”[4]

中举人后，因不幸身患大疮，浑身动弹不得，只好落魄栖居小海的外祖父家。清朝规定，乡试、会试均为三年一

① 《郑板桥集·诗钞》。
② 《郑板桥集·诗钞》。
③ 《郑板桥集·家书》。
④ 《郑板桥集·诗钞·得南闱捷音》。

位于北京崇文门外的乡、会试考场（贡院号舍，现拆除）

次，按理第二年即雍正十一年应参加癸丑的会试，由于这一原因，他只好弃考了。[①]

雍正十一年（1733），他为住在小海镇的同乡前辈朱子功八十二寿作行书祝寿辞通屏十二幅[②]，其中提到板桥的父亲在故乡附近的西团教书，常到小海镇看望朱子功，朱的两个儿子又和板桥交好。板桥幼年、少年和青年时期亦常到西团、小海，他与朱子功应该说是两代论交了。

此间，得友人程羽宸资助千金，一洗穷愁，使他有机会继续深造，赴焦山读书三载，准备迎接丙辰会试。

雍正十三年（1735）二月，板桥游扬州北郊，在玉勾斜

① 《郑板桥年谱》。
② 江苏省大丰县文化馆藏墨迹。

饶家与饶五姑娘（十七岁）认识并相爱，属书《道情》十首并作《西江月》词一阙赠之，亦以此为媒，其词曰：

微雨晓风初歇，纱窗旭日才温；绣帏香梦半蒙腾，窗外鹦哥未醒。蟹眼茶声静悄，虾须慊影轻明；梅花老去杏花匀，夜夜胭脂怯冷。①

秋，板桥受聘赴杭州任浙江乡试外帘职（提调监试），十月后返扬，李鱓为作《三清图》轴②，板桥题云：

雍正乙卯，余分校浙闱，得外帘，同人皆怅怅不乐，因解之曰：孤山探梅，不胜于区区桃李。彻（撤）棘石，饱游西陵松柏，过林处士家，时已十月后，神（?）英略略数枝也。归而语复堂先生，先生曰："吾为君作红梅夺桃李之色有余矣。子盍题诗以纪其事乎。"乃爰笺书二十八字：浙江桃李属他人，只有梅花是我春；写取一枝清又贵，夕阳红影出松筠。雍正间题此，乾隆元年三月，板桥道人郑燮重录。

冬日，赴京。

乾隆元年二、三月，在贡院参加礼部会试，中贡士，五月于太和殿丹墀参加殿试，中第二甲第八十八名进士。这对于科举时代的读书人来说，已经攀登上统治阶级的行列了。板桥有一方"康熙秀才雍正举人乾隆进士"的印章，字虽不多，它却说明了板桥于内心饱含了多少感慨啊！

康熙秀才雍正举人乾隆进士（印章）
清·朱文震刻

板桥对自己考中进士十分得意，特作

① 板桥《行书偶记》卷，上海博物馆藏墨迹。
② 首都博物馆藏墨迹。

《秋葵石笋图》并题诗[①]以自贺：

牡丹富贵号花王，芍药调和宰相祥；

我亦终葵称进士，相随丹桂状元郎。

其乳母得知这一喜讯后十分高兴地说："吾抚幼主成名，儿子作八品官，复何恨！"板桥也不忘费氏养育之恩，有诗云："食禄千万钟，不如饼在手。"[②]

中了进士，虽不等于做官，却是踏上仕途的极好机会。板桥很想快一点得到一官半职，出仕的念头在他一生的思想发展中到此时达到了最高峰。从他《呈长者》[③]《读昌黎上宰相书因呈执政》[④]等诗中可以看出这种迫切求仕的心情。

因此，这一年他未马上离京返乡。他与同乡任陈晋（后山）同受知于蒲州人提督顺天学政崔纪，"三荐不售，邀入文幕，校士直隶，极礼遇之"。[⑤]在此期间，他交游甚广，所交基本上仍为两种类型的人物：一是官僚文人，如伊福纳、张若霭、鄂容安、图牧山、侯嘉璠、方超然等；一是和尚道士，如翁山住持无方上人、香山卧佛寺青崖和尚、法海寺仁公、光明殿娄真人等，均作诗以赠。

在京城待了一年，板桥求官无望，只得于乾隆二年（1737）带着进士的空衔，南归扬州。

回扬后，住枝上村，与饶氏结婚，程羽宸复以五百金为板桥纳妇之费。

---

① 《神州大观集》影印。

② 《郑板桥集·诗钞·乳母诗》。

③ 《郑板桥集·诗钞》。

④ 《郑板桥集·诗钞》。

⑤ 任祖镛：《郑板桥中进士后"校干直隶"考释》，《扬州师范学院学报》社会科学版，1990年第4期。

板桥在扬州等候补缺，一等又是五年之久，其生活来源当然还是靠卖画，但与以前卖画却大不一样了，“既贵复来，则持金帛乞书画者，户外屦恒满”。[①]他在《范县衙斋答李萝村》[②]一信中说：

板桥当年习画兰竹，只是乱涂乱撇，无所谓家数，无所谓师承，花费了纸张笔墨，自己拿来涂贴墙壁，自己玩玩而已。此中不知是何冤孽，二十年前画的是兰竹，无人问起，无人谈论。二十年后画的仍是兰竹，不曾改样，却有人说好，有人出钱要买，甚至有人专喜板桥画的兰竹，肯出大钱收买。二十年前他所摇头不要，送他他亦不受者，二十年后却承他如此看重，赞赏到世间罕有，板桥可谓有福气也！然我自家看看，板桥仍是板桥，兰竹仍是兰竹，到底好在哪里？自家问自家，也问不出一个道理，想是众人说了好，眼里看来也觉好了。

这时，与板桥往来的友人有高邮知州傅椿，同学顾万峰，文学家沈心、董伟业，画家金农、高翔、华喦、李葂、黄慎、高凤翰、汪士慎、图牧山、程鸣，淮南盐运使卢雅雨，大盐商马曰琯、马曰璐兄弟等人。

乾隆六年（1741）九月，召板桥入京候补官缺。受到慎郡王允禧的礼诚款待，《板桥自叙》[③]云：

紫琼崖主人极爱惜板桥，尝折简相招，自作骈体五百字以通意，使易十六祖式、傅雯凯亭持以来。至则袒而割肉以

① 《申报馆丛书·续集》《古今小说部丛书》第九集、《笔记小说大观》第三集。

② 《郑板桥外集》。

③ 北京故宫博物院藏墨迹。

相奉，且曰：“昔太白御手调羹，今板桥亲王割肉，后先之际，何多让焉！”

板桥在《玉女摇仙佩·寄慎郡王》词[①]中，以感激的心情，回忆在王府所受的这种优待：“我亦青玉烧灯，红牙顾曲，醉卧瑶台锦绮。”

这次板桥能够入京候补官缺，恐怕与慎郡王的极力推荐有关。

四、作吏山东

板桥一直等了六年，好不容易才补了个知县的缺。按他的才华与所给的这个官职是远远不相称的。其“初志望得一京官，聊为祖父争气，不料得此外任”。[②]在其后的书画作品上，常钤“七品官耳”闲章，并非炫耀，而是自嘲，表达了他复杂矛盾的心理，在潍县任上所作《和学使者于殿元枉赠之作》一诗有“潦倒山东七品官”句，无疑是一个绝妙的注脚。

他于乾隆七年（1742）春五十岁赴山东范县任县令，兼署朝城县；过五年调潍县知县，做了七年，至乾隆十八年（1753）六十一岁去官时止，按板桥自己的话说“老困乌纱十二年”。他有一方印章“十年县令”，那是举成数而言的。

将之山东范县任，与慎郡王允禧相唱和，板桥作《将之

① 《郑板桥集·词钞》

② 《郑板桥家书·潍县署中寄四弟墨》。

范县拜辞紫琼崖主人》诗[①]，允禧有《紫琼崖主人送板桥郑燮为范县令》诗[②]、又作《十咏诗·新范邑宰板桥郑燮》[③]。是年六月二十五日，为允禧写刻之《随猎诗草》《花间堂诗钞》完成，并为撰跋，评赞这两本诗集的最大特色是“其胸中无一点富贵气，故笔下无一点尘埃气”。[④]又有《与紫琼崖主人书》[⑤]云：“诗刻想已献纳，不尽区区”，可知板桥报知遇之恩。

十年县令（印章）
清·吴于河刻

从他那平淡无奇的功名历程上来看，本来没有什么可讲的，但对于郑板桥说来，却有他与众不同的地方。

板桥总算是得志了，即中了进士，当了县令，他是如何“得志加泽于民”的呢？由于他四十岁以前，过的都是一种比较寒苦贫困的生活，对民间的疾苦和社会的不平等现象有切身的体会。比如，他那个时候所写的《悍吏》《私刑恶》等诗，对豺狼般的悍吏和惨无人道的私刑、压榨劳动人民的罪行进行了无情的控诉便是一例。在他看来，要“加泽于民”，必须首先“爱民”，去消灭社会的不平等现象。他曾题画《墨竹图》轴[⑥]云：

两枝修竹出重霄，几叶新篁倒挂梢；

① 《郑板桥家书·诗钞》。
② 《郑板桥家书·诗钞》。
③ 《花间堂诗钞》。
④ 上海图书馆藏刊本。
⑤ 《国朝名人尺牍》卷二十。
⑥ 北京故宫博物院藏墨迹。

本是同根复同气，有何卑下有何高。

借修竹来寓意人世间不应有卑下高贵之分。他称农、工、商、士为“四民”，是平等的，只是社会分工不同而已，并指出“天地间第一等人只有农夫，而士为四民之末。……（农夫）皆苦其身，勤其力，耕种收获，以养天下之人。使天下无农夫，举世皆饿死矣”。[①]古时一般以士、农、工、商为四民，而士居四民之首。板桥这里倒过来说，足见他对农夫的重视。就是说，包括做官在内的天下之人，是农夫养活了他们。做官的必须爱民、加泽于民，而不能“作恶”、有害于民。而农夫绝大多数是穷苦之民，这就更应同情他们、关心他们。因此，爱民成了他做官与做人的基本思想。他在为山东布政使兼巡抚画的一幅《墨竹图》[②]上题诗云：

衙斋卧听萧萧竹，疑是民间疾苦声；
些小吾曹州县吏，一枝一叶总关情。

从诗意上亦可以看出他的抱负了。为官期间，在感情和行动上，他始终没有和贫民拉开距离，不肯打官腔，不摆官架子，“遇夜出，惟令两役执灯前导，亦不署衔，自书‘板桥’二字”。[③]他常

竹图条屏（漆画）

① 《郑板桥家书·范县署中寄舍弟第四书》。
② 《郑板桥集·题画》。
③ 清·戴延年《秋灯丛话》。

清潍县衙二门（民国年间重修）

穿着布衣，去到乡村田间关心农副业各项生产，倾听农民的呼声，在《范县诗》[①]中有“长吏出收租，借问民苦疾，老人不识官，扶杖拜且泣。官差分所应，吏扰竟何极，最畏朱标签，请君慎点笔。贪者三其租，廉者五其息”等句；而在另一首《范县》[②]诗中，亦有“尚有隐幽难尽烛，何曾顽梗竟能驯！县门一尺情犹隔，况是君门隔紫宸”的感慨。他对当时那个充满阶级矛盾的社会的改革虽抱有美好的愿望，但在社会本质没有改变以前，他是无能为力的。即使如此，他还是尽自己的努力，做一些有益于人民的事情，在施政上便有不少地方不肯拘守成法。

---

① 《郑板桥家书·诗钞》。

② 《郑板桥家书·诗钞》。

"绕郭良田万顷赊"的潍县城，原是经济繁荣的富豪都，人称"花县锦城"，所谓"三更灯火不曾收，玉脍金齑满市楼。云外清歌花外笛，潍州原是小苏州"。"两行杨树一条堤，东自登莱达济西。若论五都兼百货，自然潍县甲青齐。"[①]于乾隆十年（1745）秋至十四年（1749）春，连年遭受海水溢浸、旱、荒、涝及大疫病的巨灾摧残，广大劳动人民在死亡线上挣扎。板桥来潍县上任时，正值五年自然灾害的第二年，灾情酷烈，"岁连歉，人相食，斗粟值钱千百"。[②]板桥则采取了果断的措施："开仓赈贷。"按当时大清律，不经上司批准，擅自开仓是要犯法的。有人"或阻止，爕曰：'此何时？俟辗申报，民无孑遗矣。有遣，我任之。'发谷若干石，令民具领券借给，活万余人，上宪嘉其能"。[③]

斯年"秋之歉，捐廉代输。去之日，悉取券焚之"。[④]"输"，即现在所说的调节物资供需关系，平抑物价的措施。因为歉收，粮食价格昂贵，穷人无力购买，板桥将自己的"养廉银"[⑤]捐献出来，补充粮食卖买差价。[⑥]

板桥来潍县第三年，灾情仍然十分严重。"令大兴工役，修城凿池，招来远近饥民，就食赴工；籍邑中大户，开厂煮

---

① 板桥《潍县竹枝词》，新编《郑板桥全集·板桥集外诗文》。
② 清·法坤宏《书事》，《国朝耆献类征》初编卷二百三十三。
③ 清·刘载熙等《重修兴化志》卷八。
④ 清·刘载熙等《重修兴化志》卷八。
⑤ 清·姚文田等《重修扬州府志》卷四十八。
⑥ 李金新《郑板桥在潍县》。

潍县城墙遗迹

粥，轮饲之；尽封积粟之家，责其平粜。”[①]“活者无算。”[②]

据板桥所作《乾隆修城记》[③]《修城记》[④]记载，修潍县城池是在这年的十月竣工，第二年三月讫工，经费来源由板桥带头出资首修城工六十尺，计钱三百六十千，后又增加二十尺。潍县诸绅士慨然乐从，“其余各任各段，各修各工”。《潍县志稿》卷八云：“潍县城土城创于汉。明正德七年，莱州府推官刘信重修。崇祯十二年，邑令邢国玺以石甃之，绅民各认丈尺，听从民便，不数月而告竣。厥后屡次小修。清乾隆十三年，知县郑燮捐赀倡众大修，不假胥役，修城一千八百余尺，垛齿城楼表里完整。合邑绅士州同郭峨

① 清·法坤宏《书事》，《国朝耆献类征》初编卷二百三十三。

② 《清史列传·郑燮传》。

③ 《板桥书画拓片集》。

④ 《潍县志稿》卷八。

新修城隍庙碑记

濰縣永禁烟行經紀碑文
乾隆十四年三月濰縣城工
然新整而土城猶多缺壞
月間大雨時行水眼漲溢
之諸烟鋪捐斯意以義
善無後遺憾此其為功

潍禁烟行经纪碑文（局部）

等二百四十五人共计捐银八千七百八十六两。又各烟店公捐制钱一百二十千文。细册存案。”

他不但在闹灾荒时负起地方父母官的责任来，即使在平日的作为上，亦是如此。

他在主持重修潍县城池后，发现其他文物古迹如文昌阁、城隍庙、玉清宫等因长期失修而颓坏、倾圮，于乾隆十五年（1750）至十七年（1752）间陆续召集潍县绅士捐助重修，以复旧观，还新建状元桥、演剧楼等景点。

他看到一些经纪牙行，欺行压市，从中渔利，坑害小商小贩，即撰写《潍县永禁烟行经纪碑文》[①]刻石于城隍庙内，其

① 潍坊市博物馆藏刻石。

碑文曰：

查潍县烟叶行本无经纪，而本县莅任以来，求充烟牙执秤者不一而足，一概斥而挥之，以本微利薄之故，况今有功于一县，为万民保障，为城阙收功，可不永革其弊，以报其功，彰其德哉！如有再敢妄充私牙与禀求作经纪者，执碑文鸣官，重责重罚不贷。

他的这种赏罚分明、革除弊政的法规，对繁荣潍县商业和保护商人的正当利益，起了一定的作用。

他曾“夜行闻读书声”，问知是一位贫士韩梦周，板桥很同情他，便时常加以经济上的资助，并指导他勤奋学习，使得韩梦周于乾隆二十二年（1757）终成进士。授安徽来安知县，宗板桥为政，劝农桑，开水利，造福一方，被誉为韩来安。韩氏《理堂集》中有《板桥先生墨竹》诗“白发门生感旧事，楚江浪泣龙吟笛”之句，蕴含着对板桥的真挚感情。

为官十二年，在正常情况下，主要处理一些争讼的案子。从今天留下的一批在潍县审理案子于状纸上书写的判牍[①]（亦称判词、堂批、批文、批语）看，多数为民事案件，如家庭矛盾、立嗣承继、妇女改嫁、祖茔坟地、典卖田宅、庙产公议、婚姻嫁娶、赌博……；一部分为刑事案件，如持强呈凶、牙

潍县衙门大堂（板桥断案处）

① 李一氓编：《郑板桥判牍》，文物出版社，1987年。

行勒索、偷漏赋税等。他重调查研究、重证据，清正廉洁，办案公断，“于民事则纤悉必周”，故“无留牍”“无冤民”“囹圄囚空者数次”，“时有循吏之目”。

在办案过程中，他曾判过被认为是风流放诞的事情，虽不可尽信，但亦有一定的痕迹可循，现举二例如下：

一件是潍县有个崇仁寺与大悲庵正好是对门，因为是紧邻，有一个和尚与一个尼姑便因日常见面而有了爱情。这事情被人发觉了认为有伤“清规”，便把他俩缚送到板桥的县署中来，请求发落。板桥见僧、尼年貌相当，正好是一对，便不顾什么佛门戒律，令他俩还俗，配成夫妇。

另一件是有一富家因嫌女婿贫寒，欲悔婚，便向板桥贿赂了一千两银子，企图解约。板桥在了解事情的真相后，便把富家的女儿认作义女，又把那个女婿招来，藏在县署内，待到富家带了女儿来拜见义父时，板桥便把那一千两银子当作嫁资，把女婿叫出来，命他俩当堂合卺，结为夫妻。富家至此亦无可奈何了。

这些做法，与封建礼教、道德观念很不相符，但板桥处理得颇有戏剧性，很得民心，在民间传为美谈，编入趣闻逸事，被后人的著述记录了下来。

乾隆十七年（1752）年底，板桥去任，借住友人郭质亭、芸亭家之南园旧华轩，在旧华轩度岁。翌年春离潍南归。

关于板桥去任的原因，说法不一，总的分两大说，即罢官说与辞官说，见下表：

郑板桥去任说一览表

两大说	作者	内容	出处
罢官说	阮元	以岁饥，为民请赈忤大吏，罢归。	《淮海英灵集》
	窦镇	以岁饥，为民请赈忤大吏，罢归。	《国朝书画家笔录》卷二
	李斗	后以报灾事忤大吏，罢归乡里。	《扬州画舫录》卷十
	姚鹏春	罢官后，浪游大江南北，寓蒲最久。	《自蒲镇志》卷八
	曾衍东	因邑中有罚某人金事，控发，遂以贪婪褫职。	《小豆棚》卷十六。
辞官说	清代国史馆	以请赈忤大吏，遂乞病归。	《清史列传》卷七十二
	郑方坤	以疾乞归。	《本朝名家诗钞小传》
	叶衍兰等	以岁饥，为民请赈，忤大吏，遂乞病归。	《清代学者像传》
	赵尔巽等	辞官鬻画。	《清史稿》卷五百四
	张庚	以病归，遂不复出。	《国朝画征续录》卷下
	刘熙载等	乞休归。	《重修兴化县志》卷八
	常之英等	以疾归。	《潍县志稿》卷二十
	范用宾等	既谢事归，寓城北竹林寺。	《增修甘泉县志》卷十五
	金农	近板桥解组。	《冬心先生写真题记》

续表

两大说	作者	内容	出处
	王文治	弃官落拓游淮阳，板桥道人志更狂。	《梦楼诗集》卷五
	罗聘	一官轻弃返初心。	《叶香草堂诗存·江上怀人绝句十五首》
	凌霞	辞官卖画谋泉刀	《天隐堂集·扬州八怪歌》
	徐世昌	等闲抛却七品官，卖画扬州殊不辱。	《水竹村人集·题郑板桥画兰竹》卷二十。

综合上表，罢官说有三，皆难以成立：

“为民请赈忤大吏罢归”说，无任何资料可以证实此说，《重修兴化县志》卷八否定了这一结论，不仅在“请赈”问题上未“忤大吏”，反而“上宪嘉其能”，受到了表彰。

“以报灾事忤大吏罢归乡里”说，也站不住脚，“以报灾事忤大吏”是事实，板桥于乾隆十六年（1751）十一月书旧作《潍县竹枝词》二十四首之后跋道：“乾隆十二年告灾不许，反记大过一次，百姓念愁，知县解体。”板桥进行的一系列抗灾活动必然会触犯某些瞒灾不报的大吏，因此在乾隆十二年（1747）因“告实”被记大过一次。但某些瞒实不报的地方官吏的这一劣行很快被乾隆皇帝察觉，于是连下数道谕旨，其中一道旨[①]云：“山东登、莱、青三府亦有被旱歉收之处。前据阿里衮只报安邱、诸城二县。朕闻不止于此。不知近日麦收如何？民间情形如何？可传谕询问。若有应须

① 《列圣训典·乾隆十二年五月乙巳上谕军机大臣等》。

酌量筹画接济者，一面奏闻，一面速行办理，务使贫民不致失所。因目前时日已迫，不可再迟。”潍县属莱州管辖，阿里衮等隐瞒莱州等地灾情，对如实告灾的潍县知县给予处分决定是错误的，当乾隆圣旨下达后，板桥之“记大过”处分当被取消，否则有三件事，上级是不会派他参加的：

其一，乾隆十二年（1747）秋被临时派往济南参加乡试工作。德保主试山东，板桥在试院相与唱和。

其二，乾隆十三年（1748）二月，乾隆出巡山东至曲阜，“燮为书画史，治顿所，卧泰山绝顶四十余日”。[①]镌有“乾隆东封书画史”以自豪。

乾隆东封书画史（印章）　板桥刻

其三，乾隆十三年（1748）三月，清廷派高斌与都御史刘统勋赴山东办理赈灾。板桥协助高斌主持山东放赈事宜[②]，有《和高相公给赈山东道中喜雨并五日自寿之作》诗[③]。

“以报灾忤大吏”是乾隆十二年的事，而去官是乾隆十七年（1752）底十八年（1753）初的事，两者无实质联系。

除“以报灾忤大吏”外，还有没有“忤大吏”之处？《小豆棚》卷十六云：“郑尝因公进省，各上司皆器重之，一日会宴趵突泉，属诗于郑，郑应作曰：‘原原有本岂徒然，静里观澜感逝川；流到海边混是卤，更谁人辨识清

① 《板桥自述》，北京故宫博物院藏墨迹。

② 《郑板桥年谱》。

③ 《郑板桥家书·诗钞》。

泉。'诗成，满座拂然，佥谓郑讪诽上台。"《小豆棚》作者曾衍东，山东嘉祥人，乾隆五十七年（1792）举人。书中有关板桥之事甚夥，但未注明资料来源，或据民间传闻所录，故不免有失实之处。此录在省城济南举行的宴会上，各上司既然器重板桥，板桥也理当尊敬之，郑属诗借趵突之清泉流入海边变成混卤之联想，对官场中之黑暗现象进行了辛辣的讽刺。上司中清、浊者有之，诗成，清者赞美之，浊者虽心中怏怏，表面也得随众附和之，若"拂然"，无疑当众承认自己是浊者，因此不可能出现"满座拂然"之场面。板桥只是针对官场中的黑暗现象有感而发，绝非指某上司，打击面也不会大到各上司，否则与他所书"难得糊涂"[①]之处世守身之道相悖。板桥若真的"讪诽上台"，上台也不会放过他，不仅罢他官，还可让他尝尝文字狱味道，"以贪婪褫职"说。仅《小豆棚》所记，作者曾氏也只是听到有这个说法，接着他指出："板桥非百里才也，其贾祸以才故，而乃诬之以贝，冤矣。"板桥的施政方针得到了当地广大绅士商贾和劳苦群众的拥护，如救灾中献出自己的"养廉银"，修潍城带头捐款，绅士商贾们纷纷响应，为救灾修城资助，板桥或作记，或书以刻石，表彰他们这种行为。但也确实得罪了一些不法大贾劣绅，如"尽封积粟之家，责其平粜。讼事则右窭子而左富商"，重责重罚那些妄称私牙与禀求作经纪者，故致使诬告、诽谤者有之，这从他的题画诗[②]中得到消息：

① 《板桥书画拓片集》。

② 板桥《墨竹图》轴，《支那南画大成》卷一影印。

宦海归来两袖空，逢人卖竹画清风；

还愁口说无凭据，暗里藏私遍鲁东。

这是他的自嘲诗，也是对那些诽谤者的一种还击，如果真的有人起诉诬告板桥的所谓“贪婪”，板桥一定会对簿公堂，据理驳斥，戳穿其谎言的；潍县绅士民也会为他做证的；此时，其友人慎郡王尚健在，也定会为他洗清不白之冤的。事实上，他在潍县上任七年，“一钱一物概不经手”，[①]离开潍县时，“囊橐萧然”，惟有“图书数卷”而已。

辞官说，亦有种种，诸如“乞病归”“乞休归”“弃官”“解组”等等。

持此说者，一部分是他的朋友郑方坤、金农、张庚、王文治、罗聘等人，他们著作中所记的第一手资料，当比后人据传闻所记更准确了；一部分为史志《清史列传》《清史稿》《重修兴化县志》《潍县志稿》《增修甘泉县志》等，这都是经过调查研究后慎重下笔的，应该是可信的。

再看看板桥自己是怎么说的。在他为官后期，早就有归田之意，乾隆十六年（1751）作《思归行》诗[②]云：

臣家江淮间，虾螺鱼藕乡；

破书犹在架，破毡犹在床。

待罪已十年，素餐何久长。

秋云雁为伴，春雨鹤谋梁

去去好藏拙，满湖莼菜香。

① 板桥《乾隆修城记》，《板桥书画拓片集》影印。

② 《郑板桥家书·诗钞》。

又作《唐多令·思归》词[1]：

少不如人今老矣，双白鬓，有谁怜？……茅屋数间犹好在，秋水外，夕阳边。

又作《满江红·思家》词[2]：

我梦扬州，便想到扬州梦我。……花径不无新点缀，沙鸥颇有闲功课。将白头供作折腰人，将毋左？

斯年，其友人金德瑛作《板桥分赠古镜五奁叠韵谢之》诗[3]云：

君言有故官当罢，不须更照眉间黄。板桥顷以事干部议，有去志矣。

这里的“官当罢”，即“去志”——辞官之意。乾隆十八年（1753）正月，板桥作《录书绝句扇面》[4]署有“罢官作二首”；又作《留别恒彻上人》七律一首[5]，也有“官罢云回别可伤”句，所云“罢官”“官罢”之“罢”字，作“停止”解，与板桥其他诗文中所用之词“乞休”“弃官”“去官”“解组”等同一意思。

约乾隆十六年（1751）作行书七言联云：

作画题诗双搅扰，弃官耕地两便宜。

作《覆同寅朱湘波》信云：“去家十一载，久思解组归田，以延残喘，而苦衷不为上峰见谅，能无悒悒乎！”

作《潍县署中寄墨弟》信[6]云：“十宰十数年，无功于

① 《郑板桥集·词钞》。

② 《郑板桥集·词钞》。

③ 《郑板桥家书·诗钞》。

④ 北京宝古斋藏墨迹。

⑤ 《潍县竹枝词》自注，《潍县志稿》卷四十二。

⑥ 《郑板桥家书》。

国，无德于民，屡思乞休，遄反故里，与我弟畅叙手足之情……”

别潍县绅士民作竹图[①]题云：

乌纱掷去不为官，囊橐萧萧两袖寒。

乾隆二十八年（1763）作《怀潍县二首赠郭伦升归里》诗[②]后附跋云：“板桥郑燮去官十载，寿七十有一。”

他为何要辞官归田呢？主要原因有二：

第一，当了十二年县令，一阶未进。他在乾隆十三年（1748）作《自咏》诗[③]云：

潍县三年范五年，山东老吏我居先

一阶未进真藏拙，只字无求幸免嫌。

乾隆十七年（1752年）作《画菊与某官留别》题诗[④]云：

进又无能退又难，……归去秋风耐岁寒。

他长期困煞在小小七品芝麻官上，在山东省同僚中成了年纪最大和待在县任上时间最久的老官吏，使他不能进一步有所作为，实现自己宏大抱负，为民兴利革弊、救时济变（所谓进），又不愿自己有所不为（所谓退），但最后还是退了下来，走归田一路了。

第二，年迈花甲，体弱多病，办事不顺。这在他的书信中说的很清楚，乾隆十六年（1751）在《潍县署中寄四弟》信[⑤]中云：

① 《郑板桥集·题画》。

② 《潍县志稿》卷二十。

③ 北京故宫博物院藏墨迹。

④ 《郑板桥集·题画》。

⑤ 《郑板桥家书》。

"今年五十有九，……惟齿落较多，精神亦愈觉衰惫。兼之近来办事诸多不顺。"

乾隆十七年（1752）在《潍县署中寄四弟墨》信中又云："而今年事日增，精神益觉难支，足疾不瘳，疝气时发，并且左耳失聪，目光昏蒙，自知就木有期，若得息影蓬庐，以资静养，或可苟延残喘。倘恋栈不去，日寻烦恼，直如自速其死也。余已决计告病乞休，若上峰不允，整备一辞不获命，则再辞，再辞不获命，则三辞，务必遂我初服而后已。与我弟聚首之期，当在橙黄橘绿时也。"

至此，可以初步得出结论：板桥罢官说理由不足，而辞官说言之有据。

板桥，从青少年奋苦读书，由二十四岁中秀才到四十四岁成进士，度过了大半辈子，又以大才而不得见用，到年过半百才补了个知县之缺，屈尊卑官十二年，虽有政声，却一阶未进，初做官时的"得志加泽于民""出牧当时世……执法况青天"的远大政治抱负化为飞影。仕途的艰难和为官的窘困，加上年老多病，使他心灰意冷，屡生退志，终于辞官归里。回顾这段历史，用板桥自己的话说："落拓扬州一敝裘""十年扬州作画师"；"我亦终葵成进士，相随丹桂状元郎"；"潦倒山东七品官""一枝一叶总关情"；"我辈为官困煞人""老困乌纱十二年"；"乌纱掷去不为官""游鱼此日纵深渊"。这是他诗中之佳句。不，是用他那汗水、泪水和墨水绘成的一幅幅自画像，颇有意味的自画像。

五、再次卖画扬州

板桥在《板桥自序》中说："初极贫，后亦稍稍富贵，富贵后亦稍稍贫。"他那坎坷的一生，经历着卖画——为吏——再卖画的曲折道路。他于乾隆十八年（1753）春，由山东回到了扬州，住在城北竹林寺。三月作《墨竹图》轴[1]题云：

二十年前载酒瓶，春风倚醉竹西亭；

而今再种扬州竹，依旧淮南一片青。

自此以后，他重新过着"二十年前旧板桥"的卖画生活，求他画的人除"王公大人、卿士大夫、骚人词伯、山中老僧、黄冠炼客"[2]外，还应加上盐商，应该说更多的买主是豪商富贾，"得其一片纸，只字书，皆珍惜藏庋"。[3]乾隆二十五年（1760）金农自题《双勾丛竹图》轴[4]云：

兴化郑板桥进士，亦擅画竹，皆以其曾为七品官人，争购之。板桥有诗云："画竹多于卖竹钱"，予尝对人吟讽不去口，益徵信吾两人画竹见重于人也。使板桥闻之能不辗然一笑乎！

因此，盐商们不遗余力地搜求板桥的书画。清·孙静庵《栖霞阁野乘》卷四记载了这么一个故事："兴化郑进士板桥，善书，体兼篆隶，尤工兰竹，人争重之。性奇怪，嗜食狗肉，谓其味特美。贩夫牧竖，有烹狗肉以进者，辄作小

① 《郑板桥集·题画》。

② 《板桥自叙》，北京故宫博物院藏墨迹。

③ 《板桥自叙》，北京故宫博物院藏墨迹。

④ 四川省博物院藏墨迹。

幅报之。富商大贾虽饵以千金，不顾也。时扬州有一盐商，求板桥书不得，虽转辗购得数幅，终以无上款不光，乃思得一策。一日板桥出游稍远，闻琴声甚美，循声寻之，则竹林中一大院落，颇雅洁。入门，见一人须眉甚古，危坐鼓琴，一童子烹狗肉方熟。板桥大喜，骤语老人曰：'汝亦喜食狗肉乎？'老人曰：'百味惟此最佳，子亦知味者，请赏一脔。'两人未通姓名，并坐大嚼。板桥见其素壁，询其何以无字画，老人曰：'无佳者。此间郑板桥虽颇有名，然老夫未尝见其书画，不知其果佳否。'板桥笑曰：'汝亦知郑板桥，我即是也，请为子书画，可乎？'老人曰：'善。'遂出纸若干，板桥一一挥毫竟。老人曰：'贱字某某，可为落款。'板桥曰：'此某盐商之名，汝亦何为名此？'老人曰：'老夫取此名时，某商尚未出身也！同名何妨，清者清，浊者浊耳。'板桥即署款而别。次日，盐商宴客。丐知交务请板桥一临，至则四壁皆悬己书画。视之，皆己昨日为老人所作。始知老人乃盐务所使，而己则受老人之骗，然已无可如何也。"《清朝野史大观·郑板桥受骗》卷十、《书林纪事·（清）郑燮》亦载此事。此事乃作者杜撰，与当时实际情况不符。

板桥自题《墨兰图》轴[1]云：

扬州豪家求余画兰，题曰：写来兰叶并无花，写出花枝没叶遮，我辈何能构全局，也须合扰作生涯。

豪家即指盐商，板桥将自己与豪家比成兰叶与花枝，

① 《郑板桥集·补遗》。

是一种相互借助的关系，只有两家“合扰”，才能作“生涯”。这在第一章中谈及扬州八怪与盐商时已有详细论述。孙氏为板桥之“写照”，形神皆不似也。其故事本意虽然失实，却从中得到一些有益的启示：“见其素壁，询其何以无字画”与“四壁皆悬己书画”，可佐证扬州“堂前无字画，不是旧人家”之民谚；“闻琴声甚美”，看出此盐商是一位有文化修养者；此盐商经过“转辗”之后，方购得板桥数幅书法，那是因为争购者甚众，并非轻易而得；盐商愿以千金购买板桥书画，虽属夸张之词，也足以说明板桥“颇有名”“人争重之”；将盐商列为浊者，代表了社会上一部分人轻视商人的观点；盐商希望在求得板桥的作品中落上款，以示与板桥交往颇深，炫耀于人，使轻视商人者因此而改变看法，提高盐商的富有所不能换得的社会舆论中的地位。

他在晚年仍不忘出游，并以书画会友。辞官南归的第二年春至五月，游杭州；又应乌程知县孙扩图、湖州太守李堂之邀，畅游湖州诸名胜。在《与墨弟书》信[1]中谈到了这次出游的情景：“初到杭州，吴太守甚喜，请酒一次，请游湖一次，送下程一次，送绸缎礼物一次，送银四十两。郑分司与认族谊，因令兄八哥、十哥旧在扬州原有一拜，甚亲厚，请七八次，送银十六两。但盘费不少，故无多带回也。掖县教谕孙升任乌程知县，与我旧不相合，杭州太守为之和解，前憾尽释。而湖州太守李公讳堂者，壬戌进士，久知我名，硬夺杭守字画。孙乌程是其下属，欲逢迎之，强拉入湖州作

① 《明清画苑尺牍》。

一月游。其供给甚盛，姑且游诸名山以自适。第一是过钱塘江，深禹穴，游兰亭，往来山阴道上，是平生快举，而吼山尤妙，待归来一一言之。”板桥在乾隆二十五年（1760）所作的《刘柳村册子》中也追述这次出游。斯年，赴潍县一趟，并于潍县官斋为名桥书《道情词》卷[1]。

二十年前旧板桥
清·李霁刻

乾隆二十二年（1757）游高邮。与分别二十余年的友人织文相会，流连数十日，作《行书赠织文》轴[2]。

二十三年（1758）春，游真州，与友人张仲仑、鲍匡溪、米旧山、方竹楼相唱和，作《真州杂诗八首并及左右江县》[3]，又作《真州八首属和纷纷皆可喜不辞老丑再叠前韵》[4]；游西村，作《贺新郎·西村感旧》词[5]。初夏，游山东范县，于范县官署作《竹石图》轴[6]。

二十五年（1760）五、六月，游通州，寓保培基井谷园，为保培基之兄培源居处艺园作匾额“无数青山拜草庐”[7]；拜访书画家丁有煜，题黄慎所作《丁有煜像》卷[8]，题丁氏《墨竹册》[9]，并题高凤翰《香流幽谷图》轴[10]及砚一

① 天津市博物馆藏墨迹。
② 扬州市博物馆藏墨迹。
③《郑板桥集·诗钞》。
④《郑板桥集·诗钞》。
⑤《郑板桥集·词钞》。
⑥ 上海博物馆藏墨迹。
⑦《崇川咫闻录》。
⑧ 南通博物苑藏墨迹。
⑨ 南通博物苑藏墨迹。
⑩ 南京博物馆藏墨迹。

方[1]赠之；会晤书画篆刻家李方膺之侄李霁，李为板桥治印《二十年前旧板桥》一方，并作《喜晤郑板桥》绝句二首[2]。秋月，游如皋：在汪之珩之文园与主人及王竹楼、郭琅亭、黄瘦石等人同度七夕[3]于文园作《行书满江红·客文园赠汪璞庄观察一首》轴[4]；于文园作自传《刘柳村册子》[5]《板桥自序》[6]；游范大任之古澹园，作《过古澹园》诗[7]。

在再次卖画扬州的年代里，他与著名文人两淮盐运使卢雅雨，盐商马氏兄弟、江春、汪堂、汪秋白，学者杭世骏，诗人陶无藻，文学家书画家王文治以及扬州八怪的其他画家过从甚密，经常在一起咏诗、写字、作画。卢雅雨在扬州组织的数次红桥修禊及红桥泛舟活动，必请板桥参加。卢雅雨乃是一位礼贤下士、爱才若渴的人，乾隆二十八年（1763）清明日，招板桥及诸名人泛舟红桥，板桥与文学家袁枚（1716—1797）初遇于卢雅雨席上，袁枚有《投板桥明府》七律[8]以赠：

郑虔三绝闻名久，相见邗江意倍欢；
遇晚共怜双鬓短，才难不觉九州宽
（君云：天下虽大，人才有数）。
红桥酒影风灯乱，山左官声竹马寒；

① 南通博物苑藏砚。
② 《岑村集》。
③ 《东皋诗存》卷四十七。
④ 无锡市博物馆藏墨迹。
⑤ 北京故宫博物院藏墨迹。
⑥ 北京故宫博物院藏墨迹。
⑦ 《通州直录州志》《如皋县志》卷二十二。
⑧ 《小仓山房诗集》卷十四。

底事误传坡老死，费君老泪竟虚弹
（有误传余死者，板桥大恸）。

板桥有《行书奉赠简斋》七律[①]以答：

晨星断雁几文人，错落江河湖海滨；
抹去春秋自花实，逼来霜雪更枯筠。
女称绝色邻夸艳，君有奇才我不贫；
不买明珠买明镜，爱他光怪是先秦。
奉赠简斋老先生正，板桥弟郑燮。

在《郑板桥集·诗钞·赠袁枚》中仅录其两句："室藏美妇邻夸艳，君有奇才我不贫。"且将"女称绝色"改为"室藏美妇"。对此，启功先生云"'女称绝色'原是比喻，衬托'君有奇才'的，但那时候人家的房中是不许可品头论足的。'女称绝色'，确易被人误解是说对方的女儿，……可能作者也有所察觉，所以集中只收两句，上句还是改作的。当时妾媵可以赠给朋友，夸上几句，是与夸'女公子'有所不同的。科举时代，入翰林的人，无论年龄大小，都被称老先生，以年龄论，郑比袁还大二十二岁（按：应二十三岁），这在今日也须解释一下的"。[②]

关于郑板桥"误哭"袁枚之事，在《随园诗话》卷九也有同样记述，清·符保寿《寄心庵诗话》，咸丰重修《兴化县志》、《清史列传·郑燮传》、《郑板桥年表》等都加以转述。一般人在论及板桥与袁枚友谊时，都以"误哭"袁枚一事为重要依据。然而在金农《冬心写真题记》中也有一段

① 四川省博物院藏墨迹。
② 启功：《我心中的郑板桥》，《书法丛刊》，1993年第3期。

记述自己被板桥“误哭”的经过，情节基本相同。据喻蘅先生《郑燮与金农、袁枚交谊考辨》[①]一文考证：板桥哭金农一事是真的，而哭袁枚一事是假的。在红桥泛舟会上，袁枚“遇晚”句是应酬之作，而律诗是若干年后改写的，且收在其《诗集》第十四卷戊寅（乾隆二十三年，1758）。板桥与袁枚相晤二年后即已去世。乾隆五十年（1785）和五十五年（1790），《小仓山房诗集》与《随园诗话》才刊行，这就有足够的时间对旧作进行再创作。《投板桥明府》所谓“郑燮三绝闻名久”云云，只不过浮夸事态，借板桥以自高身价而已。板桥与袁枚虽有许多相似之处，如都为乾隆进士，都做过几任县令、有政声，尔后又都辞官还乡，在文学上又都反对拾古人之余唾，提倡走自己的路。但由于他们的气质、作风不同，在作诗宗旨、审美趣味、为人格调上都存在着重大的分歧，板桥主张“直摅血性为文章”应“以沉著痛快为最”，袁枚对此不感兴趣，并极力加以贬抑：“板桥深于时文，工画，诗非所长。……多外宠，常言欲改律文笞臀为笞背，闻者笑之[②]。”又对板桥的书法肆无忌弹地加以攻击：“惟书法学郑板桥，则殊不必。板桥书法野狐禅也，……”[③]并不怀好意地将板桥用印《青藤门下牛马走》[④]纂改为“青

青藤门下牛马走（印章）清·吴于河刻

① 喻蘅：《复旦学报》社会科学版.1987年第4期。

② 《随园诗话》卷九。

③ 《小仓山房尺牍·与庆晴村都统书》。

④ 《板桥先生印册》。

藤门下走狗郑燮”[1]。从板桥《诗钞》中收录的赠袁枚这两句诗看，对袁并无钦佩之意；对袁“诗写性情，唯我所适”的主张，并不赞成。据清·舒仲山《袁枚诗话批注》曾两次提到板桥作记骂袁枚之事，其中一则是在卷十一中说：“毕太夫人诗既不佳，事无可说，选之何为？所以郑板桥、赵松雪（按一作雪松，均误，应为赵云松）斥子才为‘斯文走狗’，作记骂之，不谬也。”可见，袁枚曾被板桥生前斥为“只是为富贵人家作犬马”的“斯文走狗”而衔恨，乃于其死后以笔巧施报复。故对一切以往褒誉郑、袁二人“友情”的史料应予以重新的认识。

乾隆十八年（1753），板桥回扬州的这一年，“扬州八怪”中的高翔卒、高凤翰、边寿民也已经仙去，其余大部分已进入晚年，也先后相继谢世。如二十年（1755）李方膺卒，二十一年（1756）华喦卒，二十四年（1759）汪士慎卒，二十七年（1762）李鱓卒，二十九年（1764）金农卒。三十年（1765）十二月十二日，板桥也接着离开了人间，享年七十三，葬于兴化县城东管阮庄。娶徐氏、郭氏，侧饶氏。生子二，早夭；女三：一适赵，二适袁，三适李。嗣子堂弟郑墨之子田，孙熔，曾孙国璋，从孙銮、鋐，均能继承家学，或工诗文书法，或工兰竹。

板桥虽离开了人间，但他仍活在人民的心中，至今扬州、兴化、范县、潍坊，流传着关于他的许多美妙的传说、故事、轶事。

① 《随园诗话》卷六。

板桥故居

兴化人民为板桥立“才步七子”匾额，悬于城中四牌楼；20世纪80年代，于昭阳镇东门郑家巷修复了郑板桥故居，故居门楼上有赵朴初手书“板桥故居”刻石，门楼内厅北侧上方有刘海粟手书“郑燮故居”木刻匾；90年代，兴化市新建了郑板桥纪念馆，有舒同为纪念馆题写馆牌；雕塑家阮雍崇、谌硕人为纪念馆创作板桥像；坐落在管阮庄的郑板桥陵园亦修葺一新。

明潍县令周亮工守城有功，潍县人为之建祠（周公祠），塑像其中；乾隆十一年（1746）重修，又塑前令赖光表像于祠；道光时知县何无熙又添塑邑令板桥像，改名三贤祠[①]。如今，在潍坊市十笏园潍坊市博物馆内开辟了郑板桥纪念室。

镇江市焦山别峰庵板桥读书处遗址也一直完好地保存着。

① 《潍县志稿》。

焦山别峰庵板桥读书处

这些故居、纪念馆、纪念室、读书处等，陈列着许多有关板桥的遗物、书画墨迹、刻石及文献研究资料，先后对外开放，吸引着国内外无数的游客、专家学者及板桥艺术的学习者、欣赏者。

第三章 郑板桥与『扬州八怪』诸家交游考

板桥在给《淮安舟中寄舍弟墨》[①]信中云："愚兄平生漫骂无礼，然人有一才一技之长，一行一言之美，未尝不啧啧称道。橐中数千金，随手散尽，爱人故也。"他虽常常"如灌夫使酒骂座，目无卿相"，[②]"然其为人内行醇谨，胸中具有泾渭。……异乎放荡以为高者。"[③]他交游很广，自谓"结交天下通人名士，虽不多亦不少"。[④]在《板桥集》中以及存世的书画作品中，凡诗画相赠、书信相通而提及姓名者，除了诗人、词客、书家、画家之外，还有王侯、官吏、商贾、布衣、和尚、道士等，多达一百数十余人，当然他们之间的关系有深浅、交谊有厚薄、接触有疏密、趋向有异同，存在着不同程度的差别。这里，除了文中各章节涉及介绍的友人之外，重点就"扬州八怪"华嵒、高凤翰、边寿民、汪士

① 《郑板桥集·家书》。
② 清·桂馥《国朝隶品》。
③ 清·郑方坤《本朝名家诗钞小传·板桥诗钞小传》。
④ 《板桥自序》，徐平羽藏墨迹。

慎、李鱓、金农、黄慎、高翔、李方膺、李葂、罗聘诸家与板桥的关系，特别在文学、艺术上的相互交流、研讨、学习和影响作一略考。

一、板桥与华喦

板桥小华喦十一岁。华喦于康熙四十二年（1703）至雍正初年（1723）由闽寓杭州，雍正初年（1723）以后自杭州来扬州，此后二十余年中，他一直往来于扬州与杭州之间。至乾隆十七年（1752）七十一岁，返杭州定居。因此，板桥与华喦相识，最早当在雍正初年（1723）以后。乾隆十一年（1746）秋九，板桥官山东潍县时返扬州一次，与华喦等人会集于扬州程梦飞桐华庵斋中，合作《桐华庵集胜图》轴[1]，华喦题识云：

乾隆丙寅秋九，同人集□于梦飞桐华庵斋中。清话之余，野鸟相逢，秋色争妍，得此佳趣□对景画之，时颜叟补石，许大写菊，梦飞曰："此幅似未毕乃事也，得板桥墨竹则可矣。"俄顷，童子报曰："郑先生来也。"相见揖让，更写竹数个。

乾隆十八年（1753）春，板桥辞官回到扬州，此时华喦已居杭州。第二年板桥游杭州，有可能见到华喦，但在给墨弟信中只字未提。板桥与华喦交往留下的史料甚少，至今尚

① 香港王南屏藏墨迹。

见板桥题华喦《浣纱溪图》扇面[①]绝句一首：

杨柳桃花几度春，隔溪歌舞认前身；

吴宫滋味如纱薄，洗尽江山是美人。

诗中只是对绘画内容发表感慨，未见有对华喦艺术之评说，可惜题与画现在已不知去向。

二、板桥与高凤翰

板桥小高凤翰十岁。雍正十一年（1733），板桥第二次游泰州，高凤翰被委管泰州坝盐掣（巡盐分司），二人初次相交当于斯年。《泰州志》卷二十云："高凤翰，……雍正年，官泰坝盐掣。时缺系新设，凤翰任后，多所创建。喜吟咏，暇日与兴化郑燮、邑中王家桐、田云鹤辈相唱和。"乾隆二年（1737），高凤翰罢官后右手病废，寓扬州长寿庵，此时板桥也于乾隆元年（1736）中进士后由北京归来，与高凤翰同在扬州。乾隆三年（1738），画家徐璋为高凤翰画席地坐像，高凤翰左笔于右端题"披褐图"三字，并作自赞，又李郎、江廷恺两题，又后板桥题记云：

岂是人间裋褐徒，胸中锦绣要模糊；况经风雨离披后，废尽天吴紫凤图。南阜山人作披褐图，寂寥萧澹。既已蔬食没齿无怨矣。板桥居士为题二十八字，则又怨甚，然居士实不怨也。复录《遣怀》旧作一首，寄于卷内，以与先篇相发明焉：江海飘零窃大名，宫花曾压帽檐轻；尊前更挟韦娘

① 齐鲁书社版《郑板桥全集·板桥研究资料》著录。

艳，再怨清贫太不情。愚弟郑燮。[1]

从题记中可知板桥对高凤翰是极为推崇的。乾隆五年（1740）夏，卢雅雨离扬州北上出塞“坐台”，行前，于斯年四月，由高凤翰布局，“洞庭叶芳林写照，昆山张珩主人物”，作《卢见曾出塞图》，图成，附卢雅雨、高凤翰、郑板桥、吴敬梓、马曰琯、孔传橿、李葂等十几人的诗跋。郑板桥、高凤翰的诗中流露出挚友惜别之情[2]。冬，高凤翰游苏州，年底行将北还，于苏州频行赋《三君咏》，“三君”为金农、郑板桥、马曰璐，皆高凤翰文字挚友。是年，板桥在扬州，高凤翰赋《忆郑板桥》诗[3]云：

澹如我辈成胶漆，狂到狂奴有性情；

便去故乡寻旧迹，断碑犹爱板桥名。

胶州为唐之板桥镇，犹有遗刻。

乾隆六年（1741）夏，高凤翰由苏州至扬州，过淮取道北返抵山东胶州三里河家园；板桥于斯年九月入京候补官缺。翌年，板桥署范县令，为官期间，作绝句二十一首咏怀二十一位友人，第一首就是《高凤翰》[4]：

高凤翰

号西园，胶州秀才，

荐举为海陵督灞长。

工诗画，尤善印篆；

病废后，用左臂，

---

① 山东省博物馆藏墨迹。

② 北京故宫博物院藏墨迹。

③《南阜山人诗集类稿》。

④《郑板桥集·诗钞》。

书画更奇。

西园左笔寿门书，

海内朋交索向余；

短札长笺都去尽，

老夫赝作亦无余。

七品官耳、鹧鸪（印章二方）高凤翰刻

板桥十分坦率地承认自己曾伪造过高凤翰的画和金农的书，以应酬海内知交的索取，如果不是至友深交，是不会这样做，更不会公开说破的。高凤翰不仅是诗人、画家，还是一位篆刻家，板桥的两方用印《七品官耳》（白文）、《鹧鸪》（朱文）即高凤翰所刻，高凤翰之孙攀龙[1]亦为板桥刻《谷口人家》一印。

某日板桥在朝城县作石图三幅，分寄高凤翰、图清格、李鱓，板桥题云：

今日画石三幅，一幅寄胶州高凤翰西园氏，一幅寄燕京图清格牧山氏，一幅寄江南李鱓复堂氏。三人者，予石友也。昔人谓石可转而心不可转，试问画中之石尚可转乎？千里寄画，吾之心与石俱往矣。是日在朝城县，画毕尚有余墨，遂涂于县壁，作卧石一块。朝城讼简刑轻，有卧而理之之妙，故写此以示意。三君子闻之，亦知吾为吏之乐不苦也。

这时，已得志的板桥不因志得意满而转变对旧交的态度，反而深信友谊坚如磐石，寄情于画，表达寸心。

板桥在潍县时，与高凤翰书笺往来频仍。有说高凤翰

① 攀龙：《板桥先生印册》云“高攀龙，凤翰孙也”。查高凤翰孙有攀鳞、攀翼、攀琅，却没有名叫“攀龙”的。

曾骑驴去潍县过访。[①]据法坤宏《书事》云："潍县知县郑板桥燮，扬州人，乾隆丙辰进士，与吾胶南老人高凤翰善。余曾于南阜处见郑往来笔札，心慕其人。"乾隆十三年（1748），高凤翰为板桥作《冰雪心肝寄故人》卷，并题诗寄之[②]；板桥还藏有斯年春高凤翰所作的《菊石图》轴[③]。板桥还常在高凤翰的画上题识，如题高凤翰康熙六十年（1721）所作的《荷花芦苇图》轴[④]：

济南城外有池塘，荇叶荷花菱藕香；
更有苇竿堪作钓，画工点染入沧浪。
苇花秋水逼秋清，画舫江南旧日情；
最是采蓬诸女伴，髯高风郑笑呼名。

诗中记述二人在济南同游大明湖，放浪形骸，亲密无间的情形。何时二人在济，待考。又题高凤翰《寒林雅阵图》[⑤]：

高西园胶州人，初号南村。此幅是其少作，后病废用左手，书画益奇。人但羡其末年老笔，不知规矩准绳自然秀异绝俗，于少时已压倒一切矣。西园为晚峰先生画，余不及见晚峰，而西园见之；后人不及见西园，而予得友之。由此而上推，何古人之不可见？由此下推，何后人之不可传？即一画有千秋遐想焉！板桥郑燮。

可见板桥对高凤翰绘画艺术的理解是很深刻的。乾隆

---

① 李金新《扬州八怪年谱·高凤翰年谱》上。
② 李既匋《高凤翰》。
③ 南京博物院藏墨迹。
④ 潍坊市博物馆藏墨迹。
⑤ 青岛市文物管理委员会藏墨迹。

二十三年（1758），高凤翰已辞世九年，板桥已辞官六年，斯年二月游胶州，为书“高南阜先生墓”六个大字。二十五年（1760），板桥游通州，拜访书画家丁有煜（1682—1764），知丁氏最爱重高凤翰画，遂令奴子往返千里去扬州家中取回高氏《菊石图》轴[①]赠之。乾隆二十六年（1761），板桥题《高凤翰画册》（八开）[②]云：

板桥题高凤翰画册之八

其一，睡龙醒后才伸爪，抓破南山一片青。聊题画境，其笔墨之妙，古人或不能到，予何言以知之。弟郑燮板桥。

其二，此幅已极神品逸品之妙，而虫蚀剥落处又足以助其空灵。板桥。

其四，此幅从何处飞来，其笔墨未尝著纸，然飞来又恐飞去，须磔狗血以厌之。板桥居士郑燮。

其五，仿白石翁，亦似高房山。板桥居士郑燮记。

其八，此幅三石挤塞满纸，而其为绿、为赭、为墨，何清晰也！为高、为下、为内、为外，何径路分明也！又以苔

① 南京博物院藏墨迹。

② 《郑板桥集·补遗·题画》。

草点缀，不粘不脱，使彼此交搭有情，何隽永也！西园老兄，秀才出身，故画法具有理解。近日诗古家骂秀才，骂制艺，几至于不可耐。不知诗古不从制艺出，皆无伦杂凑。满口山川风月，满手桃柳杏花，张哥帽，李哥戴，直是不堪一笑耳。圣天子以制艺取士，士以此应之。明清两朝士人，精神会聚，正在此处。试看西园兄画，绝无时文气，而却从时文制艺出来。乾隆辛巳，愚弟板桥郑燮题。

他对高凤翰的绘画给予高度评价，“已极神品逸品之妙”“其笔墨之妙古人或不能到”，无笔墨痕，具有空灵、隽永、自然之美，虽从“时文制艺出来”，却“绝无时文气”。乾隆五十五年（1790）黄易跋云：

南阜书画，有味外味。板桥以其品格在石田、青藤、且园之间，评论是矣。易谓此派，大涤子劲敌也。苍老之中气韵奇秀，似又过之。板桥幅幅题识，互相映带，精彩双妙，想见二老风流，明窗展对，满纸生动。

三、板桥与边寿民

板桥小边寿民九岁，雍正元年（1723），边寿民四十岁，由淮安旋往扬州在湖船作画，游舫鳞集，左右以观，声誉大起。其后，常过扬州，结识了金农、华嵒、许湘、蔡嘉、郑板桥、高凤翰等人。雍正元年左右和乾隆元年（1736），边寿民先后画了《苇间主人泼墨图》和《苇间书屋图》册，陆续题咏者达一百余人，多为当时著名人士及书画家，其中见有高凤翰、金农、华嵒等人题咏而不见有板桥。但板桥在乾隆七年（1742）范县到任之前即作有《淮阴边寿民苇间书屋》七绝二首[①]：

边生结屋类蜗壳，忽开一窗洞寥廓；
数枝芦荻撑烟霜，一水明霞静楼阁。
夜寒星斗垂微茫，西风入慊摇烛光；
隔岸微闻寒犬吠，几拈吟髭更漏长。

诗中描写了书屋的僻静和主人夜吟的情景。可以推知，板桥大约在扬州等候补缺期间游淮安，拜访过边寿民，此乃有感之作。于范县任上，他所作绝句二十一首中，即有《边维祺》一首[②]：

边维祺
字颐公，一字寿民，山阳秀才。工画雁。
画雁分明见雁鸣，缣缃飒飒荻芦声；
笔头何限秋风冷，尽是关山离别情。

板桥所评极是。边寿民每于秋日结屋荒洲，以琉璃窗中洞观芦雁飞鸣食宿游泳的情态。由于观察入微，故所绘芦雁，苍浑奇逸，无不入神。

---

① 《郑板桥集·诗钞》。
② 《郑板桥集·诗钞》。

四、板桥与汪士慎

板桥小汪士慎七岁，汪士慎由安徽歙县来扬寓居最久，与金农、高翔、陈撰等相友善。板桥“十年扬州做画师”时当与汪士慎相识，在《板桥集》与《巢林集》中均未见有相互唱和之作，但从板桥的一些题画诗中，尚可得到他们交往的一些线索。他官潍县时，给友人郭芸亭作《墨竹图》轴[1]题云：

> 扬州汪士慎，字近人，妙写竹。曾作两枝，并瘦石一块，索杭州金农寿门题咏。金振笔而书二十八字，其后十四字云：“清瘦两竿如削玉，首阳山下立夷、齐。”自古今题竹以来，从未有孤竹君事者，盖自寿门始。寿门愈不得志，诗愈奇，人亦何必汩富贵以自取陋！芸亭年兄一粲，板桥郑燮。

墨竹图（拓片）

汪士慎以画梅著名，亦精墨竹，被板桥评为“妙”笔。板桥和汪士慎每人所画的墨竹虽风貌各异，但他们在墨竹造型上都追求一种“清瘦”之美，乾隆十二年（1747）秋，板桥由潍县返扬探望亲友，与汪士慎、李鱓、李

① 北京故宫博物院藏墨迹。

方膺合作《花卉图》轴[1]，板桥题云：

梅花抱冬心，月季有正色；

俯视石菖蒲，清浅茁寒碧。

佛手喻画禅，弹指现妙迹；

共玩此窗中，聊为一笑适。

乾隆丁卯秋日，士慎画梅，复堂补佛手、石菖蒲，晴江添月季，余作诗于上。

乾隆二十六年（1761）九月十四日，板桥为焦五斗题汪士慎《乞水图》轴[2]：

此画此诗此书，可值一瓮金，瓮水不足偿也。然巢林居士不以易金而以易水，则巢林之清品可知矣。不以易他人之水，而以易焦五斗之水，则焦君之清品益可知矣。板桥老人系以诗曰：

抱瓮柴门四晓烟，画图清趣入神仙；

莫言冷物浑无用，雪汁今朝值万钱。

斯年，汪士慎已离开人间二年，他留在板桥心目中的印象是画品高、人品清。

五、板桥与李鱓

板桥小李鱓七岁，他们是同乡、朋友，皆以诗画齐名，又都当过县令，且先后去官南归，卖画扬州，一生坎坷，相交莫逆，

① 扬州僧让之旧藏墨迹。

② 美国普林斯顿大学美术馆藏墨迹。

感情甚笃。

雍正六年（1728），板桥、李鱓、黄慎同寓扬州天宁寺，一起讨论画品，黄慎作《米山小帧》，板桥题云：

苍茫一晌扬州梦，郑李兼之对榻僧；
记我倚栏论画品，蒙蒙海气隔帘灯。①

李鱓与板桥合作的作品，多系李画郑题，最早的一幅《蕉竹石》轴作于雍正十二年（1734）十月，郑氏题云：

君家蕉竹浙江东，此画还添柱石功；
最羡先生清贵客，宫袍南院四时红。②
板桥居士弟郑燮拜手为复堂先生题画。

李鱓曾得康熙赏识，于大内启祥宫南的画院任职。画中所画乃李鱓祖籍浙江之东的蕉竹，板桥所题表示对李鱓际遇的羡艳，并寄托自已愿成为国家柱石的理想。同年十一月，李鱓补成《菊石图》轴，题云：

此幅不知作于何时，雍正甲寅十一月十日，同板桥居士、莲若上人过登李世兄宅，乃泚笔足成之。懊道人记。③

李鱓《菊石图》轴

由此可知，此时他们过从

① 清·翁方纲《复初斋诗集》卷五十二。
② 北京故宫博物院藏墨迹。
③ 扬州市博物馆藏墨迹。

渐多，并共同访友。雍正十三年（1735）秋，板桥应聘赴浙江杭州参加乡试工作，任外帘职，冬回扬后，李鱓为作《三清图》轴，板桥题诗文以纪其事。[①]乾隆元年（1736），板桥中进士，斯年至翌年，板桥和李鱓同在北京，常见面，都在等待做官的机会。乾隆三年（1738）李鱓署山东临淄县，四年（1739）调山东滕县，五年（1740）解组。在李鱓为官山东期间，板桥作《饮李复堂宅赋赠》诗[②]：

四月十五月在树，淡风清影摇窗户，
举酒欲饮心事来，主客无言客起去。
主人起家最少年，骅骝初试珊瑚鞭，
护跸出入古北口，橐笔侍直仁皇前，
才雄颇为世所忌，口虽赞叹心不然。
萧萧匹马离都市，锦衣江上寻歌妓，
声色荒淫二十年，丹青纵横三千里。
两婴世网破其家，黄金散尽妻孥嫉，
剥啄催租恼吏频，水田千亩翻为累。
途穷卖画画益贱，佣儿贾竖论非是，
昨画双松半未成，醉来怒裂澄心纸。
老去翻去踏软尘，一官聊以庇其身，
几遍花开上林树，十年不见京华春。
此中滋味淡如水，未忍明良径贱贫。

记述了李鱓为官前的经历，是研究李鱓生平与思想的重要史料。李鱓罢官后，板桥在范县任期间，作《绝句二十一

① 首都博物馆藏墨迹。
② 《郑板桥集·诗钞》。

首·李鱓》：[1]

李鱓

号复堂，兴化县人，孝廉，供奉内廷，后为滕县令。画笔工绝。蒋相公、高司寇弟子。

两革科名一贬官，萧萧华发镜中寒；

回头痛哭仁皇帝，长把灵和柳色看。

又作《署中示舍弟墨》诗[2]云：

李三复堂，笔精墨渺；

予为兰竹，家数小小，

亦有苦心，卅年探讨。

速装我砚，速携我稿，

卖画扬州，与李同老。

又作石图三幅，[3]分寄高凤翰、图清格、李鱓，此三人为板桥之石友。在范县任的最后一年，又作《怀李三鱓》诗：[4]

耕田便尔牵牛去，作画依然弄笔来；

一领破蓑云外挂，半张陈氏酒中裁。

青春在眼童心热，白发盈肩壮志灰；

惟有莼鲈堪漫吃，下官亦为啖鱼回。

待买田庄然后归，此生无分到荆扉；

借君十亩堪栽秫，赁我三间好下帏。

柳线软拖波细细，秧针青惹燕飞飞；

梦中长与先生会，草阁南津旧钓矶。

---

① 《郑板桥集·诗钞》。

② 《郑板桥集·诗钞》。

③ 《郑板桥集·题画》。

④ 《郑板桥集·诗钞》。

斯年冬，板桥送饶氏及子返回兴化，与李鱓相会，题李鱓六十岁以前为退庵禅师四十寿所作的《枯木竹石图》轴，[①]谈及李鱓作品真伪及风格变化问题："此复堂先生六十内画也。力足手横，大是青藤得意之笔。不知者以为赝作，直是儿童手眼未除耳。"乾隆十二年（1747）秋日，板桥由潍县归来探望亲友之际，在扬州与汪士慎、李鱓、李方膺合作《花卉图》轴[②]，其中李鱓补佛手、石菖蒲，板桥题诗，评李鱓所画云："俯视石菖蒲，清浅茁寒碧；佛手喻画禅，弹指现妙迹。"乾隆十四年（1749），板桥在《自叙》[③]中写道：

然板桥从不借诸人以为名。惟同邑李鱓复堂相友善。复堂起家孝廉，以画事为内廷供奉。康熙朝，名噪京师及江淮湖海，无不望慕叹羡。是时板桥方应童子试，无所知名，后二十年，以诗词文字与之比并齐声。索画者，必曰复堂。索诗字文者，必曰板桥。且愧且幸，得与前贤埒也。李以滕县令罢去。板桥康熙秀才，雍正壬子举人，乾隆丙辰进士。初为范县令，继调潍县。

板桥中秀才是在二十四岁，后二十年即四十四岁成进士，当已成名，并与李齐名。此时，郑的得名主要是诗文，《板桥集》可以证实，而绘画作品乾隆元年（1736）所作仅见《秋葵石笋图》；[④]李鱓主要是绘画，据《扬州八怪书画年表》[⑤]初步著录，乾隆元年创作有年款的存世绘画四十余

① 《扬州八怪全集》。

② 扬州·僧让之旧藏墨迹。

③ 北京故宫博物院藏墨迹。

④ 《神州大观集》影印。

⑤ 王凤珠、周积寅著《扬州八怪书画年表》，1992年江苏美术出版社出版。

幅，生平未曾留下诗文集，题画诗文尚见不少。乾隆十八年（1753），板桥去官南归，实现了他“卖画扬州，与李同老”的夙愿。乾隆二十年（1755），板桥与李鱓、李方膺合作《三友图》轴，[①]并有板桥题诗云：

复堂奇笔画老松，晴江乾墨插梅兄；

板桥学写风来竹，图成三友祝何翁。

乾隆二十二年（1757），李鱓七十二岁作有《三友图》轴[②]，斯年之后，未发现其作品，或即斯年逝世。板桥在《行书赠织文世兄》轴[③]中，十分怀念他们居官以来的友谊：

杭州只有金农好，宦海尝从李鱓游；

每到高山奇绝处，思君同倚树边楼。

乾隆二十五年（1760），板桥见到李鱓早年所作《花卉蔬果图》册，特作长跋，对其艺术的渊源流变，作了详尽透辟的阐述：

复堂之画凡三变：初从里中魏凌苍先生学山水，便尔明秀苍雄，过于所师。其后入都谒仁皇帝马前，天颜霁悦，令从南沙蒋廷锡学画，乃为作色花卉如生。此册是三十外学蒋时笔也。后经崎岖患难。入都得侍高司寇其佩，又在扬州见石涛和尚画，因作破笔泼墨，画益奇。初入都一变，再入都又一变，变而愈上，盖规矩方圆尺度，颜色浅深离合，丝毫不乱，藏在其中，而外之挥洒脱落，皆妙谛也。六十外又一变，则散漫颓唐，无复筋骨，老可悲也。册中一脂、一墨、

① 常州何乃扬藏墨迹。

② 江西省博物馆藏墨迹。

③ 扬州市博物馆藏墨迹。

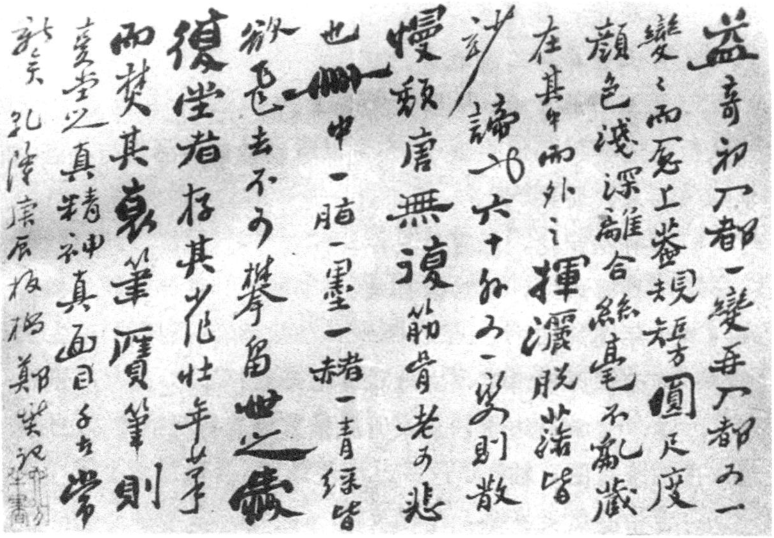

跋李鱓花卉蔬果册

一赭、一青绿，皆欲飞去，不可攀留。世之爱复堂者，存其少作、壮年笔，而焚其衰笔、赝笔，则复堂之真精神、真面目千古常新矣。

板桥不仅指出了复堂绘画艺术创作辉煌期之特色，还谈到了他晚年之衰笔与赝笔，这种严肃认真、实事求是的艺术批评精神是十分可贵的，与古今那些胡言乱语、庸俗捧场者是不可同日而语的。从以上板桥跋语口气看，似此时李鱓已过世。乾隆二十七年（1762），板桥七十岁时，在《兰竹石图》①中自题道：

复堂李鱓，老画师也。为蒋南沙、高铁岭弟子，花卉翎羽虫鱼皆妙绝，尤工兰竹。然燮画兰竹，绝不与之同道。复

① 《郑板桥集·题画》。

堂喜曰："是能自立门户者。"今年七十，兰竹益进，惜复堂不再，不复有商量画事之人也。

由此题知之，李鱓卒年不晚于斯年。板桥一直视李鱓为"前贤""先生"，并能与之名声"相埒"为幸事，说明他在艺术上对李的向往、爱慕以及受其影响。他"自立门户"，绝不与李鱓同调的兰竹，首先得到了李的鼓励与赞赏，当他艺术益进时岂能不怀念已故之老友呢！如今已"不复有商量画事之人"，又岂能不产生隐痛之感呢！

板桥、李鱓的友谊是建立在他们共同的思想基础之上的，他们做官都是为了"得志加泽于民"，作画则尽可能地表现民胞物与之情，一个是"一枝一叶总关情"，一个是"唤起人间为善心"，从板桥题李鱓《墨笔稻菜》小轴亦可以为证：

稻穗黄，充饥肠；

菜叶绿，作羹汤。

味平淡，趣悠长。

万人性命，二物耽当。

几滴濡濡墨水，一幅大大文章。

从板桥题李鱓其他绘画中，亦可以看到他们的品格与心态，如题李鱓《红菊》册页[①]云：

篱菊花开艳，经霜色更红；

不畏西风恶，巍然独自雄。

又题《老少年图》轴：[②]

① 许征白旧藏墨迹。

② 嘉兴王少鹤旧藏墨迹。

仰天鸿雁唳晴空，立地珊瑚七尺红；

惊尔文章成绚烂，从人阅历换霜风。

又题《古柏凌霄图》轴[1]：

古柏苍然挺岁寒，淹留废院气丸丸；

画工助你参天力，故遣凌霄上下盘。

他们惺惺相惜的友谊，推动了彼此的艺术，为画坛留下了千古佳话。

六、板桥与金农

板桥小金农六岁。康熙五十九年（1720）至雍正二年（1724）金农来扬州，雍正三年（1725）起云游各地，十二年（1734）客扬州，开始留髯，人称髯金。板桥及金农相知于乾隆元年（1736）之前，《冬心画竹题记》云："兴化郑进士板桥，风流雅谑，极有书名，……十年前予与先后游广陵，相亲相洽，若鸥鹭之在汀渚也。又善画竹，雨梢风箨，不学而能。……今试吏于齐东潍县矣。吾素性爱竹，近颇画此，亦不学而能，恨板桥不见我也。"板桥对金农极为敬佩，乾隆初年（1736），板桥未仕寓扬州时，作有《赠金农》诗[2]，赞美其书法与诗歌：

乱发团成字，深山凿出诗；

不须论骨髓，谁得学其皮。

① 美国私人藏墨迹。

② 《郑板桥集·诗钞》。

板桥在范县任上，作《绝句二十一首·金司农》[①]，称他是一位高明的古董鉴赏家：

金司农

字寿门，钱塘人。博物工诗。举鸿博，不就。

九尺珊瑚照乘珠，紫髯碧眼聚商胡。

银河若问支机石，还让中原老匹夫。

在一封《与金农书》信[②]中，板桥对玩古董谈了自己的看法：

古董一道，真必有伪，譬之文章，定多赝作，非操真鉴者，不能辨也。夏鼎商彝，世不多有，而见者殊希。老哥雅擅博物，燮曾有"九尺珊瑚照乘珠，紫髯碧眼号商胡"诗以持赠矣。然窃有说焉：世间可宝贵者，莫若《易象》《诗》《书》《春秋》《礼》《乐》，斯岂非世上大古器乎！不此之贵，而玩物丧志，奚取焉!然此只堪为知者道耳。狂愚之论，敢以质之高明。寿门征士，燮奉简。

他既肯定金农"雅擅博物"之嗜好，又认为这是"玩物丧志"，此诤友之论，体现了郑、金之间的真挚友情。他们在往来中，还讨论了关于诗词方面的问题，板桥《与金农书》[③]云：

赐示《七夕诗》，可谓词严义正，脱尽前人窠臼，不似唐人作为一派亵狎语也。夫织女乃衣之源，牵牛乃食之本。在天星为最贵，奈何作此不经之说乎！如作者云云，真能助我张目者，惜世人从未道及，殊可叹也。我辈读书怀古，岂

① 《郑板桥集·诗钞》。

② 《天咫偶闻》卷六。

③ 《天咫偶闻》卷六。

容随声附和乎！世俗少见多怪，闻言不信，通病也。作札奉寄，慎勿轻以示人。寿门征君。弟燮顿首。

又《与金农书》[①]云：

词学始于李，唐人惟青莲诸子，略见数首，余则未有闻也。太白《菩萨蛮》二首，诚千古绝调矣。作词一道，过方则近于诗，过圆则流于曲，甚矣词学之难也。承示新词数阕，俱不减辛、苏也。燮虽酷好填词，其如珠玉在前，翻多形秽耳。板桥弟燮书寄寿门老哥展。

板桥在潍县，为友人郭芸亭作《墨兰图》轴并题金农句[②]：

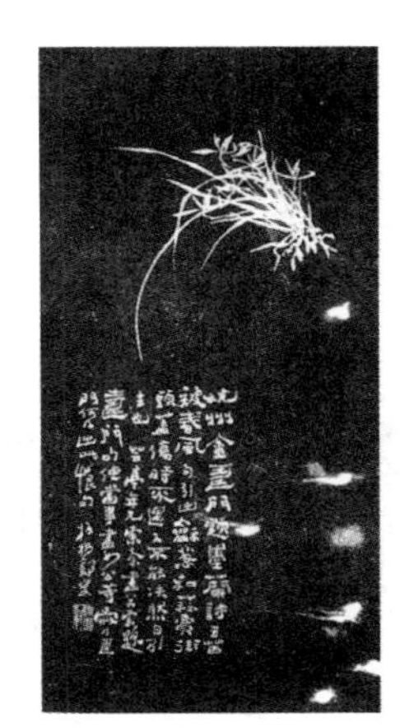
墨兰图（拓片）

杭州金寿门题墨兰诗云："苦被春风勾引出，和葱和蒜卖街头。"盖伤时不遇，又不能决然自引去也。芸亭年兄索余画，并索题寿门句。使当事尽如公等爱才，寿门何得出此恨句？板桥郑燮。

斯时，板桥误闻金农去世的消息，而发生哭金事，这在《冬心自写真题记》中有记载：

十年前，卧疾江上，吾友郑进士板桥宰潍县，闻予捐世，服思麻，设位而哭。沈上舍房仲道赴东莱，乃云冬心先生虽撄二竖，至今无恙也。板桥始破涕改容，千里致书慰问。予感其生死不渝，赋诗报谢之。

板桥辞官归扬后，与金农友谊不断发展，《冬心自写真

① 《天咫偶闻》卷六。

② 《文物》1960年第7期。

题记》云：

近板桥解组，予复出游，尝相见于广陵僧庐。予仿昔人自为写真寄板桥；板桥擅墨竹，绝似文湖州，乞画一枝，洗我满面尘土可乎？

板桥为金农作《墨兰图》轴[①]并题云：

扬州豪家求余画兰，题曰：写来兰叶并无花，写出花枝没叶遮；我辈何能构全局，也须合拢作生涯。金寿门见而爱之，即以为赠。题曰：昨宵神女降云峰，折得花枝洒碧空；世上凡根与凡叶，岂能安顿在其中？以寿门诗文绝俗也。

乾隆二十二年（1757）三月初三，卢雅雨二次修禊红桥，板桥、金农一起参与了有七千余名文人参与的和修禊韵[②]。乾隆二十三年（1758），诗人陶元藻客扬州，与板桥、金农、张铁青、陈对鸥、陈章、蒋秋泾集会，每月联吟数次。[③]乾隆二十五年二月金农序书《自度曲》于龙梭仙馆，书中有《题庭前草本小花为板桥居士作十句四十八字》云：

郑家小婢，草丛一半新栽红紫；老却关情，爱他容易开花结子。来春分种，看离落墙根，蔓延不已；野香无比，风味是沣兰湘茝。

乾隆二十六年（1761）四月，金农对板桥的画竹艺术发表评论：

近复画竹不倦，别出新意，自谓老文、坡公无此法。时兴化郑进士板桥曾为七品官，亦擅此长。见一诗云："画竹多于

① 《郑板桥集·补遗》。
② 《扬州八怪年谱·金农年谱》。
③ 《全浙诗话·陈章》卷四十九。

六分半书金农拟夜台八景题目

卖竹钱，纸高八尺价三千。”予尝对人吟讽不去口，益信吾两人画竹，皆见重于世人也。板桥闻之，能不辗然一笑乎？

吾友兴化郑板桥进士，擅写疏篁瘦篠，颇得萧爽之趣。予间写此，亦其流派也。设有人相较吾两人画品，终逊其有林下风度耳。辛巳四月，荐举博学宏词杭郡金农记。[①]

天津市艺术博物馆藏有板桥《兰竹菊石图》册（七开），其中一开系由金农拟《夜台八景》题目，板桥以六分半书书之：

《鬼门关话旧》《望乡台玩月》

《血湖池观莲》《奈何桥待渡》

《剥衣庭纳凉》《滑油山踏青》

《恶狗村访友》《孟婆庄小饮》。

《夜台八景》，金司农拟，板桥郑燮书。

板桥、金农均善篆刻，与丁敬、黄易、奚冈、蒋仁、陈鸿寿齐名，人称“雍嘉七子”。[②]

---

① 《冬心先生杂画题记》。

② 邓散木《篆刻学·浙派》。

七、板桥与黄慎

板桥小黄慎六岁。雍正一、二年（1723、1724），板桥和黄慎先后来到扬州鬻画。雍正四年（1726）五月，黄慎作《钟馗小妹图》横幅[1]，画上有板桥题云：

五月终南进士家，深怀巨盏醉生涯；
笑他未嫁婵娟妹，已解宜男是好花。

在“板桥郑燮题”落款后钤有“老画师”“丙辰进士”二印，可见板桥题诗是在乾隆元年（1736）以后补书的。

题黄慎《钟馗小妹图》

① 四川省博物院藏墨迹。

雍正五年（1727）四月，黄慎作《草书郑板桥道情》卷[①]，卷末落款："雍正丁未四月书于广陵雅歌楼，宁化黄慎。"《郑板桥集》中有《道情十首》，板桥自注："是曲作于雍正七年，屡抹屡更。至乾隆八年，乃付诸梓。刻者司徒文膏也。"其实，所云雍正七年（1729）所作道情，系初定稿。最早见于记载的，为雍正三年（1734）作，板桥跋乾隆二年（1737）人日所作《道情十首》云："雍正三年，岁在乙巳，予落拓京师，不得志而归，因作《道情十首》以遣兴。"此作可称未定稿，那么黄慎草书卷，当系未定稿。板桥、黄慎至迟已于此时结交。雍正六年（1728）八月，板桥、黄慎、李鱓同寓天宁寺，黄慎作《米山小帧》，板桥为之题。乾隆五年（1740）四月至六月，板桥在扬州枝上村为黄慎《山水》册（十二开）[②]作题，斯时黄慎早已于雍正十三年（1735）携家奉母自扬州起程归闽。谢堃《春草堂集》卷二十八记载了黄慎初来扬州后书画风格一变再变，颇受欢迎而致富，买房屋娶大小妇一事：

慎，……初至扬郡，仿萧晨、韩范辈工笔人物，书法钟繇，以至模山范水，其道不行。于是闭户三年，变楷为行，变工为写，于是稍稍有倩托者。又三年，变书为大草，变人物为泼墨大写，于是道之大行矣。盖扬俗轻佻，喜新尚奇，造门者不绝矣。瘿瓢由是买宅，娶大小妇。与李鱓、高翔辈，结二十三友，酬倡无虚日。

关于黄慎娶"小妇"，《雨窗消意录》云：一日，黄慎

① 日本东京国立博物馆藏墨迹。

② 清·邵松年《古缘萃录》卷十四。

"赴友人饮，见其邻腐肆之女而悦之。囊无资，不能致也。乃画一仙女，张之装裱之肆。盐商以重价购之不可，问其所欲，则实告。商因买腐肆女易之"。板桥特为黄慎作绝句一首[①]：

闽中妙手黄公懋，大妇温柔小妇贤；

妆阁晓开梳洗罢，看郎调粉画神仙。

乾隆七年（1742）板桥在范县后，因思念友人，作《绝句二十一首·黄慎》[②]云：

黄慎

字恭懋，号瘿瓢，七闽老画师。

爱看古庙破苔痕，惯与荒崖乱树根；

画到神情飘没处，更无真相有真魂。

所谓"更无真相有真魂"，即赞扬黄慎描绘对象不仅仅于形似而达到神似的境地。乾隆十六年（1751），黄慎重游扬州，寓居杨开鼎之双松堂，往来江阴、如皋等地访友、卖画。乾隆二十年（1755），黄慎在如皋汪氏之文园作《丁有煜像》卷[③]，板桥于乾隆二十五年（1760）夏游通州时为之题跋。乾隆二十一年（1756）二月初三，黄慎在扬州，参加板桥发起的酒会，《郑板桥集·题画》云：

乾隆二十一年二月三日，予作一桌会，八人同席，各携百钱以为永日欢。座中三老人、五少年：白门程绵庄、七闽黄瘿瓢与燮为三老人；丹阳李御萝村、王文治梦楼、燕京于

① 清·谢坤《春草堂集》卷二十八。

② 《郑板桥集·诗钞》。

③ 南通博物苑藏墨迹。

文浚石乡、全椒金兆燕棕亭、杭州张宾鹤仲谋为五少年。午后，济南朱文震青雷又至，遂为九人会。因画九畹兰花以纪其盛。诗曰：天上文星与酒星，一时欢聚竹西亭；何劳芍药夸金带，自是千秋九畹青。座上以绵庄为最长，故奉上程先生携去。

据吴海林等《中国历史人物生卒年表》，程绵庄（延祚）生于康熙三十年（1691），而黄慎生于康熙二十六年（1687），当"以瘿瓢（黄慎）为最长"才是。乾隆二十二年（1757）黄慎七十一岁离开扬州，启程回闽。黄画郑题的作品尚有：板桥题黄慎《黄漱石捧砚图》轴[①]：

铁砚犹穿况石头，知君心事欲千秋；

文章吐纳烟霞外，入手先亲即墨侯。

黄慎尝为仪征鲍城（字匡溪）绘《独立图》[②]，板桥题之。

八、板桥与高翔

板桥小高翔五岁。高翔乃扬州土生土长者，其艺术活动大都在扬州。因此，板桥初来扬州卖画时，当与高翔相识了。板桥有一方印章系高翔所刻，《板桥先生印册·充柔》云：

高凤冈，名翔，字西唐，刻此。

贱字克柔，犀堂刻作"充柔"，真成错谬，余亦宝而藏之，

① 北京故宫博物院藏墨迹。

② 刘文淇等《重修兴化县志》卷三十七。

人亦爱而玩之。若俗笔，虽字字六书，丝毫无舛，我正不取。

在板桥的书画作品中，迄今尚未发现钤有“充柔”一印者。

高翔主要擅长山水，板桥曾题其《山水图》[①]云：

幽岩雨过静篨篨，傍水沿篱结草庐；

何日买山如画里，卧风消受一床书。

板桥称赞高翔所画的山水比自然山水还美，是一种幽静、绝俗的艺术意境。板桥认为高翔与金农、李鱓、高凤翰等人齐名，是被扬州人所重视的画家，他卖画可“岁获千金，少亦数百金”。[②]

九、板桥与李方膺

板桥长李方膺二岁。李方膺是江苏通州人，罢官后寄居南京，何以列入“扬州八怪”？李方膺和李鱓、板桥一样，是广义的扬州人。原来通州在雍正元年（1723）以前，是一个属于扬州府的散州，李方膺在康熙五十七年（1718）入学籍贯是扬州府通州，而他的大兄方曹入学，则是扬州府学学额。他虽然没有寄居在扬州，但经常在扬州小住，与“八怪”中的其他画家商讨艺术、咏诗作画，并有不少传世作品：有一幅《梅花》册页，[③]署款“写于广陵客舍”；乾隆十一年（1746）四月，他入京谒选时经扬州，于杏园作

① 扬州商健勋旧藏墨迹。

② 板桥《行书偶记》卷，上海博物馆藏墨迹。

③ 南通博物苑藏墨迹。

《双鱼图》轴[①]；同年九月六日，在扬州作《墨梅》册，题一叶曰："扬州明月年年在，收拾春风廿四桥。"又题另一叶曰："扬州风雅如何逊，瘦蕊千千笑口开"；乾隆十六年（1751）夏，作《花卉·春城夜梦图》册[②]题曰："怪问司勋眠不得，从今夜夜梦扬州。"可见他热爱扬州、歌颂扬州，是对扬州有着特殊感情的。

乾隆五年（1740），李方膺来扬州，宴集名公于平山堂，共赋第五新泉。[③]板桥此时在扬州，当被邀与会。乾隆十二年（1747），李方膺往安徽潜山署知县任，过扬州，与汪士慎、李鱓合作《花卉图》轴[④]，其中李方膺画月季，由板桥题识。李方膺曾为板桥作《欲栽买盆图》册页并题板桥句：[⑤]

买个盆儿带回去，栽它南北两高峰。

板桥送友人归越句，余录以赠之。

板桥为方膺作行书五言联一副：

束云归砚匣，栽梦入花心。

晴江年学老长兄属，板桥郑燮。

——《古今名人楹联汇编》

板桥题李方膺《墨竹图》轴[⑥]云：

此二竿者可以为箫，可以为笛，必须凿出孔窍，然世间之物，与其有孔窍，不若没孔窍为妙也。晴江道人画数片叶

① 北京故宫博物院藏墨迹。
② 北京故宫博物院藏墨迹。
③ 《扬州游览手册》。
④ 扬州僧让之旧藏墨迹。
⑤ 南京博物院藏墨迹。
⑥ 北京故宫博物院藏墨迹。

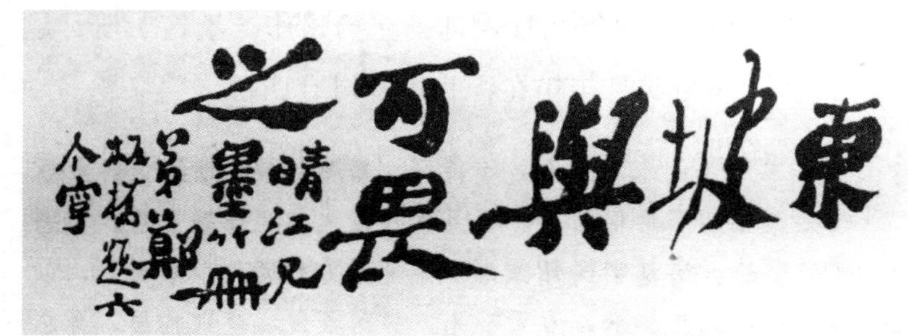

题李方膺《墨竹》册

以遮之，亦曰免其穿凿。

文题李方膺《墨竹》册页[1]：

一枝瘦影横窗前，昨夜东风雨太颠；

不是傍人扶不起，须知酣醉欲成眠。

李晴江画，郑板桥题。

又题李方膺《墨竹》册[2]云：

东坡，与可畏之。晴江兄墨竹册，弟郑板桥题六个字。

板桥对李方膺墨竹评价虽高了一点，但李的墨竹确实颇具特色，论其艺术成就当不在板桥之下。板桥在文同“胸无成竹”理论基础上，提出了“胸有成竹”的主张，李方膺在画中也钤有“胸无成竹”的闲章[3]；板桥自题《盆兰图》轴[4]云：

买块兰花要整根，神完力足长儿孙；

莫嫌今岁花犹少，请看明年花满盆。

---

① 《扬州八怪全集》影印。

② 上海朵云轩木版水印。

③ 李方膺《风竹图》轴，《扬州八家画选》影印。

④ 烟台市博物馆藏墨迹。

李方膺自题《盆兰图》轴[1]亦云：

买块兰花要整根，神完气足长儿孙；

莫嫌此日银芽少，只待来年发满盆。

可见，他们的心是相通的，理论与实践是互受影响的。乾隆二十年（1755）板桥、李方膺与李鱓在扬州合作《三友图》轴，[2]李鱓画松，板桥画竹，李方膺画梅，板桥并题，结成“岁寒三友”。斯年，李方膺由南京返归故里，卒于通州。乾隆二十五年（1760）夏，板桥游通州，板桥会见了李方膺之侄书画家、篆刻家李霁，并应李方膺之侍人郝香山之请，题其所藏李方膺之作，板桥跋黄慎《丁有煜像》卷[3]：

郝香山，晴江李公之侍人也，宝其主之笔墨如拱璧，而索题跋于板桥老人。

郝氏所珍藏的即是李方膺于乾隆二十年（1755）初夏作于金陵的《墨梅图》卷，[4]板桥题云：

兰竹画，人人所为，不得好。梅花，举世所不为，更不得好。惟俗工俗僧为之，每见其几段大炭，撑拄吾目，其恶秽欲呕也。晴江李四哥独为于举世不为之时，以难见奇，以孤见实，故其画梅，为天下先。日则凝视，夜则构思，身忘于衣，口忘于味，然后领梅之神、达梅之性、挹梅之韵、吐梅之情，梅亦俯首就范，入其剪裁刻划之中而不能出。夫所谓剪裁者，绝不剪裁，乃真剪裁也；所谓刻划者，绝不刻划，乃真刻划也。官止神行，人尽天复，有莫知其然而然者，问之晴江，亦不自知，亦不能告

---

① 扬州市博物馆藏墨迹。

② 常州何乃扬藏墨迹。

③ 南通博物苑藏墨迹。

④ 兰州顾子惠藏墨迹。

人也。愚来通州，得睹此卷，精神浚发，兴致淋漓。此卷新枝古干，夹杂飞舞，令人莫得寻其起落。吾欲坐卧其下，作十日工课而后去耳。乾隆二十五年五月十三日，板桥郑燮漫题。

梅根啮啮，梅苔烨烨；几瓣冰块，千秋古雪。板桥又题。

板桥总结了李方膺创作梅花的宝贵经验，至今仍有借鉴意义。李方膺笔下的梅花有着如此感人的艺术魅力，使板桥佩服得五体投地，足见其艺术造诣之高了。板桥自己为什么说“一生从未画梅花”，其实他不是没有画过梅花，而是画得很少，恐怕是有自知之明，画不过李方膺的缘故吧。

这里附带提及的是日本东京国立博物馆所藏金农《梅花图》卷（乾隆二十二年即1757年作），由板桥作长跋，最后款署也是“乾隆二十五年五月十三日板桥郑燮漫题”。所跋内容也与板桥题李方膺《墨梅图》卷同，只是“晴江李四哥”易为“冬心先生”；“愚为通州，得睹此卷，精神浚发”，易为“愚来扬州，得睹此卷，先生每为玲珑馆主人作画，皆精神浚发”。并无“板桥又题”四言诗十六字。此时，板桥游通州，绝不在扬州，故所谓板桥跋金农《梅花图》卷纯属赝品，此赝品乃摹仿板桥题李方膺《墨梅图》卷而成，不过伪造得还是颇有水平的。

十、板桥与李葂

李葂为卢雅雨（1690—1768）之高足，乾隆元年（1736）卢氏由官安徽六安州牧调任两淮盐运都转到扬州，李葂亦随

行书李葂绝句

之而来，寓扬州贺园，曾为卢雅雨作《虹桥揽胜科》而著名于时。板桥和李葂结交当在乾隆二年（1737），板桥由北京南归之后。乾隆四年（1739）十一月五日，板桥作《行书李葂绝句》方幅，其中《饮村舍》、《草堂》、《夜泛红桥》、《雨窗》、《立秋日》、《淮城》之一、《白芙蓉》、《辕门桥·扬州花市》、《题雅雨夫子借书图》之一、《沈芦山瘦吟图》十一首，见于乾隆二十一年（1756）卢氏雅雨堂刻《啸村近体诗选》三卷。乾隆十八（1753）春，板桥离潍返扬日，宴请诸友，李葂赠之以联，《楹联丛话》卷十二记载道：

板桥解组归田日，有李啸村者，赠之以联。板桥方宴客，曰："啸村韵士，必有佳语。"先观其出联云："三绝诗书画"，板桥曰："此难对。昔契丹使者以'三才天地人'属语，东坡对以'四时风雅颂'，称为绝对。吾辈且共思之，限对就而后食。"久之不属，启视之，则"一官归去来"也，感叹其工妙。

就在这次宴会后一年内，李葂即离开了人间。秦大士《啸村近体诗选·序》云："比卢公再任两淮，而已叹啸村之衰且老矣。未几，病而归，归而卒，公深悲焉。余时持服归里，会公选辑啸村诗，将锓诸木以行之，命予序其首。"卢雅雨再任两淮盐运都转是在乾隆十八年（1753），为李葂诗选作序系翌年闰四月，故李葂卒年当在乾隆十八年（1753）秋冬至十九年（1754）春之间。

十一、板桥与罗聘

板桥大罗聘四十一岁，板桥与罗聘之父罗愚溪早就有往来。罗愚溪善画山水，板桥曾题其作。[①]乾隆十八年（1753）春，板桥辞官归扬，斯年罗聘与方婉仪结婚。乾隆二十六年（1761），方婉仪三十岁生日，板桥作《石壁丛兰图》轴[②]并题诗以贺：

① 扬州市文物商店藏墨迹。

② 清·李佐贤《书画鉴影》卷二十四。

板桥道人没分晓，满幅画兰画不了；

兰子兰孙百辈多，累尔夫妻直到老。

乾隆辛巳，为两峰罗四兄尊嫂方夫人三十初度。郑燮草稿。

乾隆二十二年（1757），卢雅雨曾发起二次虹桥修禊，和韵者达七千余人，板桥、金农、罗聘等人与会。罗聘云游山东蓬莱时，触发起对友人的思念，便作《江上怀人绝句十五首·郑板桥》[①]云：

一官轻弃返初心，游戏人间岁月深；

曾到蓬莱看东海，题诗笑付老龙吟。

罗聘此诗显然是作于板桥辞官之后。

① 罗聘《香叶草堂诗存》。

第四章 郑板桥美学思想

板桥不仅是一位杰出的画家、书家、文学家，而且还是一位颇有建树的文艺理论家、美学家，他没有专门的美学著作，其美学思想主要反映在他的文论、画论和书论之中。

一、以造物为师
——美的创造源泉

清一代，以四王为首的娄东派、虞山派，他们的创作严重脱离生活，主张“以古人为师”为目的，反对“自出新意”，认为只有“与古人同鼻孔出气”，才能“下笔自然契合”①，甚至说只要学得“子久些子脚汗气，于此稍有发现乎”②就很满足了，这种复古主义的美学思想成为中国画发展

① 王时敏《西庐画跋》。
② 王原祁《麓台题画稿》。

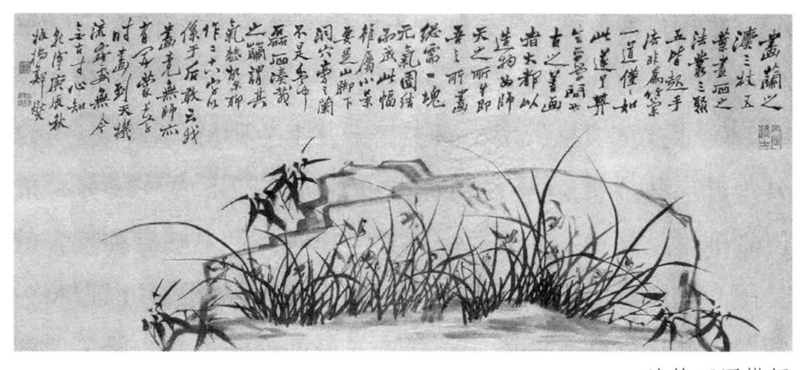

兰竹石图横幅

的严重障碍。和这种复古主义美学思想相对立的是龚贤、石涛等人的现实主义美学思想。龚贤云："古人之书画，与造化同根，阴阳同候，非若今人泥粉本为先天，奉师说为上智也。然则今之学画者当何奈？曰：心穷万物之源，目尽山川之势，取证于晋唐宋人，则得之矣。"[①]石涛云："古今造物之陶冶也，阴阳气度之流行也，借笔墨以写天地万物而陶泳乎我也。"[②]板桥自题《兰竹石图》横幅[③]云：

古之善画者，大都以造物为师。

古时以为万物是天造的，故称天为造物。《庄子·大宗师》："伟哉夫！造物者将以予为此拘也。"与造化同义，原是指自然界，后来指一切客观事物。古代有成就的画家，无不以造物为师，面对现实美，进行独立的艺术美的创造，板桥举韩幹为例说：

① 周二学《乙角编》乙册。

② 《石涛画语录》。

③ 中国美术家协会藏墨迹。

韩斡画御马云："天厩中十万匹，皆吾师也。"[1]

韩斡是唐代画马名家，师曹霸而重视写生。《唐朝名画录》说他被"明皇天宝中召入供奉，上令师陈闳画马，帝怪其不同，因诘之。奏云：'臣自有师，陛下内厩之马，皆臣之师也。'上甚异之"。韩斡为何画马"笔端有神"，就是因为马的形象都是从实际生活中来的。板桥的"以造物为师"，源于六朝人的画论著作中，南朝的陈吴兴、姚最《续画品》将绘画反映生活概括为"立万象于胸怀"，首次提出"心师造化"说。唐代张璪画松石用秃毫或以手摸绢素，同时的画家毕宏一见惊叹不已，因问璪所受，璪曰："外师造化，中得心源。"毕宏自愧不及，从此搁笔。"外师造化，中得心源"成了千古画家座右铭。板桥自题《墨竹图》轴[2]云：

予客居天宁寺西杏园，亦曰：后园竹十万个，皆吾师也，复何师乎？

在《题画·竹》[3]中又说：

余家有茅屋二间，南面种竹。夏日新篁初放，绿阴照人，置一小榻其中，甚凉适也。秋冬之际，取围屏骨子，断去两头，横安以为窗棂，用匀薄洁白之纸糊之。风和日暖，冻蝇触窗纸上，冬冬作小鼓声。于时一片竹影零乱，岂非天然图画乎！凡吾画竹，无所师承，多得于纸窗粉壁日光月影中耳。

板桥在论述"以造物为师"时，是与"元气"联系在一

① 安徽省博物馆藏墨迹。
② 安徽省博物馆藏墨迹。
③ 《郑板桥集》。

起的，他自题《兰竹石图》横幅[1]云：

天之所生，即吾之所画，总需一块元气团结而成。

元气，是中国哲学概念。东汉·董仲舒（前179—前104）综合殷周以来天命论、阴阳五行思想而归宗于儒学，在中国哲学史上较早地提出了元气范畴，是对于元气范畴内涵的丰富。所谓元气，是指本始之气，也指天地阴阳中和之气，它是产生万物的本始物质。其后，《易纬·乾凿度》对董氏的“元气”如何产生万物和人类的过程作了阐述，构成了太易（未见气）→太初（气之始）→太始（形之始）→太素（质之始）的万物生成论的模型。这个模型的气、形、质未分离阶段，便是浑沌的元气。王充、张衡、王符在批判董氏“天人感应”论和《纬书》的谶纬思想中，完善了元气论。王充提出了元气自然论，认为元气无为自然，而非有为有意志。“元气未分，浑沌为一”[2]，“万物之生，皆禀元气”[3]。唐宋以来，不少哲学家，各自以儒、道、佛观点对元气加以发挥，丰富了中国哲学元气的范畴。元气由哲学领域移用于文艺美学领域，则成为文艺美学领域的一个基本范畴。板桥是美学上的元气论者，他从元气论出发，将造物这一审美客体、美的创造源泉的内涵推向了一个更深的层面。他所说的“天之所生，即吾之所画”，指由元气而生的天地万物，是画家学习和描绘的物象。它包括气、形、质三方面。气者，精神也，是物象之外（虚）的东西；形，形象、

① 中国美术家协会藏墨迹。

② 《论衡·谈天》。

③ 《论衡·言毒》。

形体也；质，实质、特性也。形质是物象之内（实）的东西。物象之气、形、质三者俱，只有通过画家本身之气运与艺术形式加以表现，才能创作出绘画作品。清·方东树《昭味詹言》卷十二："凡诗文书画，以精神为主，精神者，气（按指主客体统一之气）之华也。"北宋·韩拙《山水纯全集》："笔以立其形质，墨以分其阴阳，山水悉从笔墨而生。"因此，"以造物为师"，不仅得其物象之内的形质，更要得其物象之外的气，这样画家所创作出的绘画作品，使气与形、虚与实、文与质统一，才能体现那个作为宇宙本体和生命的元气。板桥举画石为例，来说明如何由元气而生成绘画的：

画石亦然，有横块、有竖块、有方块、有圆块、有欹斜侧块。何以入人之目，毕竟有皴法以见层次，有空白以见平整，空白之外又皴，然后大包小，小包大，构成全局，尤在用笔用墨用水之妙，所谓一块元气团结而成矣。[①]

板桥对这种由元气而成的绘画，达到什么样的审美要求了呢？他自题画竹[②]说：

方其画时，如阴阳二气，挺然怒生，抽而为笋为篁，散而为枝，展而为叶，实莫知其然而然。

阴阳二气，是元气具体存在的形式，合二而一，便是元气。就是说由元气所成之墨竹画，要像自然界阴阳二气的流动变化那样，莫知其然而然。是一种不用雕饰而具有的天成自然之美。

① 《郑板桥集·题画》。

② 安徽省博物馆藏墨迹。

二、眼中、手中、胸中之竹
——美的创造过程

北宋·苏轼《文与可画筼筜谷偃竹记》云："竹之始生，一寸之萌耳，而节叶具焉自蜩蝮蛇蚹，以至于剑拔十寻者，生而有之也。今画者乃节节而为之，叶叶而累之，岂复有竹乎？故画竹必先得成竹于胸中，执笔熟视，乃见其所欲画者，急起从之，振笔直遂，以追其所见，如兔起鹘落，少纵则逝矣。与可之教予如此，予不能然也，而心识其所以然。"[①]这就是"胸有成竹"一语的来源。北宋·晁补之《赠文潜甥杨克一学文与可画竹求诗》云："与可画竹时，胸中有成竹。"黄庭坚云："先有竹于胸中，则本末畅茂。有成竹于胸中，则笔墨与物俱化。"[②]清·汪之元亦云："古人谓胸有成竹，乃是千古不传语。盖胸中有全竹，然后落笔如风舒云卷，顷刻而成，则气概闲畅，大非山水家五日一石十日一水，沾沾自以为得意也。"[③]

"胸有成竹"是文同关于美的创造将形象当成一个完整的整体来构思的著名理论，到了清代板桥则大大丰富并发展了这一理论，提出了"眼中之竹""胸中之竹""手中之竹"，形象地说明了艺术美与生活美的关系以及艺术美创造的全过程。他自题画竹[④]说：

江馆清秋，晨起看竹，烟光日影露气，皆浮动于疏枝密

① 俞剑华《中国画论类编》上卷。
② 汪之元《天下有山堂画艺·墨竹指三十二则》。
③ 汪之元《天下有山堂画艺·墨竹指三十二则》。
④ 《郑板桥集·题画》。

叶之间。胸中勃勃遂有画意。其实胸中之竹，并不是眼中之竹也。因而磨墨展纸，落笔倏作变相，手中之竹又不是胸中之竹也。总之，意在笔先则定则也；趣在法外者，化机也。独画云乎哉！

“眼中之竹”，是指客观现实生活中的自然之竹，即这里所说的“烟光日影露气”中“浮动”之竹，通过画家感受反映于脑际中的印象，是审美的直接观照，虽处于认识生活的感性阶段，却是引起绘画创作冲动的契机，所谓“胸中勃勃，遂有画意”，这是进行美的创造必不可少的第一步。“胸中之竹”，它要求在艺术构思时，即“眼中之竹”，即获得的创作源泉，加以主观思想的分析判断，由感性认识上升到理性认识，抓住最足以表现对象本质特征的美的典型瞬间，通过提炼、概括，并融入画家的思想情感，在胸中形成一个完整的竹子的形象——艺术意象，因此“胸中之竹”并不等于直接观照的“眼中之竹”了。“手中之竹”，是将“胸中之竹”，用娴熟高明的笔墨技巧表现出来，塑造出审美主体与审美客体相统一的艺术形象。这“手中之竹”又并非“胸中之竹”的直接表现或物化，因为在美的创造中，由于存在着“化机”，随时都有可能出现“定则”之外的天趣。因此，“手中之竹”未必就是“意在笔先”的“胸中之竹”，所谓“画竹之法，不贵拘泥成局，要在会心人得神”[①]。于是板桥又引发出“有成竹与无成竹，其实只是一个道理”的精辟见解，他在自题画竹[②]中说：

① 板桥《竹石图》轴，上海博物馆藏墨迹。

② 《郑板桥集·题画》。

《竹石图》轴

文与可画竹，胸有成竹；郑板桥画竹，胸无成竹。浓淡疏密，短长肥瘦，随手写去，自尔成局，其神理具足也。藐兹后学，何敢妄拟前贤。然有成竹无成竹，其实只是一个道理。

在自题《竹石图》轴[1]更为深入地阐述道：

文与可画竹，胸有成竹；郑板桥画竹，胸无成竹。与可之有成竹，所谓渭川千亩在胸中也；板桥之无成（竹），如雷霆霹雳，草木怒生，有莫知其然而然者，盖大化之流行，其道如是。与可之有，板桥之无，是一是二，解人会之。

胸有成竹与胸无成竹是有法与无法的关系。清·郑绩《梦幻居画学简明》云："或日'画无法耶？'予日：不可有法也，不可无法也，只可无有一定之法。"将这段话与板桥语对照起来，可演化为这样一个公式：

无法——有法——无有一定之法

胸无成竹——胸有成竹——胸无成竹

一个画家如果不深入观察了解或者根本没有见过自然界中的竹子，要他画竹，必然是"心中无数"，也是我们通常所理解的"胸无成竹"（无法），因此作画前必须"意在笔先"，对所描绘的对象做到"心中有数"，即"胸有成竹"（有法），所谓"定则"。虽有成竹，也只是一片朦胧不甚明晰的审美意象。及至下笔，可能与原意相合，也可能与原意不相合，这时，当不可受"有法""定则"即"胸有成竹"的束缚，必须随机应变，信手拈来，才能产生预想不到的、"趣在法外"的艺术效果。所谓"化机"（无有一定

① 北京故宫博物院藏墨迹。

之法），就是板桥所说的“胸无成竹”，先“有成竹”，后“无成竹”，后“无成竹”，是先“有成竹”发展的极致，是“无法而法”之“至法”，所以说“只是一个道理”。板桥的这一理论的提出，与写意画落墨在生宣上有关，和文同时代使用的绢、熟纸不同，要求也不一样，这是板桥见解精深独到之处，也是继承与发扬传统的出色表现。

三、专以意似，不在形求
——审美主体情感的抒发

古人以喜气写兰，怒气写竹，盖物之至清，专以意似，不在形求。欧阳文忠公云：萧闲疏淡之致，惟画笔偶能得之，此真知画者也。

——《郑板桥全集·板桥题画佚稿·兰竹》

板桥的“不在形求”说，最早源于北宋·苏轼“论画以形似，见与儿童邻”[①]句，意思是说评论一幅画的优劣，如果以形似与不似为标准的话，那是与儿童的见识相邻近。到了元代，赵孟頫提出了“不求形似”说：

曹霸画人马，笔墨沉着，神采生动，……余所藏《人马图》，……子昂尝题云：“唐人善画马者甚众，而曹韩之为最，盖其命意高古，不求形似，所以出众之右耳。”[②]

倪瓒直接继承了赵说而加以发展：

① 《书鄢陵王主簿所画折枝》二首之一。

② 元·汤垕《画鉴》。

仆之所画者，不过逸笔草草，不求形似，聊以自娱耳。

——《清閟阁全集·答张藻仲书》卷十

（张）以中每爱余画竹，余之竹聊以写胸中逸气耳，岂复较其似与非、叶之繁与疏、枝之斜与直哉。

——《清閟阁全集·跋画竹》卷九

明初王绂，首次对“不求形似”作了解释：

岂知古人所谓不求形似者，不似之似也。

——《书画传习录》

清初石涛说得更透彻：

不似之似似之。

——《大涤子题画诗跋》卷一

可见，板桥的“不在形求”，就是赵孟頫的“不求形似”、王绂的“不似之似”、石涛的“不似之似似之”。文人画家在创作上要求“得其神似而形似在其间矣”，形似是手段，神似是目的。为了传出对象的神似，可以对对象进行必要的夸张变形，并舍去与对象神似无关紧要的形似。因此，艺术中所表现的形似，已不等同于生活中审美客体之形似，而是审美主客体统一的形似。艺术中之神似，同样不等于生活中审美客体的神似，而是审美主客体统一的神似，这神似，就是板桥所说的“意似”。板桥自题《书画合锦》轴[1]云：

石涛画兰不似兰，盖其化也；板桥画兰酷似兰，犹未化也。盖将以吾之似，学古人之不似，嘻，难言矣。

“石涛画兰不似兰”是专以意似，不在形求，故化也；

① 汪汝燮《陶风楼藏书画目》。

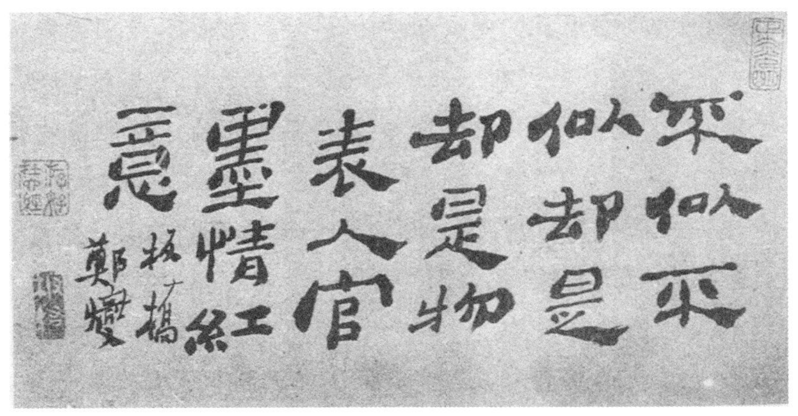

题石涛《山水册》

“板桥画兰酷似兰”，是专以形似，不在意求，故未化也。板桥深悟其道，于是以“吾之似，学古人之不似”，不似正是为了似，不拘泥于形似，以得其意似。这里的“化”指的是美的创造“浑化无痕迹”，由“不在形求”化为“专以意似”的最高境界。板桥自题《墨竹图》[①]云：

余始画竹不敢为桃柳叶，为竹家所忌也，近颇作桃叶、柳叶，而不失为竹意，总要以气韵为先，笔墨为主。古来竹家习俗，皆成陋语矣。

画竹作桃、柳叶，“不似不似不似”，[②]因“不失为竹意”，“却是却是却是”[③]，“专以意似”道出了“不在形求”的真谛。我国从宋元以后发展起来的文人画，历来是高度地重写意，重审美主体情感的抒发的。这从板桥的许多题

① 《郑板桥书画艺术·郑板桥论画》。

② 板桥题石涛《墨情红意图》册，安徽省博物馆藏墨迹。

③ 板桥题石涛《墨情红意图》册，安徽省博物馆藏墨迹。

画诗文中表现了出来：

四时不谢之兰，百节长青之竹，万古不败之石，千秋不变之人，写三物与大君子为四美也。

——板桥《兰竹石图》，金山寺文物馆藏拓本

自然界中的兰、竹、石，其本身没有什么思想、感情、个性，但有它们各自的生理特性，画家运用拟人手法，使得这类作品都带有了强烈的感情、思想、个性，所谓“人化的自然”，成为人们的审美对象，成为传递这种感情、思想、个性的艺术品。“四美”中的兰、竹、石是物，写三物，正在于表现“千秋不变之人”——大君子。

盖竹之体，瘦劲孤高，枝枝傲雪，节节干霄，有似乎士君子豪气凌云，不为俗屈。故板桥画竹，不特为竹写神，亦为竹写生。瘦劲孤高，是其神也；豪迈凌云，是（其）生也；依于石而不囿于石，是其节也；落于色相而不滞于梗概，是其品也。

——板桥《竹石图》轴，上海博物馆藏墨迹

这里说的板桥为竹写神、写生，歌颂竹子的节操、品格，实际上是板桥“自负太过”[①]、傲岸不屈的自我写照。艺术中的“意似”与画家情感的抒发划上了等号，中国的写意画，可算得上是一种真正的表现主义艺术，与西方的印象派和表现主义十分相近——顽强地表现自我，重审美主体情感的抒发，揭示了“专以意似”“不在形求”的美学内涵。

① 《板桥自叙》，北京故宫博物院藏墨迹。

四、维新特立
——美的独创性

美的创造要富有独创性，唯有独创才能生新。古今中外艺术家中，凡独创性越大者，艺术造诣就越高，就越受读者的珍爱，板桥就属于这类艺术家，他不仅在实践上，而且在理论上反复地提倡美的独创性。作《行书七言联》①云：

删繁就简三秋树，

领异标新二月花。

《板桥自叙》②云：

板桥诗文，自出己意。

自题画兰③云：

十分学七要抛三，

各有灵苗各自探。

自题画竹④云：

画竹插天盖地来，翻风覆雨笔头栽；我今不肯从人法，写出龙须凤尾排。

自题《兰竹石》⑤云：

复堂李鱓，……花卉翎毛虫鱼皆妙绝，尤工兰竹。然燮画兰竹绝

行书七言联

① 《板桥书画拓片集》。
② 北京故宫博物院藏墨迹。
③ 《郑板桥集·题画》。
④ 常州何乃扬藏墨迹。
⑤ 《郑板桥集·题画》。

不与之同道。复堂喜曰："是能自立门户。"

这里的"不肯从人法""不与之同道""自探灵苗""自出己意""自立门户""领异标新"等，都是论及美的独创性，要求"画乃吾自画，书乃吾自书"[①]，文乃吾自文，就是说艺术必须有个性、有特点，有画家自己的面目，别具一格，自成一家。

艺术的独创与继承是相关的，继承是独创的基础，独创是继承的必然。他有一用印[②]曰：

心血为炉，熔铸今古。

又一用印[③]曰：

青藤门下牛马走。

自题《兰竹石图》轴[④]云：

平生爱所南先生及陈古白画兰竹。既又见大涤子画石，或依法皴，或不依法皴，或整或碎，或完或不完。遂取其意，构成石势，然后以兰竹弥缝其间。虽学出两家，而笔墨则一气也。

他重视学习传统，但反对泥古不化，反对只会摹仿不会创新者：

不泥古法，不执己见，惟在活而已。

——板桥《竹石图》轴，上海博物馆藏墨迹

郑为东道主。……便是自作主张。凡作文者，当作主子文章，不可作奴才文章也。

——《板桥先生印册》

① 东晋·王廙语，见俞剑华《中国画论类编》上卷。

② 板桥《行书论苏轼书》轴，旅顺博物馆藏墨迹。

③ 《板桥先生印册》。

④ 扬州市博物馆藏墨迹。

作文必欲法前古，婢学夫人徒自苦。

——《板桥诗钞·赠潘桐冈》

读书数万卷，胸中无适主，便如暴富儿，颇为用钱苦，大哉侯生诗，直达其肺腑。

——《板桥诗钞·赠国子学正侯嘉璠弟》

他主张学前人当有选择地学、批判地学，而不是全盘吸收：

郑所南、陈古白两先生善画兰竹，燮未尝学之；徐文长、高且园两先生不甚画兰竹，而燮时时学之弗辍，盖师其意不在迹象间也。文长、且园才横而笔豪，而燮亦有倔强不驯之气，所以不谋而合。彼陈、郑二公、仙肌仙骨，藐姑冰雪，燮何足以学之哉！

——《板桥题画·靳秋田索画》

石涛和尚客吾扬州数十年，见其兰幅极多亦极妙。学一半，撇一半，未尝全学。非不欲全，实不能全，亦不必全也。

——《板桥题画·兰》

为何“师其意不在迹象间”“不全学”，就在于尊重艺术的独创性。学古是手段，不是目的，目的是“脱古”而“维新特立”：

文与可、梅道人画竹未画兰也。兰竹之妙始于所南翁，继以古白先生。郑则元品，陈则明笔。近代白丁、清湘、或浑成，或奇纵，皆脱古维新特立。近日禹鸿胪画竹，颇能乱，甚妙。乱之一字，甚当体任，甚当体任！

——板桥《兰竹图》轴，《中国名画集》第八册影印

所谓“颇能乱，甚妙”中之“乱”，是规范性之对立面，要求美的创造要勇于突破陈规，有它的自由性，但这种

自由性又不能越于必然性或法度之外，板桥题画竹[1]说：

石涛画竹好野战，略无纪律，而纪律自在其中。燮为江君颖长作此大幅，极力仿之，横涂竖抹，要自笔笔在法中，未能一笔逾于法外。甚矣，石公之不可及也！功夫气候，僭差一点不得。

这种反对模仿、主张独创的美的创造原则，在西方文艺美学家的著作中也有类似的论述，18世纪英国杨格《论独创性的写作》[2]云：

独创性的作品是而且应当是人们所喜爱的，因为它是人们的大恩人，它们扩大了文艺之国，给它的版图添加了新的省份。摹仿者只是将早已存在的远比它好的作品给我们复写了一下，所增加的不过是一些书籍的残渣，至于那使得书籍有价值的知识和智慧却停顿不前。有独创性作者的笔好像阿尔迷达（按：女巫之名）的魔杖，从不毛的荒野里召唤出一个花香鸟语的春天。

板桥尚有一则关于绘画不断创造论，颇有意味：

未画之前，不立一格；既画之后，不留一格。

——《板桥题画·乱兰乱竹乱石与汪希林》

其意是说，在未作画前，不要受某种固有的风格技法所限制，以利于充分发挥画家的想象力、创造力，产生出崭新的风格技法。作画后，也不要停留在已取得的创造上，必须继续不断地探求更新的风格技法，这样才能日益提高画家自身创作水平，使艺术生命之树常青。板桥在论美的独创性的同时指出，

① 《郑板桥集·题画》。

② 转引自彭会资主编《中国古典美学辞典》。

艺术创作绝对不能像商人对待米盐行情那样“趋风气”：

学者当自树其帜。凡米、盐船算之事，听气候于商人。未闻文章、学问，亦听气候于商人也。……且夫读书作文者，岂仅文之云耳哉！……切不可趋风气，如扬州人学京师穿衣戴帽，才赶得上，他又变了。

——板桥《行书与江昱江恂书》，上海博物馆藏墨迹

“趋风气”亦称“趋时髦”，英国作家M.布拉德伯利《（被沙地埋住的狗）抽象和讽刺》[①]对这类“趋时髦”的作品批评说：

形形色色的“主义”和流派，迅速地相互更替着，结果昙花一现成了现在文艺作品的特点。……时髦成了形式，而形式成了时髦。在我们现代世界中，时髦和风格相互调换了所起的作用。

板桥的“维新特立”和“不可趋风气”的精神，为其后的文人画大家们所继承借鉴和发扬广大。

五、适其天全其性
——美的自然属性

板桥自题《芝兰全性图》轴[②]云：

昔人云：入芝兰之室，久而忘其香。夫芝兰入（在）室，室则美矣，芝兰勿（弗）乐也。吾愿居深山绝谷（大

① 《英国作家论文学》第569页，转引自敏泽《中国美学思想史》第三卷。

② 上海博物馆藏墨迹。

壑）之间，有芝弗采，有兰弗掇，各适其天，各全其性。乃为诗曰：高山峻壁见芝兰，竹影遮斜几片寒；便以乾坤为巨室，老夫高枕卧其间。

"各适其天"的"天"和"各全其性"的"性"，都是中国古代哲学范畴，其中所表现出某些审美特征，从而使它们在一定的环境中成为美学范畴。对于天，中国哲学史上有着不同的解释：

《书·泰誓上》："天佑下民。"此指天帝，人们想象中的万事万物主宰者。

《孟子·尽心上》："尽其心者，知其性也；知其性，则知天矣。"朱熹注："心者，人之神明，所以具众理而应万事者也；性则心所具之理，而天又理之所从以出者也。"谓人心所具之观念（理）皆出于天，把天解释为精神实体。

《荀子·天论》："列星随旋，日月递照，四时代御，阴阳大化，……是之谓天。"把天解释为泛指物质的、客观的自然。

作为审美范畴的天，多出于老庄著作中，《老子·二十五章》："人法地，地法天，天法道，道法自然。"因此，从实质上说，所谓"天"，就是指自然无为精神。《庄子·养生主》："公文轩见右师而惊曰：'是何人也？恶乎介也？天与，其人与？'曰：'天也，非人也。天之生是使独也，人之貌有与也。以是知其天也，非人也。'""天"和"自然"相通，"自然"乃本性天性，即自然而然的状态。《庄子·秋水》："牛马四足，是谓天；落马首，穿牛鼻，是谓人。故曰：无以人灭天。"因此

“天”就是本性、天性的自然而然的表现。庄子以“天”组合成一系列带有审美色彩的概念，如天钧、天倪、天机、天年、天德、天乐、天人等，从而使“天”具有超越自然界万事万物的形态而具有灵性、神态、精神等特征，具有“道”的“有情有信，无为无形，可传而不可受，可得而不可见”①“无为而无不为”②的审美特征，从而使老庄道家之“天”具有审美意义。

对于性，也有不同的解释：

《白虎通义》：“五性者何？谓仁义礼智信也。”《论语集注·学而》：“性中只有个仁义礼智四者而已。”将封建的伦理道德说成是人的本性。

《孟子·告子上》：“生之谓性。”《荀子·正名》：“生之所以然者谓之性。”《礼记·中庸》：“天命之谓性。”他们把性看成是本质，是与生俱来的自然属性。

“天”与“性”亦相通，“天性”连用，指天然的品质或特性。《荀子·儒效》：“而都国之民，安习其服，居楚而楚，居越而越，居夏而夏，是非天性也，积靡使然也。”《史记·李广传》：“广为人长，猿臂，其善射亦天性也。”

板桥所说之天、性，并未从概念上加以探讨、区分。从他的书信、诗文、题画中表达了对这些问题的看法，显然是受了老庄的影响。他在《潍县署中与舍弟墨第二书》③云：

---

① 《庄子·大宗师》。

② 《庄子·至乐》。

③ 《郑板桥集·家书》。

兰竹石图轴

平生最不喜笼中养鸟，我图娱悦，彼在囚牢，何情何理，而必屈物之性以适吾性乎！

又云：

所云不得笼中养鸟，而予又未尝不爱鸟。但养之有道耳。欲养鸟莫如多种树，使绕屋数百株，扶疏茂密，为鸟国鸟家。将旦时，睡梦初醒，尚展转在被，听一片啁啾，如云门咸池之奏；及披衣而起，额面漱口啜茗，见其扬翚振彩，倏往倏来，目不暇给，固非一笼一羽之乐而已。大率平生乐处，欲以天地为囿，江汉为池，各适其天，斯为大快。

自题画兰[1]云：

余种兰数十盆，三春告莫，皆有憔悴思归之色。因移植于太湖石黄石之间，山之阴，石之缝，既已避日，又就燥，对吾堂亦不恶也。来年忽发箭数十，挺然直上，香味坚厚而远。又一年更茂，乃知物亦各有本性。赠以诗曰：兰花本是山中草，还向山中种此花；尘世纷纷植盆盎，不如留与伴烟霞。

自题《兰竹石图》横幅[2]：

① 《板桥题画》。

② 中国美术家协会藏墨迹。

画到天机流露处，无今无古寸心知。

自题《兰竹石图》轴[1]云：

竹劲兰芳性自然，南山石块更遒坚。

自题《竹石图》轴[2]云：

只有青山是我家，峰根岩缝并秋砂。

因兹秉得坚刚性，历尽东风瘦不斜。

自题《竹石》轴[3]云：

竹石相交万万年，两家节介本天然。

请看十月清霜后，一种苍苍笼碧烟。

自题《墨竹图》轴[4]云：

方其画时，如阴阳二气，挺然怒生，抽而为笋为篁，散而为枝，展而为叶，实莫知其然而然。

从以上养鸟之道及对待兰、竹、石的态度来看，都是说的事物（包括人）的自然属性，是事物本身具有的性格及其对环境的要求。鸟儿养在笼中，等于关在囚牢，是“屈物之性以适吾之性”，犹如庄子所说：“以人灭天。”竹子只有长在青山峰根岩缝中，才能“秉得坚刚性”。兰花若栽在盆中，遂有“憔悴归思之色”，只有移到山石间，才能挺然直上，香味坚而远，且一年比一年更茂。诸如此论，无不体现了他对表现事物天性的要求。自然中的花鸟、兰竹石是什么样，它有什么特点，依照什么样的方式存在着，艺术就应该怎样去反映它和表现它。艺术的自然，应崇尚“从人而反于

① 《支那名画宝鉴》影印。

② 江都图书馆藏墨迹。

③ 荣宝斋藏墨迹。

④ 安徽省博物馆藏墨迹。

天”[1]，即经过人工的雕琢而反归自然，也就是创造艺术的自然美。

六、画有在纸中者有在纸外者
——情景交融的意境美

意境，是我国传统美学的一个重要范畴，它是构成艺术美的不可缺少的因素，是艺术的灵魂。这一词的出现，最早见于唐·王昌龄《诗格》，近人王国维《人间词话》建立了比较系统的意境说，并把它作为衡量诗歌的唯一标准。中国古代画论谈意境要比诗论晚些，虽散见于各种著述中，缺少专门研究，但见解是十分精辟的。唐前，画论对骨法、形神、势、态、气韵等早就开展了多方面的研究：东晋·顾恺之提出了“以形写神”的要求。南齐·谢赫提出“取之象外”的主张，并总结出“六法”，首重气韵，奠定了中国画论的基石。但“意境”这一概念，在相当长的时间内，却没有被提出来。唐·张彦远《历代名画记·论画山水树石》虽有“凝意”“得意深奇”的说法，五代·荆浩《笔法记》也提出了“真景”说，所谓“可忘笔墨，而有真景”“度物象而取其真”“真者气质俱盛”等，但这时期对于“意”的提法，仍属于创作中的主观意兴方面，而没有涉及“意”与“象”的关系问题。直到北宋·郭熙《林泉高致》，才明确使用了“境界”一词，“境界”有时便是“意境”的同义

① 中国国家博物馆藏墨迹。

语。清·布颜图解释说："情景者，境界也。"[1]山水画中的意境说，可视《林泉高致》为其发端；明末唐志契《绘事微言》在山水画论中第一次使用了"意境"一词；清初笪重光《画筌》论了中国山水画意境范畴一些基本问题。至于花鸟画如何创造意境，前人未曾系统论及，板桥则认真地加以总结并提出了自己的看法。他首先认为意境美的创造必须物我两化，情景交融：

十笏茅斋，一方天井，修竹数竿，百笋数尺，其地无多，其费亦无多也。而风中雨中有声，日中月中有影，诗中酒中有情，闲中闷中有伴，非唯我爱竹石，即竹石亦爱我也。彼千金万金造园亭，或游宦四方，终其身不能归享。而吾辈欲游历名山大川，又一时不得即往，何如一室小景，有情有味，历久弥新乎！对此画，构此境，何难敛之则退藏于密，亦复放之可弥六合也。

——《板桥题画》

同时，他明确提出章法与意境的关系：

画大幅竹，人以为难，吾以为易。每日只画一竿，至完至足，须五七日画五七竿，皆离立完好。然后以淡竹、小竹、碎竹经纬其间。或疏或密，或浓或淡，或长或短，或肥或瘦，随意缓急，便构成大局矣。昔萧相国何造未央宫，先立东阙、北阙、前殿、武库、太仓，然后以别殿、内殿、寝殿、宫室、左右廊庑、东西永巷经纬之，便尔千门万户。总是先立其大，则其小者易易耳。一丘一壑之经营，小草小花之渲染，亦有难

① 《画学心法问答》。

墨竹图横幅

处；大起造、大挥写，亦有易处，要在人之意境何如耳。

——板桥《墨竹图》横幅，扬州市博物馆藏墨迹

他十分重视画面上的位置经营，总是从全局出发，处理好整体与局部的关系，如画兰竹石，“遂取其意，构成石势，然后以兰竹弥缝其间”[①]，并注意对立统一规律在画面上的运用。因此，他的绘画作品，或兰或竹或石，或兰竹石中两两结合、三位一体，从未发现雷同者。其根本一点重在意境的创造，而章法则是为表达意境服务的。他主张以“少少许，胜人多多许”[②]的手法，要求在画面上留给读者以更

① 桥《兰竹石图》轴，扬州市博物馆藏墨迹。

② 《板桥题画·竹》。

多想象与联想的广阔天地。自题《墨竹图》轴[①]云：

画有在纸中者，有在纸外者。此番竹竿多于竹叶，其摇风弄雨，含露吐雾者，皆隐跃于纸外乎！然纸中如抽碧玉，如削青琅玕，风来戛击之声，铿然而文，锵然而亮，亦足以散怀而破寂。纸中之画，正复清于纸外也。

所云“画有在纸中者，有在纸外者”，与他另一则题画“竹中有竹，竹外有竹”[②]是同一意思。“竹中有竹”，讲的是“画中有画”，画一片竹林，并未出现千枝万叶，虽只有“一两三枝竹竿，四五六片竹叶”[③]，却给人以“渭川千亩”之感；他作《竹石图》轴[④]，按一般构图，“意在画竹，则竹为主，以石辅之”，他却以“出于格外”的布局，画“石反大于竹，多于竹”，虽然“石比竹枝高”，而预示着“来年看我掀天力”的气概，寄托的是凌云之志。“竹外有竹”讲的是“画外有画”，他常喜画折枝竹，如《墨竹图》轴[⑤]仅画“半截”三五竿，数片叶，却能使观者由局部想见其全貌，所渭“纸外更相寻，干云上天阙”。“竹中之竹，竹外有竹”两说之前者竹，是画中实的艺术形象，写的是景；后者竹是画中或画外虚的艺术形象，抒的是情。犹如板桥所说“纸中之画，正复清于纸外也”。我们从板桥画上领悟到的正是这一种情景交融的艺术境界。

---

① 黄苗子藏墨迹。

② 板桥《墨竹图》册，日本东京国立博物馆藏墨迹。

③ 板桥《墨竹图》，上海博物馆藏墨迹。

④ 上海博物馆藏墨迹。

⑤ 《支那名画宝鉴》影印。

七、不容荆棘不成兰
——美丑的辩证统一

清·叶燮（1627—1703）认为世间万物无不具有矛盾的对立，他在《原诗·外篇上》中指出："陈熟、生新，二者于义为对待。对待之义，自太极生两仪之后，无事无物不然：日月、寒暑、昼夜，以及人事之万有：生死、贵贱、贫富、高卑、上下、长短、远近、新旧、大小、香臭、深浅、明暗，种种两端，不可枚举。"略晚于叶燮之后的板桥，也认识到这种矛盾的对立：

夫雨旸寒燠时若者，天也。亦有时狂风淫雨，兼旬累月，伤禾败稼而不可数，或赤旱数千里，蝗螟特肆生，致草黄而木死，而亦害其为天之大。天既生有麒麟、凤凰、灵芝、仙草、五谷、花实矣，而蛇、虎、蜂虿、蒺藜、稂莠、萧艾之属，即与之俱生而并茂，而亦不害其为天之仁。尧为天子，既已钦明文思，光四表而格上下矣，而共工、驩兜尚列于朝，又有九载绩用弗成之鲧，而亦不害其为尧之大，浑浑乎于天也！若舜则不然，流共工、放驩兜，杀三苗、殛鲧，罪人斯当矣。命伯禹作司空，契为司徒、稷教稼、皋陶掌刑、伯益掌火，伯夷典礼、后夔典乐，倕工鸠工，以及殳戕、朱虎、熊罴之属，无不各得其职，用人又得矣。为君之道，至毫发无遗憾。故曰："君哉舜也！"又曰："舜其大知也！"夫彰善瘅恶者，人道也；善恶无所不容者，天道也。

——《郑板桥集·潍县署中与舍弟墨第二书》

板桥看了自然界和社会生活中有善有恶，“彰善瘅恶者”为“人道”，“善恶无所不容者”为“天道”，并肯定了“天道”是客观事物的自然状态。在这样的哲学基础之上，他提出了“美恶兼容”的美学原则。在《画芝兰棘刺图寄蔡太史》一画中题诗[①]云：

写得芝兰满幅春，傍添几笔乱荆榛；

世间美恶俱容纳，想见温馨澹远人。

法国诗人雨果（1802—1885）也发表了类似的主张：“万物中的一切并非都是合乎人情的美，感觉到丑就在美的旁边，畸形靠近着优美，粗俗藏在崇高的背后，恶与善并存，黑暗与光明相共。”[②]这种思想对于那种“美则无一不美”“恶则无一不恶”的形而上学美学观念来说，则是一大进步，因为这更接近于现实。[③]板桥不仅认为美恶可以兼容，同时认为恶的、丑的可以衬托美、显示美：

不容荆棘不成兰，外道天魔冷眼看；

门径有芳还有秽，始知佛法浩漫漫。

——板桥《荆棘兰石图》轴，常州市博物馆藏墨迹

恶的、丑的可以表现美、辅佐美：

东坡画兰，长带荆棘，见君子能容小人也。吾谓荆棘不当尽以小人目之，如国之爪牙，王之虎臣，自不可废。兰在深山，已无尘嚣之扰；而鼠将食之，鹿将龇之，豕将啄之，熊虎豺麕兔狐之属将啮之，又有樵人将拔之割之。若得棘刺

① 《郑板桥集·诗钞》。

② 《克伦威尔·序》。

③ 《中国古典美学辞典》。

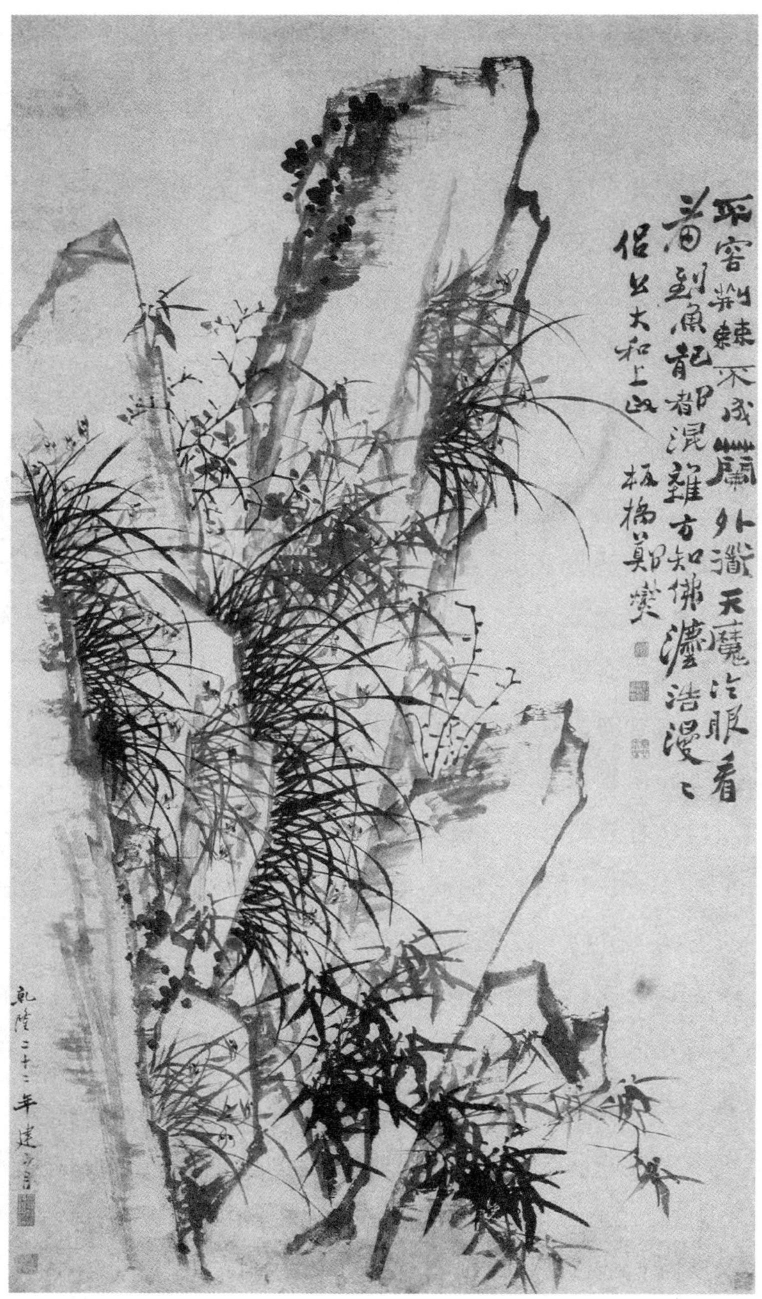

荆棘兰石图

为之护撼，其害斯远矣。秦筑长城，秦之棘篱也。汉有韩、彭、英，汉之棘卫也；三人既诛，汉高过沛，遂有“安得猛士守四方”之慨。然则蒺藜、铁菱角、鹿角、棘刺之设，安可少哉？余画此幅，山上山下皆兰棘相参，而兰得十之六，棘亦居十之四。画毕而叹，盖不胜幽并十六州之痛、南北宋之悲耳！以无棘刺故也。

——《板桥题画·丛兰棘刺图》

丑可以转化为美，丑中见美，以丑为美，这是板桥在美学思想上的一个重要贡献：

米元章论石，曰瘦、曰绉、曰漏、曰透，可谓尽石之妙矣。东坡又曰：“石文而丑。”一丑字则石之千态万状，皆从此出。彼元章但知好之为好，而不知陋劣之中有至好也。东坡胸次，其造化之炉冶乎！燮画此石，丑石也。丑而雄，丑而秀。

——《板桥题画·石》

米芾论石是用的一元论，“但知好之为好，而不知陋劣之中有至好也”，“好”与“美”同义。苏轼论石用的是二元论，因此便发现石之千态万状皆从其丑陋中生发开来，丑陋中也有最美的东西。清·刘熙载《艺概·书概》云：“怪石以丑为美，丑到极处便是美到极处，一丑字中丘壑未易尽言也。”这句话是对苏轼“石文而丑，一丑字则石之千态万状，皆从此出”的进一步发挥。石头是有其纹理色彩的，清·李渔在《一家言·山石第五》中论述选石造山要注意石色纹理的异同，又不宜“分别太甚”，尤其要尊重“石性”，随其“斜正纵横之理路”而铺排构建，意在追求整一中的变化、和谐中的不和谐，有更多耐人寻味的观赏价值。

所谓石之丑，并非内容之丑，而是指突破形式美的规律，“是对和谐整体的破坏，是一种完美的不和谐”[①]。丑怪之石的美，就在于它的形体和纹理，打破了静态的几何形式中所体现出来的数的和谐与整一的优美特性后，所呈现出的多姿多彩的变化与动势，正如唐代大诗人白居易《太湖石记》所说的“如虬如凤，若跄若动，将翔将踊；如鬼如兽，若行若骤，将攫将斗”。在动态中显示成一种活力的美，在千态万状中平添了许多意趣之美。[②]板桥完善了苏轼的审美观点，他笔下的丑石，按照典型化与审美化的原则，真实而生动地描绘出丑石的雄、秀的特征来。“雄”是指从丑石的动态中所呈现出来的蓬勃奇特的气势和精神，“秀”则是指丑石那千奇百怪的形态所具有的那种完美的不和谐。“丑而雄，丑而秀”，准确地说明了丑陋与雄奇和丑陋与秀美之间的辩证关系。

八、文章以沉著痛快为最
——审美最高风格形态的取向

艺术风格是文艺家在创作中表现出来的艺术特色和创作个性。艺术家由于生活经历、立场观点、艺术素养、个性特征的不同，在处理题材、驾驭体裁、塑造形象、表现手法和运用语言等方面都各有特色，这就形成了作品的风格。风格

① 亚科夫语，见《美学译文》。
② 《中国古典美学辞典》。

体现在艺术作品内容和形式各要素中。古代美学家、艺术理论家对风格的研究最早当推南朝·梁·刘勰《文心雕龙》，而关于“沉著痛快”风格一语的出现始于唐、宋，唐·司空图《二十四诗品》把诗的风格分为雄浑、冲淡、纤秾、沉著、高古、典雅、洗炼、劲健、绮丽、自然、含蓄、豪放、精神、缜密、疏野、清奇、委曲、实境、悲慨、形容、超诣、飘逸、旷达、流动二十四种，其中“沉著”第一次出现。南宋·严羽《沧浪诗话·论辨》则称风格为品格，将九种品格概括为二：优游不迫和沉著痛快。沉著与轻浮、浅显相对，痛快与卤莽、灭裂相对，“沉著痛快”是一种深沉有力、凝重稳健、豪气淋漓的艺术风格，表现为壮美、崇高、阳刚之美的审美特征。司空图以比拟象征的手法描写了“沉著”的表现形态和特征：“绿杉野屋，落日气清。脱巾独步，时闻鸟声。鸿雁不来，之子远行。所思不远，若为平生。海风碧云，夜渚月明。如有佳语。大河前横。”[①]明·胡应麟《诗薮》云：“沉著，则万钧九鼎。”清·陈延焯《白雨斋词话》云：“吾所谓沉著痛快者，必先能沉郁顿挫，而后可以沉著痛快。若以奇警豁露为沉著痛快.则病在浅显，何有于沉？病在轻浮，何有于著？病在卤莽灭裂，何有于痛与快也。”“沉著痛快”风格为历来美学家、文论家所重视，常被认为审美最高风格形态。南宋·姜夔《白石道人词话》云：“沉著痛快，天也。”板桥则云：

文章以沉著痛快为最，《左》《史》《庄》《骚》杜

① 唐·司空图《二十四诗品·沉著》。

诗，韩文是也。间有一、二不尽之言，言外之意，以少少许胜多多许者，是他一枝一节好处，非六君子本色。而世间提妖纤小之夫，专以此为能，谓文章不可说破，不宜道尽，遂訾人为剌剌不休。夫所谓剌剌不休者，无益之言，道三不着两耳。至若敷陈帝王之事业，歌咏百姓之勤苦，剖析圣贤之精义，描摹英杰之风猷，岂一言两语所能了事？岂言外有言、味外取味者所能秉笔而快书乎？吾知其必目昏心乱，颠倒拖沓，无所措其手足也。王、孟诗原有实落不可磨灭处，只因务为修洁，到不得李、杜沉雄。司空表圣自以为得味外味，又下于玉孟一、二等。至今之小夫，不及王、孟、司空万万，专以意外、言外，自文其陋，可笑也。若绝句诗、小令词，则必以意外、言外取胜矣[1]。

“沉著痛快”风格的主要因素是思想感情，一般表现在作品的内容中。《左传》、《史记》、《庄子》、《离骚》、杜诗、韩愈散文之所以是一种“沉著痛快”的风格，在于它们尖锐地批判了社会的疮病、丑恶、黑暗，揭露了统治者的自私和残暴，倾诉了对国家命运的关心，寄托了热爱祖国、同情人民的深厚感情。司马迁的“发愤著书”说，韩愈的“不平则鸣”说，为这一风格提供了理论依据。它是以“真”为基础的，所以板桥将杜甫“畏人嫌我真”之句刻为图章。“真”与“假”相对，一般是指真实。《庄子·渔父》云：“真者，精诚之至也。不精不诚，不能动人。”

① 《郑板桥集·家书·潍县署中与舍弟第五书》。

清·沈祥龙《论词随笔》："古诗云：'识曲听其真。'真者，性情也。"清·王寿昌《小清华园诗谈》卷上："何谓真？曰：自来言情之真者，无如靖节；写景之真者，无如康乐、玄晖；纪事之真者，无如潘安仁、左太冲、颜延年。少陵皆兼而有之，故往往有生字拙句，人皆不解其故，不知乃直书所见，初不假饰者，但嫌其发泄太尽耳。"因此，其"真"的含义，反映在艺术创作上，不仅表现对象真相真义之真，更重视艺术家主观性情之真。板桥主张"沉著痛快"风格，必须运用"直摅血性为文章"手法，就是写文章要直抒其真性情，即真气。当时文坛有所谓沈德潜的"格调派"、王士禛的"神韵"说，袁枚的"性灵"说，它们各有其优点和缺点，但有一个通病，都是在于追求艺术形式，大多数作品忽视内容，空洞无物，板桥则首先批评其无真气：

愚谓本朝文章，当以方百川制艺为第一，侯朝宗古文次之；其他歌诗辞赋，扯东补西，拖张拽李，皆拾古人之唾余，不能贯串，以无真气故也。①

"言外有言""味外取味""意外"，指读者从作品中的意味可以体会出另外的意味，这是欣赏含蓄的作品所产生的一种美感现象，它渊源于唐·司空图《与李生论诗书》所说的"味外之旨"，即苏轼所说的"得味于味外"。其"言外有言"之"言"、"味外取味"之"味""意外"之"意"，如空中之音，不可直寻，只凭妙悟，虚实结合，隐显有致，便可在有限的艺术观照里，蕴含无限的悠远情思，

① 《郑板桥集·家书·潍县署中与舍弟第五书》。

"状难写之景，如在目前，含不尽之意，见于言外"，板桥认为这种审美原则，对绝句、小令之类的创作非常必要，并以此"取胜"。按此种主张看，艺术创作不宜太实太执着，通过具体的感情的物象的描写，给人以丰富的联想和想象，做到含蓄空灵、余味无穷。司空图的这种以有限求无限的含蓄空灵的美学追求，发展和丰富了中国传统美学，它对王夫之、笪重光、刘熙载、王国维的"意境"说，严羽的"妙悟"说、王士禛的"神韵"说都有十分明显的影响。板桥在论绘画创造上，也极力坚持这一审美原则。但他指出，不能用这一审美原则，以律一切诗歌、散文等，如"六君子"之著作，虽间有"意外""言外"以少胜多，但只是作为一个次要的优点，并非其基本特色。如过于追求"含而不露"、含蓄空灵的倾向，则难以"敷陈帝王之事业，歌咏百姓之勤苦，剖析圣贤之精义，描摹英杰之风猷"。在艺术批评上，必然把这些直面生活的、"直摅血性"的、"沉著痛快"的激昂慷慨之类的伟大作品排除在佳作之外，因而也不利于文学发展的一面。在名目众多的文学风格中，板桥重"沉著痛快"以指导自己的艺术实践，并将它作为最高审美风格形态的取向，是由他的现实主义美学思想所决定的，但并非说它是唯一的取向，否则，同样也不利于文学发展的许多方面。

九、写字作画是雅事亦是俗事
——审美趣味的相对性

雅与俗总是和美与丑联系在一起的。所谓雅者：正确规范也，高尚、文明也，美好也；所谓俗者：庸俗、凡庸也；通俗、世俗也。《论语》中有雅郑之说，孔子从“礼”出发，崇尚合乎礼的雅乐——宫廷音乐，轻视和排斥不合乎礼的郑声——民间音乐，后遂以“雅郑”指正声和淫邪之音。魏·曹植《当事君行》云：“朱紫更相夺色，雅郑异音声。”其后，在评论文章风格时，即以雅为首，南朝·梁·刘勰《文心雕龙·体性第二十七》标举八体，首曰：“典雅”，因为它“方轨儒门”。《定势第三十》说：“雅郑而共篇，则总一之势离。”可见雅与郑是对立的。于是，历史上把文化水平高的人称作“雅人”“雅士”“雅儒”，把文化水平低、见识浅陋或无文化的人称为“俗人”“俗士”“俗儒”。出于雅者之手与出于俗者之手的文艺作品，构成了所谓雅俗之说。唐·张彦远在《历代名画记·论画六法》云：“自古善画者，莫非衣冠贵胄、逸士高人，振妙一时，传芳千祀，非闾阎鄙贱之所能为也。”他将顾恺之、陆探微等人列为“衣冠贵胄、逸士高人”，评其画“迹简意澹而雅正”，而视里巷百姓画人为鄙贱之众工、俗人，评其画迹“错乱而无旨”，当然是“俗画”了。这是运用儒家雅俗观论画的最早记载，给后来的文人画论以很大影响。清·方亨咸云：“绘事，清事也，韵事也。胸中无几卷书，笔下有一点尘，便穷年累月，刻画镂研，终一匠作耳，何用乎？此真赏者所以有雅俗之辨也。”[1]板桥对于传统的雅俗观，既有继承处，又有反叛处。他在《潍县署中与舍弟第五书》信中云：

写字作画是雅事，亦是俗事。大丈夫不能立功天地，字养生民，而以区区笔墨供人玩好，非俗事而何？

在板桥的诗文题画中无不以雅为美：

学诗不成，去而学写，学写不成，去而学画，日卖百钱，以代耕稼，实救贫困，托名风雅。

——《板桥诗钞·署中示舍弟墨》

三间茅屋，十里春风，窗里幽兰，窗外修竹，此是何等雅趣，而安享之人不知也。

——《板桥题画·靳秋田索画》

其吾之竹清癯雅脱乎！

风流儒雅之客，当置之兰蕙之间。

——自题《兰蕙》册页，北京市西单文物商店藏临本

风虽狂，叶不扬，品既雅，花亦香。

——自题兰图条屏，《梦园书画条》卷二十三著录

品纵雅兮，叶与扶持。

——自题兰图，周斯达《板桥题画佚稿》著录

卓臣书法，尤荟雅可爱，绝无俗韵。

——题蔡器《花卉》册，扬州周斯达提供

在板桥看来，将书画创作活动当为“雅事”者，是包括

① 清·周亮工《读画录》。

板桥在内的那些“托名风雅”的“风流儒雅之客”，所作系属雅的风格，在书画评品上，也无不以雅与俗作为文人画与工匠画相区别的主要审美标准。在板桥题画兰竹石中，常常出现与雅有关的清、高、幽、淡、逸、秀等，无不可为画而无不可以为“雅”。这些字与他字连用，展现了“雅”的无限丰富的内涵，如清则有清风、清光、清阴、清和、清芬、清瘦、清奇、清闲、清毫、清趣、清味、清品；高有高人、清高、高雅、高竹、高绝、高枕；幽有幽人、幽情、幽贞、幽兰、幽篁、幽谷；淡有“此君淡若不闻知”“只向精神淡处求”“自然淡淡疏疏”“浓处清幽淡处香”；逸有“花劲而逸”“逸性品无侔”“极神品逸品之妙”；秀有“灵秀”“秀异绝俗”“秀而拔”等[①]。它们或指艺术风格，或指形象特征，或指笔墨技巧，或指审美趣味，或指思想品格，与雅结合，构成了所谓清雅、高雅、幽雅、淡雅、雅逸、秀雅等美的形态，无不说明画无一格而“雅”亦无一格的美学特征。与雅有关的尚有生、简等。板桥自题《竹石图》轴[②]云：

四十年来画竹枝，日间挥写夜间思；

冗繁削尽留清瘦，画到生时是熟时。

“画到生时是熟时”，是熟中求生的意思。明·顾凝远《画引》说：“生则无莽气，故文，所谓文人之笔也；拙则无作气，故雅，所谓雅人深致也。”可见，这里的生拙同文雅相一致。莽气、作气皆匠气，故生拙又与匠气相对立。作

① 齐鲁书社版《郑板桥全集》。

② 上海博物馆藏墨迹。

画初忌生，“生则多戾”，必须勤学苦练，以求其熟，但不可太熟“熟则少文”，既熟之后，又必须济之以生。板桥所云之“生”，正是练熟反生的“生”，故文、故雅。板桥自题《竹》轴[1]云：

始人画竹，能少而不能多；既而能多矣，又不能少，此层功力，最为难也。近六十外，始知减枝减叶之法。苏季子曰：简炼以为揣摩。文章绘事，岂有二道，此幅似得简字诀。

儒家重礼，喜欢繁；而道家重逸，逸是道家的精神，逸的生活态度是任自然，是对礼的一种反抗、超越，所以必然要求“简”。板桥主张画竹要简，则体现了道家的精神。所谓“意到笔不到”“简于象而非简于意”“以少少许胜人多多许”，以最简练的笔墨表现最丰富的艺术意境，这样才能天真自得、清雅自胜、逸趣自多。

至于俗，板桥对“庸俗”的俗是否定的，他题李方膺《梅花图》卷[2]云；

梅花，举世所不为，更不得好，惟俗工、俗僧为之，每见其几段大炭，撑拄吾目，其恶秽欲吐也。

所谓“几段大炭”，是指笔俗，明·沈襄《梅谱》曰：“浓淡不分，总为俗笔。”也是清·邹一桂《小山画谱》中所批评的“蹴黑气，无知妄作，恶不可耐”。只有去俗，才能得雅，因此板桥强调要“拔俗”，他赞扬友人陈松亭画竹因为能“拔俗”而创造了秀雅坚劲的艺术风格，遂“矫然自

① 清·李佐贤《书画鉴影》卷二十四。

② 《郑板桥年谱》。

名其家”。[1]另一种俗，即“通俗”“世俗”的“俗”，板桥是肯定的，若站在儒家正统雅俗观立场上观之，也是被否定的。南宋·朱熹曾说过：“要使方寸之中无一字世俗言语意思，则其为诗，不期于高远而自高远矣。”[2]板桥一反这种传统，以俗为雅，他自题《水仙图》[3]云：

水仙，一名雅蒜，取其根本相类也，有雅蒜，岂可无俗蒜乎？官贫无肉食，用烧酒嚼蒜，玩画亦可于粗豪中见些雅况。

他有一印“俗吏”，是以做官为百姓，即“得志加泽于民”为荣；又一印“麻丫头针线”，丫头是其小名，因脸上有几颗麻子，故名，意思是愿将自己的作品作为“针线”奉献给“天下之劳人”。他的作品直接从人民中间搜集材料，并采用了民间喜闻乐见的艺术形式，写诗、词、曲、民歌、对联很少用典，深入浅出。其《道情》就是说唱文学的写法，在民间广为流传，历久不衰。他的诗文书画，都体现了他的高尚的思想和杰出的艺术成就，一看便知是出于高人、雅人之手，是“不媚时人眼”的“有我”之作，无疑是一种“雅事”，但他的作品又不是孤芳自赏，却与俗文化结下了不解之缘，为大多数人所接受，所赞美，因此，又可以说是一种俗事。有雅有俗，俗中见雅，以俗为雅，这种审美趣味上的相对论，是对传统美学的发展。

① 板桥《墨兰图》轴，中国美术研究所藏墨协。
② 《朱子语类·答巩仲至》卷六十四。
③ 齐鲁书社版《郑板桥全集》。

十、书法与人品的关系

——审美鉴赏中人格原则的一致与不一致

西汉·扬雄（公元前53—18）《法言》云：“书，心画也。”这一论断，揭示了书法与创作主体内心世界的关系。自此之后，古代文艺批评家把艺术品视为艺术家的人格化，对艺术的批评、品鉴经常与艺术家的人品评价联系在一起。唐宋元明清以来，已发展成为人品即艺品的正统观念。唐·张怀瓘《文字论》：“从心者为上，从眼者为下。”北宋·苏轼《书唐代六家书后》：“古之论书画兼论其平生。苟非其人，虽工不贵也。”南宋·姜白石论书：“一须人品高。”[①]明·文徵明自题其米山：“人品不高，用墨无法。”[②]这种审美鉴赏中的人格原则，也为板桥所接受，他提出了“书法与人品相表里”[③]说，特举唐·虞世南和他的书法证实之。虞氏是伟大书法家，初为隋炀帝近臣，因炀帝征辽草檄之而终身不复见用，入唐后为弘人馆学士，官至秘书鉴，封永兴县子，世称虞永兴，深得唐太宗敬重，死后赠礼部尚书，并绘像于凌烟阁，为二十四功臣之一。唐太宗曾诏曰：“世南一人，有出世之才，遂兼五绝：一曰忠谠，二曰友悌，三曰博文，四曰词藻，五曰书翰。”虞之书法笔致圆融丰腴，外柔内刚，血脉畅通。因其人品高，书品倍受世

① 转引自明·李日华《紫桃轩杂缀》。
② 转引自明·李日华《紫桃轩杂缀》。
③ 板桥《题宋拓虞永兴破邪论序册》《壮陶阁书画录》卷二十二著录。

重。板桥赞其“卓为学者宗师”[①]，评其书法云：

今观其所书《庙堂碑》及《破邪论序》，介而和，温而栗，峭劲不迫，风雅有度，即其人品，于此见矣。昔有评右军书云：位重才高，调清词雅，声华未泯，翰牍仍存。吾于世南亦云。[②]

唐·虞世南《孔子庙堂碑》

这种“书法与人品相表里”的品评原则，也反映在板桥对赵孟頫的书法评价上。赵孟頫（1254—1322），元书画家，不仅在诗文、绘画方面出类拔萃，其更是元代书坛的中兴之主。赵氏能集诸家之长，早年学宋高宗，中年浸淫二王，用力至勤，尝临《兰亭序》万余本，晚年大字取法李邕、苏灵芝、柳公权，形成韵度丰艳、圆活遒丽的赵体，独步一时。元朝人几乎众口一词地推为本朝第一，《元史》本传讲他“篆籀分隶真行草无不冠绝古今”。明·王世贞（1526—1590）将他与吴镇、黄公望、王蒙并称“元四家”，更以赵为其首。但到了明末·董其昌（1555—1636），则将他从“元四家”中排除出去，以倪瓒取而代

① 板桥《题宋拓虞永兴破邪论序册》《壮陶阁书画录》卷二十二著录。
② 板桥《题宋拓虞永兴破邪论序册》《壮陶阁书画录》卷二十二著录。

之，以此说较为流行，原因何在？明·项穆说他的书法“妍媚纤柔，殊乏大节不夺之气”。[①]莫是龙也认为“矩矱蔓有余而骨气未备”。[②]他因为做过元朝的官，被看作是失大节、无骨气的品格问题，遂有“柔媚之习”之评。板桥也说他书法有“滑熟”[③]的毛病，虽“秀绝一时”“海内尊之”，而“未尝学”。尽管未直接批评其人品，但如实地点出他是“宋宗室，元宰相”，就已暗示了他对赵氏人品的态度，显然是与板桥品评原则相一致的。品评文学、绘画亦然，如说慎郡王的诗是“胸中无一点富贵气，故笔下无一点尘埃气”。[④]跋西畴《诗稿》：“其气深矣，其养邃矣。以香山温逸之笔，烹炼而入于王、孟。观其柬马半槎及崇川诸作，皆布帛菽粟之文，自然高淡，读之反复想见其人。”[⑤]然而，板桥在“人品”与“艺品”关系问题论述上，所持的观点前后是有所变化的，是有矛盾的，如在《行书论书》轴[⑥]说：

蔡京字在苏、米间，后人恶京，以襄代之，其实襄不如京也。

蔡京（1047—1126），北宋徽宗时拜尚书左丞右仆射，大观中拜太师，以恢复新法为名，加重剥削，排除异己，大兴土木，工役繁重，被称为“六贼”之首。书法字势豪健，痛快沉著，殆绍圣间天下号能书，无出其右者。曾与苏轼、黄庭坚、米芾并称北宋四大书法家。板桥一方面承认“后人恶京，以（蔡）襄代之”的处理结果，但另一方面明确指出

① 《书林藻鉴》。
② 《书林藻鉴》。
③ 板桥《四书手读序》，《郑板桥四子书真迹》木刻本。
④ 板桥《随猎诗草花间堂诗草跋》，上海图书馆藏刊本。
⑤ 《郑板桥集·补遗》。
⑥ 上海博物馆藏墨迹。

蔡襄的字实际上是不如蔡京的。这与他的品评原则又不相一致了。这一审美鉴赏中人格原则的肯定与否定，是对“字如其人”“人品即书品”的“正统”观念的继承与突破，是书法批评史上的一种进步，是符合历代书法家的实际情况的，对今天来说仍有其借鉴意义。

十一、文必归于日用
——美的功利主义

东汉·王充（27—97）在《论衡·自纪》中提出了著名的文论：“为世用者，百篇无害；不为用者，一章无补。如皆为用，则多者为上，少者为下。”这是他对于文与世——文学与社会关系的回答，为后人所继承与发扬。南朝·梁·刘勰《文心雕龙·原道》篇提出，文学作品要“写天地之辉光，晓生民之耳目”，然后才能为世所用。唐·白居易主张“文章合为时而著，歌诗合为事而作”。[1]北宋·王安石声称：“且所谓文者，务为有补于世而已矣。”[2]清初·顾炎武也认为“文须有益于天下”。[3]板桥则更加明确地提出：

理必归于圣贤，文必归于日用。[4]

主张文学作品应该有现实内容，反映国家民生的重大问

① 自居易《与元九书）。

② 王安石《上人书》《临川集》卷七十七。

③ 顾炎武《日知录集释）卷十九。

④ 《板桥自叙》，杨荫溥藏墨迹。

题。他在《与江昱江恂书》[①]中写道：

文章有大乘法，有小乘法。大乘法易而有功，小乘法劳而无谓。《五经》、《左》、《史》、《庄》、《骚》贾、董、匡、刘、诸葛武乡侯、韩、柳、欧、曾之文，曹操、陶潜、李、杜之诗，所谓大乘法也。理明词畅，以达天地万物之情，国家得失兴废之故。读书深、养气足，恢恢游刃有余地矣。六朝靡丽、徐、庾、江、鲍、任、沈，小乘法也。取青配紫，用七谐三，一字不合，一句不酬，拈断黄须，翻空二酉。究何与于圣贤天地之心、万物生民之命？凡所谓锦绣才子者，皆天下之废物也，而况未必锦绣者乎！此真所谓劳而无谓者矣。……曹氏父子、萧家骨肉，一门之内，大小殊轨。曹之丕、植，萧之统、绎，皆有公子秀才气，小乘也。老瞒《短歌行》、萧衍《河中之水》歌，勃勃有英气，大乘也。彼虽毒蛇恶兽，要不同于蟋蟀之鸣、蛱蝶之舞，而况麒麟鸾凤之翔，化雨和风之洽乎！司马相如，大乘也，而入于小乘，以其逞词华而媚合也。李义山，小乘也，而归于大乘，如《重有感》《随师东》《登安定城楼》《哭刘蕡》《痛甘露》之类，皆有人心世道之忧，而《韩碑》一篇，尤足以出奇而制胜。青莲多放逸，而不切事情。飞卿叹老嗟卑，又好为艳冶荡逸之调，虽李、杜齐名，温李合噪，未可并也。

大乘：佛教名词，对小乘而言。梵语摩诃衍，摩诃义为大，衍义为乘，乘车运载之意。佛教认为，开一切智，尽未来际众生化益之教为大乘。比喻修行法门为乘大车，故名：

① 上海博物馆藏墨迹。

小乘。大乘教流行之后，原部派佛教被贬称为小乘，小乘教保持早期佛教的教理，信奉《阿含经》等教典，重在自我解脱，以求证阿罗汉果为其止境，通过个人修行，入于涅槃，以免轮回之苦。释迦牟尼佛在世时，曾说过大、小乘法门。佛教初传播小乘，后来马鸣著《大乘起信论》，始发展大乘教义。板桥深悟佛教之教义，以大乘法、小乘法作譬，将历代文章分为两大类，凡是寄意深刻、富有现实内容、能起匡世济时作用的作品，皆属于大乘法；凡是无病呻吟、标花宠草、以堆砌辞藻为能事的作品，皆属于小乘法。显然，他对大乘法是提倡的，而对小乘法是贬斥的。他将李白、杜甫的诗列入大乘法，但更推崇杜诗，说杜诗“七律、五律、七古、五古，排律皆绝妙，一首可值千金”。“大哉杜诗”，就是因为杜诗深刻地反映了当时的社会现实，“归于日用”；而李诗“多放逸，而不切事情”，“李杜齐名，……未可并也”。虽言之过偏，但其精神是在强调作品的思想内容的重要意义。他对唐代王维、元代赵孟頫两位著名画家，也因其作品脱离现实而予以指责：

若王摩诘、赵子昂辈，不过唐宋间两画师耳，试看其平生诗文，可曾一句道着民间痛痒？[①]

以是否反映现实、道着民间痛痒作为文章去取最重要的标准，这不能不说是极为卓越的见解。[②]与这种见解相呼应的是他在绘画上提出了为谁服务的问题：

凡吾画兰、画竹、画石，用以慰天下之劳人，非以供天

① 《郑板桥集·家书·潍县署中与舍弟第五书》。

② 汪贤度《从几篇佚文谈郑板桥的文学主张)，《文汇报》1961年11月16日。

下之安享人也。[1]

这里所指的“劳人”，即“惟劳苦贫病之人”，当然也包括“苦其身，勤其力”的“天地间第一等人”在内的农夫。在封建社会里，他能提出如是说，是非常了不起的。但这种思想和行为在当时是难以实现的，靠“卖画以自给”的板桥，其买主仍逃脱不出“安享人”之范围，而决不是连饭都吃不饱的“劳人”，还是他自己的话证实了这一点：

扬州豪家求余画兰。

——《郑板桥集·题画·兰》

又以余闲作为兰竹，凡王公大人，卿士大夫、骚人词伯、山中老僧、黄冠炼客，得其一片纸、只字书，皆珍惜藏庋。

——《板桥自叙》，杨荫溥藏墨迹

然而，他毕竟还是在努力实现自己的主张：其一，以书画抒发对劳动人民的感情，所谓“疑是民间疾苦声”“一枝一叶总关情”；其二，以书画售款接济劳动人民，将每次“所入润笔钱”放入囊中、系在身边，“遇故人子及乡人之贫者，随手取赠之”，“辄尽”为止。这是一般书画家所不能理解，也是无法相比拟的。

十二、精神专一　奋苦数十年
——书画家成功之路

精神专一，奋苦数十年，神将相之，鬼将告之，人将启之，

① 《板桥题画·靳秋田索画》。

物将发之。不奋苦而求速效，只落得少日浮夸，老来窘隘而已。

——《郑板桥集·题画·靳秋田索画》

“精神专一，奋苦数十年”，这是历代书画家进行美的创造的一条成功之路。任何杰出的艺术成就，往往需要作者付出整个艺术生命。板桥极其重视刻苦读书和苦练技巧两个方面的问题：

关于刻苦读书，古今的文艺家们都强调了它的重要性。唐·杜甫《壮游》诗云：“读书破万卷，下笔如有神。”苏轼《东坡集》云：“退笔如山未足珍，读书万卷始通神。”南宋·赵希鹄《洞天清禄》云：“殊不知胸中有万卷书，目饱前代奇迹，又车辙马迹半天下，方可下笔。”明·李日华《墨君题语》云：“绘事必多读书，读书多，见古今事变多，不狃狭劣见闻，自然胸次廓切，山川灵奇，透入性地时一洒落，何患不臻妙境？”板桥对此论述得较前人更加深刻：

读书深，养气足，恢恢游刃有余地矣。[①]

养气是指艺术家主观的伦理道德和审美趣味方面的修养，通过读书而得，在精神上涵养出一个学问和品性完美的人，再由这完美的人去创作出完美的艺术作品。“读书深，养气足”，板桥从精神上着力的路数，乃是中国文艺的一大特色。他进一步说：

读书写画要先知，除此奇能未足奇；

莫谓个中皆上品，两竿修竹有高低。[②]

其意是说，书画家要创作出与众不同的、出奇制胜的作

① 《与江宾谷禹九书》，上海博物馆藏墨迹。

② 板桥《墨竹》条屏，《梦园书画录》卷二十三著录。

品来，必须明理首先读书，读书与否，便可划出文人与工匠、士气与匠气、雅与俗的界限。两个人同样画墨竹，一个是“胸中有千卷书”，一个是“胸中无几卷书”，其作品不可能都成为上品，这里有高低、文野、雅俗之分。板桥对其弟墨年青时对读书重要性认识不足，曾作《墨兰图》轴[①]题云：

二弟在家不肯读书，屡劝不信。吾惟画兰以解其恼。并仿此《离骚》数句：根之茂兮，土弗离；花之美兮，香堪娱；品纵雅兮，叶与扶持。总不若春风吹女兮，花叶依依。

兰根之茂、花之美、味之香、品之雅，是离不开特定土壤与培植的，以此比喻美的创造是离不开读书的。读何书？板桥在《板桥自叙》[②]中写道：

平生不治经学，爱读史书以及诗词文集，传奇说簿之类，靡不览究；亦爱其斑驳陆离，五色炫烂。以文章之法论经，非六经本根也。

在《焦山别峰庵雨中无事书寄舍弟墨》[③]云：

吾弟读书，四书之上有六经，六经之下有《左》、《史》、《庄》、《骚》、贾、董策略，诸葛表章、韩文杜诗而已。只此数书，终身读不尽，终身受用不尽，至如“二十一史”，书一代之事，必不可度。

如何读书？板桥提出了“求精不求多”的原则：

板桥居士读书求精不求多，非不多也，唯精乃能运多，徒多徒烂耳。[④]

① 南京孙家璐藏墨迹。

② 《郑板桥集·补遗》。

③ 《郑板桥集·家书》。

④ 《板桥自序》，徐平羽藏墨迹。

若读书求多不求精，只是一种“烂”，是没有什么用处的，“五经、廿一史，句句都读，便是呆子；汉魏六朝、三唐、两宋诗人，家家都学，便是蠢才”[1]。因此，惟有求精，才能以精运多，以精胜多。怎样才能“求精”，他提出“攻”“扫”二字：

善读书者曰攻、曰扫。攻则直透重围，扫则了无一物。[2]

所谓“直透重围”，就是要攻克重重障碍，获得全书之精义：“然读书能自刻苦，自愤激，自竖立，不苟同俗，深自屈曲委蛇，由浅入深，由卑及高，由尔达远，以赴古人之奥区，以自畅其性情才力之所不尽。”[3]所谓“了无一物”，就是要善诵全书的内容：“人咸谓板桥读书善记，不知非善记，乃善诵耳。板桥每读一书，必千百遍。舟中、马上、被底，或当食忘匕箸，或对客不听其语，并自忘其所语，皆记书默诵也。书有弗记者乎？”[4]在“善诵”中强调“精神专一”，即《庄子·达生》所说的：“用志不分。乃凝于神。”板桥还提出读书必须“好问”，他说：“学问二字，须要拆开看，学是学，问是问。……琼崖主人读书好问，一问不得，不访再三问，问一人不得，不妨问数十人，要使疑窦释然，精理迸露。故其落笔晶明洞彻，如观火观水也。”[5]就是说，读书要动脑筋，对于古人之精义，要善于提出问题，多问一个为什么。首先通过自己的思考去解答，实在解

① 板桥《题随猎诗草花间堂诗草》，上海图书馆藏刊本。

② 板桥《题随猎诗草花间堂诗草》，上海图书馆藏刊本。

③《板桥自叙》，杨荫溥藏墨迹。

④《板桥自叙》，杨荫溥藏墨迹。

⑤ 板桥《题随猎诗草花间堂诗草》，上海图书馆藏刊本。

答不了的或解答得不完整、无把握的，则一定向他人请问，直到“疑窦释放，精理迸露”为止。他严厉责怪那些“有学而无问”的读书人，“虽读书万卷，只是一条钝汉尔”。[①]

他把关在书房里的学习称读书，而把走出书房去观察客观事物的学习也称读书：

板桥非闭户读书者，长游于古松、荒寺、平沙、远水、峭壁、墟墓之间。然无非之非读书也。求精求当，当则粗者皆精，不当则精者皆粗。思之，思之，鬼神通之！[②]

这一颇有意味的说法，给人们以耳目一新之感。

关于苦练技巧，这是艺术家奋苦一辈子的事，板桥告诫人们说：

不奋苦而求速效，只落得少日浮夸，老来窘隘而已。[③]

他针对当时画坛上一些人不肯刻苦打好工笔画的基本功，而造成写意画创作的弊病状况，提出过尖锐的批评：

徐文长先生画雪竹，纯以明代瘦笔、破笔、燥笔、断笔为之，绝不类竹；然后以淡墨水钩染而出，枝间叶上，罔非积雪，竹之全体，在隐跃间矣。今人画浓枝大叶，略无破阙处，再加渲染，则雪与竹两不相入，成何画法？此亦小小匠心，尚不肯刻苦，安望其穷微索渺乎！问其故，则曰：吾辈写意，原不拘于此。殊不知写意二字，误多少事。欺人瞒自己，再不求进，皆坐此病。必极工而后能写意，非不工而遂能写意也。[④]

---

① 板桥《题随猎诗草花间堂诗草》，上海图书馆藏刊本。
② 《板桥自叙》，杨荫溥藏墨迹。
③ 《郑板桥集·题画·靳秋田索画》。
④ 《郑板桥集·题画·竹》。

徐渭、板桥画竹，皆水墨写意，淋漓尽致，具有似与不似、不似之似之妙，却始终离不开“工笔”的基础，这是他们的艺术立于不败之地的根本原因。板桥在《题画·靳秋田索画》[①]中说：

石涛善画盖有万种，兰竹其余事也；板桥专画兰竹五十余年，不画他物。彼务博，我务专，安见专之不如博乎！

由于板桥数十年如一日苦练技巧，往往是“四十年来画竹枝，日间挥写夜间思”[②]，终于将笔墨功夫推到了炉火纯青的程度。往往是“信手而挥，无复着想处”[③]，“信手拈来都是竹，乱叶交枝戛寒玉”，“我有胸中十万竿，一时飞作淋漓墨”。就绘画总的成就而言，板桥当比石涛功夫气候稍逊一筹，这连板桥自己也承认：

石涛画竹好野战，略无纪律，而纪律自在其中。燮为江君颖长作此大幅，极力仿之，横涂竖抹。要自笔笔在法中，未能一笔逾于法外。甚矣，石公之不可及也！功夫气候僭差一点不得。[④]

但就画兰竹而言，石涛画兰竹只是余事，无疑在功夫气候上未必能超得过专画兰竹五十年的板桥。鲁迅说过这样的话：“伟大的成绩和辛勤的劳动是成正比例的，有一份劳动就有一份收获，日积月累，从少到多，奇迹就可以创造出来。”[⑤]板桥在兰竹艺术上所达到的功夫气候是后人所公认了的。

① 《郑板桥集·题画·靳秋田索画》。
② 板桥《竹石图》轴，上海博物馆藏墨迹。
③ 新编《郑板桥全集·板桥集外诗文·题画·竹》。
④ 《郑板桥集·题画·竹》。
⑤ 《名人名言录》，1981年上海人民出版社出版。

第五章 郑板桥文学

清·张维屏《松轩随笔》云："板桥大令有三绝：曰画、曰诗、曰书；三绝之中有三真：曰真气、曰真意、曰真趣。"真气、真意、真趣，正是板桥文学、艺术的特点、生命、灵魂与魅力所在。他在文学方面的成就是多方面的，无论是诗、词、曲（道情），还是各种书信、散文等，皆能自出己意，独树一帜。

板桥的诗，据他自己说：

诗学三人：老瞒与焉，少陵为后，姬旦为先。①

老瞒，即东汉政治家、军事家、文学家曹操（155—220），他在诗歌创作上继承了乐府诗的优良传统，用乐府古题创作了反映当时时事和抒发个人政治抱负的许多诗篇，开创了"建安文学"一代诗风。板桥赞扬其名作《短歌行》诗"勃勃有英气"，并以行书书写了他的另一首名作《观沧

① 《与江宾谷江禹九书》，上海博物馆藏墨迹。

海》[①]诗。板桥学他的是其古直苍劲、气韵沉雄的气魄与格调。姬旦，即周公，姓姬名旦，周武王弟。板桥学周公即指旧时传为周公所作《诗经·豳风》中的《七月》《东山》等反映现实生活的作品。在《贺新郎·述诗》[②]中云："诗法谁为准，统千秋姬公手笔"，"那识得周情孔调？《七月》《东山》千古在，恁描摹琐细民情妙，画不出，《豳风》稿"；少陵，即唐代杜甫（712—770），是一位毕生关心国家兴亡、人民疾苦的伟大诗人，其作品被誉为"诗史"。杜诗兼备诸体，融合众长，形成"沉郁顿挫"的独特风格。杜甫，乃是板桥平生拳拳服膺、终身奉为师法的第一人，在板桥的许多诗、词、文中，无不热情地赞颂这位诗圣，如《范县署中寄舍弟墨第五书》，对杜诗的命题立意作了分析总结："作诗非难，命题为难。题高则诗高，题矮则诗矮，不可不慎也。少陵诗高绝千古，自不必言，即其命题，已早据百尺楼上矣。通体不能悉举，且就一二言之：《哀江头》《哀王孙》，伤亡国也；《新婚别》《无家别》《垂老别》前后《出塞》诸篇，悲戍役也；《兵车行》《丽人行》，乱之始也；《喜达行在所三首》，庆中兴也；《北征》《洗兵马》，喜复国望太平也。只开一卷，阅其题次，一种忧国忧民忽悲忽喜之情，以及宗庙丘墟、关山劳戍之苦，宛然在目。其题如此，其诗有不痛心入骨者乎！"在《板桥后序》[③]中，也是一开始就花了众多笔墨对杜诗加以论述，他说杜诗

---

① 扬州市博物馆藏墨迹。
② 《郑板桥集·词钞》。
③ 徐平羽藏墨迹。

“七律、五律、七古、五古、排律皆绝妙”，“而尤爱七古”。接着列举其代表作《曹将军丹青引》《渼陂行》《瘦马行》《兵车行》《哀王孙》《洗兵马》《缚鸡行》《赠毕四曜》（以上七古），《秋兴》《诸将》《咏怀古迹》（以上七律），《秦州杂诗》《咏物》《达行在所》（以上五律），《出塞》《新婚别》《垂老别》《无家别》《北征》《彭衙行》（以上五古），《经昭陵》《重经昭陵》《别严贾二阁老》《别高岑》（以上排律）等百余首，说它们“是《左传》，是《史记》，似《庄子》《离骚》，而六朝香艳，亦时用之，以为奴隶。大哉杜诗”，“一首可值千金”，“板桥无不细读”。板桥之所以如此评价推崇杜甫，原因就在于杜甫在自己的诗篇中深刻地反映了现实，寄托着诗人忧国忧民、时刻以天下为己任的伟大思想。板桥还说，他的“七律尤多放翁习气”[①]，又说：“吾诗若传，便是清诗清文。”[②]而在《偶然作》一诗中则直说：

英雄何必读书史，直摅血性为文章；

不仙不佛不贤圣，笔墨之外有主张。

因此，板桥的诗，一方面从《诗经》以来的杰出的现实主义作家那里吸取营养；而在另一方面，又保存自己的一定风格。所谓“直摅心血为文章”，便是要把自己看到听到的各种现象，通过自己的思想感情，直言不讳地把它抒写出来。他的诗，用字成句，都有一定的格法，而且技巧亦很熟练。特别是一些小诗，更为清新，几乎随手拈来，毫不费

① 《郑板桥集·诗钞》。

② 《郑板桥集·诗钞》。

力，可见他在这方面是下过深厚的功夫的。不过，我们看他的诗钞，有些地方，虽不能不对统治阶级敷衍一下，如给慎郡王等人的诗，便不免有点儿虚伪堆砌，但这不是主要的。他的主要作品，大都来自现实，来自生活，而且天真烂漫，很少用典，常用一种浅近的来自人民的语言，以达其意，这是与板桥长期生活在人民之中、同时在贫困的生活中切身体会到人民的思想感情分不开的。清·郑方坤说他“诗取道性情，务如其意之所欲出”，“流露灵府，荡涤埃壒，视世间无结辖不可解之事，即无哽咽不可道之词。空山雨雪，高人独立；秋林烟散，石骨自青”。[①]一般讲，板桥的诗与当时的性灵派首领袁枚的诗，有些相近，但风格上却各有千秋。严济宽对此做了很好的比较：“板桥与性灵派的提倡者袁枚，从反对神韵说、格调说方面来讲，他们是战友，而且又是明代公安派的继承者，所以两人有些方面比较接近，如板桥主张诗歌要实感与想象综合运用，而性灵派的性，近于实感，灵近于想象。板桥主张情与才综合，而性灵派的性近于情的表现，灵近于才的表现。板桥主张诗文要有真气，袁枚也说‘诗有性情而后真’。不过，性灵派的所谓性灵与真，在本质上与板桥的主张还是有区别的。”板桥“认为只有血性，才是从正义感基础上发出的真性情”，而“性灵派的抒写性灵，只着眼于闲情逸趣和个人遭际等生活琐事，不能深刻反映社会现实而发的”，其缺点“主要是由于没有血性，不关心人民，没有英雄气概”[②]。板桥是实践着他的理论的，如

① 《国朝耆献类征·郑燮小传》初编卷二百三十三。

② 《论郑板桥的文学主张》，《江海学刊》1962年第2期。

《悍吏》《私刑恶》《七歌》《孤儿行》《后孤儿行》《姑恶》《逃荒行》《还家行》等[1]名诗，在一定程度上确能揭开那一时期社会上的烂疮疤，并加以无情的鞭挞。

《悍吏》描写的是那些豺狼般的悍吏，一到农村，不是捉鹅鸭，便是搜刮稻谷，几乎不到“不断人喉抉人目”不肯罢手。而在催讨赋税时，更是为虎添翼，汹汹而来，虽然村中忙着杀鸡做饭恭敬之，还是“叫呼楚挞无宁刻”地不免受到他们的残暴“贪勒”。诗中对那些县官爪牙，在农村怎样横行乡民的情况有深刻的揭发。最后两句：“呜呼长吏定不知，知而故纵非人为”，忠厚恻怛中有严毅之气。

《私刑恶》对官刑之外私刑的残毒做了透视，所谓“官刑不敌私刑恶，掾吏搏人如豕搏，斩筋抉髓剔毛发，督盗搜赃例苛虐。吼声突地无人色，忽漫无声四肢直，游魂荡漾不得死，婉转回苏天地黑”，便是板桥用他的笔墨刻画出来的一幅地狱图。请看，在地主阶级残酷压迫下，农民竟被当成猪仔一样被“斩筋抉髓剔毛发”。只要触动了这些地主老爷们的“严威”，即使是妇女、儿童以至七十老翁，也难免受到拘囚拷打，这成个什么世道？板桥在诗序中，虽点明这些惨无人道的私刑是从明代宦官魏忠贤那里沿袭过来的，实质上是对当时吃人的封建社会的一种有力的控诉。

《七歌》是他三十岁时写的反映自己贫困寒苦生活处境的叙事诗。当我们读到“爨下荒凉告绝薪，门前剥啄来催债”“婉转噢抚儿熟眠，灯昏母咳寒窗里”“我生二女复一

① 《郑板桥集·诗钞》。

儿，寒无絮络饥无糜”等诗句时，心情亦不由得沉重起来。而“长啸一声沽酒楼，背人独自问真宰”，更可以看出他那时的心情，已被压抑到何种程度。

《孤儿行》描写了一个无父母的孤儿，在嫂嫂病危时，“枕上叩头，孤儿幼小；立唤孤儿跪，床前拜倒。拭泪诺诺，孤儿是保”。把孤儿嘱托给叔婶以后，仍免不了受到无情的虐待。这首诗以“孤儿踯躅行，低头屏息，不敢扬声。阿叔坐堂上，叔母脸厉秋铮铮”开头，并用“娇儿坐堂上，孤儿走堂下；娇儿食粱肉，孤儿兢兢捧盘盂，恐倾跌，受笞骂”及“娇儿著紫裘，孤儿著破衣”等对比，刻画出两个孩子的不同处境。在叔婶的恶劣影响下，甚至婢仆亦对孤儿进行欺凌，当我们读到“豪奴丽仆，食余弃骨，孤儿拾啮，并遗剩羹汤。食罢濯盘浴釜，诸奴树下卧凉”等诗句时，怎能不为孤儿的处境义愤填膺呢？它无形地指出了这种家庭现象，是由黑暗的封建社会造成的。

《逃荒行》《还家行》，是板桥描写潍县自然灾害及灾后情况的两首诗。尽管他在灾荒发生后，曾采取了各种措施，如以工代赈、平粜、令大户施粥，并捐出自己的养廉银等方法来进行救济，但作为一个七品官的知县，权力有限，总无法对广大的灾民一一伸出手去，于是一幕幕惨象，开始展开在我们的眼前：

在《逃荒行》中，叙述农民不甘心饿死，只好出关逃荒，“十日卖一儿，五日卖一妇；来日剩一身，茫茫即长路。长路迂以远，关山杂豺虎；天荒虎不饥，肝人伺岩阻；豺狼白昼出，诸村乱击鼓。……卖尽自家儿，反为他人抚。……”这不是活生生地画出了一幅悲惨的流民图吗？

同样，在《还家行》中，记录的是灾荒过去后，一些幸而在灾荒中留得残喘的农民，又“死者葬沙漠，生者还旧乡”，“拜坟一痛哭，永别无相望”地踽踽回到家乡来。但“归来何所有，兀然空四墙；井蛙跳我灶，狐狸据我床”。待到把家业勉强安顿下来后，又“念我故妻子，羁卖东南庄；圣恩许归赎，携钱负橐囊。其妻闻夫至，且喜且彷徨；大义归故夫。新夫非不良；摘去乳下儿，抽刀割我肠；其儿知永绝，抱颈索我娘；堕地几翻覆。泪面涂泥浆”。而作为悲剧主角的后夫，却正“惭惨难禁当”地“潜身匿邻舍，背树倚斜阳”。在“儿啼父不寝，灯短夜何长”的惨淡情景下，肝肠欲断。诗中写的虽然是一种不良习俗，但骨子里仍在揭发造成悲剧的封建社会。

在诗歌中，还有一种以七言绝句形式组成的歌词叫《竹枝词》。《竹枝词》，本乐府曲名，原巴渝（今四川东部）一带民歌，唐诗人刘禹锡改作之。板桥很欣赏清·董伟业乾隆五年（1740）所写的《扬州竹枝词》九十九首。董词讽谕当时扬州都市繁华、人情势利、朝歌暮舞、贫富悬殊的情景。板桥特将它书写了一遍[①]，并为其作了一篇充满激情的序言，主张《竹枝词》创作应有严肃的态度和诗人的正义使命，这是他诗歌创作所持的一贯宗旨。他在官潍县所作的《潍县竹枝词》四十首[②]，无疑是这一宗旨的充分体现。与其《逃荒行》《还家行》结成姊妹篇，描写灾后的民生惨况。其中以盐民、贫

① 扬州市博物馆藏墨迹。

② 《郑板桥全集》，1985年6月齐鲁书社版。

民、小偷、农民等为主题的诗，揭发得更为尖锐：

绕郭良田万顷赊，大都归并富豪家。
可怜北海穷荒地，半篓盐挑又被拿。
……
行盐原是靠商人，其奈商人又赤贫？
私卖怕官官卖绝，海边饿灶化冤磷。
……
东家贫儿西家仆，西家歌舞东家哭。
骨肉分离只一墙，听他笞骂由他辱。
……
放囚宣诏泪潺潺，拜谢君恩转戚颜。
从此更无牢狱食，又为盗窃触机关。
……
征发钱粮只恨迟，茅檐蔀屋又堪悲。
扫来草种三升半，欲纳官租卖与谁？

以上各诗，亦可以看出他着眼的地方，锋芒对着的正是那个不合理的社会。

板桥的词，早年从学于同邑前辈陆种园。乾隆十四年（1749）他五十七岁为潍县令时，编订诗文集，并手写付梓。在《词钞·自序》中云：

燮作词四十年，屡改屡蹶者，不可胜数。……而此中之酸甜苦辣备尝而有获者亦多矣。……吾愿少宽岁月以待之，必有屈曲达心、沉著痛快之妙。……少年游冶学秦、柳，中年感慨学辛、苏，老年淡忘学刘、蒋，皆与时推移而不自知者。

宋词有两大流派，一为婉约派，一为豪放派。明·徐师曾在《文体辨》中说："论词有婉约者，有豪放者。婉约者欲其词情蕴藉，豪放者欲其气象恢宏。"于是，文学史家论宋词便有婉约派和豪放派之分。板桥所云秦、柳，指北宋词人秦观（1049—1100）、柳永（987？—1053？），系婉约派的代表人物；辛、苏，指南宋词人辛弃疾（1140—1207）及北宋词人苏轼（1037—1101），系豪放派的代表人物；刘、蒋指南宋词人刘过（1154—1206）与蒋捷，其词于豪放中显出沉郁之气，蒋词更趋柔婉典雅。板桥时代的词坛，影响最大的是以陈维崧（1625—1682）为代表的主豪宕的阳羡派和以朱彝尊（1629—1709）为代表的主醇雅的浙西派。陈维崧，字其年，号迦陵，其词与朱彝尊并称，风格豪放浑达，内容多表达感旧怀古之情，也有描写人民疾苦的作品。板桥于乾隆二十五年（1760）作《六分半书刘柳村册子》云：

板桥居士好填词，盖其童而习之也。十余岁游金陵书肆，得其年陈先生迦陵词半册，喜其辞繁气茂，遂学之，然已突过其顶。如送顾万峰之山东词云："到看泰岱纵天坠，……奇观矣。"迦陵好用成语，此则自铸伟词，神清骨锐，恐非迦陵所能到也。又晚景一首，调寄《蝶恋花》："一片青山临古渡，……月痕淡入黄昏雾。"板桥山中之作便摹写秦黄，无复迦陵矣。作是词才二十六岁。后七年游京师，……遂发愤入山，与老僧枯坐，或游于碎泉乱石卧松倒柏之间，欲深究词学，细绎花间、草堂，知苏辛豪荡，尚属词家外调，况陈髯乎。遂刻意于太白、飞卿、南唐后主、少游、柳七之间。

——北京故宫博物院藏墨迹

可见他对各家各派是兼收并蓄的。在《与江昱江恂书》[1]中则说：

词与诗不同，以婉丽为正格，以豪宕为变格。

在《与金农书》[2]中则说：

作词一道，过方则近于诗，过圆则流于曲，甚矣，词学之难也。

但从他创作的词来看，其词风基本上是接近豪宕一路的。这是由他的“文章以沉著痛快为最”“直摅血性”的文学主张所决定的。

《贺新郎·徐青藤草书一卷》，用一连串的比喻极赞徐渭草书的超逸高妙，并同情其一生不幸之遭遇。清·陈廷焯评其“痛快之极，不免张眉怒目”[3]。《念奴娇·金陵怀古十二首》[4]，吊古摅怀，圣哲、英豪、美人、名士，苍茫感喟，毕现毫端。如《胭脂井》，对陈后主、隋炀帝荒淫女色、贻误国事进行了揭露和讽刺。此词精绝，用笔最胜，为诸篇之冠。又《方景两先生祠》，歌颂了明代方孝儒、景清忠于前朝的高尚气节。虽不免粗野，然语极雄奇，足为毅魄忠魂生色。

《满江红·金陵怀古》[5]，上下千年，流连凭吊。其中“碧叶伤心亡国柳，红墙坠泪南朝庙”二句，凄凉哀怨，为此阙之佳句。

① 《与江宾谷江禹九书》，上海博物馆藏墨迹。

② 《天咫偶闻》卷六。

③ 《白雨斋词话》卷四。

④ 《郑板桥集·词钞》。

⑤ 《郑板桥集·词钞》。

最能代表他豪宕词风的当推其《沁园春·恨》[1]：

花亦无知，月亦无聊，酒亦无灵。把夭桃斫断，煞他风景，鹦哥煮熟，佐我杯羹。焚砚烧书，椎琴裂画，毁尽文章抹尽名。荥（荥）阳郑，有慕歌家世，乞食风情。单寒骨相难更，笑席帽青衫太瘦生。看蓬门秋草，年年破巷，疏窗细雨，夜夜孤灯。难道天公，还箝恨口，不许长吁一两声？颠狂甚，取乌丝百幅，细写凄清。

这是一首脍炙人口的名篇，怀才不遇时的牢骚之作，主题是“恨”，板桥抒写了胸中积恨，使他恨不得把一切功名富贵都“毁尽”“抹尽”，毫不足惜。通过夹叙夹议，亦歌亦哭，慷慨苍凉，把自己的也是人间的不平毫无保留地倒了出来。风神豪迈、拗怒之气咄咄逼人。清·陈廷焯说：“板桥词，颇多握拳透爪之处，然却有魄力”，[2]说到了其中之妙处。板桥在《刘柳村册子》中云：

曾于成都摩诃池上听人诵予《恨》字词，至“蓬门秋草，年年破巷，疏窗细雨，夜夜孤灯”，皆有赍咨涕洟之意。后询其人，盖已家弦户诵有年，想是赀二执御挟归耶！

板桥在词的形式和格律上，也时有突破和创新。如《满江红》词，旧有平仄二体，他填《田家四时苦乐歌》[3]前后阙，不遵《满江红》调的一韵到底的成规而各为一韵，即一阙前后苦乐分押，目为“过桥新格”，亦词苑别调也。《渔父》一调，通常是单片五句二十七字，而板桥《渔父·本

① 《郑板桥集·词钞》。
② 《白雨斋词话》卷四。
③ 《郑板桥集·词钞》。

意》[1]却“倍其词为双叠，亦自立门户之意也”[2]。时人对板桥诗词的评价，认为“词好于诗”[3]。不过，他的词不像诗那样，反映现实生活的作品很少，常流露出一些封建士大夫（尤其是失意的士大夫）普遍存在的消极虚无的思想。但他的词“独能跳出嘲风弄月、拈花惹草、镂金措采、引典隶事的圈子，鼓其真淳硬直之气，发为嬉笑怒骂之辞，给那个热昏的时代吹进一股清凉的风，这倒是充分值得估价的”[4]。

在《郑板桥集》中，收有《道情十首》，是采用民间说唱文学的形式，以处于社会基层的普通老百姓为题材，描写了老渔翁、老樵夫、老书生、小乞儿等人的生活，并予以同情，还叙述了历代的兴亡概况。“一生跌宕牢骚，奇趣横溢，俱流露于词中。”[5]乾隆二年（1737）人日，板桥书《道情十首》[6]跋云：

雍正三年，岁在乙巳，予落拓京师，不得志而归，因作《道情十首》以遣兴。

在《刘柳村册子》[7]中云：

《道情十首》，作于雍正七年，改削十四年，而后梓而问世。

从两种记载了解到，他雍正三年（1725）所作当为初稿，雍正七年（1729）所作为修改稿，其后经过多年反复修

① 《郑板桥集·词钞》。
② 板桥《刘柳村册子》，青岛陈子良藏墨迹。
③ 板桥《刘柳村册子》，青岛陈子良藏墨迹。
④ 叶柏村《郑板桥词浅测》，《浙江师范学院学报》（社会科学版）1983年第4期。
⑤ 裴景福《壮陶阁书画录》卷十八。
⑥ 裴景福《壮陶阁书画录》卷十八。
⑦ 板桥《刘柳村册子》，青岛陈子良藏墨迹。

改，至乾隆八年（1743）方定稿付梓。今存其《道情十首》手稿多种[①]或开场白不一，或跋尾变动，或句中一字一词的更换，即使定稿以后所书写的本子，仍与木刻本有小异。这种严肃认真的治学精神，体现在他的整个文学艺术创作的始终，是十分可贵的。雍正十三年（1735）板桥之妻饶氏在未认识板桥之前，就“闻有《道情十首》”了，说明首先在扬州一带产生影响，后传至山东范县、潍县，刻本问世后，又“传至京师，幼女招哥首唱之，老僧起林又唱之，诸贵亦颇传颂，与词刻并存”[②]。由于语言浅近通俗，并以民间俚语入诗，达到完全口语化的地步，不仅在民间广为流行，即使文人、官僚也颇感兴趣，并给予很高的评价。清·陈鸿寿（1768—1822）《印跋·教几个小小蒙童》云：“郑板桥先生所作《道情》，虽似浅俚，然点醒痴顽，正复不少，果能随遇而安，亦省却多少怨尤，况蒙以养正，圣功之始，未可以其幼小而忽之也。”徐世昌《晚晴簃诗汇》卷七十四云：“《道情十首》，乃乐府变格，豪情逸韵，与熊鱼山《万古愁曲》相颉颃，亦可传之作。”裴景福《壮陶阁书画录》卷十八云：“板桥《道情》，脍炙人口，昔从父昌平公善拍唱，系传之桐城江待园先生。声情激越，几欲击碎唾壶，今成《广陵散》矣。”《板桥集五家评》[③]则誉之为“千古绝调”。

还有板桥《十六通家书》，主要是在镇江焦山读书和范

① 天津市艺术博物馆、广东省博物馆、北京夏衍均藏有板桥《道情十首墨迹》；民国八年（1919）有石印本《板桥书道情词》墨迹，《壮陶阁书画录》卷十八著录。

② 板桥《刘柳村册子》，青岛陈子良藏墨迹。

③ 扬州市图书馆藏清晖书屋刻《板桥集》。

县、潍县做官期间给堂弟郑墨的信札。板桥说："几篇家信，原算不得文章，有些好处。大家看看。"[①]曲又说："板桥《十六通家书》绝不谈天说地，而日用家常，颇言近指远之处。"[②]读其《家书》，犹如欣赏"韩（愈）文"，情真语挚，悱恻动人。清·郑方坤云："所刻寄弟书数纸，皆老成忠厚之言，大有光禄《庭诰》《颜氏家训》遗意。"他的《家书》与其诗、词一样，皆为"不可磨灭"之文字。

板桥在文学上"自树其帜"，其诗词散文清新流畅、感情真切，有着鲜明的个性特征。但在当时，他主要以书画得名，并未把自己的精力完全用在文学这方面，因此也不能与他同时代的袁枚、赵翼一样，完全以文学家的身份出现。在中国文学史上，板桥"虽比不上李白、杜甫，也比不上韩、柳、欧、苏，即便是在他生活的清朝，他也并不居于文坛泰斗之位，但是他的作品的影响，比之袁枚、赵翼等人要大得多"[③]。

① 《郑板桥集·家书·十六通家书小引》。

② 《国朝耆献类征·郑燮小传》初编卷二百三十三。

③ 叶元章、黄薇《略论郑板桥文学主张及其实践》，《青海师专学报》1984年第1期。

第六章 郑板桥绘画

郑板桥对于诗文书画，虽然都有独到的造诣，但一般都把他当作一个画家。在他的一生历程中，虽曾有过十多年的官场生活，但在做知县之前，仍然曾经“十载扬州作画师”。在辞官后，“宦海归来两袖空，逢人画竹卖清风”，依然在扬州以画师的身份出现，且以此为终老的。

他的绘画以兰、竹、石为主要描绘对象，其次是松、菊、梅等，还画过山水、荷、牡丹、秋葵、蒲草、灵芝、桃子、橘子、樱桃、莲蓬、菱角、佛手、香圆、蒜头、虾、蟹、花瓶、水盂、如意等。多以水墨见长，极少著色，其中成就最突出的是他的兰、竹、石，文献记载说他：

所画兰草、竹、石，亦峭蒨有别致。

——清·郑方坤《郑燮小传》

长于兰竹，兰叶尤妙，焦墨挥毫，以草书之中竖长撇法运之，多不乱，少不疏，脱尽时习，秀劲绝伦。

——清·张庚《国朝画徵续录》卷下

善画兰竹，不离不接，每见疏淡超脱。

——清·查礼《铜鼓书堂遗稿》

以余事写兰竹，随意挥洒，笔趣横生。

——咸丰元年重修《兴化县志》卷八

他为什么最爱画兰、竹、石呢？因为“一兰一竹一石，有节有香有骨”[①]，与他的人格、精神、情操相合，最能表现他的思想，借以抒写其胸中“逸气”“喜气”“怒气”“沉闷之气”“倔强不驯之气”。

在郑板桥所画的兰竹石中，当以其竹为第一，兰第二，石第三。

一、画　竹

竹，是一种多年生的禾本科木质常绿植物。《诗经·卫风》以竹的生态比拟卫武公“有斐君子”般的德行，故板桥有“屈大夫之清风，卫武公之懿德”题画竹句[②]。东晋·山涛、阮籍、向秀、刘伶、嵇康、王戎、阮咸常集于竹林下，文酒清谈，世称“竹林七贤”。王徽之生性爱竹，寄居空宅中，种竹，对竹啸咏，并云：“何可一日无此君。”[③]唐·天宝年间，孔巢父、李白、韩准、裴政、张叔明、陶沔于山东泰安县徂徕山下竹溪结社，诗酒流连，时号“竹溪六逸”。

① 板桥《兰竹石图》，常州何乃扬藏墨迹。
② 《兰竹》册页，《支那南画大成》卷一影印。
③ 《世说新语·爱竹》。

白居易《长庆集·养竹记》卷二十六云："竹似贤何哉？竹本固，固以树德，君子见其本，则思建善不拔者。竹性直，直以立身，君子见其性，则思中立不倚者，竹心空，空以体道，君子见其心，则思应用虚受者。竹节贞，贞以立志，君子见其节，则思砥砺名行，夷险一致者。夫如是故号君子。"北宋·苏轼则以为"可使食无肉，不可居无竹，无肉令人瘦，无竹令人俗"[①]。可见，中国古代文人骚士，对竹钟爱到如此程度，他们视竹可以怡神去俗，有无比的精神寄托，这也是画竹艺术所以经久不衰的主要原因。

画竹，或云起于东汉，有竹叶碑传世，《解州志》言为关羽所创，实属无稽之谈。根据画史及石刻资料，对嵇康、阮籍等七贤事迹率多景慕，绘以为图，竹林为必要之配景，于是画竹即渐流行。关于墨竹画之历史，板桥曾做过一番研究，他在《仪真客邸覆文第》[②]信中云：

本来画墨竹，幽人韵士，聊以抒写性情，故画有六法，惟竹与兰不与焉。按画墨竹之始创者，为唐·张立。王摩诘亦擅墨竹。五代郭崇韬之妻李夫人，临摹窗上竹影，别成一派。更有黄筌父子、崔白弟昆，皆工墨竹。笔致精细，神妙入微。宋元以降，有文湖州、苏东坡、赵孟坚、孟頫、仲穆、管仲姬、吴仲圭、猊云林等，诸子中，唯湖州笔法，最臻神化。其布局，有浅深层次向背照应之分别；其补地，有邱石泉壑荆棘野草之变化；其点景，有烟云雪月风晴雨露之烘托。是为意在笔先，始能笔超法外，诚为画墨竹之圣手。

① 苏轼诗《于潜僧绿筠轩》，见《苏东坡全集》前集卷五。
② 《郑板桥家书》。

东坡与之同时，尚北面事之也。其后金之完颜樗轩，元之李息斋父子、自然老人、乐善老人，明之王孟端、夏仲昭，都师法湖州兼师东坡。湖州、息斋，各立墨竹谱以传厥派，后世师承其法者，代有传人。更有写墨而兼擅钩勒着色者，有王澹远、黄华老人、吴道子。画紫竹者，有程堂；画朱竹者有宋仲温；画雪竹者，有解处中。此犹如禅宗中之别派也。

板桥所述，基本上符合中国墨竹画艺术发展情况。至于墨竹画何人始创？说法不一，或云唐·吴道子，或云王维，或云五代·蜀·李夫人，板桥则云为晚唐·张立。因至今皆未见其墨迹，故孰是孰非，难以定论。从发现的唐·李贤墓壁画《侍女与竹》看，其中之墨竹，纯用水墨，画三枝竹竿直上，不分节，竹叶一笔画出，虽略感稚拙，但错落有致，当是后来水墨写意画竹的先驱。它出于画工之手，比之文献所载吴道子、王维、萧悦、张立画墨竹要早，更比之受窗上竹影启发而创为墨竹的五代蜀李夫人还要早二百年左右。

前代的绘画总是给后代的绘画以巨大影响，后代的绘画又总要继承前代的绘画成果，这就是绘画发展历史的继承性。由于这种历史继承性的存在，绘画的发展就有了自己的传统。没有继承，就没有发展，这是中外绘画艺术也是人类一切文学艺术发展的一条重要规律。

板桥说，他画竹是“无所师承”的，其实他还是“有所师承”的，只是“不泥古法”而已。他对历代画竹名家尤其是苏轼、文同、吴镇、徐渭、高其佩、石涛等人的墨竹有过深入的研究，推崇文同的笔法能“超法外”“最臻神化”，

北宋·文同墨竹图轴

称为“画竹之圣手”，而认为自己“岂区区所能攀跻”[1]；有人将他与苏轼“相提并论”，他回答“此何敢当”。但他在题画《墨竹图》[2]中，是将自己与文、苏排列在一起的：

一节一节一节，一叶一叶一叶；

浑然一片玲珑，苏轼文同郑燮。

徐文长、高其佩、石涛并非专以画竹著称，板桥画竹却极力仿之、学之：

徐文长、高且园两先生不甚画兰竹，而燮时时学之弗辍，盖师其意不在迹象间也。文长、且园才横而气豪，而燮亦有倔强不驯之气，所以不谋而合[3]。

自题《墨竹图》轴[4]云：

画竹曾经学石涛，近来老笔转萧萧；

无多竹叶无多干，自有清风纸上飘。

又自题画竹[5]云：

石涛画竹好野战，略无纪律，而纪律自在其中，燮为江君颖长作此大幅，极力仿之。

今存镇江市博物馆的一幅板桥《竹石》卷，系板桥早期之作，从中可以看到学石涛画竹之痕迹。他对同邑前贤禹之鼎、尚渔庄二公，也是远追其“遗笔”。并继承了中国“书画同法”传统，取黄庭坚、苏轼“书法之关钮，透入于画”：

---

① 《郑板桥家书·与同学徐宇于》。

② 潍坊市博物馆藏刻石。

③ 《郑板桥集·题画·竹》。

④ 上海朵云轩藏墨迹。

⑤ 《郑板桥集·题画·竹》。

东坡、鲁直作书非作竹也，而吾之画竹往往学之。黄书飘洒而瘦，吾竹中瘦叶学之；东坡书短悍而肥，吾竹中肥叶学之。此吾画之取法于书也[①]。

因此，他的所谓“无所师承”，是无一定师承的意思，并非限于学某家，是“师其意而不在迹象间”，否则“依样胡芦，无有是处”。

他说：“画竹多得于纸窗粉壁日光月影中耳。”[②]显然是从五代李夫人“临摹窗上竹影”启示而来，强调从大自然中汲取创作源泉。为了深入揣摩竹子的特点，他在家乡住宅

① 南京市博物馆藏墨迹。

② 《郑板桥集·题画·竹》。

竹石卷

及衙斋处种了许多竹子，常于窗纸上观察“一片竹影零乱”的“天然图画”。他爱竹成癖，风中雨中倾听它的声音，日中月中观看它的影子，诗中酒中对它抒发感情，闲中闷中以它作为伴侣。他自己说：“非唯我爱竹石，即竹石亦爱我也。”[①]由于他熟悉、了解不同季节、时辰竹子的生长规律和各种形态，积累了大量的素材，发现与捕捉到竹子千姿百态的美的形象，为其艺术创作打下了扎实雄厚的生活基础。因此，他画竹时，能够“我有胸中十万竿，一时飞作淋漓墨”[②]。我们从他现存的许多作品看，其竹子形象绝无一幅雷

① 《郑板桥集·题画·竹石》。

② 板桥《墨竹图》轴，《伏庐书画录》影印。

同的。不论是翠烟如织的新竹、褐色斑斑的老竹、清新映日的晴竹、滴沥潇湘的雨竹，还是亭亭玉立的水乡之竹、傲然坚劲的山野之竹，莫不赋予它们以性格和生命，做到神情毕肖、栩栩如生，给观者带来美的享受。

在墨竹艺术的创作上，他实践了他提出的眼中之竹——胸中之竹——手中之竹三段论。关于三段论，第四章《郑板桥的美学思想》已列专节从理论上做了探讨，在解释“手中之竹”时，只是略说“将胸中之竹，用娴熟的高明的笔墨技巧表现出来”，这里涉及有关画竹之法的一些具体问题，需要在此章节加以发挥。板桥于《再覆文弟》信[①]中作了专论，分四法、七忌、四宜、八法，是他画竹经验之谈，亦是学画墨竹入门之道：

四法：“凡画墨竹，分立竿、添节、画枝、画叶四法，循序而行。起笔先立竿留节，梢与根须短，中竿须长，又贵长短各殊，最忌一律，便落呆板。竿宜两边如界，节贵上下相承，其形若半环。若画一、二竿，墨色可随意；画三竿以上者，前者墨宜浓，后者墨宜淡，始有前后之别。梢至根，虽一节节画出，而笔意须贯穿，立竿既定，随手画节，上节须覆盖下节，下节须承接上节，中虽断，笔意须连属，落笔不可太弯，不可太远，不可齐大，不可齐小，宜两头粗，中间细，宜两头放起，中间落下，始见全竿圆浑而得势矣。画枝须枝枝著节，行笔须迅速，迟缓则无生气，用笔须遒健圆劲，始有生意。嫩枝须和柔而顺，其节小。老枝须挺拔而

① 《郑板桥家书》。

起，其节大。枝覆者叶多，枝昂者叶少，风枝欹斜，雨枝下垂，贵在描摩得神也。画叶须一抹而成，行笔愈速愈妙，少迟留便呆笨失势。写墨竹惟画叶为最难，下笔要劲利，实按而虚起，须有破法搭法，墨色须有浓淡，则老嫩反正分明矣。”重点论述了如何用笔用墨描绘竹竿、节、枝、叶之形象特征，而贵在得势、得神、生意、生气。

七忌：“一忌孤生，二忌并立，三忌如乂，四忌如井，五忌如手指，六忌粗如桃叶，七忌细如柳叶。”指出了在墨竹造型上必须克服的一些缺点与毛病。

四宜：“雨叶宜垂，露叶宜润，风叶宜翻，雪叶宜压。”

八法：“老嫩须别，阴阳须分，春叶须嫩而上承，夏叶须浓而下俯，秋叶须带萧疏之态，冬叶须具苍老之形，风叶无一字之排，雨叶无人字之列。”

因为“写墨竹惟画叶为最难”，因此专列四宜、八法，要求画出的竹叶要有阴阳、老嫩之别，以及在春夏秋冬、雨露风雨中所呈现的各种自然美的形态。最后写道，“画竹之法，虽不仅此数端，而我弟天资聪颖，得此数语，定能举一反三，将来成一画竹能手”。这是学画竹者必须掌握的基本画法。但板桥认为“不贵拘泥成局，要在会心人得神”[①]。譬如画竹叶，作为初学者，首先要求准确地描绘对象，板桥认为不能画成“粗如桃叶，细如柳叶”；但作为一个文人画家来说，强调写意，板桥又认为只要“不失竹意”，可以打破竹家所忌，为桃叶、柳叶，板桥的实践就是例证，他所画的

① 板桥《竹石图》轴，上海博物馆藏墨迹。

竹子“能超最上乘”，可谁也未说它不是竹子。

画史上有所谓“张家样”“吴家样”“周家样”之称，是说南朝张僧繇、唐代吴道子、周昉，他们各自创造了绘画艺术典型形象，为后人所承认、所效法。板桥在画竹艺术上的独具一格，亦可称为“郑家样”。他的墨竹，“不肯从人法”，自谓“郑竹”。在造型上，是“冗繁削尽留清瘦”，也就是说经过高度概括提炼，夸张变形，删繁就简，留下了最能表现墨竹神韵的简、瘦之形象。所谓“一两三枝竹竿，四五六片竹叶”[①]，可以说简得不能再简了。虽简，却以简驭繁，以少胜多。仅画一两枝竹，却能使人们联想到一片竹林；所谓“一竿瘦”，名曰“细竹”，竹竿之细，可以说细得不能再细了，但细而不弱，坚韧挺拔，富有弹性，“如抽碧玉，如青琅玕”，更具“清癯雅脱”之美；随手画节，多不点节，添出主枝，省去大量小枝，虽笔断而意连；叶少而突出竹子“劲节”，叶肥以加强竹子的青翠感。

他的墨竹，笔、墨、水的巧妙运用，“忽焉而淡，忽焉而浓”[②]，浓淡相宜，干湿并兼。他所说的画竹“总要以气韵为先，笔墨为主”，道出了内容与形式的关系，重视用笔用墨是为了生动地描写对象。明清时代，关于中国画用笔中锋（正锋、圆笔）、侧锋（偏锋）的问题，主张不一。明·董其昌主张用侧锋：“作云林画须用侧笔，有轻有重，不得用圆笔，其佳处在笔法秀峭耳。”[③]有主张用中锋者，清·龚贤

① 板桥《墨竹图》，上海博物馆藏墨迹。
② 《墨竹图》册页，日本东京国立博物馆藏墨迹。
③ 明·董其昌画《画禅室随笔》。

《柴丈画说·笔法》云："笔法要中锋第一，惟中锋乃可以学大家，若偏锋且不能见重于当代，况传后乎？中锋乃藏，藏锋乃古，与书法无异。"以上两家乃己见亦是偏见，板桥从表现对象出发，则中、侧锋兼用之。画竹竿多用中锋，有时作老竿间用侧锋；画瘦叶、小叶用中锋，肥叶则多用侧锋。用侧者亦间用正，用正者亦间用侧，往往下笔"势如破竹"，一气呵成。沉着而秀峭，天趣盎然，得意外之巧妙也。

二、画　兰

兰花，多年生的常绿草本植物，已有两千多年的栽培历史。一箭一花者为兰，而香有余；一箭数花者为蕙，而香不足。蕙亦称蕙兰，属广义之"兰"，在天然山野中，北方有兰无蕙，南国有蕙无兰。兰之种类颇多，有春季开花之春兰（俗称兰草或山兰）、春箭，有夏季开花之蕙兰（又名夏兰、九节兰）、台兰，有秋季开花之建兰（又名秋兰）、漳兰、魫兰，有冬季开花之墨兰（又名报春兰）、寒兰。兰花，姿态潇洒，幽香清远，为历代诗人、墨客、隐士、画家所钟爱，在不断被人吟咏描绘之后，它已成为高洁节操的象征，有"香祖""王者之香""天下第一香""香草"之美誉。甚至有人把兰的位置放在"岁寒三友"松、竹、梅之上，说"竹有节而无花，梅有花而无叶，松有叶而无香"，独兰花三者兼而有之。从宋代起，兰便被作为绘画对象，南宋·邓椿《画继》说，他曾见北宋米芾画有一幅《梅松兰菊图》，成为最早画兰的文献记载。至今有墨兰图传世，被誉为一代宗师的当推宋末元初的郑所南，他以水墨写兰抒发其爱国之心与亡国之痛。元·倪瓒题郑所南《兰》云：“秋风兰蕙化为茅，南国凄凉气已消。只有所南心不改，泪泉和墨写《离骚》。”[①]这种爱国思想一直影响着清初的一批遗民诗人画家。板桥题僧白丁墨兰“横涂竖抹千千幅，墨点无多泪点多”。[②]这种笔墨泪痕寄托的就是一种国破家亡后的悲愤心情，也引起了板桥这类文士的强烈反响与共鸣。

清·王概《画兰浅说》对画兰源流作了概述：“画墨兰自郑所南、赵彝斋、管仲姬后，相继而起者，代不乏人，然分为二派。文人寄兴，则放逸之气，见于笔端；闺秀传神，则幽闲之姿，浮于纸上，各臻其妙。赵春谷及仲穆以家法相传，扬补之与汤叔雅则甥舅媲美。杨维翰与彝斋同时皆号子固，且俱善画兰，不相上下。以明季张静之、项子京、吴秋林、周公瑕、蔡景明、陈古白、杜子经、蒋冷生、陆包山、何仲雅辈出，真墨吐众香，砚滋九畹，极一时之盛。管仲姬之后，女流争为效颦，至明季马湘兰、薛素素、徐翩翩、杨宛若，皆以烟花丽质，绘及幽芳，虽令湘畹蒙羞，然亦超脱不凡，不与众草为伍者矣。”

板桥自称为郑所南之子孙，用有一印“所南翁后”，实属与否，难以考证，恐借此抬高自己身价而已。他认为“兰竹之妙，始于所南，继以古白先生，郑则元品，陈则明

---

① 《清闷阁集》卷八。

② 《郑板桥集·诗钞·集屈翁山诗札，石涛石溪八大山人山水小幅，并白丁墨兰共一卷》。八大山人有题画“墨点无多泪点多，山河仍是宋山河”句（周士心《八大山人及其艺术·遗诗汇辑》）。

郑所南墨兰图

笔”。[1]又云：“平生爱所南先生及陈古白画兰竹”，“虽学出两家”，“而笔墨则一气也”。[2]但在《题画·靳秋田索画》中则云：“郑所南、陈古白先生善画兰竹，燮未尝学之”，“彼陈、郑二公，仙肌仙骨，藐姑冰雪，燮何足以学之哉！”[3]郑所南名重当时，但所作墨兰不随便送人，故流传下来的作品极少，板桥亦恐难见其墨迹，板桥学所南，不过是说说而已。他自题《墨兰图》轴[4]云：

所南翁画兰好画根，余好画兰不画蕙，皆各有僻处，然画根者谓天下无地可栽，予不作此激烈语；不画蕙者，愚意欲香远而长，花少而炎，又何讥焉。

“所南翁画兰好画根”，因“无地可栽”，源于明初韩

① 板桥《兰竹图》轴，《中国名画集》第八册影印。
② 板桥《兰竹石图》轴，扬州市博物馆藏墨迹。
③ 《郑板桥集·题画》。
④ 广东省博物馆藏墨迹。

明·陈古白墨兰图轴

弈《韩山人诗集》："时写兰疏花简叶，根不著土，人问之，曰：'土为蕃人夺，忍著耶？'"从明清书画著录书籍及今存《墨兰图》卷[①]看，未见有此类之作。但板桥表示"不作此激烈语"，即不将矛头对准清王朝，大概为的是避免"文字狱"之祸害吧，况且他对"皇恩浩荡"是感荷至深的。苏轼以党祸被谪岭表，画兰常带荆棘，谓惟君子能容小人，所南画兰不画荆棘，谓纯是君子绝无小人，板桥则躬际隆平，每兰棘相参，谓"荆棘不当尽以小人目之，如国之爪牙、王之虎臣，自不可废"。并谓"宋代幽并十六州之痛"，"以无棘刺故也"。[②]

板桥最佩服清初云南僧白丁和扬州石涛画兰，但他说："当面石涛还不学，何必万里学云南。"[③]白丁以少胜、韵胜，石涛以多胜、气胜，板桥则兼而有之；而潇洒清劲，似又不及板桥。

① 日本·大阪市立美术馆藏墨迹。

② 《郑板桥集·题画》。

③ 《郑板桥集·题画》。

对他墨兰画法上影响较大的是明末陈古白以及同时代的颜尊五、陈松亭等人，他自题《墨兰图》轴[1]云：

予作兰有年，大率以陈古白先生为法。及来扬州，见石涛和尚墨花，横绝一时，心善之而弗学，谓其过纵，与之自不同路。又见颜君尊五，笔极活，墨极秀，不求异奇，自有一种新气。又有友人陈松亭，秀劲拔俗，矫然自名其家，遂欲仿之。兹所飘擎，其在颜、陈之间乎，然要不知似不似也。

陈古白，名元素，长洲（今苏州）人，明万历三十四年（1606）应乡试不第，工山水，尤善写兰，兰叶偃仰，墨花横溢，超然出尘，得文徵明之秀媚，而更气厚力沉，为王穀祥、周天球所不及。可见，板桥墨兰是追求陈古白、颜尊五、陈松亭秀劲一路的，他不学石涛，只因嫌其“过纵”，走的是另一条道，曾用一印为“郑兰”。

元明人写兰，专尚风韵，愈淡愈妍，无意为佳。赵孟頫、赵孟坚、文徵明、陈古白辈之作，皆此类也；至徐渭、蓝瑛、石涛诸家，或以豪放古茂见长，或以静逸苍劲擅胜，乱头粗服，雄深秀发，大变元明宗派，实亦各写其胸次，发抒自家性灵，而其不谬风雅，不戾物情，与宋明则一也。其后学者，或失犷悍，或病直率，能矫弊救失、改弦更张者，惟板桥也。他专意写生，资以书卷，丰致古逸，继承元明精髓，是欲以秀劲救犷悍、直率者。

板桥以前，画家多写庭园或盆中之兰，兰叶较细长纤弱，有憔悴归思之色。而后板桥则多写山中空谷野生之兰，

① 中国美术研究所藏墨迹。

他自题画兰[1]说：

此是幽贞一种花，不求闻达只烟霞；

采樵或恐通来径，更写高山一片遮。

又自题画兰[2]云：

兰花本是山中草，还向山中种此花；

尘世纷纷植盆盎，不知留与伴烟霞。

又自题《破盆兰花》[3]云：

春雨春风洗妙颜，一辞琼岛到人间；

而今究竟无知己，打破乌盆更入山。

又自题《峭壁兰》[4]云：

峭壁一千尺，兰花在空碧；

下有采樵人，伸手折不得。

板桥说他所画的山中之兰“更无佳处，只是春夏之气居多耳”[5]。何谓春夏之气？清·杨鹿鸣《兰言四种·第一画兰琐言》云：“画兰之法，贵秀逸而非柔媚，贵奔放而非粗野，贵峭健而非生硬，贵朴茂而非拙塞，然总宜有春夏气，乃为可贵耳。昔板桥老人作折枝兰蕙，自题云：‘非有他巧，不过春夏气为多耳。’此语妙双关：能明画法而得春夏气，无论娟娟烟痕，萧萧雨影有之，即纵横驰骤，破笔焦墨，亦自有蓬勃之致。惟画法端有积学而成，而画兰尤以立品为要。彝斋高逸，故萧疏闲淡；衡山清远，故洒落风流；

① 《郑板桥集·题画》。

② 《郑板桥集·题画》。

③ 《郑板桥集·题画》。

④ 《郑板桥集·题画》。

⑤ 《墨兰图》册页，《艺苑掇英》第8期影印。

所南本穴之花，乃天下人姿泽。此又不可仅以画法论，而画法实自三公以传。偶论画法，特于此一泄其秘。”

有“春夏之气”者，必有“香气”。板桥画山中之兰，其力图追求的就是所谓“郑家香”：

春日渐添长，春兰满径芳；
画家无别个，只画郑家香。

——板桥《墨兰》朵云轩木刻水印

兰草写三台，无人敢笔裁；
取得新奇法，墨香吹出来。

——板桥《墨兰》，常州何乃扬藏墨迹

叶自短，花自长，蓄其力，
扬其芳，花在室，满香堂。

——板桥兰图拓本

留得根科大，何怨叶短稀；
春雷潜夜发，香气入云飞。

——板桥兰图拓本

墨兰画中之“春夏之气”“香气”，是无形的，画不出来的，只有通过对兰花形象的生动描绘，启发读者以联想，似乎能感受到这种“春夏之气”而闻出香气来。他笔下的兰花，叶短而力，花劲而逸，叶暖花酣气候浓，一片茂盛之状，正是“数尺之箭，数月之花，有数十里之香”的“春夏之气”。

板桥之后，画兰有名者为蒋矩亭，名予检，以字行，道光二年（1822）举人，官江西景德镇同知，与何绍基友善。工书。善写兰，纵横偃仰，别有姿态。清后期，学画兰者，主要学两家：一为板桥，一为矩亭。清·马棪《论画兰》对两家之异法做了比较，现制下表说明之：

板桥画兰法	矩亭画兰法
叶尚古健，不尚转折，用笔直来直去，却逐步顿挫，留得笔住，否则便直率无余味矣。	叶尚纵横，尚转折，而用笔却极挺劲流利，不复逐步顿挫，以顿挫则软弱无力矣。
叶转处用笔蹲。	叶转处用笔提。
体劲而用婉。	体婉而用劲。
写花雄浑挺拔。	写花超逸如作草书，蕙花尤喜疏疏密密不匀排，尤有致也。

对于板桥和矩亭两家画兰，清·桂馥（1736—1805）有个评论："如矩亭与之同时，板桥自应退避三舍。世人论狂草，往往并称旭、素。旭奇幻百出，不逾规矩；素则谨守法度，仅具一支一节耳。余论郑、蒋墨兰，恰如旭、素狂草。板桥画兰，谨守钉头鼠尾五笔之法，未能变化出奇，自成一家；矩亭画兰，巨壮诡怪，风迅电疾，神假天造，灵英不穷。意在笔先，画尽意在，过于板桥多矣。"这种褒蒋贬郑之语谬矣。事实上，矩亭的墨兰成就并未超过板桥，在中国绘画史上是没有多少地位的。

三、画　石

板桥画石是从元·倪云林、清·万个那里得到借鉴的，自题《竹石图》轴[1]云：

偶学云林石法，遂摹与可新篁；

一片青葱气色，居然雨过斜阳。

又自题《石图》[2]云：

欲学云林画石头，愧他笔墨太轻柔；

而今老去心知意，只向精神淡处求。

又《题画·一笔石》云：

西江万先生名个，能作一笔石，而石之凹凸深浅、曲折肥瘦，无不毕具。八大山人之高弟子也。燮偶一学之，一晨得十二幅，何其易乎！然运笔之妙，却在平时打点，闲中试弄，非可率意为也。石中亦须作数笔皴，或在石头，或在石腰，或在石足。

倪云林（1301—1374），元四大画家之一，他画太湖沿岸一带的山石，发明了折带皴。清·郑绩《梦幻居画学简明》说："折带皴如腰带折转也，用笔要侧，结形要方，层层连叠，左闪右按，用笔起伏，或重或轻，与大披麻同，但披麻石形尖耸，折带石形方平，……倪云林最爱画之，此由北苑大披麻之变法也。"清·吴历《墨井画跋》说："云林画石从大李将军勾砍中来。"先用侧锋勾轮廓，再反复皴擦，不用染，这是不同于黄子久的地方。板桥取云林侧锋用笔，以白描写意手法写出坚硬之瘦石轮廓，不施渲染，但不作反复皴擦，而石之圭角比之云林更加明显；又取万个数笔皴，但不用披麻，而用北宗斧劈横

① 《金石书画》第71期影印。

② 南京·许莘农藏照片。

倪瓒小山竹树图轴

皴；又取苏轼丑石之势，熔铸成郑家之石。明清之际，江南及扬州园林中叠山之石主要有两种，一为太湖石，产地以苏州洞庭山出产品质最优良；一为黄石，以常州黄山、苏州尧峰山、镇江圌山为著名产地，上海豫园大假山、苏州豫园假山及扬州个园秋山，乃以黄石叠山之佳例。板桥之前，画家多以太湖石为题材，而独郑家画石，不是柔曲圆润、玲珑剔透的太湖石，而是雄浑朴茂、秀峭崚嶒之黄石。他自题《石图》云：

扫净浮云洗净烟，为君移置案头前；
吃菸莫漫来敲火，峭角圆时最可嫌。

——南京田原提供

他爱黄石，也许更能借此抒发其胸次吧！他常画柱石图，自题《柱石图》轴[①]云：

昔人画柱石图，皆居中正面，窃独以为不然。国之柱石，

① 《郑板桥集·题画》。

如公孤保傅，虽位极人臣，无居正当阳之理，今特作偏侧之势，且系以诗曰：一卷柱石欲擎天，体自尊崇势自偏；却似武乡侯气象，侧身谨慎几多年。

前人画“位极人臣”的柱石位于画面中正面，他认为不妥，因为只有君主才可以居正当阳。而以柱石比作三国蜀相诸葛亮，作偏侧之势，热情地赞扬其终生谦谨辅佐君主的忠君思想。在另一幅《柱石图》中则题云：

老骨苍寒起厚坤，巍然直拟泰山尊；

千秋纵有秦皇帝，不敢鞭他下海门。

《三齐经纪略》记载：“始皇作石桥，欲渡海看日出处，时有神人能驱石下海，石去不速，神辄鞭之，皆流血。”画家将柱石比成一座巍然屹立的泰山，所谓“画石成岳意”，其威严伟大，连秦始皇也不敢对它怎么样，表现了一种蔑视与压倒皇权的精神。他又作《柱石图》①题云：

谁与荒斋伴寂寥，

一枝柱石上云霄；

挺然直是陶元亮，

五斗何能折我腰。

陶元亮即东晋大诗人陶渊明（365或372或376—427），曾任江州祭酒、镇军参军、彭泽县令等职，因不满当时黑暗现实，去职归隐。五斗，即五斗米，指微薄的官俸。《晋书·陶潜传》：“郡遣督邮至县，吏白应束带见之；潜汉曰：‘吾不能为五斗米折腰，拳拳事乡里小人邪！’”板桥

① 南京博物院藏墨迹。

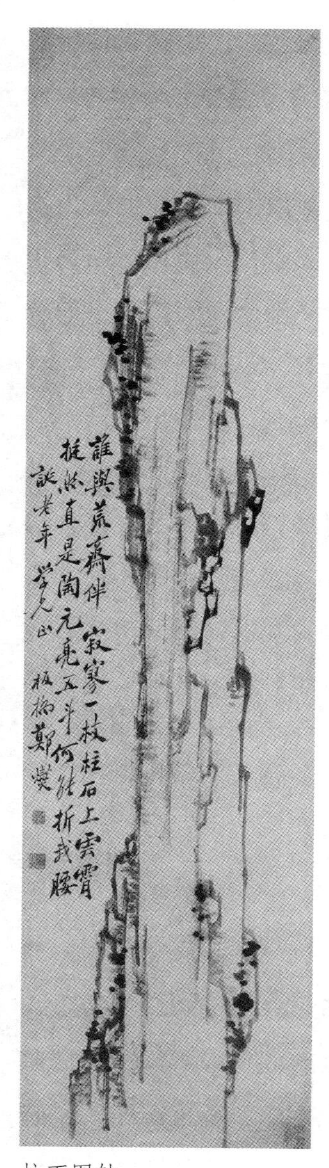

柱石图轴

以柱石比作陶元亮，也是自况，在邪恶势力面前宁折不屈，何等的气魄风度。

中国山水画十分重视点苔，“点之恰当如美女簪花，不当如东施效颦。盖点苔一法，为助山之苍茫，为显墨之精彩，非无意加增也。古画有不点者，皆皴染入妙，石面棱层无光滑之病，墨色神彩不暗，故无所事乎点苔”。[①]板桥说他画“石不点苔，惧其浊吾画气”[②]。故一般鉴藏家多以石上有无点苔来区别其作品之真伪。从他存世真迹看，并非完全如此。他有时也偶作点苔，曾自题画石册页[③]云：“从来不作苔花点，今日微添一两斑。”此画在淡墨石骨上，作数笔疏密相间的浓墨横点，确有“美女簪花”之妍。但若点得不好，杂乱无章，也确有“东施效颦”之丑。

① 清·唐岱《绘事发微·点苔》。
② 板桥《兰竹》，北京故宫博物院藏墨迹。
③ 常州·潘茂提供照片。

第七章 郑板桥书法

若以板桥的诗文和书画相比，当以书画为第一；若以他的书法和绘画相比，则当以书法第一。

板桥在《赠潘桐冈》[1]诗中云：

吾曹笔阵凌云烟，扫空氛翳铺青天；

一行两行书数字，南箕北斗排星躔。

正是这种开阔而放达的艺术构思，赋予作品以自由奔放的神魄，才创造出“震电惊雷之字”。他创造的新书体“不但在当时是一种大胆的惊人的变化，就是几千年来也从未见过像他这样自我创造形成一派的”。[2]

清初书坛，董、赵帖学盛行。康熙喜爱董其昌的字，乾隆偏嗜赵孟頫的字，因此帖学风靡。明、清科举取士，尤以字体为重，考卷的字要求用乌、方、光，大小一律、不能出格的小楷。至清代中期，要求更严，使书法艺术到了僵化

① 《郑板桥集·诗钞》。

② 《郑板桥集·前言—郑板桥试论》。

的程度。在明代，此种小楷叫“台阁体”，清代则叫“馆阁体”，因当时馆阁及翰林院中的官僚，擅写这种字体，故名。知识分子想走上仕途的，必须练出一手蝇头小楷。一些颖敏之士，一旦金榜题名之后，即弃之不顾而另辟蹊径。从清代中叶起，随着金石学的发展，秦汉、六朝、隋唐碑刻的不断发现，书法也渐渐开碑学风气，形成碑学。

板桥对传统书法的学习，则是博学诸家，既学帖（包括馆阁体），又学碑，且和金农等人是首先开创学碑风气的。各种文献记载说他：

板桥初学晋帖。雍正辛亥，书杜少陵《丹青引》横幅，体仿黄庭，后乃自为一体。

——徐珂《清稗类钞》第三十册

少工楷书。

——《清史列传》卷七十二

公少习怀素，笔势奇妙，惜不多见。

——清·郑銮《跋郑燮破格书兰亭序》

字学汉魏，崔、蔡、钟繇；古碑断碣，刻意搜求。

——板桥《诗钞·署中示舍弟墨》

平生爱学高司寇且园先生书法，而且园实出于坡公，故坡公书为吾远祖也。坡书肥厚短悍，不得其秀，恐至于蠢，故又学山谷书，飘飘有欹侧之势，风乎？云乎？玉条瘦乎？元章多草书，神出鬼没，不知何处起何处落，其颠放殆天授，非人力不能学、不敢学。东坡以谓超妙入神，岂不信然！……。

——板桥《行书论书》轴，上海博物馆藏墨迹

东晋·王羲之兰亭序（石刻定武本，部分）

板桥临王羲之兰亭序（部分）

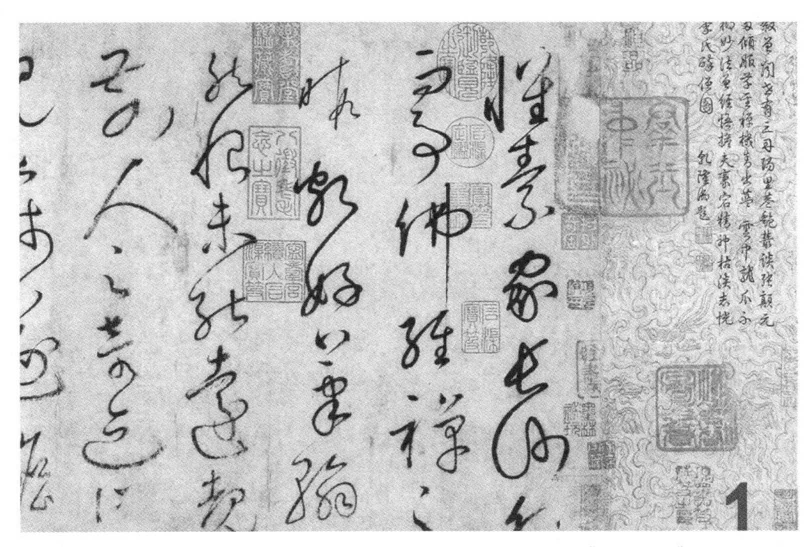

唐·怀素《自叙帖》（部分）

他学帖，曾临东晋·王羲之《兰亭序》《宋拓圣教序》，唐·怀素《自叙帖》、虞世南《破邪论序册》、颜真卿《争座位帖》以及宋·苏轼、黄庭坚、米芾，清·高其佩

北宋·黄庭坚《松风阁》（部分）

等人的作品。学碑，曾临南朝梁石刻《瘗鹤铭》，唐·虞世南《孔子庙堂碑》、欧阳通《道因法师碑》（宋拓本）、李邕《岳麓寺碑》《云麾将军神道碑》等。为官范县时，还见过《八分书武王十四铭碑》，于乾隆十一年（1746）一月七月谨录并由司徒文膏刻石，立在大名府东关外。[①]

他十分欣赏南朝梁书家袁昂《古今书评》、梁元帝萧衍《古今书人优劣评》，对东汉·崔瑗、张芝、蔡邕，汉末魏初·梁鹄，三国魏·钟繇、邯郸淳，南朝齐·王僧虔，宋·萧思话等人艺术风格特点所作的评论，曾多次反复书写之。

清代学书者，在一般情况下，很少见到古人真迹，学帖

① 板桥《刘柳村册子》。北京故宫博物院藏墨迹。

范本多系木刻拓本；学碑范本多系石刻拓本。许多出版商，为了牟取暴利，大量翻刻名人碑、帖拓本，粗制滥造，所造的本子与原作相比，已面目全非，致使许多学子误入歧途。板桥大发感慨说：

国初书法尚圆媚，
伪董伪赵满街市。
近人争学大唐书，
钝皮凡骨非欧虞。
状如郑入晋小驷，
血脉偾作中干枯。
……[1]

行书古书评轴

他曾蒐集到王羲之《兰亭序》六种枣木刻本，对此，他在《跋破格书兰亭序》[2]中进一步指出：

黄山谷云："世人只学兰亭面，欲换凡骨无金丹。"可知骨不可凡，面不足学也。况《兰亭之面》，失之已久乎！板桥道人以中郎之体，运太傅之笔，为右军之书，而实出于己意，并无所谓蔡、钟、王者，岂复有《兰亭》面貌乎！古人书法入神超妙，而石刻、木刻千翻万变，遗意荡然。若复依样葫芦，才子俱归恶道。故作此破格书以警来学，即以请教当代名公，亦无不可。

我们今天能见到板桥楷书之作，有康熙五十四年（1715）

---

① 板桥《行书自书七古一首》横幅，山西省博物馆藏墨迹。
② 《郑板桥集·补遗》。

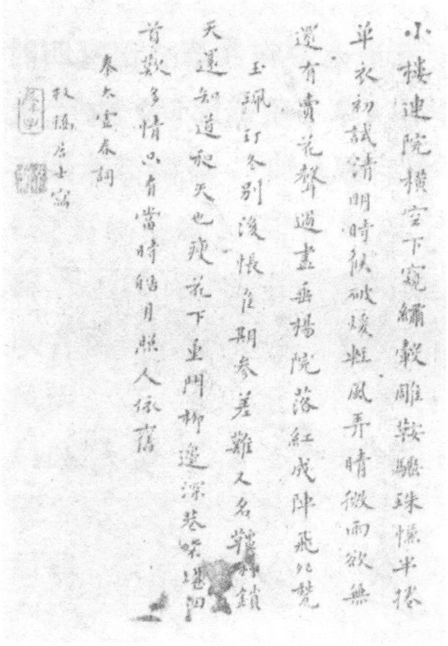

小楷秦观水龙吟词册页

二十三岁《小楷书欧阳修秋声赋》轴[1]、雍正十二年（1734）四十二岁《小楷书》册页[2]，以及差不多同时期《小楷书秦观水龙吟词》册页[3]等，此为他小楷书馆阁体的代表作，秀劲隽永，可以看出，他是从欧体入手的，但欧体不够开张、潇洒。他曾引用苏轼的话说：

楷书苦无放，草书苦无法。[4]

在《仪真县江村茶社寄舍弟》[5]书中说：

褚河南、欧阳率更之书，非不孤峭，吾不愿子孙学之也。在《诗钞·方超然》[6]中又说：

蝇头小楷太匀停，长恐工书损性灵。

因此，他在考取进士之后，这种“损性灵”的小楷书馆阁体就不怎么写了。偶然写些，也多为大楷。乾隆十七年（1752）六十岁时为潍县城隍庙撰写的碑文[7]，楷中有隶意，

① 上海陆平恕藏墨迹。
② 苏州市文物商店藏墨迹。
③ 南京萧平藏墨迹。
④ 板桥《行书坡公小品册》，扬州市博物馆藏墨迹。
⑤ 《郑板桥集·家书》。
⑥ 《郑板桥集·诗钞》。
⑦ 潍坊市博物馆藏碑。

新修城隍庙碑记（局部）

骨坚肌丰，爽朗清绝，自认为平生楷书最佳之作[1]。另外，为潍县城隍庙所作楷书匾额《惟德是铺》[2]，乾隆二十五年

① 板桥《刘柳村册子》。北京故宫博物院藏墨迹。

② 潍坊市博物馆藏木刻照片。

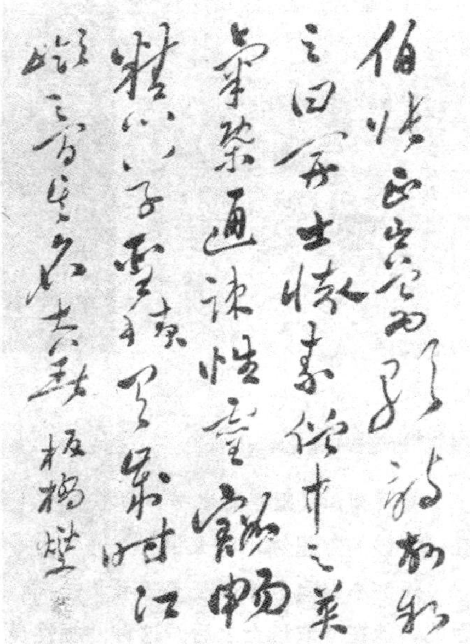

（1760）六十八岁为镇江焦山藏经楼所作的楷书匾额《藏经楼》[①]，骨气洞达，兼得行书味，也是其楷书中之精品。

草书节录怀素自叙轴（部分）

其草书作品有雍正七年（1729）三十七岁作《草书田家四时苦乐歌》卷[②]、八年（1730）三十八岁作《草书贺新郎词》轴[③]、九年（1731）三十九岁作《草书节录怀素自叙》轴[④]、乾隆二十四年（1759）六十七岁作《草书祝允明诗》轴[⑤]、还有《草书节录怀素自叙》轴[⑥]、《草书古诗》轴[⑦]等，皆写得纵横奇倔、放逸而不失法度。虽说他法怀素，其实并非限于怀素一家。他除了借鉴各家之外，还十分重视古人从生活中汲取创作源泉的宝贵经验，《题画·靳秋田索画》[⑧]云：

① 镇江焦山藏木刻。
② 上海博物馆藏墨迹。
③ 上海博物馆藏墨迹。
④ 南通博物苑藏墨迹。
⑤ 上海李广藏墨迹。
⑥ 镇江市博物馆藏墨迹。
⑦ 香港《书谱》。
⑧ 《郑板桥集》。

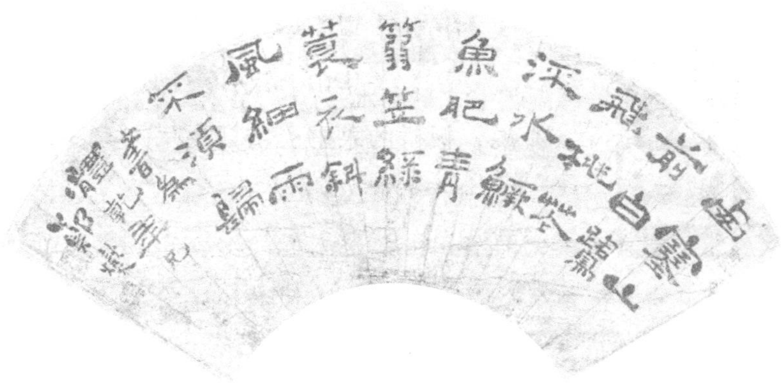

隶书张志和渔父扇面

昔人学草书入神，或观蛇斗[1]，或观夏云[2]，得个入处；或观公主与挑夫争道[3]，或观公孙大娘舞西河剑器[4]，夫岂取草书成格而规矩效法者！

因此，金农评论板桥草书时说：“狂草古籀，一字一笔，兼众妙之长。”[5]

板桥流传下来的隶书作品，有乾隆四年（1739）四十七岁《隶书岣嵝碑》轴[6]、乾隆十一年（1746）五十四岁《隶书揭古碑》[7]，以及《隶书张志和渔父词》扇面[8]、《隶书歌

① 《东坡志林》：“古人书法皆有所自。文与可言见蛇斗而草书长，殆非诬也。”

② 《释怀素与颜真卿论草书》：“吾观夏云多奇峰，辄常师之，其痽快处如飞鸟出林，惊蛇入草。”见《佩文斋书画谱》。

③ 据《新唐书·文艺传》，张旭自言，始见公主担夫争道，又闻鼓吹而得笔法意。

④ 据《新唐书·文艺传》，张旭观公孙舞剑器，得其神。杜甫《观公孙大娘弟子舞剑器行序》亦言：“昔者吴人张旭善草书，尝于郧县见公孙大娘舞西河剑器，自此草书长进。”然《明皇杂录》谓观舞者为僧怀素。

⑤ 《冬心画竹题记》。

⑥ 台北版《郑板桥书画选》。

⑦ 开封刘志刚藏石刻拓片。

⑧ 北京故宫博物院藏墨迹。

谷口（板桥篆刻）

吹古扬州》匾额[1]等，结构谨严，颇得《夏承》《华山》汉代诸碑风韵。有人说，板桥的隶书受清初隶书大家郑簠的影响。郑簠（1622—1693），字汝器，号谷口，江苏上元（今南京）人。他冲破当时董其昌书风的包围，力学汉碑，间参草法，所作隶书醇而后肆，被朱彝尊（1620—1709）誉为“古今第一”，给清树起了第一面旗帜。在历代画家中，板桥自称“所南翁后”[2]，但板桥画兰并未受所南多少影响；在历代书家中，板桥又认郑簠为本家，有“谷口人家”[3]、“谷口”[4]用印为证，其实，从两人隶书作品中，很难看出有多少师承关系。板桥《题程邃印谱》云：

六分半书（清·吴于河篆刻）

本朝八分，以傅青主为第一，郑谷口次之，万九沙又次之，金寿门、高西园又次之。然此论其后先，非论其工拙也。若论高下，则傅之后为万，万之后为金，总不如穆倩先生古外之古，鼎彝剥蚀千年也。

可见，板桥对郑簠隶书在清代隶书中的地位评价并不很高。

板桥亦善篆书，至今尚未发现其独幅传世篆书作品。但

① 扬州市博物馆藏木刻。
② 《板桥先生印册》。
③ 《中国书画家印鉴款识》下。
④ 《中国书画家印鉴款识》下。

可从其篆刻作品中见其精神。

以上书体，写得颇有水平，有着雄厚的基本功力，所书虽有创造发展，但成就并不显著，与古人、时人的距离拉得不大。而真正能体现其书艺最高水平的是“前无古人”“徒矜奇异”“取炫于世”的“六分半书”，他在《板桥自叙》[1]中说：

善书法，自号六分半书。

这种“六分半书”有以下几个特点：

（一）多体合一，板桥既无涪翁（黄庭坚）之劲拔，又鄙松雪（赵孟頫）之滑熟，徒矜奇异，创为真、隶相参之法，而杂以行草。

——板桥《四子书真迹序》

板桥书法以汉八分杂入楷、行、草。

——板桥《行书刘柳村册子》，故宫博物院藏墨迹

郑燮，……雅善书法，真、行俱带篆籀意。

——清·郑方坤《本朝名家诗钞小传》

板桥工书，行、楷中笔多隶法，意之所之，随笔挥洒，道劲古拙，另具高致。

——清·查礼《铜鼓书堂遗稿》卷三十二

板桥世大父，……中年始以篆、隶之法阑入行、楷，蹊径一新，卓然成家。

——清·郑銮《跋郑燮破格书兰亭序》，
南京·许莘农藏木刻拓本

① 北京故宫博物院藏墨迹。

郑燮，……少工楷书，晚杂篆、隶。

——《清史列传卷》三十二

郑燮，……书法以隶、楷、行三体相参，有别致，古秀独绝。

——清·窦镇《国朝书画家笔录》卷二

板桥道人，……书隶、楷参半，自称六分半书，极瘦硬之致。

——清·蒋宝龄《墨林今话》卷一

郑燮，……书法《瘗鹤铭》而兼黄鲁直，合其意为分书。

——清·李玉棻《瓯钵罗室书画过目考》卷三

郑燮，……工隶书，后以隶、楷相参，自成一派。

——清·李斗《扬州画舫录》卷二

以上对“六分半书”的解说不尽相同，归纳起来有：

1. 以真、隶相参，杂以行、草。

2. 以篆、隶之法，阑入行、楷。

3. 以汉八分杂入楷、行、草。

4. 以楷书杂入篆、隶。

5. 以隶、楷、行三体相参，行、楷中多隶法，合《瘗鹤铭》、黄鲁直之意。

6. 隶、楷相参，隶、楷参半。

虽解说纷云，或二体相参，或三体相参，或四体相参，然均离不开“汉八分”。所谓“汉八分”，即“八分书”，也称“分书”，隶书的一种，字体似隶而多波磔。板桥的“六分半书”，若从比数上去理会，即从汉八分中取其六分半，尚有一分半为行、为楷、为篆、为草。但从板桥存世的“六分半书”（今人皆将它隶属“行书”类）看，却并非完全如此。他常常是“意之所之，随笔挥洒”，不可能也没有

六分半书五言诗轴

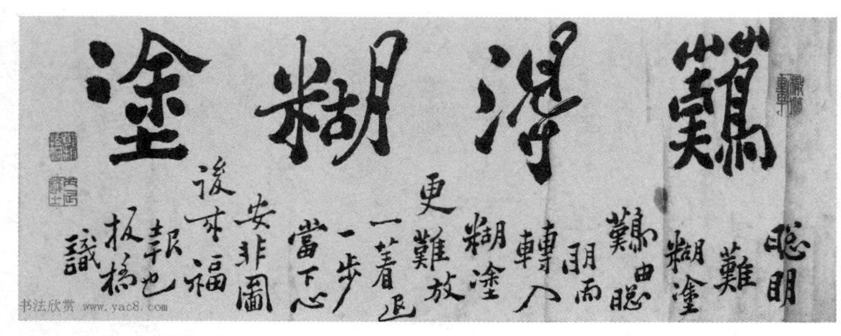

六分半书难得糊涂匾额

必要按这个比数去书写。书写的结果，也许是五分、五分半、六分、六分半、七分。因此，他的“六分半书”当看成是一种活称，绝非一种固定不变的模式，各种对“六分半书”的解说都可以从他的作品中得到佐证。但我们常见的“六分半书”，乃是参用古篆、隶结构来写楷、行书，多带扁形，有着楷书的谨严工稳、行书的秀俊飘逸、篆书的圆转厚重、草书的潇洒奔放。这种书体，以真、隶为主，非隶非楷，隶多于楷，隶楷结合。说它是汉八分，又不像汉八分；说它是行楷，隶味又颇浓，却又有着行草的体势。在书写时，有时喜欢夹杂一些怪字，即古体、异体字，而取之篆字，但不用篆书的线条去写，即用楷书的点画笔法去书写，田原先生称它为“篆字楷写”。“这种写法，古人当也用过，但在板桥书法中特别突出，而形成一种特有的‘怪’体。”①

①《板桥书体变化百例》，1988年江苏人民出版社版。

六分半书曹操观沧海轴

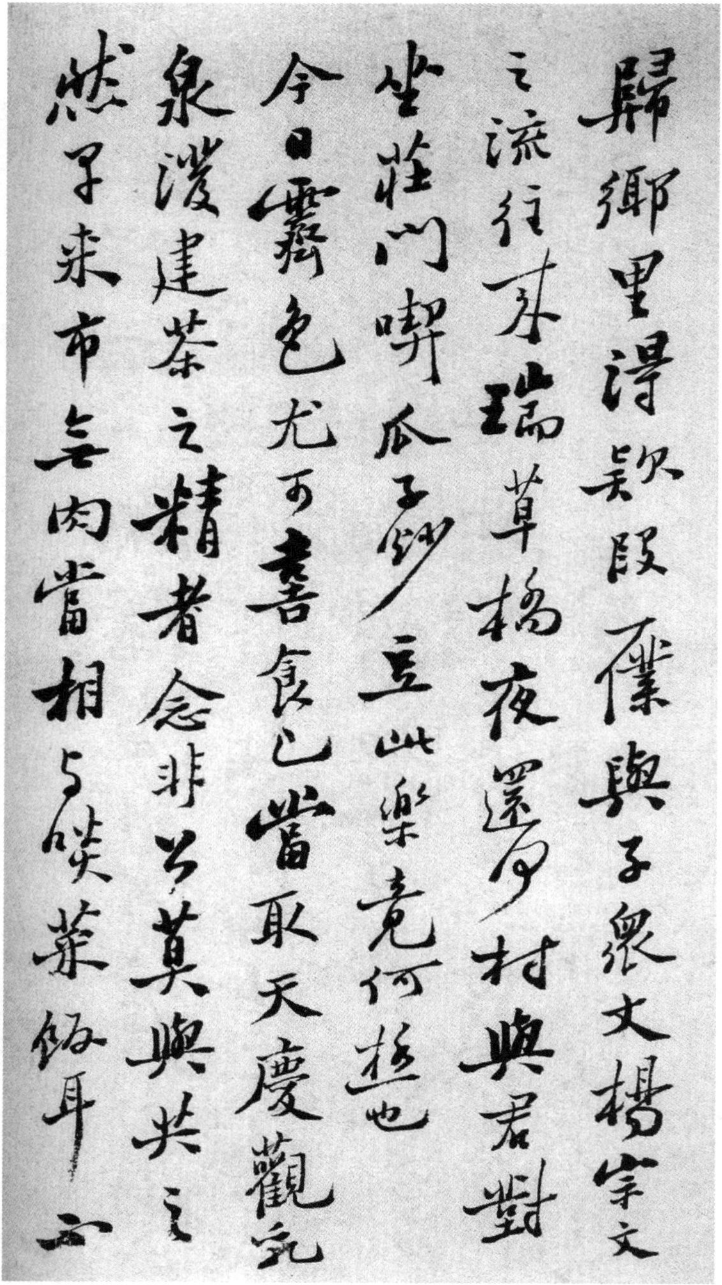

六分半书苏轼轴

六分半书杜诗二首轴

六分半书奉和药溪诗轴

（二）以画为书

板桥不仅以书为画，且能以画为书。他十分赞赏黄庭坚的书法，说“山谷写字如画竹”[①]，黄氏的字“瘦而腴，秀而拔”，其笔墨情趣格调与画竹相似，他是追求黄氏“劲拔”一路的。由此，他还引发出对书法与绘画关系问题的论述：

书法有行款。竹更要行款；书法有浓淡，竹更要浓淡；书法有疏密，竹更要疏密。[②]

① 《郑板桥集·补遗·题画·竹》。
② 《郑板桥集·补遗·题画·竹》。

因此，他得出结论，不仅可以“以书之关纽透入于画”，同样可以“以画之关纽透入于书”①。他自题《墨竹》横幅②云：

至吾作书，又往往取沈石田、徐文长、高其佩之画以为笔法，要知书画一理。

他将绘画用笔的高度成就汲收到书法中去，恰到好处。如《润格》③中“纠”字的一竖，用画竹节之法；两个“也”字，前者一撇尤短，干净利落，用画竹叶之法，后者一撇特长，龙蛇飞动，简直就是兰花的叶子。同时代人及其后来学者，对板桥书法的这一特点发表议论说：

板桥作字如写兰，波磔奇古形翩翩。

——清·蒋士铨《忠雅堂诗集》卷十八

板桥字仿山谷，间以兰竹意致，尤为别趣。

——清·何绍基《跋郑燮道情十首》

以绘画笔法用于书法中去，古亦有之，但像板桥那样融会贯通，出神入化者，确实不多。

（三）摇波驻节

翟赐履云：“板桥以分书入山谷体，故摇波驻节，非常音所能纬。”④“摇波驻节”，是板桥笔法的特点，他常夸张黄山谷的长笔画，爱采用其摆宕之势。“板桥善用蹲笔”⑤，

① 《郑板桥集·补遗·题画·竹》。
② 板桥《墨竹图》横幅，南京市博物馆藏墨迹。
③ 《板桥书画拓片集》。
④ 马宗霍《霎岳楼笔谈》。
⑤ 清·曾国藩《求阙斋日记》。

多用于转折处，而且按得较重，有力透纸背之感。其蹲衄之处，撇在接近收笔之中间，而捺则在收笔处，亦属隶书之隼尾波。

（四）乱石铺街

他的“六分半书”，一方面从绘画上获得借鉴，又从颜真卿《争座位帖》及焦山《瘗鹤铭》中汲取营养，注重行款美即章法美的构成。在一幅书法中，善于运用对立统一法则，字常常写得大大小小、长长短短、正正斜斜、方方圆圆、肥肥瘦瘦、疏疏密密、虚虚实实、浓浓淡淡，点画之间、字字之间、行行之间，参差错落，穿插有致，千变万化而不失法度，颇似“乱石铺街”或“浪里插篙”，有着音乐般的节奏感和韵律感。这不仅仅是为了构图形式美的需要，而且还是为了更好地表达主题，达到内容与形式的

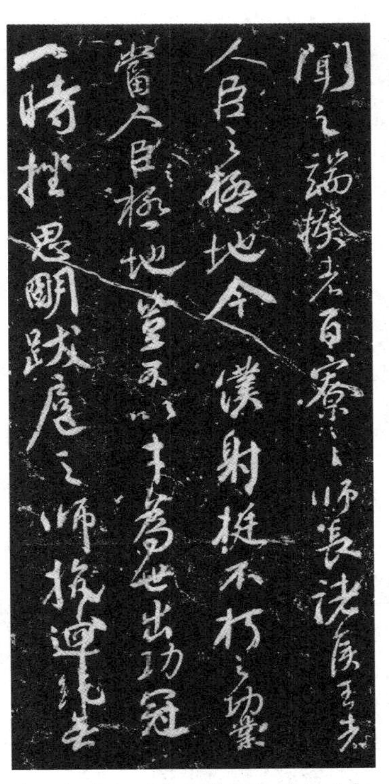

唐·颜真卿《争座位贴》（部分）

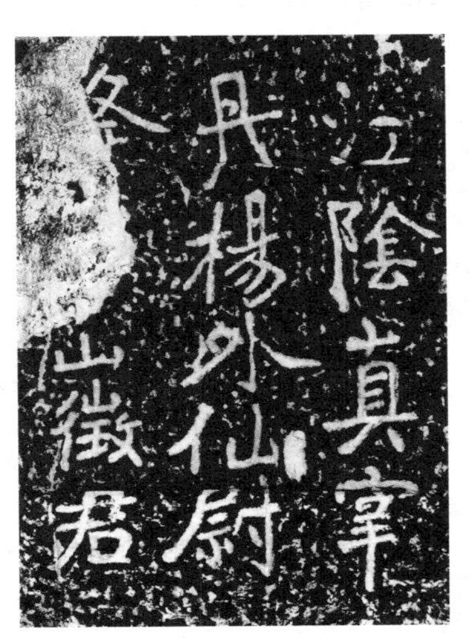

瘗鹤铭（部分）

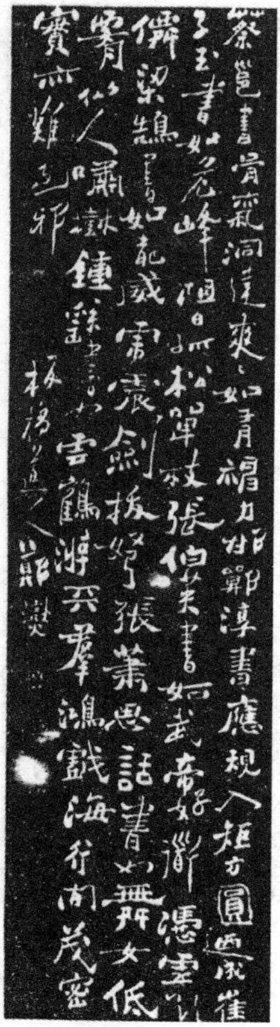

六分半书古书评

完美统一。例如：他的《行书唐人七绝二首》册页[①]，将“乌衣巷口夕阳斜”的“斜”字写成斜状，变静态为动态，呈现出一片荒凉衰败的景象。这种处理手法，在他的书法作品中随时可见，它很容易使读者产生联想，并转变为视觉形象。我们说，他的画“画中有书”，他的书则“书中有画”。观其一幅字如欣赏他的一幅画：“如雪柏松风，挺然而秀，出于风尘之表”[②]，“如秋花依石，野鹤戛烟，自然成趣”[③]，“如灌夫使酒骂坐，目无卿相”[④]。

（五）一字多变

板桥在他书写的常用字中，一字有多种写法，如书、画、天、地、有、无等。其《六分半书古书评》[⑤]中，出现七个“书”字，即七种写法。落款“板桥”“郑燮”“老人”之写法竟达数十种之多，可谓丰富多姿，极尽变化之美。

凡是喜爱板桥“六分半书”者，无不叹服其天才的创

① 绍兴市博物馆藏墨迹。

② 清·郑方坤《本朝名家诗钞小传·板桥诗钞小传》。

③ 清·朱克敬《雨窗消意录》甲部卷一。

④ 清·桂馥《国朝隶品》。

⑤ 黄琦.《结构和破体》，《书法》，1979年，第2期。

造，然而，他的这种创造，也遭到了时人和后人的非难：常人尽笑板桥怪。

——清·蒋士铨《忠雅堂诗集》卷十八

惟书法近学郑板桥，则殊不必。板桥书法野狐禅也，游客中有寺门、楚江诸公，皆是一丘之貉，乱爬蛇蚓，不足妃狶，以揠苗助长之功，作索隐行怪之状，亦如孙寿本无颜色，又不肯安心梳里，故为龋齿笑，坠马妆，以蛊惑梁冀秦宫耳。若西施王嫱，天然国色，明珰玉佩，整整齐齐，岂屑为此矫揉造作小家子态哉！昔人论诗，道苏东坡如名家女，大脚步便出，黄山谷缩头拗颈，欲出不出，有许多作态，为是甚的，字亦如是。

——清·袁枚《与庆晴村都统书》

近时钱献之，……老年病废，以左手作书，难以宛转。遂将钟鼎文、石鼓文及秦汉铜器款识、汉碑题额各体参杂其中，忽圆忽方，似篆似隶，亦如郑板桥将篆、隶、行、草铸成一炉，不可以为训也。

——清·钱泳《书学小纂》

乾隆之世，已厌旧学。冬心、板桥参尉隶笔，然失则怪，此欲交而不知变者。

——清·康有为《广艺舟双楫·尊碑第二》

板桥行楷，冬心分隶，皆不受前人束缚，自辟蹊径，然以为后学师范，或堕魔道。

——清·杨守敬《书学迩言》

针对以上批评，也有予以反批评者：

板桥世大父，……中年始以篆隶法阑入行楷，蹊径一新，卓然名家，而不知者或以野狐禅目之，妄矣。

——清·郑銮《跋郑燮破格书兰亭序》

板桥板桥荣阳郑，姿态丰神出生硬。……人皆以怪病，我独以怪敬。无盐丑女列贞贤，怀中别有光明镜。

——清·陆恢《题郑燮兰竹图卷》，美国艾里奥特藏墨迹

一般人视为怪，乃是站在守旧的立场上，对板桥书法艺术缺乏真正的了解和"少见多怪"的缘故；袁枚、钱泳等人持否定态度，似为偏见，失之公平；康有为在《广艺舟双楫》中承认旧的传统已经阻碍了书法艺术的发展，但又不承认金农、板桥等人的创造成果，恰恰反映了他的变革不彻底的保守思想。

艺术贵在求变。北宋·黄庭坚称赞苏轼的书法，常用"行草法相杂"法，"便胜文与可十倍"[①]。到了清代，将两种以上的书体结合起来，是有作为的书家求变的方式之一。郑簠在隶中参以草法，打破了自明代以来隶书的规矩、甜熟风气；高凤翰的隶书也有行草的意志；李鱓作行草也参隶法。板桥更是结合了三种以上的书体，在这方面似乎又胜苏轼十倍了。其体态奇辟狂怪，奇辟而不诡于正，狂怪而不失于理。在章法上做到"将军下笔开生面"，杂而不乱，自然和谐，使布局生辉、篇章益活。对那种绝无出格的"馆阁体"来说，确实是大大出了"格"、"怪"到了家的。这正是他的创新之处，也是最值得肯定之处。

我们还惊奇地发现，他为当时的许多画家华嵒、高凤

① 黄绮《结构和破体》《书法》1979年第2期。

翰、李鱓、黄慎、李方膺、汪士慎、高翔、许湘、陈馥、图清格、丁有煜、蔡器等人的画上题吟，而很少见到他们在板桥的画上的题吟，这说明板桥在书法上的创造及所取得的成就是被他们公认了的，也是他们自愧不及的。

第八章 郑板桥题款印章

一、题　款

中国文人画是一种诗、书、画、印相结合的综合艺术，题款则是诗文、书法、印章引入文人画的重要方式和手段。

写在书籍、字画、碑帖等前面的文字叫题，后面的文字叫跋。清·段玉裁《说文解字注·足部》谓“题者标其前，跋者系其后也”。在书画作品中，除“题”之外，还要标其姓氏名号、创作日期、地点和赠送对象等文字，名曰“款识”，简称为“款”。由于写到画上的字除“题”即“款”，因此，一般将款识与题跋合起来，通称为题款（或款题）。

唐以前的绘画并无正式题款。唐代是中国古典诗歌发展的高峰时代，李白、杜甫、白居易等许多诗人以诗歌与绘画相结合而兴起了一种新的诗体——咏画诗，虽统称题画诗，但只是在画外另行书写，并非题在画上。清·钱杜《松壶画忆》云："画之款识，唐人只小字藏树根石罅。大约书不正者，多落纸背。至宋始有年月记之，然犹细楷一线，无书两行者，惟东坡款皆六行楷，或有跋语三五行。"将款识"小字藏树根石罅"或落纸背，后人称为藏款，至北宋，仍有画家沿用之，如范宽、崔白、张择端等人，但也有画家写在明处，如燕文贵、郭熙等人。题款作为一种艺术手段，始自北宋文人画，苏轼、文同、米芾以及赵佶等人，已不满足于画上单纯落款的方式，需要将诗文通过书法在画上写出以抒发情感。到了元代，题款艺术已达到成熟阶段，赵孟頫、钱选、高克恭以及元四家（黄公望、王蒙、倪瓒、吴镇），不只题款，且加诗跋，明代沈周、文徵明之后尤为盛行。清代石涛、"扬州八怪"无不称为诗、书、画"三绝"画家，他们几乎是每画必题，或一题再题。但院画家一般仍不题款，即使题款，也只是落款，最多写个画题。而文人画家既擅书法，又工诗文，所画又多为逸笔或写意，有时画面简单，只几点水墨，正赖题款以辅助，发挥其画外余蕴，甚且洋洋洒洒，侵占画位，反得异趣。故俗话有"三分画七分题"的说法，可见题画之为人所重视了。

明·沈灏《画麈》云："题与画互为注脚，此中小失，实啻千里。"清·方薰《山静居画论》亦云："款题甚不易也。一图必有一图款题处，题是其处则称，题非其处则不称。画故有由题而妙，亦有题而败者，此又画后之经营也。"由此看来，题款艺术也是一门很深的学问。

板桥大大发扬了中国文人画诗书画印相结合的传统，在题款艺术上表现了他非凡的才能。他的"无今无古之画"，

单方落款

今天看来，在造型上并不觉得如何“怪”，但题上了他的“震电惊雷之字”，题与画相互映带，使他的画确实也变得“怪”了起来。

“高情逸思，画之不足，题以发之。”①他的题画内容包括赞咏、抒怀、评论和纪事诸方面。做官前、为官时、弃官后不同时期不同思想情愫以及内心世界的复杂矛盾变化，无不通过他的题画诗文直接或隐晦地流露出来。他虽无画论专著，却通过题画诗文，论述绘画功能、绘画与社会生活、继承与创新、美与丑、创作方法、意境、典型化以及章法、笔墨等，构成了他的完整系统的绘画观。

他将题画作为整个章法美不可分割的一部分而进行，因此，能根据不同的画面，采取不同的形式，题以不同的

① 清·方薰《山静居画论》。

位置，“或长或短，或双或单，或横或直”[①]，使画面和题语相得益彰，产生新的情致和景致。凡是前人创造的题款样式，他都能灵活掌握运用，前人没有的，他则加以补充发展，其丰韵多姿，为历代画家所不及。如：

单方落款，见《墨竹》册页[②]、《兰菊》册页[③]。

短题，见《墨竹图》轴[④]。

点题，见《柱石图》轴[⑤]。

方题，见《墨兰》轴[⑥]、《墨竹》册页[⑦]。

长方题，见《荆棘丛兰图》卷[⑧]、《墨竹图》横幅[⑨]。

单行长题，见《墨竹图》轴[⑩]。

双行长题，见《幽兰图》轴[⑪]。

短图

① 清·邹一桂《小山画谱》。
② 《支那南画大成》卷一影印。
③ 天津市博物馆藏墨迹。
④ 南京博物院藏墨迹。
⑤ 扬州市博物馆藏墨迹。
⑥ 中国美术研究所藏墨迹。
⑦ 日本东京国立博物馆藏墨迹。
⑧ 南京博物院藏墨迹。
⑨ 扬州市博物馆藏墨迹。
⑩ 《朵云》第12期影印。
⑪ 辽宁省博物馆藏墨迹。

点题

单行长题

多行长题，见《竹石图》轴[1]。

短横题，见《墨竹》册页[2]。

长横题，见《墨竹》册页[3]、《兰石》轴[4]。

① 上海博物馆藏墨迹。
② 日本东京国立博物馆藏墨迹。
③ 日本东京国立博物馆藏墨迹。
④ 烟台地区文管组藏墨迹。

双行长题

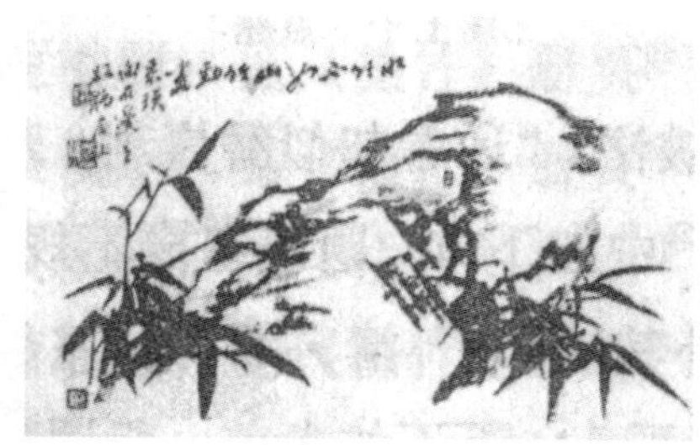

短横题

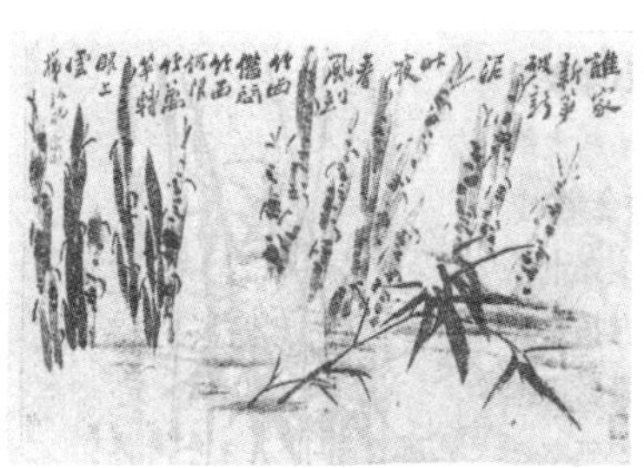

长横题

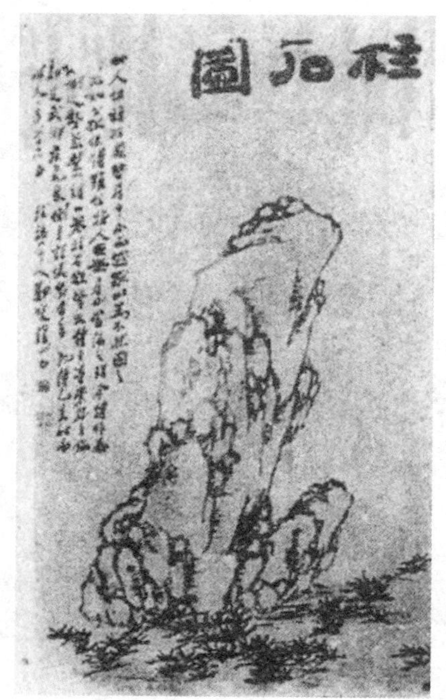

纵横题

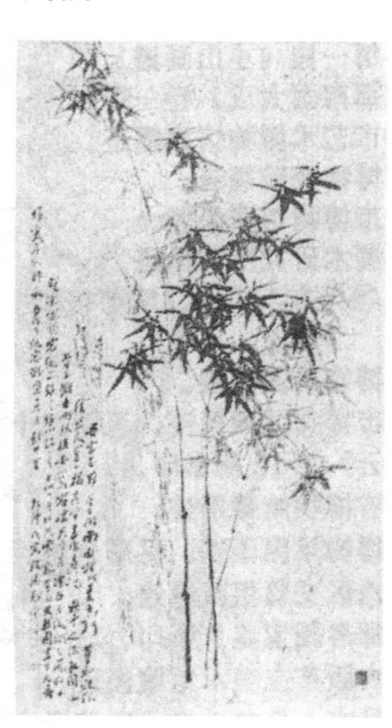

随形题

纵横题，见《柱石图》轴[①]。

随形题，见《墨竹图》卷[②]、《竹石图》轴[③]。

① 《支那名画宝鉴》影印。

② 日本大阪市立美术馆藏墨迹。

③ 日本龟井氏摄心庵藏墨迹。

隔形题，见《从竹图》横幅[①]、《墨竹图》轴[②]。

一题再题，如《竹石图》轴[③]。

他在一幅《兰竹石图》轴[④]中，于巨石空白处，以随形题作七绝一首，代替了山石皴法，“远看却似磨崖刻，藏在兰条竹叶中”；在一幅《墨竹图》轴[⑤]中左下方，题语组成不规则状，像一块顽石，并曰：“以字作石补其缺耳。”清·邹一桂《小山画谱》在谈到题款形式时说：“上宜平头，下不妨参差，所谓齐头不齐脚也。”板桥时而参用此法，如《双松图》轴[⑥]、《焦山竹石图》[⑦]；时而冲破此法，作“齐尾不齐头”，如《竹石》轴[⑧]；或作“头尾皆不齐”，如《竹石图》轴[⑨]，于竹与石、竹与竹之间的空隙处，作高、低、长、短，正斜不一的隔形题，近看

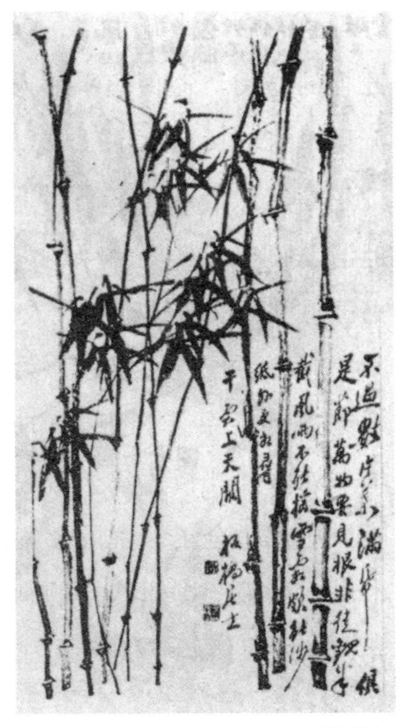

隔形题

① 沈阳故宫博物院藏墨迹。

② 日本本三彦一藏墨迹。

③ 北京故宫博物院藏墨迹。

④ 1979年河北人民出版社出版。

⑤ 台北版《郑板桥书画选》影印。疑系摹本。

⑥ 山东博物馆藏墨迹。

⑦《中国画家丛书·郑板桥》影印。

⑧ 日本龟井氏摄心庵藏墨迹。

⑨ 上海博物馆藏墨迹。

好像竹石中之小花小草，远看犹如一座远山，布局上起到了开合的作用。这种超乎前人的创造，也曾遭到后来一些保守派理论家的反对。清·戴以恒《醉苏斋画诀》论署款法云："忽高忽低最奇怪，高高低低江湖气，我辈落笔是大忌。"但清·蒋宝龄《墨林今话》则认为："板桥题画之作，与其书画悉称，故觉妙绝，他人不宜学也。"

他的题画诗文墨迹，为其友人靳秋田辑为《题画》而成木刻本，后系合刊于《郑板桥集》中；20世纪60年代，中华书局版《郑板桥集》有《补遗·题画》；80年代齐鲁书社版《郑板桥全集》中的《集外诗文·题画》；90年代江苏美术出版社版《扬州八怪题画录·郑燮题画录》又作了新的补充，都是我们研究板桥题画艺术的必读文献。

二、印　章

清·郑绩《梦幻居画学简明·论图章》论述了印章与题款的关系：

画成题款矣，盖用图章，岂不讲究者？……题款时，即先预留图章位置，图章当补题款之不足，一气贯穿，不得字了字，图章了图章。图章之顾款，犹款之顾画，气脉相通。如款字未足，则用图章赘脚以续之；如款字已完，则用图章附旁以衬之。如一方合式，只用一方，不以为寡；如一方未足，则宜再至三，亦不为多。

印章，亦称"图章"。古称"鉨"或"坔"，后作

“玺”。《后汉书·祭祀志》谓“自五帝始有书契。至于三王，俗化雕文，诈为渐兴，始有印玺，以检奸萌”。秦统一六国后，皇帝所用的专称“玺”；官、私所用的均改称“印”。至汉代，官印始有“章”及“印章”之称。印章的出现和使用，一般认为始于春秋、战国之间，先秦及秦汉的印章多用作封发物件、简牍之用，把印盖于封泥之上，以防私拆，并作信验。而官印又象征权力。后简牍易为纸帛，封泥之用渐废。印章用朱色钤盖，除日常应用外，又多用于书画题款，遂成为我国特有的艺术品之一。画上的印章，也和题款一样，成了中国画的组成部分。画上钤印，始于宋元，以后逐渐发展，起初只是一印，后来二印、三印，到了石涛、板桥就盖了五印、六印。清以前，画家的用印，多请专家镌刻，到了“扬州八怪”中的高凤翰、金农、郑板桥、汪士慎、高翔以及近代的赵之谦、吴昌硕、齐白石等人，都是书画家兼篆刻家。

傅抱石《郑板桥试论》云：“板桥对于篆刻，也是擅长的。可惜这方面，我们还没有掌撑更多的实物资料（原印和拓片），这是值得进一步研究的。”[①]

板桥友人及其后的一些学者的史志等著作中，关于对板桥的评介，多未提及他擅长篆刻。只是说他所用的印章，为他人所刻。清·阮元（1764—1849）《广陵诗事》卷九云：

郑板桥图章，皆出沈凡民（凤）、高西园（凤翰）之手。如《板桥道人》，如《十年县令》，如《雪浪斋》，如

① 《郑板桥集·前言》。

《郑大》，如《爽鸠氏之官》，如《所南翁后》，如《心血为炉熔铸古今》，如《然藜阁》，如《游好在六经》，如《畏人嫌我真》，如《恨不得填漫了普天饥债》，如《直心道场》，如《思贻父母令名》，如《乾隆东封书画史》，如《潍夷长》，如《鹧鸪》，如《无数青山拜草庐》，如《私心有所不尽鄙陋》，如《扬州兴化人》，如《燮何力之有焉》，如《樗散》，如《以天得古》，如《老画师》，如《敢征兰乎》，如《七品官耳》：皆切姓、切地、切官、切事。又有云《康熙秀才雍正举人乾隆进士》。至有一印云：《麻丫头针线》，则太涉习气矣。

马宗霍《书林纪事》卷二、孙静庵《栖霞阁野乘》卷六、小横香室主人《清朝野史大观》卷九均载此事。清·徐兆丰《风月谈余录》卷六则说：

板桥先生印章，半出沈凡民、高西园二公手。

清·曾衍东《小豆棚》卷十六则说：

郑有印章数十方，如《橄榄轩》《七品官耳》《鹧鸪》《二十年前旧板桥》，皆别致，大半吾乡朱文震所刻。

20世纪60年代郑燮《板桥先生印册》佚文[①]的发现，推翻了以上诸家说法。此册共二十一页，诸印皆系墨笔摹成，极饶风趣，旁注跋语尤觉逸趣横生，是板桥的用意之作。可惜原作已失，只有抄本全文传世，被收录在清末·徐兆丰《风月谈余录》卷六。从《印册》中了解到，为板桥刻印的就有十九人，凡刻印三十七方。现根据《印册》印文及刻者排列

① 卞孝萱：《谈〈板桥先生印册〉》，《文汇报》，1962年10月24日。

先后次序，略加调整，列表一如下：

刻　者	印　文
潘西凤	《扬州兴化人》
沈　凤	《所南翁后》
晚　村	《游好在六经》
身汝敬	《雪婆婆同日生》
丁丽中	《海阔天空》
司徒文膏	《雪浪斋、直心道场》
朱文震	《郑为东道主》《康熙秀才雍正举人乾隆进士》《二十年前旧板桥》《私心有所不尽鄙陋》
高　翔	《充柔》
僧静山	《丙辰进士》
高凤翰	《七品官耳》《鹧鹕》（朱文）
姜恭寿	《俗吏》
吴于河	《郑兰》《郑风子》《橄榄轩》《潍夷长》《十年县令》《青藤门下牛马走》《六分半书》《诗绝字绝画绝》《畏人嫌我真》《无数青山拜草庐》《恃鬐耳》《恨不得填漫了普天饥债》《动而得谤名亦随之》《王凤》
米先生	《郑燮》
王　涛	《鸡犬图书共一船》
高攀龙	《谷口人家》
毕一庵	《鹧鸪》（白文）
徐柯亭	《克柔》
郭伟绩	《板桥居士》
徐　寅	《游思六经结想五岳》

由此观之，《广陵诗事》《风月谈余录》《小豆棚》《清朝野史大观》等所记并不确实，在《板桥先生印册》著录的三十七方印章中，沈凤仅刻一方，高凤翰仅刻二方，朱文震仅刻四方，而不知名的吴于河却为郑刻过十四方。

最早记载板桥善于篆刻的是阮元（1764—1849）之弟阮充《云庄印话·印人诗事》，他说：

板桥曾为先祖制“学圃”石印，并绘赠墨竹巨幅，题云：“新竹高于旧竹枝，全凭老干为扶持；来年更有新生者，十丈龙孙绕凤池。”惜未入集中。

清末·秦祖永（1825—1884）《桐阴论画》卷下，评板桥：“印章笔力朴古，逼近文、何。”秦氏曾见过丁敬、金农、郑燮、黄易、奚冈、蒋仁、陈鸿寿七人篆刻作品，并辑为《七家印跋》。其中著录板桥所刻印章十二方，其印文为：《留伴烟霞》《砚田生计》《修竹吾庐》《活人一术》《桃花潭》《更一点销磨未尽爱花成癖》《恬然自适》《花梦绿映衫》《大吉羊》《明月前身》《茶烟琴韵书声》《思古》。这十二方印章，早已不知去向，其跋语亦未见其原件或影印本。考其内容，真伪夹杂。今人推论：“或许秦祖永见到十二方郑板桥的印拓，《思古》一方有款，《活人一术》《桃花潭》《更一点销磨未尽爱花成癖》三方有跋。他又从《板桥诗钞》《板桥词钞》《板桥题画》中摘取了一些句子，冒充其他八印章的跋语，拼凑而成《（板桥）印跋》一书。由于他的水平不高，弄得印跋与印文不符。他还抄错、抄漏了若干字，弄得文理不通。特别是他加添了一些内容，与郑板桥的生平不合，露出了作伪的马脚。”[①]然而，秦祖永所说的板桥“印章笔力朴古，逼近文何”，并非无的放矢，是经过对板桥印章作一番研究得出的评语。“文何”，指明代著名篆刻家文彭及其弟子何震。文彭（1498—1573），字寿承，号三桥，江苏苏州人。何震，字主臣，号雪渔，安徽婺源（今属江西）人。在明代，文、何一起从印风、文字、印材、款识等方面重整印坛，提倡篆刻宗法于秦汉印玺传统，强调文字六书原则，力矫怪谬浅陋，混乱芜杂之时弊。文、何风格以追摹汉印工稳纯正、浑穆苍劲、空灵明洁见长。文彭开掘并提倡青田石作为印材，石章的出现对篆刻艺术发展起了极重大的作用。何震创单刀款识，错落雄健，又大大丰富了篆刻艺术的内容，开拓了崭新的领域，开明清流派篆刻艺术之先河。后人并称为“文何”。板桥除继承这一派系外，对清初程邃的篆刻艺术颇为赞赏，自然受其影响。程邃（1605—1691），字穆倩，号垢道人，安徽歙县人，朱文喜以大篆入印，面目一新。白文深得汉印神髓，于文、何、汪（肇）、朱（简）外另立门户，人称“歙派”开山。板桥《题程邃印谱》云：

周栎园（亮工）先生《印人传》，八十余人，以何雪渔、文三桥为首，而往复流连，赞不容口者，则为垢道人，可谓知人特识矣。其《赖古堂印谱》近千颗，分为四册，然皆方硬板重，如道人之浑古流媚者，百不得一。想道人亦深自贵重，不轻为人捉刀耶？

① 卞孝萱《秦祖永辑郑板桥〈印跋〉考辨》，《故宫博物院院刊》1983年第4朗。

板桥正是从文、何、程三家变化而来，自成一家，否则秦祖永是不会将他列入“七家”中去的。今人研究板桥篆刻，多以秦说为依据。西泠印社仰贤亭中有吴隐集刻的二十八家《印人画像》，均为浙、皖诸派名家，板桥名次第四。中有《板桥道人小影》和题跋，对板桥篆刻有很高的评价，认为“道人刻印，兼书画之精神，而直追汉与秦，其醇厚与疏宕，殆仿佛其为人，宜乎世不多覯，是固希世之珍”。邓散木（1898—1963）《篆刻学·浙派》提出“雍嘉七子”，即秦祖永《七家印跋》之“七家”，且连人名次序排列都一样，邓说：

开浙派者丁敬，远承何雪渔（震），近接程穆倩，人谓“入清以来，文何旧体，皮骨都尽，皖派诸子，力复古法，而古法仅复，丁敬兼撷众长。不主一体，故所就弥大”。盖丁氏力近古贤，而不肯墨守汉家成法，所见既远，所就自大。踵丁氏而起者，有金农、郑燮、黄易、奚冈、蒋仁、陈鸿寿等。除板桥外，余皆杭人，共丁氏，称雍嘉七子。

邓氏将板桥列入踵丁氏而起的浙派，是颇欠妥当的。浙派之开创人物丁敬（1895—1765），小板桥两岁，同年卒。丁敬常来扬州，板桥也数次去杭州。他们二人皆与金农友善，但迄今未发现丁、郑有任何酬酢交游之记载，大概双方各有特殊之性格或别的问题致使情不投意不合之缘故吧！

据初步统计，板桥于书画上之用印有一百三十余方。《板桥集》手书刻印本收有板桥用印三十五方；20世纪40

年代王季铨、孔达编《明清书画家印鉴》[1]（以下简称《印鉴》）收有板桥用印二十七方；80年代上海博物馆编《中国书画家印鉴款识》[2]（以下简称《印鉴款识》）收有板桥用印九十五方。三种书中收有重复者及遗漏者。这些印章，哪些为板桥所刻，哪些为他人所刻，很少有人作专题研究，故在以往所编的《印谱》《印集》之类的专集中，很少有将板桥印章收入进去的。

乾隆八年（1743），板桥《道情》十首（又名《小唱》）手写付梓；乾隆十四年（1749），板桥重订《家书》《诗钞》《词钞》，并手写付梓。初版时，上述刻本未必附有板桥用印，因其中《小唱》中附有《乾隆东封书画史》一印，而乾隆东巡，封板桥为“书画史”是在乾隆十三年（1748）；《词钞》中附有“十年县令”印，是在板桥乾隆十七年（1752）底去官之后才使用的。因此，可以推测，《诗钞》《词钞》《家书》《小唱》（后人加《题画》合刊命名为《板桥集》）中所附三十五方印章，当在板桥去官之后，再版时补进去的，有可能为板桥审定过。而《板桥先生印册》中有吴于河所刻“十年县令”一印。因此，初步断定，《板桥集》手写刻本所附三十五方用印与《板桥先生印册》所收十九人所刻三十七方用印，差不多在同一时期。现以《板桥集》对照《板桥先生印册》，便能分出《板桥集》中三十五方印章之为板桥所作及他人所作。列表二如下：

① 民国二十九年（1940）商务印书馆出版。1987年由周光培复编，吉林文史出版社出版。

② 1987年文物出版社出版。

	印文	作者	今见印拓及影印本
《诗钞》	《板桥》（白文方形）	板桥	
	《板桥道人》（白文长方形）	板桥	板桥《竹石图》轴，乾隆丁丑（1757）。《印鉴款识·郑燮》。
	《古狂》（白文长方形）	板桥	
	《爽鸠氏（白文）之官（朱文）》（方形）	板桥	板桥《自叙》卷，乾隆己巳（1749）。《印鉴款识·郑燮》、《印鉴·郑燮》。
	《富贵非吾愿》（白文长方形）	板桥	
《词钞》	《所南翁后》（朱文长方形）	沈凤	板桥《墨竹图》屏，乾隆戊寅（1758）。《印鉴款识·郑燮》。
	《二十年前旧板桥》（朱文方形）	朱文震	板桥《竹石图》轴，乾隆戊寅（1758）。《印鉴款识·郑燮》、《印鉴·郑燮》。
	《康熙秀才雍正举人乾隆进士》（白文方形）	朱文震	
	《橄榄杆》（朱文长方形）	吴于河	板桥《墨竹图》轴，乾隆甲申（1764）。《印鉴款识、郑燮》、《印鉴·郑燮》。
	《恨不得填漫了普天饥债》（白文方形）	吴于河	板桥《墨竹图》屏，乾隆戊寅（1758）。《印鉴款识·郑燮》。

续表

	印文	作者	今见印拓及影印本
《词钞》	《鹧鸪》（朱文不规则长方形）	高凤翰	板桥《花卉》册。《印鉴款识·郑燮》。
	《雪浪斋》（朱文长方形）	司徒文膏	
	《郑大》（白文长方形）	板桥	板桥《墨竹图》屏，乾隆戊寅（1758）。《印鉴款识·郑燮》。
《诗钞》	《心血为炉熔铸今古》（白文长方形）	板桥	
	《病黎阁》（朱文长方形）	板桥	板桥《书画》册。《印鉴款识·郑燮》。
	《十年县令》（朱文椭圆形）	吴于河	板桥《书画》册，乾隆癸未（1763）。《印鉴款识·郑燮》。
	《畏人嫌我真》（白文方形）	吴于河	
	《游好在六经》（朱文方形）	晚村	《清人花卉集册》。《印鉴款识·郑燮》《印鉴·郑燮》。
《小唱》	《乾隆东封书画史》（白文方形）	板桥	板桥《行书》轴。《印鉴款识·郑燮》。
	《谷口》（朱文长方形）	板桥	
	《直心道场》（朱文方形）	司徒文膏	板桥《芍药图》轴。《印鉴款识·郑燮》。

续表

	印文	作者	今见印拓及影印本
《家书》	《郑燮之印》（白文方形）	板桥	板桥《自叙》卷，乾隆己巳（1749）。《印鉴款识·郑燮》。
	《老画师》（白文方形）	板桥	
	《樗散》（朱文葫芦形）	板桥	板桥《书画》册，乾隆癸未（1763）。《印鉴款识·郑燮》《印鉴·郑燮》。
	《敢征兰乎》（白文方形）	板桥	
	《燮何力之有焉》（白文方形）	板桥	板桥《松芝图》轴，乾隆己卯（1759）。《印鉴款识·郑燮》《印鉴·郑燮》。
	《以天得古》（白文方形）	板桥	板桥《书画》册。《印鉴款识·郑燮》。
	《潍夷长》（白文方形）	吴于河	板桥《行书》卷，乾隆戊辰（1748）。《印鉴款识·郑燮》。
	《六分半书》（朱文长方形）	吴于河	板桥《八分书》轴。《印鉴款识·郑燮》、《印鉴·郑燮》。
	《无数青山拜草庐》（白文长方形）	吴于河	板桥《墨竹图》屏，乾隆戊寅（1758）。《印鉴·款识·郑燮》。

续表

	印文	作者	今见印拓及影印本
《家书》	《动而得谤名亦随之》（白文方形）	吴于河	板桥《书画》册。《印鉴款识·郑燮》。
	《俗吏》（朱文长方形）	姜恭寿	板桥《花卉》册《印鉴款识·郑燮》《印鉴·郑燮》。
	《私心有所不尽鄙陋》（朱文方形）	朱文震	板桥《书画》册。《印鉴款识·郑燮》。
	《七品官耳》（白文方形）	高凤翰	板桥《松芝图》轴，乾隆己卯（1759）。《印鉴款识·郑燮》。
	《扬州兴化人》（白文长方形）	潘西凤	板桥《书画》册，乾隆癸未（1763）。《印鉴款识·郑燮》《印鉴·郑燮》。

在这三十五方印中，其中十六方印：《郑燮之印》《郑大》《板桥》《板桥道人》《谷口》《爽鸠氏之官》《乾隆东封书画史》《病黎阁》《樗散》《燮何力之有焉》《古狂》《富贵非吾愿》《敢征兰乎》《老画师》《以天得古》《心血为炉熔铸今古》，当系板桥所作，且是他的精心代表之作。章法谨严，功力深厚，平正中见奇特，古朴中见灵秀，与浙派诸家并列，但并非一家眷属。除上述代表作之外，见于板桥书画墨迹及著录的板桥治印，列表三如下：

印文	出处
《郑》（白文长方形） 《燮》（白文长方形）	《印鉴·郑燮》《印鉴款识·郑燮》。
《郑》（朱文方形）	《印鉴·郑燮》《印鉴款识·郑燮》。
《燮》（朱文方形）	《印鉴款识·郑燮》。
《郑》（白长方形）	同上。
《燮》（白文方形）	同上。
《燮》（白文方形）	同上。
《郑燮》（白文方形）	《印鉴·郑燮》《印鉴款识·郑燮》。
《郑燮印》（白文方形）	《印鉴·郑燮》《印鉴款识·郑燮》。
《郑燮印》（白文方形）	同上。
《郑燮之印》（白文方形）	《印鉴·郑燮》。
《郑燮之印》（白文方形）	《印鉴款识·郑燮》。
《郑燮之印》（白文方形）	同上。
《郑燮之印》（白文方形）	同上。
《郑燮私印》（白文方形）	郑燮《竹石图轴》，乾隆壬午（1762），北京故宫博物院藏墨迹。《清代扬州画家作品》影印。
《燮印》（白文方形）	见《印鉴款识·郑燮》。
《臣燮》 （白文长方形，左边有缺）	同上。
《臣燮之印》（白文方形）	清·杜瑞联《古芬阁书画记》卷八著录。
《荥阳郑生》（白文椭圆形）	《印鉴·郑燮》《印鉴款识·郑燮》。
《荥阳郑生》（白文方形）	《印鉴款识·郑燮》。
《郑板桥》（白文方形）	同上。

续表

印文	出处
《郑板桥》（白文方形）	同上，《印鉴·郑燮》重编本523页。
《板桥》（朱文长方形）	《印鉴·郑燮》。
《板桥》（白文方形）	《印鉴款识·郑燮》。
《板桥》（白文方形）	《印鉴款识·郑燮》。
《板桥》（白文长方形）	同上。
《兴化人》（白文长方形）	同上。
《海滨民》（朱文长方形）	同上。
《谷口》（朱文长方形）	同上，《印鉴·郑燮》。
《婴宁》（白文长方形）	《印鉴款识·郑燮》。
《凤》（朱文椭圆形）	同上，《印鉴·郑燮》。
《竹嬾》（白文长方形）	《印鉴款识·郑燮》。
《瓜州》（白文长方形）	同上。
《红雪山樵》（白文方形）	同上。
《北泉草堂》（朱文长方形）	同上。
《北海》（朱文长方形）	郑燮《行书诗叙》册，北京故宫博物院藏墨迹。见《书法丛刊》1994年第3期。
《书带草》（白文方形）	《印鉴款识·郑燮》。
《痴绝》（白文长方形）	同上。
《歌吹古扬州》（朱文长方形）	同上，《印鉴·郑燮》。
《麻丫头针线》（白文长方形）	同上。
《都官》（白文方形）	同上。
《风尘俗吏》（白文长方形）	同上。

续表

印文	出处
《俗吏之为之也》（白文长方形）	同上。
《乾隆敕封书画史》（朱文）	郑燮《墨竹》轴，汪汝燮《陶风楼藏书画目》著录。
《思贻父母令名》（朱文方形）	《印鉴款识·郑燮》。
《老而作画》（白文长方形）	同上。
《借书传画》（白文长方形）	同上。
《书画悦心情》（白文椭圆形）	原南京·丁吉甫藏印章。《南艺学报》1981年第3期影印。
《放情丘壑》（白文方形）	郑燮《兰竹石》册页。见《扬州八怪》画册、《扬州八家画选》。
《师造物》	郑燮《兰竹石》条幅，旅顺博物馆藏墨迹。
《搜尽奇峰打草稿》	郑燮《题黄瘿瓢山水册》。邵松年《古缘萃录》卷十四著录。
《横扫》（白文长方形）	《印鉴款识·郑燮》。
《恶竹》（白文长方形）	《印鉴款识·郑燮》。
《有数竿竹无一点尘》（白文长方形）	郑燮《竹石图》轴，北京故宫博物院藏墨迹。见《清代扬州画家作品》画册。
《骨常新》（白文长方形）	郑燮《题朱逢年山水人物画册》，谚园宝藏墨迹。《郑板桥年谱》著录。
《多种菩提结善缘》（白文）	郑燮《荆棘兰石》轴，常州市博物馆藏墨迹。见《中国古代书画目录》六。
《欢喜无量》（朱文）	同上。
《结欢喜缘》	郑燮《题黄瘿瓢山水册》。邵松年《古缘萃录》卷十四著录。

续表

印文	出处
《随喜》（朱文长方形）	郑燮《行书诗叙》册，北京故宫博物院藏墨迹。见《书法丛刊》1993年第3期。
《见人一善忘其百非》（白文方形）	见步米山房刊《郑板桥四子书真迹》。
《饮人以和》（白文方形）	《印鉴款识·郑燮》。
《吃饭穿衣》（白文方形）	同上。
《饮露餐英顑颔何伤》（朱文方形）	同上。
《白笺》（朱文方形）	同上。
《紫凤》	郑燮《兰竹松石》卷，四川省博物院藏墨迹。
《爱君自欲君先达》（白文长方形）	郑燮《手札》卷，南京·吴白匋藏墨迹。见《郑板桥书画集》。
《刘氏燕廷》①（白文方形）丁巳暮春初日刻于邗上	南京博物院藏印，见《南京博物院藏明清印选》
《眼大如箕》	清·周榘《题板桥先生行吟图》轴，北京荣宝斋藏墨迹。齐鲁书社版《郑板桥全集》著录。
《痛痒相关》	黄俶成《从八十方印章看郑板桥》著录，《文艺研究》1981年第5期。
《江南巨眼》	同上。

① 有两个侧面有板桥印跋：其一为："焚虚大师自西湖来谭禅说法意解西来谓余曰：年来如登七十二峰之上，佛法虽空，此语不虚，即制印以赠。乾隆丁巳暮春之初刻于邗上郑燮识。"其二为："佛老云：色即是空，空即是色，盖自有而至无，自无而复有，归根曰：真实不虚，佛理渊深，只在灵光一点。所谓视之不见其首，尾之不见其后也。板桥又识。"

续表

印文	出处
《个中》	同上。
《兰竹石癖》	同上。
《敬常存伪》	同上。

从以上三表中得知，在板桥一百三十余方用印中，他自己所刻约占用印总数百分之七十，以白文为主，其名号印多为自己所刻。不管他人所刻，还是自己所刻，印文皆为板桥所定。除了名号章外，大量的是所谓闲章，但闲章不闲，其内容或来自经史典故、诗词佳句、名言警句、书画理论；或反映其所追求的精神境界、人生态度；或发表其艺术主张，其中充满了哲学的、美学的、文学的色彩，耐人寻味。黄俶成先生撰文《从八十方印章看郑板桥》[①]，从其思想内容上大致分为《身世》《政治抱负和仕途生涯》《艺术思想的渊源》和《艺术特点和文字主张》四类，加以阐述，是一篇学术水平较高的论文，颇有益于我们对板桥印章艺术的理解与欣赏。但板桥毕竟不是一个专业篆刻家，他的篆刻艺术风格特点并不十分明显，故为其书画文学成就所掩。他留下的印章，多从其书画作品上见到，而印跋、印款之原件及拓本较少发现。所确定板桥之篆刻作品，也只是一种推理，有待于和专家学者作进一步深入的探讨研究。

① 《文艺研究》1981年第5期。

1.《郑》2.《燮》3.《郑》4.《燮》5.《燮印》6.《郑燮》7.《郑燮之印》8.《郑燮印》9.《郑板桥》10.《郑大》11.《荥阳郑生》12.《板桥》13.《板桥道人》14.《兴化人》15.《燮何力之有焉》16.《风尘俗吏》17.《麻丫头针线》

印章作品选之一

16 17 18 19 20 21 22 23 24 25 26

印章作品选之二

18.《横扫》19.《爽鸠氏之官》20.《樗散》21.《心血为炉熔铸今古》22.《敢征兰乎》23.《吃饭穿衣》24.《古狂》25.《借书传画》26.《老而作画》27.《老画师》28.《书画悦心情》29.《以天得古》30.《思贻父母令名》31.《富贵非

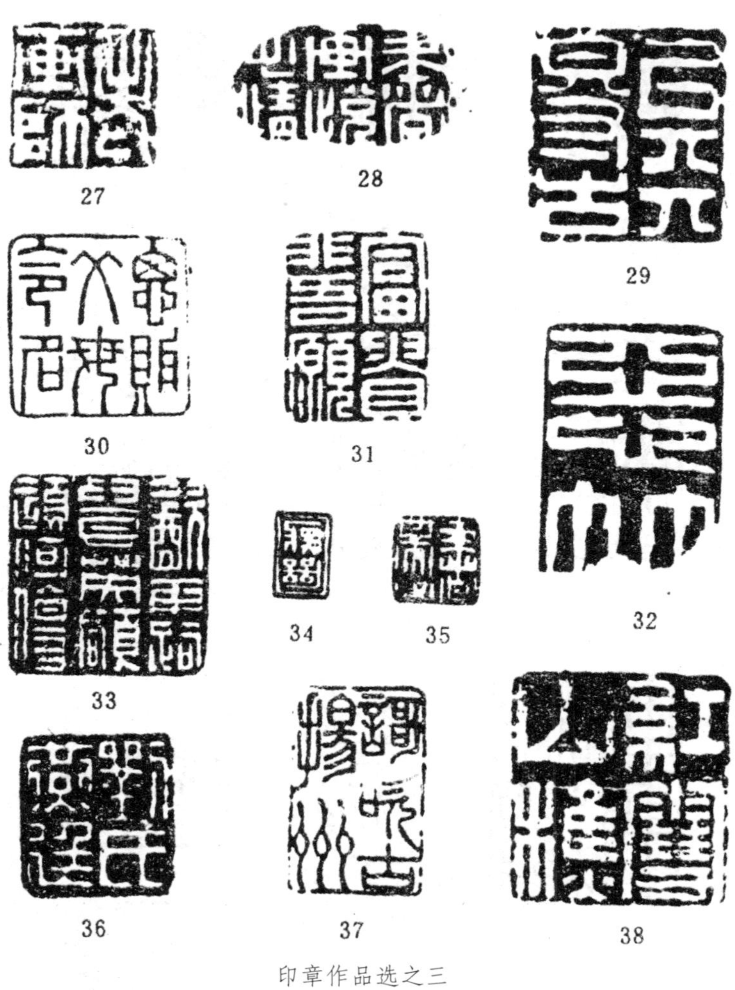

印章作品选之三

吾愿》32.《恶竹》33.《饮露餐英颇颔何伤》34.《痴绝》35.《书带草》36.《刘氏燕廷》37.《歌吹古扬州》38.《红雪山樵》

1　2

3

4　5

6　7　8

他人为板桥所刻印章作品选之一

9

10

11

12

13　14　15　16

他人为板桥所刻印章作品选之二

1.《郑风子》吴于河刻

2.《扬州兴化人》潘西凤刻

3.《丙辰进士》僧静山刻

4.《潍夷长》吴于河刻

5.《俗吏》姜恭寿刻

6.《直心道场》司徒文膏刻

7.《动而得谤名亦随之》吴于河刻

8.《恨不得填漫了普天饥债》吴于河刻

9.《橄榄轩》吴于河刻

10.《雪浪斋》司徒文膏刻

11.《雪婆婆同日生》身汝敬刻

12.《郑为东道主》朱文震刻

13.《游思六经结想五岳》徐寅刻

14.《游好在六经》晚村刻

15.《所南翁后》沈风刻

16.《畏人嫌我真》吴于河刻图

第九章　郑板桥的影响

板桥书画艺术，形神兼备，雅俗共赏，两百多年来，“不独海内宝之，即外服亦争购之”。[①]板桥在《行书刘柳村册子》[②]中云：

高丽国索拙书，其相李艮来投刺，高尺二寸，阔五寸，如金版玉片，可击扑人。今存枝上村文思上人家，盖天宁寺西院也。

他的书画作品流传下来，被国内外文博单位、艺术部门及私人收藏的有一百余家一千余幅作品。

学他的人很多，称板桥派。板桥的弟子及传其画风、书风者，见于著录的有四十余人，见下表：

① 咸丰元年重修《兴化县志》卷八。
②《郑板桥集·补遗》。

师法板桥书画人名一览表

	姓　名	简　介	见于著录
江苏	郑墨	板桥堂弟。工书法，学板桥，形神俱似。北京故宫博物馆藏有其《行书》条幅。	《郑板桥年谱》
	郑铉	字景堂。诸生。……工画兰竹石，得其伯祖郑大令法。	《续纂扬州府志》卷十三
	刘敬尹	号荔园，住宴公庙松鹤道院。学兰竹于郑进士燮，颇得其秘。	《重修兴化县志》卷十
		尤善书画，从学于郑板桥先生，颇得其秘。……徐步云……赠诗云："……郑板桥大弟子，秘授经一束。岂惟性逼真，字画肖亦酷。"	《续修兴化县志》卷十五
	理昌凤	字南桥，兴化人。……为郑板桥弟子。善写兰竹。	《墨香居画识》卷七
	能越	字荔村，兴化人，慈云寺僧。工兰竹，得郑大令之遗。	《淮海英灵续集》卷三
	徐退	进之初名宗勉，更名退。诸生。扬州兴化县人。善画兰竹，有郑板桥大令之风。	《玉井山馆笔记》
	高廪	兴化友人高甘来，……名廪，为余三十年前画兰友，用笔秀逸，气势沉雄，画花纯似橄榄轩主，盖得其真髓者。	《兰言四种·画兰琐言》
	吴小道	字昌明，兴化人，生活在同治光绪年间，学板桥，擅画兰竹。	《兰言四种·画兰琐言》《兴化县志》

续表

	姓 名	简 介	见于著录
江苏	成兰荪	兰师板桥而兼法矩亭者，前者……兴化成兰荪……。	《兰言四种·画兰琐言》
	赵九鼎	字兰隐（一作兰痴），兴化（一作泰州）人，工画兰，深得板桥笔妙。	《墨林今话》卷十一、《重修兴化县志》卷八
	僧筱衫	释篆衫，扬州老衲。写竹得板桥法。	《扬州华苑录》卷四
	吴雨田（1736—？）	郑板桥，……工隶书，后以隶楷相参，自成一派。关帝庙道士吴雨田从之学字，可以乱真。	《扬州画舫录》卷二
		板桥有《行书为道士吴雨田作》轴，作于乾隆癸酉（1753）。	北京故宫博物院墨迹。《书法丛刊》1993年第3期影印
	程夔（？—1908）	后更名敦荣，字厚之，湖北孝感人。寓南京五十余年，官江西知县。兰师板桥而兼法矩亭。	《兰言四种·画兰琐言》《中国美术家人名辞典》
	鲁璋	字近之，号半舫，吴门（今苏州）人，书学郑谷口，间参板桥法	《墨林今话》卷六
	徐观政	如皋徐湘浦观政，诗画清逸，不下板桥道人。	《墨林今话》卷十
	郑抡逵	同邑（按指常熟）郑兰坡明经抡逵，……书学郑板桥。	《墨林今话》卷十三

续表

	姓　名	简　介	见于著录
江苏	瞿应绍（1780—1849）	字子治，号月壶，上海人。道光年间贡生，官玉环同知。工画竹石，自题《竹石图》云：“萧散一格，板桥先生喜为之，此其小品也。”	《中国美术家人名辞典》、《支那南画大成》卷二
	陈还	字还之，金陵人，流寓上海。书体怪特。论者拟之郑板桥。	《海上墨林》卷三、《广印人传》
山东	刘连登	字献璧，诸生。……作兰竹，尤为郑板桥所赏。	《范县志》卷二
	谭子犹	潍县谭子犹先生，……善板桥书画，得其精髓，乃神似非形似也。	《谭子犹印谱序》
	朱文震	朱青雷，明文震，……后为板桥门生。	《板桥先生印册》
		朱文震……山东历城（今济南）人，……师事郑板桥……始从学花鸟，后专精山水。	《清画家诗史》
	孟兴聚	字敬甫。工兰竹，人以为继武板桥云。	《济宁直隶州续志》卷十五
	孟传昔	字君重，号云岩。……行草悉师郑燮。	《章邱县志》卷十一
浙江	杭世骏	杭大宗太史世骏戏学板桥墨竹面……	《观画百咏》卷四
	吴于宣	字浚明，号南屿，石门人。乾隆丁未进士，官扬州知府。善写兰，得板桥神髓。	《清画家诗史》

续表

	姓 名	简 介	见于著录
浙江	周封	字于部，自号太平里农，嘉兴人。……书有郑板桥风格。	《清画家诗史》
	屠倬（1781—1828）	字孟昭，号琴鸥，钱塘（今杭州）人。进士。九江知府。工画竹，学板桥，自认为“不逮板桥”。	《是程堂集》卷十四
	戴熙（1801—1849）	字醇士，浙江钱塘（今杭州）人。咸丰翰林，曾官兵部右侍郎，归里后主讲崇文书院。竹石仿板桥道人，力求其韵，自谓难学。	《习苦斋画絮》卷十、《支那南画大成》卷二
	郑煜（？—1861）	字昼人，仁和（今杭州）人。家居以教授奉母。……善画兰竹，入板桥之室。	《清画家诗史》
	吴凤喈	字霞轩，仁和（今杭州）人。咸丰己未举人，官工部员外郎。工兰竹，神似板桥。	《清画家诗史》
	陈豪（1839—1901）	字蓝洲，号迈庵，仁和（今杭州）人。优贡生，知房县。自题《竹石图》云：“拟板桥道人。”	《支那南画大成》卷二
	曹溶	曹花尹溶，嘉兴人。……喜作写意花卉，尤擅长梅兰竹菊，有李复堂、郑板桥逸趣。	《墨林今话》卷十八
湖南	何绍基（1799—1873）	字子贞，别号东洲居士，……湖南道州人，……道光丙申翰林，官洗马。……写兰竹，天趣横溢，似板桥道人。	《清画家诗史》

续表

	姓　名	简　介	见于著录
湖南	文九苞	画兰竹法郑燮，或题燮名，人不能辨也。	《湘潭县志》卷八
	马梫	字鸥盟，湘潭人。兰师板桥而兼法矩亭者，……后有马鸥盟诸公皆是也。	《兰言四种·画兰锁言》
其他	杨嘉淦	原名朝钤，号吟溪，直隶（河北）卢龙县人，祖籍浙江。由功臣馆议叙经历。……间写兰竹，师石涛、板桥两家，亦有意趣。	《墨林今话》卷十六
	张琴	张鹤泉琴，天津人。喜吟诗，字仿板桥。	《余墨偶谈》卷五
	黄䫉	原名俊，字石咸，号雅林，辽阳人。汉军庠生。诗画仿郑板桥。	《八旗画录后编》卷中、《啸亭续录》卷二
	吴淑娟（女）（1853—1930）	晚号杏芬老人，安徽歙县人。自题《竹石》轴云："……仿板桥老人画意。"	《支那南画大成》卷二
	汤燮	汤燮《兰林百种自叙》云：予性嗜兰，而尤爱写兰。……旋搜集郑板桥、郑所南、蒋矩亭诸先辈墨兰真迹，置之案头，穷日夜之力，描摹尽态，……民国十一年（1922）壬戌首夏，南丰汤燮兰阶甫识于九畹山庄之东轩。	《支那南画大成》续集六
	郭文贞（女）	字恕言，河南新乡人，……草书挥洒奇妙，殆可追仿板桥。	《国朝闺秀正始集》卷十八

续表

	姓 名	简 介	见于著录
其他	招子庸	广东南海（今广州）人，嘉庆二十一年（1816）举人。官山东潍县知县。工兰竹，几步板桥后尘。	《瓯钵罗室书画过目考》卷四
	招光岐	广东南海（今广州）人，子庸子，有《墨笔兰竹》屏四帧，亦板桥派也。	《瓯钵罗室书画过目考》卷四
	方玉润（1811—1883）	字友石，自号洪濛子，宝宁（今云南广南）廪膳生，同治四年铨授陇州长宁驿州同。……亦工书，初取径郑燮、钱沣……。《韵语七十》云："余书于板桥，尚未窥其藩篱。"	《滇南书画录》《星烈日记汇要》卷十三
	王允升	板桥弟子。板桥有墨竹赠之，现藏南京博物院。	《郑板桥年谱》
	李炳铨	上海宝山人，题画喜仿板桥。	《海上墨林》卷二

这些书画家遍及江苏、浙江、安徽、山东、河北、辽宁、河南、湖南、广东、云南等地。未见著录者远远不止此数。清·李斗《扬州画舫录》卷十云：

郑燮字克柔。……工画竹，以八分书与楷书相杂。自成一派。今山东潍县人多效其体。

清·张式《画谭》云：

近日娄江人多祖麓台，如皋、兴化多祖板桥，袭其形体，若将终身。

清·朱克敬《雨窗消意录》甲部卷一云：

乾隆时，兴化郑板桥工书画，书……自然成趣。时称“板桥体”，多效之者，然弗能似也。

有些人即使依样画葫芦，看上去似了，实际上只是“袭其形体”，缺乏神韵。也有学得高水平者，如刘敬尹、理昌风、郑墨、谭子犹、孟兴聚、文九苞、戴熙、吴淑娟等人，他们算是跳进板桥藩篱的了，但很少能跳得出来。杰出画家任伯年于光绪十六年（1890）五十一岁临了一幅板桥《竹石图》轴[①]，乃传世稀有之作，所依据板桥原作今存兴化市郑板桥纪念馆。与原作相较，所临竹石、题款形神俱似，可见他对板桥研习是付出心血的。但在任氏的花鸟画创作中却难以见得受板桥影响，也很少发现其他竹石之类的题材作品，他是学板桥的创造精神，集诸家之长而另立门户的。任的书法，倒是有些板桥“六分半书”之余风的。

当今，学习板桥者更不计其数，著名的有江苏的田原、杨建侯、徐石桥，上海的韩敏，广东的刘昌潮等人。他们学板桥书画的创造精神而能自成面目。其中最有成就的当推田原的书法，他对板桥书法潜心研习数十年，既能入又能出，所作六分半书逸趣盎然，比之板桥更加自由活泼、潇洒奔放。他所著的《板桥书体变化百例》[②]是对板桥书体的继承与发展，序言立论精辟，阐述深透，为如何学习板桥树立了一个良好的范例。他还用竹签和钢笔作书，开现代硬笔书法之新风，得到了书法大家启功教授的高度评价：“今田原同志自削竹签，蘸墨作字，如西洋古代之用鹅翎，又如少数民

① 丁羲元著《任伯年·年谱·论文·珍存·作品》。

② 田原：《板桥书体变化百例》，江苏人民出版社，1988。

族之用竹笔，以之作真行篆隶，无不如志，有时亦以世行之钢笔屈其尖而转侧用之。其点画之秾纤提按，一一与毛笔无殊。为余临郑板桥书三册，浏漓顿挫，观者莫知其笔之为竹为钢也。而吾所叹服者，既在其使竹使钢无异于使毫，且更在其不临汉不临爨，而临板桥之熔草真行隶于一炉者。其难盖百倍于以毫摹刀、十倍于以钢摹刀者矣。书此以质学书之通古而能创新者。”①

板桥在他的《诗钞·后刻诗序》中云：

板桥诗刻止于此矣，死后如有托名翻板，将平日无聊应酬之作，改窜烂入，吾必为厉鬼以击其脑!

板桥的这个警告，并未能奏效。他的诗作有无“托名翻板”，未及查考；其书法与绘画之“托名翻板”，可谓严重矣。

其赝品之作有代笔、摹本、伪造多种：

（一）代笔

板桥成名之后，求书画者益增，应酬不暇，使他大伤脑筋，在《范县署中寄四弟墨》信中说：

近时求书画者，较往年更增数倍。都属同年同寅及巨绅，大抵携赠物而来，势不得不为之一挥。早知今日，悔不当初不习画，则今日可减一半磨烦。

于潍县署中，《复同寅朱湘波》信中说：

索书索画，积纸盈案，催促之函，来如雪片，如欠万千

①《启功丛稿·友人钢笔临郑板桥字册跋》。

债负，未识可有清偿之日否？

在无可奈何的情况下，他只好令其弟子代笔，以了“万千债负”。谭子犹代笔就是一个典型例子。青岛市博物馆收藏了一幅谭子犹乾隆五十八年（1793）九十二岁时摹板桥老人笔意之作《竹石图》轴，其诗塘上层有子久恒庆题云：

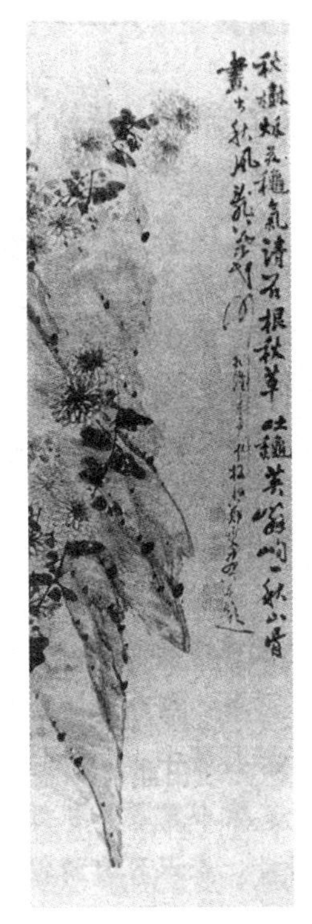

菊石图轴（赝品）

当乾嘉（“嘉”系“隆”字之误）。郑板桥公宰潍，潍人求书画者无弗应。一日选匠作器皿，有谭木匠与焉，每遇板桥作画，则侍之傍观，心会其妙，缘身虽为匠，曾习儒有年也。板桥喜见重慧，乐为教之，不数年，谭氏所作，酷似板桥，真伪几不能辨。板桥政务冗忙时，辄令其代笔，此亦一段佳话也。谭遂在家，日日仿为，借用板桥图章。……谭名云龙，字子犹，此仿板桥笔意，自书己名，唯不多得耳。

谭氏为其书画代笔，因为是仿作，定有板桥真迹作依据，钤上板桥用印，题画内容也当是板桥的。这种假中有真之作，数量一定是相当可观的。《新美术》1992年第3期刊登了一幅板桥《菊石图》轴［乾隆十六年（1751）辛未中秋作］、扬州市博物馆收藏了一幅板桥《晚香图》轴［乾隆十六年（1751）辛未秋九月十七日作］，均作于板桥官潍县期间，当系谭氏代笔，后一幅竟蒙住了大画家傅抱石的眼睛，选作插

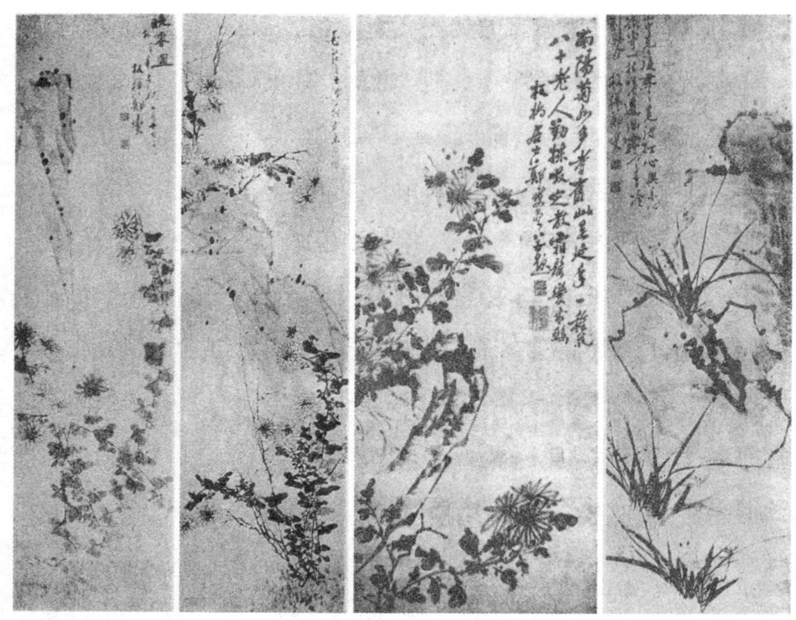

晚香图轴（赝品）　谭子犹菊石图轴　菊石图轴　兰石图轴（赝品）

图影印于《郑板桥集》（1962年中华书局版》中。若将这两幅与山东省博物馆所藏款署谭子犹《菊石图》轴[1]一起观之，即发现其构图格局大致相似，造型、点苔、笔法一致；再以板桥真迹《菊石图》轴[2]与之相较，明显看出，谭氏之作笔力较弱，其功夫、修养、气质无疑是远远不及郑氏的。《郑板桥画选》[3]中影印的一幅板桥《墨竹》轴（题画首句：年年种竹广陵城）、《兰石图》轴（题画首句：山中觅觅复寻寻），从兰竹石的笔力与题款的字迹看，也系谭氏代笔之作。

① 《艺苑掇英》第12期影印。
② 《支那南画大成》卷二影印。
③ 1978年台北艺术图书公司出版。

刘敬尹摹板桥《虾》

为其代笔的，还有他的一位大弟子刘敬尹，兴化人，号荔园，善书画，从学于板桥，“颇得其秘”，“肖亦酷”。宣统元年（1909）世界名人书画社影印《郑板桥书画册》（八开）[1]，其中《梅》，款署“敬尹”：《兰》《虾》《菊》均款署“板桥”。书法二幅皆款署“板桥郑燮”，一幅款署“荔园道人临”，一幅款署“竹轩”。

金农令其弟子罗聘、项均为其绘画代笔。在金农的著作中提及之；而板桥令其弟子谭子犹、刘敬尹代笔，未见于他的任何著述，也许认为不值得张扬出去，因为他是公开反对

① 南京许莘农藏影印本。

“托名翻板”的。

（二）摹本

日本·贝塚茂树收藏板桥的一幅《兰竹石图》条幅[①]，纸本，水墨，197.7厘米×51.3厘米，题画首句：“兰竹芳馨不等闲”，是一幅钩摹本，真迹在南京博物院，系《兰菊松石》四条屏之一，其章法、用笔、题款、钤印位置、内容全同，款署：“诞敷大兄一笑并为诸郎君助之。七十老人板桥郑燮”。摹本轮廓稍露，局部造型略异，用笔单薄，虽乱真而略逊一筹。

兰竹石图条幅（赝品日本贝塚茂树藏）

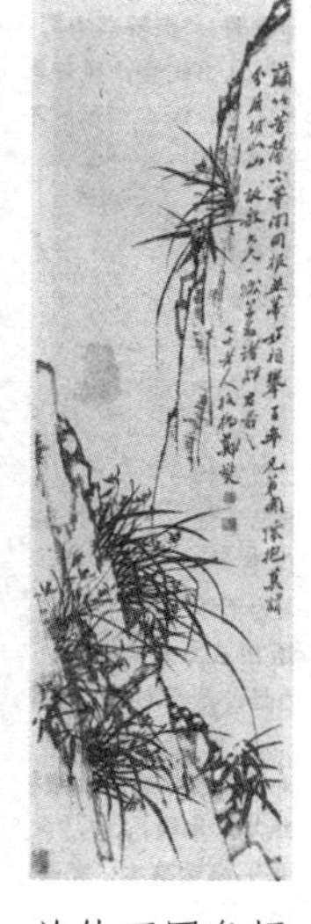

兰竹石图条幅（南京博物院藏）

常州潘茂先生提供的板桥《行书唐人五律》册（七开）[②]也是一件钩摹本，其中之一首句：“我宿五松下”，之六首句：“野店临西浦之七首句：“骏马似风飙”，与南通博物苑收藏的板桥真迹《行书唐人五

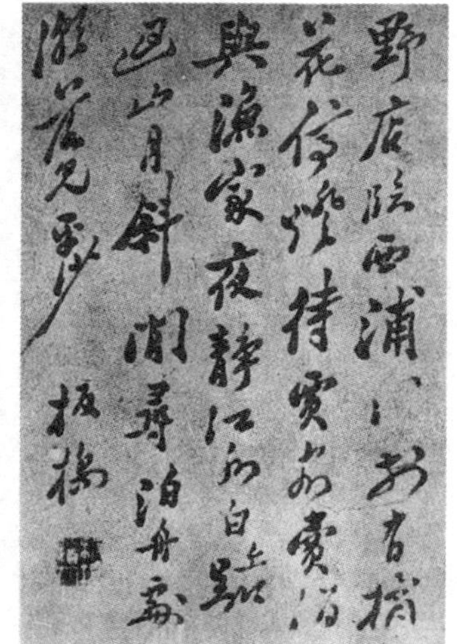

野店临西浦，门前有树……与渔家夜静江白……过山月斜潮寻泊舟……板桥

行书唐人五律册之七（赝品、常州潘茂提供）

① 《中国绘画总合图录》卷四影印。
② 《郑板桥书画集》第二集影印。

律》册（八开）[1]之二、五、六同，只是钤印有别，摹本皆用“板桥道人”（白文方形印，皆赝品），真迹皆用“俗吏”（朱文长方形印）。摹本得其形而失神，尤其是长笔画，摆宕之势、蹲笔把握不住，表现得很不自然。

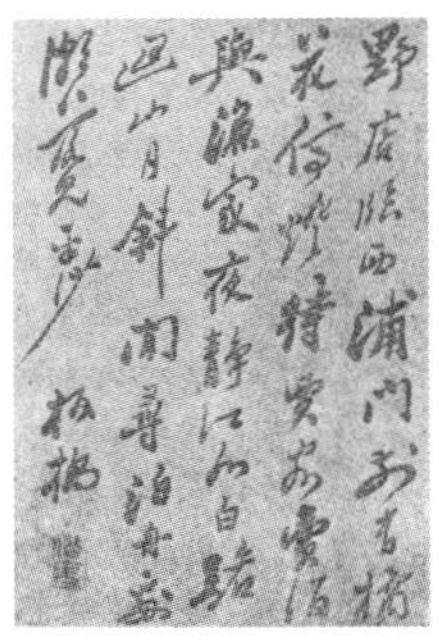

行书唐人五律册之六（南通博物苑藏）

（三）伪造

板桥存世的赝品中，有水平较高者，有较低者。较高者多为板桥弟子所造。

板桥去世之后，谭子犹便成了造假板桥字画的“大王”，子久恒庆《题谭子犹竹石图》轴云：

至板桥仙去，一字一画，世人珍之。而谭氏所作，外来字画商人，亦不能辨其真伪，每以重价购去，谭氏子孙因以小康。

于源普亦题云：

谭云龙，字子犹，乾隆时木工也。能仿邑侯郑板桥先生书画，款识印章均伪托逼肖。

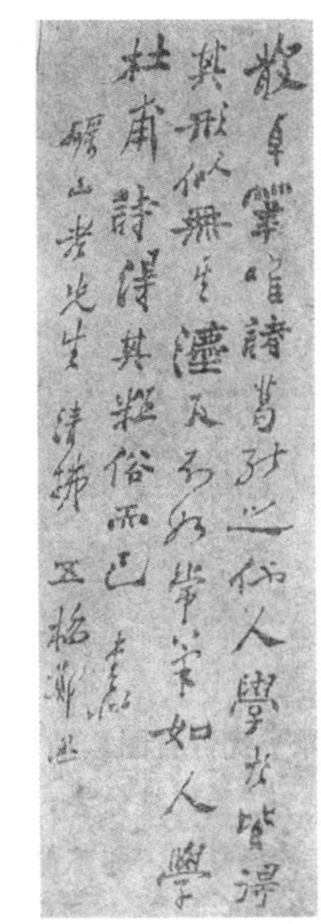

郑墨六分半书赠砺山轴

谭子犹一生作画多署板桥款。在板桥逝世后的二十八年，谭氏九十二岁尚在。其间伪造板桥之作当不下万幅，书、画、

① 《郑板桥书法集》影印。

题款、印章“均伪托逼肖”。除谭氏外，板桥其他弟子及学板桥者伪造板桥之作也不在少数。刘敬尹在板桥生前为之代笔，不能排除在板桥死后造其伪作。其堂弟郑墨所作《六分半书论书赠砺山》轴[1]，若将落款“五桥郑墨”遮住，就连一些鉴定家也会误认为板桥墨迹，确实达到了“人不能辨”的地步。可以推知，郑墨也是一位高级的郑字伪造者。

《古芬阁书画记》卷十八著录了板桥《墨竹》四条屏：

其一，《晴竹》，题画首句：“衙斋卧听萧萧竹。”

其二，《风竹》，题画首句：“叶长枝少。”

其三，《枯竹》，题画首句：“咬定青山不放松。”

其四，《雨竹》，题画首句：“乌纱掷去不为官。”款署：“乾隆五十八年癸丑暮春，画于西湖草堂，郑燮。”乾隆五十八年（1793），板桥已卒二十八年，显然是一件手段拙劣的伪作，著录者也少了一个脑袋。

那些低水平的伪造者，不仅画差字亦差。相对之下，伪造板桥的画容易些，而伪造板桥字就难得多了。因为没有真草隶篆的深厚基本功夫，是写不好板桥体的，当然也造不好板桥画的。因此，存世的不少板桥假画，看上去尚能骗骗一般人，但见到画上低劣的题字，一般人也能议论其真伪。题画内容大都有依据，以示其“真实性”。

清中叶之后，板桥书画赝品在社会上泛滥成灾，这在清人的著作中多有记载。张大镛《自怡悦斋书画录·郑板桥墨竹》卷七云：

① 北京故宫博物院藏墨迹。

近日板桥赝本，不计其数。此是真迹，颇有生动之趣。

桂馥《丁亥烬遗录·郑板桥兰竹巨册》卷三云：

惟先生书画，赝作颇多。并有墨刻对联，无不飞扬跋扈，丑怪百出，见之欲呕。先生有言，后世有假我书画者。吾当作厉鬼击之。作赝家竟尔胆大，可发一笑。

又《丁亥烬遗录·竹石吊轴》卷三云：

数十年来所见先生书画，不下百余件，真迹不过十之二三。

邵松年《古缘萃录·郑板桥楷书轴》卷十三亦云：

板桥先生书画风流倜傥，豪迈多姿，而伪迹最多。余收得书画两轴，楹帖一副，皆属真迹。

这种赝品流传，直到20世纪40年代，仍多得吓人。无锡一收藏家薛处在他收藏的板桥《兰竹石图》轴[①]诗塘中题云：

板桥先生前朝人耳，犹难见其真迹，是故论画当以目睹真品为准，若远指古人不独欺人，实自欺耳。三年以来，见得赝本四百幅，真者二幅，可见觅求真迹之难矣，何必远求宋元以上，耳目所不及者哉!

板桥书画赝品，不仅流传于民间，即使当今国内外博物馆也收藏了不少，一些所谓鉴定家及研究者，也认假成真，致使珷玦乱玉、鱼目混珠者屡见不鲜。台北艺术图书公司出版的《郑板桥书画选》，所选海内外五十六幅书画作品中，赝品占了三分之二以上；日本出版的《中国绘画总合图录》五卷，收集了中国台北、中国香港、日本、英国、德国、美

① 今藏无锡市博物馆。

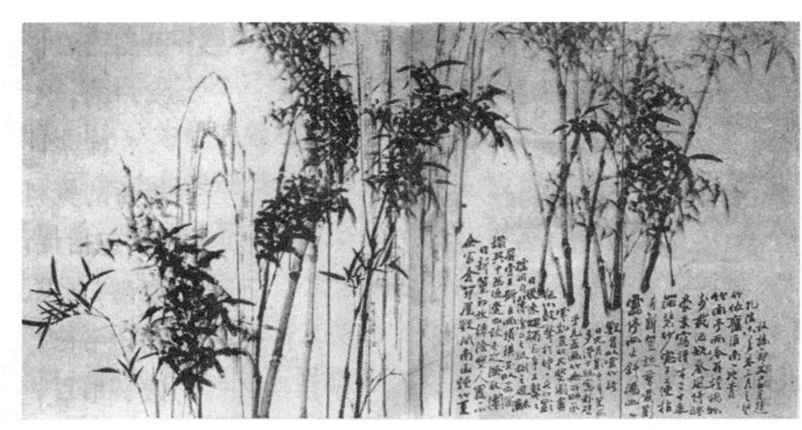
日本东京国立博物馆收藏的一幅墨竹屏风（赝品）

国的一些博物馆和私人收藏的板桥作品三十余幅，其中就有将近三分之一的赝品；日本松涛美术馆1987—1988年举办的中国墨竹特别展中的九幅署名板桥作品全是赝品。

日本东京国立博物馆收藏的一幅《墨竹》屏风，纸本，水墨（119.3厘米×236.2厘米），作巨幅石及丛竹，右下有"余家有茅屋数间"之长题，款署"乾隆十八年三月之望板桥郑燮画并题"。被影印于日本出版的许多画集中，题款也当作书法艺术作品编入书道全集。其实这是一件艺术水平不高的伪作。画幅虽大，却感到没有东西。远看失其势，近看失其质。竹枝间穿插单调，竹竿缺少挺拔之致，竹叶烦琐、杂乱、无章；石骨软滞，线条平行呆板；题款字矫揉造作，虽略形似而神采不足。整个画面无统一变化之美，更无板桥画风之特质。

上海博物馆所藏署名"板桥"所作的《竹石图》轴，也是一幅伪作，竹、石以及书法均显得拘泥、硬滞而无生韵。

在中国人的眼里，所谓名书名画即名人所作的书画。只要是名人所作的书画，不管作得如何，一律视为名字名画。许多人爱收藏板桥的书画，绝不是因为怎样懂得其中的真伪优劣，而是仰慕板桥是位名人，知道他的书画是如何的值钱，板桥在成名前与成名后所卖字画价格就大不一样。一些仿效板桥书画者，即使仿效得“逼肖”“乱真”，如果题上仿效者的名字，就很少有人问津；一旦落上板桥的假款，钤上板桥的假印，就很快转入画商之手，被人当成真迹，以高价购藏。这就是为什么许多人隐名埋姓、制造板桥赝品的原由所在。至今，扬州、镇江、兴化等地仍有一些人专靠制造此类赝品而成了暴发户。

清人评述板桥的资料颇富，包括传记、家谱、方志、诗词、书信、序跋、书目、诗话、词话、联话、板桥集评语、书画评、书画著录、笔记等，差不多涉及板桥一生之主要经历的每个侧面，但显得比较零散，每则资料则又过于简略。

竹石图轴

（赝品、上海博物馆藏）

20世纪20年代，陈东原《郑板桥评传》问世，对板桥做了较为系统的全面的评介，分十七回次：《我辈中人》《生卒考略》《贫困》《范县》《潍夷长》《卖画扬州》《金陵怀古》《至性》《情史》《青藤走狗》《元和公公》《字画》《诗》《词》《出世观念》《平民主义》《后人》，是我国研究板桥的第一本专著。

30年代，由王缁尘作序，世界书局出版的《郑板桥全集》真迹影印本，为研究板桥提供了最佳版本。

随着社会的进步、历史的发展，板桥也愈来愈受到海内外专家学者、社会各界的注视。50年代以来，板桥成为最感兴趣的研究课题之一，围绕他发表的论文及出版的书籍在历代书画家研究中居于首位。出版的板桥诗文集有《郑板桥全集》真迹影印本、《郑板桥集》补遗本、《郑板桥集外诗文》、《郑板桥外集》、《郑板桥全集》详注本、《郑板桥集》详注本、《板桥对联》、《郑板桥对联辑注》等；研究板桥专著有《郑板桥》三种，另有《郑板桥传》《郑板桥评传》《郑板桥小传》《绝世风流郑板桥》《郑板桥书画艺术》《郑板桥在潍县》《郑板桥年谱》等；板桥书画集有《郑板桥书画选》，《郑板桥书画选集》，《郑板桥书画集》第一、二集，《郑板桥书画精品册》，《郑板桥书画精品选》，《郑板桥画选》，《郑板桥书法集》，《碎玉集》等。

90年代，德国特里尔大学汉学系卜松山教授，以板桥研究作为他的博士论文，出版了国外研究板桥的第一本专著。

为纪念板桥诞辰二百九十周年，1983年11月23日至25日，兴化县郑板桥纪念馆、清代扬州画派研究会、扬州市文联在板桥故里联合举办了学术交流会，来自北京、上海、山东、湖南、安徽、吉林、青海、江苏等八个省市的学者、书画家八十余人出席了会议。郑板桥后裔九世孙郑迎春也应邀参加。郑板桥纪念馆和扬州市博物馆分别举办了郑板桥书画作品展览，潍坊市文化局拍摄了《郑板桥》电视连续剧。

今年，为郑板桥诞辰三百周年纪念日，兴化于11月22日至24日举办“首届中国兴化郑板桥艺术节”。全国政协文史资料委员会、中国文联、中国书法家协会、中华诗词学会、中华全国工商联合会、中国企业家协会、北京故宫博物院为其后援单位。节日期间，其活动重要内容：新建成的郑板桥纪念馆和郑板桥塑像落成剪彩，展出郑板桥书画真迹，举办郑板桥学术思想国际研讨会，成立郑板桥研究会，举行纪念郑板桥特种邮票首发式和新拍摄《画坛怪杰》电视剧首映式，发行《郑板桥书画精品选》等。这次盛大的郑板桥艺术节活动，将对促进国际间的文化交流产生深远的影响，并将进一步加强海内外专家学者的联系，把郑板桥的研究提高到一个崭新的水平。

1993年即郑板桥诞生三百周年

周积寅于南京金川河畔苦乐斋

附录（一）郑板桥年表

康熙三十二年癸酉（1693）一岁

十月二十五日子时，先生生于江苏兴化东门外古板桥。

——《昭阳郑氏族谱》

先生姓郑氏，名燮，字克柔，号板桥，兴化县人。先世居苏州，明洪武间始迁居兴化城内之汪头。曾祖新万，字长卿，庠生。祖湜，字清之，儒官。父之本，字立庵，号梦阳，廪生，品学兼优，家居授徒，先后数百人。母汪夫人，继母郝夫人。叔之标，字省庵，生子墨，字五桥，庠生。

——《板桥自叙》，北京故宫博物院藏墨迹；《郑板桥判牍》影印

清初画家朱耷六十八岁。

——《宋元明清书画家年表》

清初画家原济五十二岁，由北京返抵扬州。

——《扬州八家年表》

画家禹之鼎四十七岁。

——《历代名人年里碑传总表》

画家华嵒十二岁。

——《宋元明清书画家年表》

画家丁有煜十二岁。

——管劲丞《李方膺叙传》，

见《中华文史论丛》1980年第3辑

画家高凤翰十一岁。

——《历代名人年谱》

画家边寿民十岁。

——《中国历代绘画图录》

书画篆刻家沈凤九岁。

——《历代名人生卒年表》

画家汪士慎八岁。

——《中国画家丛书·汪士慎》

画家李鱓八岁。

——中央工艺美术学院藏李《花卉册》

画家陈撰八岁。

——《扬州八怪画集》

书画家金农七岁。

——《历代名人年谱》

画家黄慎七岁。

——《疑年录汇编》《历代名人年里碑传总表》

画家高翔六岁。

——《沙河逸老小稿》卷一

画家方士庶二岁。

——《碑传集补》卷五十六

傅泽洪为扬州知州。

——《扬州府志》

康熙三十三年甲戌（1694）二岁

画家徐枋（1622—1694）卒，年七十三岁。

——《宋元明清书画家年表》

历史学家徐乾学（1631—1694）卒，年六十四岁。

——《中国历史人物生卒年表》

康熙三十四年乙亥（1695）三岁

画家李方膺生。

——《疑年录汇编》

篆刻家丁敬生。

——《中国历史人物生卒年表》

思想家、史学家黄宗羲（1610—1695）卒，年八十六。

——《碑传集》卷一三一

原济有武陵之游、安徽之行。

——《石涛年谱新篇》

画家王翚（1632—1717）奉旨作《北征图》。

——《扬州八家年表》

康熙三十五年丙子（1696）四岁

母汪夫人卒，由乳母费氏抚育。

——《郑板桥集·诗钞·乳母诗》

画家焦秉贞作《耕织图》四十六幅。

——清·胡敬《国朝画征录》卷上

学者杭世骏生。

——《历代名人年谱》

康熙三十六年丁丑（1697）五岁

约于本年，父娶继母郝夫人。

——王家诚《郑板桥年谱》

画家梅清（1623—1697）卒，年七十五岁。

——《疑年录》三续卷八

从本年起，石涛连岁在扬州。

——《石涛年谱新编》

康熙三十七年戊寅（1698）六岁

画家查士标（1615—1698）卒，年八十四。

——《历代名人年里碑传总表》

朱耷为石涛作《大涤草堂图》。

——《八大山人年谱》（简稿）

康熙三十八年己卯（1699）七岁

乳母为生活所迫，不告而去。

——王家诚《郑板桥年谱》

康熙三十九年庚辰（1700）八岁

画家王原祁（1642—1715）奉命鉴定书画。

——《历代名人年谱》

康熙四十年辛巳（1701）九岁

小说家吴敬梓（1701—1754）生。

——《中国历代人物生卒年表》

《芥子园画谱》二、三集木版彩色套印，由王概、王蓍分别作序。

——《芥子园画谱》

康熙四十一年壬午（1702）十岁

乳母重返板桥家中。

——《郑板桥集·诗钞·乳母诗》

王家诚《郑板桥年谱》

史学家万斯同（1638—1702）卒，年六十五岁。

——《中国历史人物生卒年表》

康熙四十二年癸未（1703）十一岁

乳母费氏之子俊作操江提塘官，欲迎养其母，但费氏为照顾板桥与祖母而不去。

——《郑板桥集·诗钞·乳母诗》、

王家诚《郑板桥年谱》

画家蒋廷锡登进士。

——《进士题名碑录》

康熙四十三年甲申（1704）十二岁

约于是年，读书于真州之毛家桥。

——《郑板桥集·题画·为马秋玉画扇》

戏曲作家洪升（1645—1704）卒，年六十。

——《中国历史人物生卒年表》

文学家、书画鉴赏家高士奇（1645—1704）卒，年六十。

——《历代名人年谱》

康熙四十四年乙酉（1705）十三岁

朱耷（1626—1705）卒，年八十。

——《扬州八家年表》《艺苑掇英》第19期

王原祁升侍讲学士，入直南书房，充书画总裁。

——《历代名人年表》

彭定求、曹寅等十人编《全唐诗》九百卷成书。

——《简明中国古典文学辞典》

康熙四十五年丙戌（1706）十四岁

继母郝夫人卒。

——《郑板桥集·诗钞·七歌》《郑板桥年表》

四月，金农渡罗刹江访毛西河至会稽探禹穴。

——《冬心续集》

康熙四十六年丁亥（1707）十五岁

金农读书于江苏长洲何义门家。

——《冬心续集自序》

陈邦彦编集《历代题画诗》一百二十卷成书。

——《书画书录解题》

康熙四十七年戊子（1708）十六岁

从乡先辈陆种园先生学填词。

——《板桥交游行踪漫考》

[按]《郑板桥年表》谓学词为廿岁，是据《七歌》："十载乡园共游憩"，从作歌之卅岁上溯十年。然板桥廿六岁离家教馆，即与陆等分别，故"十载"应从廿六岁上溯十年才是。

画家钱载生。

——《碑传集》卷三六

孙岳颂、王原祁等奉命编纂《佩文斋书画谱》一百卷成书。

——《佩文斋书画谱》

康熙四十八年己丑（1709）十七岁

文学家朱彝尊（1629—1709）卒，年八十一。

——《中国历史人物生卒年表》

高凤翰游南京燕子矶宏济寺。

——《鸿雪集》

康熙四十九年庚寅（1710）十八岁

石涛《画谱》成书于扬州大涤堂。

——《扬州八家年表》

清廷开始编《康熙字典》。

——《康熙字典·上谕》

康熙五十年辛卯（1711）十九岁

诗人王士禛（1634—1711）卒，年七十八。

——《碑传集》卷十八

李鱓中举人。

——《国朝画征录》卷下

高凤翰中秀才，补博士弟子员。

——《砚史年谱》

画家罗愚溪（罗聘之父）中武举人。

——《甘泉县志》

卢见曾中举人。

——《雅雨堂诗文遗集》

李陈常任两淮盐运都转于扬州。

——《扬州府志》

王原祁担任总裁，主持绘制《万寿盛典图》，由宫廷画家冷枚等人与其事。

——《国朝画征录》

康熙五十一年壬辰（1712）二十岁

曹寅（1658—1712）卒，年五十五。

——《历代名人年里碑传总表》

王原祁擢升户部左侍郎。

——《宋元明清书画家年表》

康熙五十二年癸巳（1713）二十一岁

文学家宋荦（1633—1713）卒，年八十一。

——《中国历史人物生卒年表》

李鱓于热河行宫献诗康熙。

——《兴化县志》

五月，高凤翰于胶州过“庸生墓”。

——《南阜诗集》

康熙五十三年甲午（1714）二十二岁

于本年开始绘画创作活动。

——郑燮自题《墨竹图横幅，沈阳故宫博物院藏墨迹》

二月，诗人程羽宸游黄山，有《黄山纪游诗》六十八首。

——《古代名人咏黄山》

李鱓入清宫，充当内廷供奉，并受命从蒋廷锡学画花卉。

——《扬州八怪》

康熙五十四年乙未（1715）二十三岁

与同邑徐氏结婚。

——《郑板桥年表》

九秋，寓北京瓮山激云轩，书《小楷欧阳修秋声赋》轴并跋，首句：“乙未九秋。”

——上海·陆平恕藏墨迹

王原祁（1642—1715）卒，年七十四。

——《历代名人年谱》

文学家蒲松龄（1640—1715）卒，年七十六。

——《中国历史人物生卒年表》

画家郎世宁（1688—1766）由意大利来中国北京传教，旋供奉内廷作画。

——《十骏图》

康熙五十五年丙申（1716）二十四岁

中秀才。

——《扬州八家年表》

[按]童子试，即明清两代取得生员（秀才）资格的入学考试，简称童试，亦称小考、小试。三年内举行两次。丑、未、辰、戌年为岁考，寅、申、巳、亥年为科考。关于板桥中秀才年代有三说，王家诚《郑板桥年谱》说他康熙四十八年（1709）己丑十七岁中秀才，柳声白《扬州八怪全集》说他康熙五十三年（1714）甲午中秀才，秦岭云《扬州八家年表》说他康熙五十五年（1716）丙申中秀才。此采秦说。

袁枚生。

——《中国历史人物生卒年表》

画家查礼生。

——《碑传集》卷八十五

画家毛奇龄（1623—1716）卒，年九十四。

——《疑年录》卷四

金农病痁江上，取崔国辅“寂寥抱冬心”语，始号“冬心先生”。

——《扬州八家年表》

程梦星告归扬州，建黎园，立诗社。

——《扬州画舫录》

康熙五十六年丁酉（1717）二十五岁

堂弟墨生。

——《郑板桥全集·诗钞·怀舍弟墨》

王翚（1632—1717）卒，年八十六。

——《四王吴恽画册》

金农观宋人画于陈撰玉几山房。

——《扬州八家年表》

华喦九月客北京。

——《离垢集》卷一

蒋廷锡擢升内阁学士。

——《宋元明清书画家年表》

画家冷枚、邹文玉等十四人合画《万寿图》二卷完成。

——《国朝院画录》卷下

康熙五十七年戊戌（1718）二十六岁

设塾于真州之江村。

——《郑板桥年表》

画家吴历（1632—1718）卒，年八十七。

——《吴渔山年谱》

戏曲作家孔尚任（1648—1718）卒。年七十一。

——《中国历史人物生卒年表》

卢见曾中进士。

——《雅雨堂诗文遗集》

夏日，金农同厉鹗访西冈留宿又同游若溪。

——《厉樊榭先生年谱》

高凤翰游崂山绝顶。

——《南皋诗集》

康熙五十八年己亥（1719）二十七岁

于江村作《村塾示诸徒》诗，首句：“飘蓬几载困青毡。”

——《郑板桥集详注》

李鱓作《杂花》卷于石城旅舍。

——上海博物馆藏墨迹

康熙五十九年庚子（1720）二十八岁

清文学家厉鹗（1692—1752）中举人、入京。

——《扬州八家年表》

初夏，高凤翰作《荷花芦苇图》轴。

——潍坊市博物馆藏墨迹

[按]画上有板桥题（无年款），首句：“济南城外有池塘。”

仲冬，金农在扬州作《麻姑仙坛记跋》。

——《冬心集拾遗》

康熙六十年辛丑（1721）二十九岁

卢见曾中进士。

——《进士题名碑录》

高凤翰游琅琊。

——《南泉诗集》

厉鹗南归，《南宋院画录》成书。

——《中国文艺年表》

康熙六十一年壬寅（1722）三十岁

父立庵卒。

——《郑板桥年表》

作《七歌》，首句："郑生三十无一营。"

——《郑板桥集·诗钞》

十二月二十七日，书《小楷范质诗》轴。

——广州美术馆藏墨迹，《艺苑掇英》第25期影印。

雍正元年癸卯（1723）三十一岁

约此时卖画扬州，持续十年左右。

——《郑板桥集·诗钞·和学使者于殿元枉赠之作》

《郑板桥集·题画·初返扬州画竹第一幅》

约此年初春，第一次游海陵。

——王家诚《郑板桥年谱》

始与梅鉴和尚交往。

——《昭阳述旧编》卷一

友人顾万峰赴山东常使君幕，板桥作《贺新郎·送顾万峰之山东常使君幕》词二阙赠之。其一首句："掷帽悲歌起。"

——《郑板桥集·词钞》《郑板桥年表》

思想家、学者戴震（1723—1777）生。

——《中国历史人物生卒年表》

文学家郑方坤中进士。

——《中国文学家大辞典》

黄慎初到扬州。

——《蛟湖诗钞》

雍正二年甲辰（1724）三十二岁

其独子犉约卒于此时，作《哭犉儿五首》诗，其一首句："天荒食粥竟为长。"

——《郑板桥集·诗钞》、王家诚《郑板桥年谱》

出游江西，识无方上人于庐山。

——《郑板桥年表》

在无方上人家与笔帖式保禄结交。

——《郑板桥集·诗钞·保禄》

约斯年游湖南洞庭湖，作《浪淘沙·和洪觉范潇湘八景》词。

——《郑板桥集·词钞》

过黄陵庙，为黄陵庙女道士画竹，题画首句："湘娥夜抱湘云哭。"

——《郑板桥集·题画》

学者、文学家纪昀（1724—1805）生。

——《碑传集》卷三十八

学者杭世骏（1695—1773）中举人。

——《清代画史》

金农自天宁寺移寓净业精舍，此项赴北京二年。

——《扬州八家年表》《上帅念祖书》

雍正三年乙巳（1725）三十三岁

第二次出游北京，住慈仁寺。

——《郑板桥年表》《扬州八家年表》

与慎郡王允禧交往。

——《紫琼岩诗钞》卷中

四月六日，题《宋拓虞永兴破邪论序册》，首句："书法与人品相表里。"

——《壮陶阁书画录》卷二十二

秋日，治印《思古》一方，边款："乙巳秋日，板桥道人燮。”

——清·秦祖永辑《七家印跋》

十月十九日，于燕京忆花轩作《花品跋》，首句：“仆江南逋客。”

——上海王凤琦藏墨迹

作《燕京杂诗》三首，其一首句：“不烧铅汞不逃禅。”

——《郑板桥集·诗钞》《郑板桥年表》

为送大中丞孙丈予告归乡，作《盆兰图》，题画首句：“宿草栽培数十年。”

——《郑板桥集·题画》

约此际，作《送职方员外孙丈归田讳兆奎》诗，首句：“先生六月江南去。”

——《郑板桥集详注》

由京返扬后作道情十首。

——广东省博物馆藏墨迹。

民国八年（1919）石印《板桥道情词墨迹》

金农初游北京于阿云举家观都丰廉《地狱变相》；赴山西泽州陈幼安家作客三年。

——《冬心先生随笔》《冬心续集》

汪士慎书《绳伎诗》于攤万山堂。

——故宫博物院藏墨迹

雍正四年丙午（1726）三十四岁

高凤翰赴济南省试。

——《扬州八家年表》

高其佩拜少司寇。

——《指头画说》跋

蒋廷锡擢户部尚书。

——《宋元明清书画家年表》

黄慎，五月作《钟馗小妹图》大横幅。

——四川省博物院藏

[按]此画有板桥题，首句："五月终南进士家。"

雍正五年丁未（1727）三十五岁

客于南通州。

——《郑板桥年表》

游狼山，作《游白狼山》诗，首句："积雨空山草木多。"

——《郑板桥集·诗钞》

阮葵生生。

——《中国历史人物生卒年表》

邹一桂登进士。

——《进士题名碑录》

黄慎奉母到扬州。

——《退庵题跋》

高凤翰自编诗集《岫云集》成书。

——《高凤翰年表》

郑勷在白蒲镇为自己诵经别墅立匾额"梅熟庵"。凡巨卿名士过蒲者，如袁枚、郑燮、罗聘、巴慰祖、范十山、蔡嘉、李鱓、张研夫等无不停骖于此。

——清·陶承煦《白蒲镇志》卷首

雍正六年戊申（1728）三十六岁

春，读书于扬州天宁寺，呫哔之暇，手写《论语》《孟子》《大学》《中庸》各一部。

——《四子书真迹序》《扬州八家年表》

八月，与李鱓、黄慎同寓扬州天守寺，黄慎作《米山小帧》，板桥题之，首句；“苍茫一晌扬州梦。”

——清·翁方纲《复初斋诗集》卷五十二

学者钱大昕（1728—1804）生。

——《碑传集》卷四十九

秋，高凤翰赴京应贤良方正试，列一等，雍正召见圆明园，授修职郎，分发安徽授歙县丞。

——《高凤翰年表》

雍正七年己酉（1729）三十七岁

作《道情十首》。

——《郑板桥集·小唱》

[按]若将雍正三年（1725）所作《道情十首》称未定稿，此则称初定稿。

作《满江红·田家四时苦乐歌过桥新格》，首句：“细雨轻雷。”

——《郑板桥集·词钞》、王家诚《郑板桥年谱》

作《行草书田家四时苦乐歌》卷，纸本，26.4厘米×158.7厘米。

——上海博物馆藏墨迹

三月三日，华喦自鄞江回钱塘。

——《离垢集》卷一

金农客浙江会稽二年。

——《冬心先生随笔》

高凤翰自编诗集《鸿雪集》成书。

——《高凤翰年表》

李方膺随父进京，见雍正，帝特旨以知县用。

——《李晴江墓志铭》

陈宏谋任扬州知府。

——《扬州府志》

雍正八年庚戌（1730）三十八岁

准备参加乡试。

——王家诚《郑板桥年谱》

夏五，为旭旦作《草书贺新郎·送顾万峰之山东常使君幕》轴，首句："掷帽悲歌起。"

——镇江市博物馆藏墨迹

作《行书贺新郎词》轴，纸本，128.4厘米×31.3厘米。

——上海博物馆藏墨迹

画家闵贞生。

——《碑传集》卷一四五

李方膺知山东乐安。

——《李晴江墓志铭》

雍正九年辛亥（1731）三十九岁

妻徐氏卒。

——《郑板桥年表》

作《客扬州不得之西村》诗，首句："自别青山负夙期。"

——《郑板桥集·诗钞》《郑板桥年表》

春日，作《草书节录怀素自叙》轴，首句："草稿之作。"

——南通博物苑藏墨迹

七月十四日，作《小楷金陵怀古小令十二首》册并跋。

——《左庵一得续录》

秋，游高邮，作《由兴化迂曲至高邮七截句》诗，首句："百六十里荷花田。"

——《郑板桥集详注》

十二月二十九日，作《除夕前一日上中尊汪夫子》诗，首句："琐事贫家日万端。"

——《郑板桥集·诗钞》《郑板桥年表》

李鱓为板桥书写横额《适我居》。

——张啸虎《访郑板桥故居》，

见《艺丛》1983年第5期。

高凤翰知安徽绩溪县。

——《南阜诗集》

画家沈铨应日本之聘赴长崎传授画艺。

——《美术生活》第36期

张师载任扬州知府。

——《扬州府志》

雍正十年壬子（1732）四十岁

秋，赴南京参加乡试。

——《板桥交游行踪漫考》

游南京名胜古迹。

作《念奴娇·金陵怀古》词十二首《石头城》《周瑜宅》《桃叶渡》《劳劳亭》《莫愁湖》《长干里》《台城》《胭脂井》《高座寺》《孝陵》《方景两先生祠》《弘光》。

——《郑板桥集·诗钞》《郑板桥年表》

作《满江红·金陵怀古》，首句："淮水东头。"

——《郑板桥集·词钞》《板桥交游行踪漫考》

作《种菜歌》，首句："有明万历天启间。"

——《郑板桥集·诗钞》《板桥交游行踪漫考》

作《白门杨柳花》诗，首句："白门杨柳花飘飘。"

——《郑板桥集·诗钞》《板桥交游行踪漫考》

作《长干女儿》诗，首句："长干女儿年十四。"

——《郑板桥集·诗钞》《板桥交游行踪漫考》

作《长于里》诗，首句："墙里花开墙外见。"

——《郑板桥集·诗钞》《板桥交游行踪漫考》

游杭州西湖。

作《韬光》诗，首句："韬光古庵嵌山巇。"

——《郑板桥集·诗钞》《郑板桥年表》

于韬光庵为松岳上人作画，题画首句："天阴作图画。"

——《郑板桥集·题画》

作《沁园春·西湖月夜有怀扬州旧游》词，首句："飞镜悬空。"

——《郑板桥集·词钞》《郑板桥年表》

于钱塘江观潮。

作《观潮行》诗，首句："银龙翻江截江入。"

——《郑板桥集·词钞》《郑板桥年表》

作《弄潮曲》诗，首句："钱塘小儿学弄潮。"

——《郑板桥集·词钞》、王家诚《郑板桥年谱》

中举人。

——《板桥自叙》，杨荫溥藏墨迹

作《得南闱捷音》诗，首句：“忽漫泥金入破篱。”

——《郑板桥集·诗钞》

《郑板桥年表》

有《雍正十年杭州韬光庵中寄舍弟墨》，首句：“谁非黄帝、尧、舜之子孙而至于今日。”

——《郑板桥集·家书》

作《竹石》。

——镇江金山工艺美术厂石刻

作《行书》册（十开）

——上海朵云轩藏墨迹

中举人后，因不幸身患大疮，浑身动弹不得，只好落魄栖居小海的外祖父家。

——见《人民政协报》1984年11月18日

《郑板桥栖居小海“赠字画留芳百世”》一文

画家罗聘妻方婉仪（1732—1779）生。

——《碑传集补》卷五十六

散文家姚鼐（1732—1815）生。

——《碑传集》卷一四一

蒋廷锡（1669—1732）卒，年六十四。

——《历代名人年谱》

李方膺调知兰山以事系狱。

——《李晴江墓志铭》

尹会一任扬州知府。

——《扬州府志》

雍正十一年癸丑（1733）四十一岁

叔省庵卒。

——《郑板桥年表》

作《行书恭祝子功八十二寿》通屏十二幅，纸本，每幅182厘米×49厘米。首句："东海之滨。"

——江苏大丰县文化馆藏墨迹，
《文物》1985年第4期影印。

九月九日，第二次客海陵，作《别梅鉴上人》诗两首，其一首句："海陵南郭居人少。"其二首句："十年不见亦如期。"

——《郑板桥集·诗钞》、《郑板桥年表》、《昭阳述旧编》卷一

得友人程羽宸资助，乃赴焦山读书，准备应试。

——王家诚《郑板桥年谱》

画家罗聘生。

——《碑传集补》卷五十六

书法家、金石家翁方纲生。

——《历代名人年谱》

画家董邦达中进士。

——《国朝书画家笔录》

金农自序《冬心斋砚铭》《冬心先生集》。

——《冬心先生杂著》

高凤翰以仪征县丞兼泰州坝监掣。

——《南阜诗集》

小说家吴敬梓（1701—1754）居南京，经常往来苏北扬州各地。

——《文木山房集》

雍正十二年甲寅（1734）四十二岁

七月九日，作《为顾世永代弟买妾事手书七律一首》，首句："一夜花枝泣别离。"

——《郑板桥集·补遗·诗》

九秋，书小诗二章，恭颂徐母蔡二姑母，首句："罗帏空复绣鸳鸯。"

——故宫博物院藏墨迹

作《怀舍弟墨》诗，首句："我无亲兄弟。"

——《郑板桥集·诗钞》

约于此时作家书《焦山读书寄四弟墨》，首句："僧人遍满天下。"

——《郑板桥集·家书》、王家诚《郑板桥年谱》

高其佩（1660—1734）卒，年七十五。

——《清史列传》

十月，李鱓作《蕉竹月季》轴。

——故宫博物院藏墨迹

[按]此画有板桥题，首句："君家蕉竹浙江东。"

十一月十日，李鱓自题《竹菊石图》轴云："此画不知作于何时，雍正甲寅十一月十日，同板桥居士、莲若上人过登李世兄宅，乃此笔足成之。"

——扬州市博物馆藏墨迹

十一月十日至嘉平（十二）月，作《行草楷诗文》册（八页），纸本，19.5厘米×23.5厘米。其一首句："一命而偻。"

——苏州市文物商店藏墨迹。

《中国古代书画目录》六影印

金农客扬州，开始留髯，人称“髯金”。

——《冬心集拾遗》

扬州梅花书院落成。

——《厉樊榭先生年谱》

雍正十三年乙卯（1735）四十三岁

二月，游扬州北郊，在玉勾斜饶家与饶五姑娘（十七岁）认识并相爱，为其书《道情十首》，并题《西江月》一阕赠之，亦以此为媒，其词首句：“微雨晓风初歇。”

——郑燮《行书扬州杂记》卷，上海博物馆藏墨迹

夏，板桥读书焦山期间，抽闲重游当年设孰之仪征江村。作家书《仪征县江村茶社寄舍弟》，首句：“江雨初晴。”

——《郑板桥集·家书》《郑板桥年表》

五月二十四日，作《焦山别峰庵雨中无事书寄舍弟墨》，首句：“秦始皇烧书。”

——《郑板桥集·家书》《郑板桥年表》

六月十日，作《焦山双峰阁寄舍弟墨》，首句：“郝家庄有墓田一块。”

——《郑板桥集·家书》《郑板桥年表》

八月至九月，被聘赴杭州参加浙江乡试任外廉职（提调监试）。十月后，游西陵，过林和靖故居。由杭州归扬州，与李鱓谈及赴浙之事，并合作诗画。

——乾隆元年三月郑燮题李鱓雍正十三年乙卯冬十二月作《三清图》轴，首都博物馆藏墨迹。

赴北京，准备参加丙辰科会试。

[按]王家诚《郑板桥年谱》作“约于秋天赴北京”；《郑板桥年表》作乾隆元年“赴北京”。

在京与名桥结交，以小楷书《道情十首》二纸，一奉名桥，一奉雁峰。

——郑燮《道情词》卷，天津市博物馆藏墨迹

书五言联："移花兼得蝶，卖石更饶梅。"

——浙江省天一阁藏墨迹

十二月，李鱓作《三清图》轴。

——首都博物馆藏墨迹

[按]画上有郑燮乾隆元年题。

黄慎奉母归闽。

——黄慎《山水图》册，《扬州八怪》影印

乾隆元年丙辰（1736）四十四岁

二月至三月，在贡院参加礼部会试，中贡士。

——商承祚《清代科举考试述录》、盛奇秀《中国古代考试制度》

三月，题李鱓雍正十三年乙卯冬十二月所作《三清图》轴，首句："雍正乙卯。"

——首都博物馆藏墨迹

五月，于太和殿前丹墀参加殿试，中第二甲第八十八名进士。

——傅增湘《清代殿试考略》、盛奇秀《中国古代考试制度》、《国朝历科题名碑录》初集

对自己考中进士十分得意，特作《秋葵石笋图》，题画首句："牡丹富贵号花王。"

——《神州大观集》影印

中进士后，很想快点得到一官半职，出仕的念头在他一生的思想发展中这时达到了最高峰，从他的《呈长者》及《读昌黎上宰相书因呈执政》诗中可以看出这种心志。

——《郑板桥集·诗钞》、
王家诚《郑板桥年谱》

斯年，与任陈晋（后山）同受知于蒲州人、提督顺天学政崔纪，“三荐不售，邀入文幕，校士直隶，极礼遇之”。

——兴化《任氏族谱·艺文谱》卷七

[按]任祖镛《郑板桥中进士后“校士直隶”考释》云：“郑板桥从北京南归扬州的时间最迟当在乾隆二年（1737）深秋。”因此“他任幕友的时间最多至第二年秋天，约一年光景”。（《扬州师院学报》（社会科学版）1990年第4期）

此期间交游甚广。

与伊福纳游西山。

——《郑板桥年表》

与无方上人过从。自从第一次和无方相识于庐山之后，至今已隔十余年，这时无方已来到北京西郊的瓮山寺住锡。板桥到瓮山来和无方叙旧，表示相慕之意，并作《赠瓮山无方上人二首》奉赠，其一首句：“山裹都城北。”

——《郑板桥集·诗钞》《郑板桥年表》

又作《瓮山示无方上人》诗，首句：“松梢雁影度清秋。”

——《郑板桥集·诗钞》《郑板桥年表》

访香山卧佛寺青崖和尚，僧壁有张若霭学士与鄂容安侍读题诗四首，作《访青崖和尚和壁间晴岚学士虚亭侍读原韵》诗和之，其一首句：“西风肯结万山缘。”

——《郑板桥集·诗钞》《郑板桥年表》

又作《寄青崖和尚》诗，首句：“山中卧佛何时起。”

——《郑板桥集·诗钞》《郑板桥年表》

访法海寺仁公，作《法海寺访仁公》诗，首句：“昔年曾此摘蘋婆。”

——《郑板桥集·诗钞》《板桥交游行踪漫考》

重访法海寺仁公，同行的有起林上人，作《同起林上人重访仁公》诗，首句：“几日不相见。”

——《郑板桥集·诗钞》《板桥交游行踪漫考》

作《山中夜坐再陪起林上人作》诗，首句：“人语山上烟。”

——《郑板桥集·诗钞》《板桥交游行踪漫考》

访图牧山，作《赠图牧山》诗，首句：“我访图牧山。”

——《郑板桥集·诗钞》《郑板桥年表》

作《又赠牧山》诗，首句：“十日不能下一笔。”

——《郑板桥集·诗钞》

此外，在京师交往的友人尚有国子学正侯嘉璠、中书舍人方超然、文学家胡天游、道士娄近垣等。均有诗投赠：

作《赠国子学正侯嘉璠弟》诗，首句：“读书数万卷。”

——《郑板桥集·诗钞》《板桥交游行踪漫考》

作《酬中书舍人方超然弟》诗。首句：“砑粉宫笺五色裁。”

——《郑板桥集·诗钞》《郑板桥年表》

作《赠胡天游弟》诗，首句：“作文勉强为。”

——《郑板桥集·诗钞》

《板桥交游行踪漫考》

宿光明殿，作《宿光明殿赠娄真人讳近垣》诗，首句："老聃庄列人中仙。"

——《郑板桥集·诗钞》《板桥交游行踪漫考》

为娄真人画兰，题画首句："银鸭金猊暖碧纱。"

——《郑板桥集·题画》

书法家桂馥生。

——《碑传集》卷一九〇

画家、绘画理论家方薰（1736—1799）生。

——《中国历史人物生卒年表》

七至八月，李鱓寓居旧扬州会馆、宣武门外之古槐宾馆作《花鸟》册（八页）。

——《李复堂年表初编》

卢见曾任两淮盐运都转运到扬州，旋被劾。

——《雅雨堂诗文遗集》

高凤翰因卢见曾案被劾。

——《出塞集》

李方膺出狱，复职。

——《李晴江墓志铭》

乾隆二年丁巳（1737）四十五岁

南归扬州

——郑燮《行书扬州杂记》卷，上海博物馆藏墨迹

途中过德州，复题雍正三年为送大中丞孙丈予告归乡所画《盆兰图》，题诗首句："载得盆兰返故乡。"

——《郑板桥集·题画》

与饶氏结婚，程羽宸复以五百金为板桥纳妇之费。

——郑燮《行书扬州杂记》卷，

上海博物馆藏墨迹

乳母费氏卒，作《乳母诗》，序首句："乳母费氏。"

——《郑板桥集·诗钞》《郑板桥年表》

正月初七日，作《行书道情十首》卷，序首句："暑往寒来春复秋。"

——广东省博物馆藏墨迹，

民国八年（1919）石印《板桥书道情词墨迹》

二月十五日，为在兹作《行书》扇面，首句："红藕花多映碧阑。"

——《陶风楼藏书画目》

暮春初日，为刘燕庭治印《刘氏燕廷》，边款有二，其一首句："焚虚大师自西湖来"，其二首句："佛老云。"

——南京博物院藏。《郑板桥外集》

[按]参见吴岭南、冯少华《谈谈郑板桥治印》（江苏《文博通讯》1982年）。

作《行书王维答裴迪书》轴，绫本。

——故宫博物院藏墨迹

约此年春夏间，高邮知州傅椿驾舟至兴化来访，板桥有《赠高邮傅明府并示工君延濼》，首句："出牧当明世。"

——《郑板桥集·诗钞》《郑板桥交游行踪漫考》

与友人织文相遇。

——郑燮《行书赠织文世兄》轴，

扬州市博物馆藏墨迹

与友人顾万峰相遇，酒后同至广储门外史公墓凭吊。

——《澥陆诗钞·七言古诗》卷四

高凤翰罢官，右手病废，寓扬州长寿庵。

——《研史年谱》

卢见曾罢官。

——《感旧集》

沈凤授江宁南通通判。

——《国朝画识》

高翔五十，华嵒、马曰琯分别作诗寿之。

——《离垢集》卷二

《沙河逸老小稿》卷一

夏五月，李鱓在都门寓斋为考堂书联。

——《李复堂年表初编》

乾隆三年戊午（1738）四十六岁

江南大旱。

——《扬州府志》

与金农先后游扬州。

——金农《冬心先生画竹题记》

作《上江南大方伯晏老夫子》诗，首句："虎瞰峰高迥出云。

——《郑板桥集·诗钞》《郑板桥年表》

八月廿四日，为又老作六分半书七言联："墨兰数枝宣德纸苦茗一杯成化窑。"

——《楹联名迹》第三辑、《国泰美术馆选集》第八辑影印十月，作《行书种菜歌》。

——北京·邓永清藏墨迹

作《行书苏轼文》轴，纸本。

——故宫博物院藏墨迹

李鱓任山东临淄知县。

——《李复堂年表初编》

乾隆四年己未（1739）四十七岁

清和月十七日作《行书金缕曲》轴，纸本，69.5厘米×38.3厘米，题画首句："烟月扬州路。"

——贵州省博物馆藏。

夏五月，作《行书》轴，首句："武功太白。"

——《郑板桥画选》影印

夏日，作《设色桃树直帧》。

——《瓯钵罗室书画过目考》卷三

六月廿二日，作《隶书节录岣嵝碑文》轴，首句："承帝曰咨。"

——烟台市博物馆藏墨迹

卢见曾复为淮南盐运使。十月廿日，书《赠卢雅雨诗墨迹》，首句："扬州自古风流地。"

——《神州国光集》第二十一集影印

十一月五日，作《行书李葂绝句》方幅。

——南京·田原提供墨迹照片

袁枚登进士。

——《进士题名碑录》

李鱓调署山东滕县。

——《李复堂年表初编》

高凤翰诬讼事息。

——《鸿雪集》

汪士慎春日游浙江；秋日归扬州，左目失明。

——《樊榭山房续集》《巢林集》

李方膺父卒，丁艰回通州。

——《中国历史大事年表》

乾隆五年庚申（1740）四十八岁

文学家沈心客扬州，与板桥订交于金农寓楼。

——《孤石山房诗集》卷四

四月至六月，于扬州枝上村题黄慎《山水》册（十二页）。

——《古缘萃录》卷十四

五月，程鸣作《闲爱居重九图》册，有诸家题画，板桥题画首句："萧萧冷雨重阳节。"

——四川大学博物馆藏墨迹

六月十八日，为秉钧作《行书节录怀素自叙》轴，首句："其述形似。"

——扬州市博物馆藏墨迹

六月二十二日，题图清格《兰石》轴，首句："牧山雅人。"

——中国国家博物馆藏墨迹

九秋，题以前所画《兰竹石图》轴赠饮牛，首句："饮牛四长兄。"

——故宫博物院藏墨迹

九月初一日，为董伟业《扬州竹枝词》作序，首句：

“秋云再削。”

——《郑板桥集·补遗》

十一月十二日，于扬州作《芝兰》轴，题画首句：“古人云。”

——中国美术家协会陕西分会藏墨迹

作《兰竹》轴。

——《历代流传书画作品编年表》

李鱓于滕县罢官。

——李鱓《喜上眉梢图》轴，
镇江市博物馆藏墨迹

高凤翰是岁在苏州。春日，同卢见曾至邓尉看梅，赋看梅七绝十二首；秋日，为苏州万年桥书九百四十字；行将北还，频行赋《三君咏》，三君为金农、郑燮、马曰璐。

——《高凤翰年谱》

高凤翰作《忆郑板桥》诗，首句：“澹如我辈成胶膝。”

——《高凤翰诗集·鸿雪集下》

高凤翰自编诗集《鸿雪集》成书。

——《高凤翰年表》

李方膺所撰《山东水利管窥略》付梓。

——《李方膺年谱》

乾隆六年辛酉（1741）四十九岁

九月，入京候补官缺。

——王家诚《郑板桥年谱》

作《逢客人都寄勖宗上人口号》，首句：“汝到京师必到山。”

——《郑板桥集·诗钞》《郑板桥年表》

作家书《淮安舟中寄弟墨》，首句："以人为可爱。"

——《郑板桥集·家书》《郑板桥年表》

在京期间，受到慎郡王允禧的礼诚款待。

——《郑板桥年表》

约此时作《山中卧雪呈青崖老人》诗，首句："一夜西风雪满山。"

——《郑板桥集详注》

作《行书七律诗》轴，纸本，137厘米×74厘米。

——故宫博物院藏墨迹

作《行书唐太宗记》轴，纸本。

——上海文物商店藏墨迹

画家潘恭寿（1741—1794）生。

——《历代名人年谱》

王国栋副榜。

——《画家知希录》

七月，李鱓在历下寓斋作《喜上眉梢图》轴。

——镇江市博物馆藏墨迹

华嵒自扬州返武林。

——《离垢集》卷二

高凤翰由江南北归。

——《归云集》

乾隆七年壬戌（1742）五十岁

春，为范县令，并兼署朝城县。

——《曹州府志》卷十一、《朝城县续志》卷一将之任，与慎郡王允禧相唱和，作《将之范县拜辞紫琼崖主人》诗，首句："红杏花开应教频。"

——《郑板桥集·诗钞》《郑板桥年表》

春，为程铎作《兰竹图》卷，纸本、水墨，34.6厘米×？厘米。题画首句："知君本是素心人。"

——美国艾里奥特藏墨迹

[按]此卷有程铎、允禧、朱文震、顾元揆、陆恢题。

为允禧写刻之《随猎诗草》《花间堂诗草》完成。六月二十五日并为撰跋，首句："紫琼崖主人者。"

——上海图书馆藏刻本

作《与紫琼崖主人书》，首句："拜别后。"

——《国朝名人尺牍》卷二十

作《墨竹》卷，题画首句："郑所南先生墨竹一卷。"

——故宫博物院藏墨迹

始订定《诗钞》《词钞》，并手写付梓；由司徒文膏刻版。

——《郑板桥集·补遗·刘柳村册子》《郑板桥年表》

作《行书七律诗》轴，纸本。

——故宫博物院藏墨迹

夏，华喦客维扬，访员双屋，时员氏正渡江来杭访华不遇。华阅月归杭，作诗以答。

——《离垢集》卷三

夏至，汪士慎于寒木山房作《花卉》册。

——故宫博物院藏

九月，李鱓于滕县见月草堂作《蕉阴睡鹅图》轴。

——江苏省国画院藏墨迹

十月，李方膺在通州与丁有煜谋举“沧洲会”（画会），未果。

——《个道人遗墨·沧洲会说》

蒋骥《传神秘要》成书。

——《扬州八家年表》

乾隆八年癸亥（1743）五十一岁

暮春，金农、郑燮、杭世骏、厉鹗集于扬州马氏小玲珑山馆。

——《冬心集拾遗》

《道情》十首，几经更定，至是方付梓，刻者上元司徒文膏。开场白首句：“枫叶芦花并客舟。”

——《郑板桥集·小唱》

六月八日，为载臣书《道情十首》卷。

——北京·夏衍藏墨迹

七月十八日，作《破格书王羲之兰亭集序》并跋，跋之首句：“黄山谷云。”

——南京·许莘农藏木刻拓本作《樱笋厨》

《蝴蜨秋斋画册》木刻本

作《止足》诗，首句：“年过五十。”

——《郑板桥集·诗钞》《郑板桥年表》

二月，在考选御史对策中，杭世骏以主张“天下巡抚汉满参半”革职。是年，板桥作《与杭世骏书》，首句：“君由鸿博。”

——《天咫偶闻》卷六、王家诚《郑板桥年谱》

篆刻家、书法家邓石如（1743—1805）生。

——《养一斋集》

篆刻家蒋仁（1743—1795）生。

——《历代名人年里碑传总表》

画家张赐宁生。

——《历代名人年里碑传总表》

金农在杭州与杭世骏、丁敬等结诗社。

——《砚林诗集》

高凤翰自署生圹，作志铭手书石刻。

——《高凤翰年表》

李鱓离滕县南归。

——《滕县志》

九月九日，马曰琯马曰璐兄弟、方士庶、厉鹗等十四人集扬州天宁寺马氏行庵。

——《扬州八家年表》

敕撰《石渠宝笈》《秘殿珠林》。

——《书画书录解题》

乾隆九年甲子（1744）五十二岁

饶氏生子。

——《郑板桥集·家书·潍县署中与舍弟墨第二书》

作家书《范县署中寄舍弟墨》，首句："刹院寺祖坟。"

——《郑板桥集·家书》《郑板桥年表》

作家书《范县署中寄舍弟墨第二书》，首句："吾弟所买宅。

——《郑板桥集·家书》《郑板桥年表》

六月十五日，作家书《范县署中寄舍弟墨第三书》，首句：“禹会诸侯于涂山。”

——《郑板桥集·家书》

作家书《范县署中寄舍弟墨第四书》，首句：“十月二十六日得家书。”

——《郑板桥集·家书》《郑板桥年表》

作《范县诗》。首句：“十亩种枣。”

——《郑板桥集·诗钞》《郑板桥年表》

作《送陈坤秀才入都》诗，首句：“天台才子侯嘉璠。”

——《郑板桥集·诗钞》《郑板桥年表》

作《二生诗宋纬、刘连登、范县秀才》，首句：“腐史湘骚问几更。”

——《郑板桥集·诗钞》《郑板桥年表》

作《登范县城东楼》诗，首句：“独上秋城望。”

——《郑板桥集·诗钞》《郑板桥年表》

作《音布》诗，首句：“昔予老友音五哥。”

——《郑板桥集·诗钞》《郑板桥年表》

作《隶书歌谣》轴，纸本。

——中国国家博物馆藏墨迹

画家黄易（1744—1801）生。

——《历代名人年谱》

十月，李鱓于崇川作《红儿映雪图》轴

——故宫博物院藏墨迹

十二月八日，汪士慎、丁敬会于扬州。

——《龙泓馆诗集》

陈撰于真州之穆陀轩序《巢林集》。

——《巢林集》

卢见曾自塞外赦还。

——《出塞集》

乾隆十年乙丑（1745）五十三岁

春，作《临王羲之兰亭集序》。

——扬州周斯达藏朱拓本

作《范县呈姚太守》诗，首句："落落漠漠何所营。"

——《郑板桥集·诗钞》《郑板桥年表》

作《怀扬州旧居》诗，首句："楼上佳人架上书。"

——《郑板桥集·诗钞》《郑板桥年表》

作《江七姜七》诗，首句："扬州江七无书名。"

——《郑板桥集·诗钞》《郑板桥年表》

作《姑恶》诗，序首句："古诗云。"

——《郑板桥集·诗钞》《郑板桥年表》

作《怀李三鱓》诗，首句："耕田便尔牵牛去。"

——《郑板桥集·诗钞》《郑板桥年表》

作《暑中示舍弟墨》诗，首句："学诗不成。"

——《郑板桥集·诗钞》《郑板桥年表》

福国和尚至范县见访，板桥为作《破衲》诗，首句："衲衣何日破。"

——《郑板桥集详注》

又作《扬州福国和尚至范赋二诗赠行》，首句："不向空间卧寂寥。"

——乾隆十一年（1756）《曹州府志》、《郑板桥年表》

作《范县署中寄舍弟墨第五书》，首句："作诗非难。"

——《郑板桥集·家书》

《郑板桥年表》

冬，送饶氏及了返回兴化。

——《郑板桥交游行踪漫考》

十二月，游扬州东郊，见市上有李萌《岁朝图》，购而藏之，并题首句："一瓶一瓶又一瓶。"

——《自怡悦斋书画录》卷一

作《兰竹石》四条屏，其一《梅》题画首句："一钓寒月孤山夜"；其二《兰石》题画首句："除却东风开谢后"；其三《竹石》题画首句："凌霜自得良朋友"；其四《菊石》题画首句："千载白衣酒。"

——扬州兴化市郑板桥纪念馆藏拓片

作《竹图》，题画首句："晨起江边看竹枝。"

——镇江金峙文物馆藏拓本

本年以前，李鱓为退庵禅师四十寿作《枯木竹石图》，有板桥题，首句："此复堂先生六十内画也。"

——日本东京国立博物馆藏墨迹

诗人王箴舆作《朝城却寄范县明府郑板桥》，首句："六年不见徒劳梦。"

——《孟亭诗集·山左吟乙丑》卷二

王箴舆又作《济南杂诗》，首句："板桥为道夷门事。"

——《孟亭诗集·山左吟乙丑》卷二

画家张鹏翀（1688—1745）卒，年五十八。

——《历代名人年谱》

画家张照（1691—1745）卒，年五十五。

——《中国文艺年表》

画家钱维城（1720—1772）中状元，官至刑部侍郎。

——《中国美术家人名辞典》

艾启蒙（1708—1780）抵北京，入内延供奉。

——《十骏图卷考略》

高凤翰《归云集》成书，始号“归云老人”。

——《南阜诗集》

金农在苏州予楼书《鲁峻碑》跋。

——《冬心集拾遗》

潍县疫，七月十九日海水溢。

——王家诚《郑板桥年谱》

乾隆七年壬戌（1742）五十岁至乾隆十年乙丑（1745）五十三岁

在为官范县期间所作的诗尚有：

《寄题东村焚诗二十八字》，首句：“闻说东村万首诗。”

《寄招哥》，首句：“十五娉婷娇可怜。”

《感怀》，首句：“歌舞楼头暮影催。”

《鄂公子左迁》，首句：“仲子空残呕血。”

《十日菊》，首句：“十日菊花看更黄。”

《县中小皂隶有似故仆王凤者，每见之黯然》，首句：“喝道前行忽掉头。”

《喝道》，首句：“喝道排衙懒不禁。”

《高凤翰》，首句：“西园左笔寿门书。”

《图清格》，首句：“嬾向人间作画师。”

《李鱓》，首句：“两革科名一贬官。”

《莲峰》，首句："铁索三条解上都。"

《孙峨山前辈》："屡劝诸儿莫做官。"

《黄慎》，首句："爱看古庙破苔痕。"

《边维祺》，首句："画雁分明见雁鸣。"

《李锴》，首句："落魄王孙号豸青。"

《郭沅》首句："点染诗书万卷开。"

《沈凤》，首句："政绩优游便出奇。"

《周景柱》，首句："曾约严滩去钓鱼。"

《申甫》，首句："男儿须斗百千期。"

《杭世骏》，首句："门外青山海上孤。"

《金司农》，首句："九尺珊瑚照乘珠。"

《南朝》，首句："舞榭歌楼荡子家。"

《历览三首》，首句："历览名臣与佞臣。"

《有年》，首句："槐影鸦声昼漏稀。"

《立朝》，首句："立朝何必无纤过。"

《君臣》，首句："君是天公办事人。"

《咏史》，首句："蠭起狐鸣几辈曹。"

《秋荷》，首句："秋荷独后时。"

《平阴道上》首句："关河夜雨。"

《七夕》，首句："天上人间尽辛苦。"

《孤儿行》，首句："孤儿踯躅行。"

《后孤儿行》，首句："十岁丧父。"

《题陈孟周词后》，首句："圆峤仙人海上飞。"

《破屋》，首句："廨破墙仍缺。"

《邯郸道上二首》，其一首句："铜台西北又丛台。"

《渔家》，首句："卖得鲜鱼百二钱。"

《小游》，首句："撇杭越。"

——以上《郑板桥集·诗钞》

在范县，作《八分书碑武王十三铭》。

——《郑板桥集·补遗·刘柳村册子》

在范县，作《深山兰竹图》轴，题画首句："深山绝壁见幽兰。"

——《光明日报》1963年11月21日影印

在朝城县，画石三幅，分寄高凤翰、图清格、李鱓三友人并题画卧石一块于县壁。

——《郑板桥集·题画》

画盆兰送范县杨典史谢病归杭州，题画首句："兰花不合到山东。"

——《郑板桥集·题画》

友人汪颀作《题郑明府燮所寄画竹》诗，首句："故人远为范县宰。"

——《东皋诗存·流寓》卷四十六

宰范时，有富家欲逐一贫婿，以千金为宰寿。燮牧其女为义女，复潜蓄其婿在署中。及女入拜见，燮出金合卺，今其挽车同归，时称盛德。

——《扬州画舫录》卷十

乾隆十一年丙寅（1746）五十四岁

自范县调署潍县，连署七年。

——《潍县志》卷三

是岁，山东大饥，人相食，先生开仓赈贷，令民具领券借给。又大兴工役，修城凿池，招远近饥民就食赴工，籍邑中大户开厂煮粥轮饲之。尽封积粟之家，责其平粜，活万余人。秋又歉，捐廉代输，活民无算。

——《清史列传·郑燮传》、重修《兴化县志》卷八

潍县饥民出关觅食，先生有感而赋《逃荒行》诗，首句："十日卖一儿。"

——《郑板桥集·诗钞》《郑板桥年表》

约于此际，潍县署中画竹呈年伯包大中丞括，题画首句："衙斋卧听萧萧竹。"

——《郑板桥集·题画》

一月七日，为颜懋侨作《蕉园集序》，首句："绘事之妙。"

——王献唐遗书《顾黄书寮杂录》，1984年齐鲁书社出版

一月七日，作《隶书武王十四铭》。

——《古芬阁书画记》卷

八九月，与友人华嵒、时颜、许大集于程兆熊之桐华庵并合作《桐华庵胜集图》轴。

——香港·王南屏藏墨迹

十月二十七日，作《兰竹石》堂幅，题画首句："□□□□含瑞色。"

——戈壁舟藏墨迹

寄慎郡王允禧书，允禧作《喜得板桥书自潍县寄到》七律一首。

——《紫琼岩诗钞》卷中

尝夜出，闻书声出茅屋，询知韩生梦周，贫家子也，给

薪水助之。

——重修《兴化县志》卷八

画家奚冈（1746—1803）生。

——《碑传集》卷一〇八

经学家、文学家洪亮吉（1746—1809）生。

——《历代名人年谱》

画家张若霭（1713—1746）卒，年三十四。

——《中国历史人物生卒年表》

金农，三月三日修禊于西湖；在金陵寓舍仿管仲姬《双钩竹》；在安徽新安晤临川李穆堂；始学画竹。

——《冬心集拾遗》《冬心先生续集》《神州大观》《画竹题记》

春月，李鱓于扬州平山草堂作指画《蕉鹅图》轴。

——南京艺术学院藏墨迹

李方膺，春末，离通入京谒选。四月，过扬州作《风翻雷吼图》轴于杏园。

——《李方膺年表》

乾隆十二年丁卯（1747）五十五岁

潍县春旱，大饥，板桥继续各种救灾措施。

——《国朝耆献类征》初编卷二三三

自五月十八日，连雨两月，乃成潦灾。

——王家诚《郑板桥年谱》

秋，临时调济南，参加乡试工作。德保主试山东，板桥同在试院，相与唱和，德保作《赠郑大尹板桥》诗；板桥作

《济南试院奉和宫詹德大主师枉赠之作》诗，首句："销院西风画角清。"

——《郑板桥集·诗钞》《郑板桥年表》

作《玉女摇仙佩·寄呈慎郡王》词，首句："紫琼居士。"

——《郑板桥集·词钞》《郑板桥年表》

作《和学使者于殿元枉赠之作》诗，首句："十载扬州作画师。"

——《郑板桥集·诗钞》《郑板桥年表》

作《御史沈椒园先生新修南池建少陵书院并作杂剧侑神令岁时歌舞以祀》诗，首句："御史骢马行山东。"

——《郑板桥集·诗钞》《郑板桥年表》

正月二十三日，作《兰竹图》，题画首句："春风莫漫催花急。"

——上海博物馆藏墨迹

春，治印《明月前身》一方，边款首句："云淡风高。"

——清·秦祖永《七家印跋》

[按]此边款见《郑板桥集·词钞·满江红·田家四时苦乐歌》秋季一首。

八月十四日，作《竹图》于焦山石肯堂，题诗文多则。其一首句："磊磊一块石。"

——《王瓘藏拓本》

秋九月，于范邑官舍作《行书七言》联："一面楼台三面树，二分池沼八分田。"

——美国普林斯顿大学附属美术馆藏墨迹

[按]此联疑系伪作。

秋日，与汪士慎、李鱓、李方膺合作《花卉图》轴，板桥题画，首句："梅花抱冬心。"

——扬州僧让之旧藏。

于济南锁院，作《行书扬州杂记》卷，纸本，18.1厘米×158.3厘米。首句："扬州二月。"

——上海博物馆藏墨迹

作《六分半书杜诗二首》轴，其一首句："好雨知时节。"

——香港《书谱》总第42期影印

作《行书七言诗》轴，纸本。

——故宫博物院藏墨迹

作《兰竹图》册（十二页），纸本、水墨。

——《上海博物馆藏墨迹》

[按]此册疑系旧伪。

画家黎简（1747—1799）生。

——《岭南画征略》

蒋士铨、纪昀中举人。

——《扬州八家年表》

李方膺往安徽潜山署知县任。

——《李方膺年谱》

春日，汪士慎应吴蔚洲邀请，同金农、厉樊榭至扬州城东佰里草堂看梅。

——《汪士慎年表》

乾隆十三年戊辰（1748）五十六岁

二月，弘历出巡山东至曲阜，"燮为书画史，治顿所，卧泰山绝顶四十余日”，常以此自豪，镌一印章云：“乾隆东封书画史。”

——《中国历史大事年表》《板桥自叙》

山东连年饥荒。

——《扬州八家年表》

三月，清廷派高斌与都御史刘统勋赴山东办理赈灾。板桥协助高斌主持山东放赈事宜。

——王家诚《郑板桥年谱》、《郑板桥集详注》

夏，作《和高相公给赈山东道中喜雨并五日自寿之作讳斌号东轩》诗，并句：“相公捧诏视东方。”

——《郑板桥集·诗钞》、
王家诚《郑板桥年谱》

秋，倡修潍城并首修城工六十尺。作《乾隆修城记》，首句：“天地有春必有秋。”

——潍坊市博物馆藏墨迹

又作《修城记》，首句：“潍县旧土城。”

——《潍县志稿》卷八

书郭峋修城工六十二尺。

——《潍县志稿》卷八

作《修城题名碑》。

——潍坊市博物馆藏残碑

作《潍县署中寄舍弟墨第一书》，首句：“读书以过目成诵为能。”

——《郑板桥集·家书》、
王家成《郑板桥年谱》

作《潍县署中与舍弟墨第二书》，首句："余五十二岁始得一子。"

——《郑板桥集·家书》、王家诚《郑板桥年谱》

九月，作《与江宾谷江禹九书》卷，纸本。论文章风格。首句："学者当自树其帜。"

——上海博物馆藏墨迹

[按]此幅又名《行书信札》卷。

春，高凤翰作《香流幽谷图》轴。

——南京博物院藏墨迹

[按]此画诗堂有板桥乾隆二十五年（1760）题。

高凤翰为板桥作《冰雪心肝寄故人》卷，并题诗寄之。

——《中国画家丛书·高观翰》

画家陈馥恳板桥代求高南阜刊印。

——《宋元明清书画家年表》

金农移居扬州城南书屋冲竹画竹。

——《冬心杂画题记》

高翔在留云馆为焦五斗画《梅》。

——《名人梅花集》

乾隆十四年己巳（1749）五十七岁

春，潍县饥。

——王家诚《郑板桥年谱》

三月，潍县城工修讫，作《潍县永禁烟行经纪碑文》，首句："乾隆十四年三月。"

——潍坊市博物馆藏石刻

竹醉日（五月十三日），作《行书》扇面，纸本，20厘米×58厘米，首句："枣花初落路尘香。"

——《书法丛刊》第十九辑影印

五月，与御史沈廷芳等人同游郭氏园，沈有《过潍县郑令板桥进士招同朱天门孝廉家房仲兄纳凉郭氏园》诗赠板桥。首句："乾隆己巳月夏五。"

——《隐拙斋集》卷十六

沈心作《潍县郑板桥明府招同朱天门孝廉椒园弟饮郭氏园分韵得之字》诗，首句："频年斱璞心相思。"

——《孤石山房诗集》卷四

沈心作《留别郑板桥》诗，首句："小干河畔柳依依。"

——《孤石山房诗集》卷四

六月二十日，作《行书王渔洋冶春词》册。

——《古芬阁书画记》卷八

秋，作《花卉》册（八页）。

——《郑板桥书画选》影印

[按]此册疑系伪作。

《潍县竹板词》约于此际陆续写作。

——王家诚《郑板桥年谱》

作《潍县寄舍弟墨第三书》，详嘱墨为子择师及敬师之道，首句："富贵人物延师傅教子弟。"

——《郑板桥集·家书》《郑板桥年表》

作家书《潍县寄舍弟墨第四书》，首句："凡人读书。"

——《郑板桥集·家书》《郑板桥年表》

作家书《潍县署中与舍弟第五书》，首句：“无论时文、古文、诗歌、词赋。”

——《郑板桥集·家书》《郑板桥年表》

儿六岁，逋入学即病殁于兴化。

——《郑板桥年表》

约此际，作家书《与四弟书》，首句：“郭奶奶不肯来。”

——泰州市博物馆藏墨迹

秋大熟，难民陆继还乡，先生为撰《还家行》以纪其事，首句：“死者葬沙漠。”

——《郑板桥集·诗钞》

王家诚《郑板桥年谱》

重订《家书》十六通、《诗钞》、《词钞》，并手写付梓。

——《郑板桥年表》

作《十六通家书小引》，首句：“板桥诗文。”

——《郑板桥集·家书》《郑板桥年表》

作《后刻诗序》，首句：“古人以文章经世。”

——《郑板桥集·诗钞》

作《自序》，首句：“燮词不足存录。”

——《郑板桥集·词钞》

作《行书板桥自叙》，述己之生平志趣，首句：“板桥居士。”

——故宫博物院藏墨迹

为载臣作《自咏》诗，首句：“潍县三年范五年。”

——故宫博物院藏墨迹

为高恺亭作《兰石图》轴，题画首句："泰山高绝苦无兰。"

——山东省烟台地区文管组藏墨迹

板桥误闻金农捐世，服缌床设位而哭。

——金农《冬心自写真题记》

高凤翰（1683—1749）卒，年六十七。

——《高凤翰年谱》

散文家方苞（1668—1749）卒，年八十二。

——《中国历史人物生卒年表》

暮春，汪士慎于扬州青杉旧馆作《风雨清音图》册页。

——南京博物院藏墨迹

九月，李鱓客湖村，作《秋花鸳鸯图》轴。

——《李复堂年表初编》

金农在扬州与邻曲诸老结菊社。

——《古缘萃录》卷十三

乾隆十五年庚午（1750）五十八岁

二月十日，作《重修文昌阁记》，首句："文云乎哉。"

——潍坊市十笏园藏石刻

倡建状元桥。

——《潍县志稿》卷十

潍县田廷琳捐修邑城八十尺，为书其事以志之。

——《潍县志稿》卷二九

春，作六分半书七言联："秋从夏雨声中入，春在寒梅蕊上寻。"

——南京田原提供真迹照片

夏日，作《行书诗三首》条幅，其一首句："晴丝寸尺挽韶光。"

——1985年天津人民美术出版社出版

新秋，作《行书七律诗》轴，首句："曲江才子汉枚皋。"

——香港《书谱》第10期（1976年）影印

于《板桥自叙》后，又缀附记，首句："板桥诗文。"

——故宫博物院藏墨迹

作隶书匾额《龙跳虎卧》。

——潍坊市博物馆复制木刻

作《盆兰图》轴，纸本，水墨。

——广东省博物馆藏墨迹

秋月，与李鱓合作《蕉竹图》

——《支那名画集》第一集影印

[按]板桥题此图与题李鱓雍正甲寅冬十月作《蕉竹月季》堂幅相同。

李方膺被劾罢官，往金陵寓借园，与沈凤、袁枚交。

——《李方膺年谱》

六月，金农于扬州石塔寺壁上画竹。

——《冬心先生画竹题记》

金农《冬心先生画竹题记》五十八篇，起于乾隆十三年（1748）戊辰，刻于斯年。

——《冬心杂画题记》

乾隆十六年辛未（1751）五十九岁

二月十五日，海水溢。板桥至潍县北边禹王台勘灾，并作《禹王台北勘灾》诗，记其灾情，首句："沧海茫茫水接天。"

——《榆园杂录》卷一、王家诚《郑板桥年谱》

三月，作《行草书范县诗一首》，绢本61.3厘米×135.8厘米。首句：“维蒿维蕨。”

——香港霍宝材藏墨迹

[按]此书疑系伪作。

三月，作《兰花》横幅。

——《板桥书画拓片集》影印

九月十九日，作六分半书匾额《难得糊涂》跋文首句：“聪明难。”

——《板桥书画拓片集》影印

秋，作《竹图》轴，纸本、水墨，题画首句：“一两三枝竹竿。”

——上海博物馆藏墨迹

秋，作《梅兰竹菊》四屏条：其一《梅》题画首句“玉骨冰肌品最高”；其二《兰》题画首句“留得根科大”；其三《竹》题画首句“老干扶疏新叶放”；其四《菊》题画首句“进又无能退又难。”

——扬州黄俶成藏木刻拓片

秋，作行书四言联：“山奔海立，沙起雷行。”

——潍坊市十笏园藏石刻

秋，作《行书节录苏轼书海苔纸》，首句：“昔人以海黛为纸。”

——《板桥书画拓片集》第二集影印

十一月，书旧作《潍县竹枝词》二十四首，其一首句：“三更灯火不曾收。”款署：“乾隆十二年告灾不许，反记大过一次，百姓含愁，知县解体。板桥居士郑燮旧作，辛未建子月书。”

——齐鲁书社版《郑板桥全集》

先生服官十年，对官场黑暗多致不满，乃有归田之意，作诗词多首：

《思归行》诗，首句：“山东遇荒岁。”

——《郑板桥集·诗钞》《郑板桥年表》

《唐多令·思归》，首句：“绝塞雁行天。”

《满江红·思家》，首句：“我梦扬州。”

——以上《郑板桥集·词钞》《郑板桥年表》

约此时作《行书田游岩佚事一则》，首句：“田游岩。”

——潍坊市十笏园藏石刻

约此时，书七言联：“作画题诗双搅扰，弃官耕地两便宜。”

——潍坊市十笏园藏石刻

五月，法坤宏经潍县，饮于友人处，听潍县商人议论板桥治况，并记载其事（《书事》）。

——《国朝耆献类征》初编卷二三三

金德瑛作《题郑板桥赠兰竹画》诗，首句：“画兰不多三五茎。”

——《金桧门诗存》卷三

金德瑛作《十月初八日宿潍县板桥答诗过誉复惠画二幅因次来韵》诗，首句：“白狼著霜流愈清。”

——《金桧门诗存》卷三

板桥赠金德瑛古镜，有《小古镜为同年金殿元作》诗，首句："土花剥蚀蛟龙缺。"

——《郑板桥集·诗钞》

金德瑛作《板桥分赠古镜五奁叠韵谢之》诗，首句："寒潭秋月函空青。"

——《金桧门诗存》卷三

画家方士庶（1692—1751）卒，年六十。

——《疑年录汇编》

李方膺，春往合肥，作《潇湘风竹图》轴于五柳轩（南京博物院藏墨迹）；夏五，于金陵梅花楼作《高枝新蕾图》册页（故宫博物院藏墨迹）；游盱眙、淮安、淮阴并作《花卉》册（故宫博物院藏）。

——《李方膺年表》

华喦，夏夜渡扬子江，仍客扬州员果堂家。

——《华喦研究》

金农，除夕独酌于扬州。

——《冬心诗集》

张宗苍于苏进呈《吴中十六景》，召入供奉内廷，授户部主事。

——《国朝画征录》卷下

乾隆十七年壬申（1752）六十岁

正月初一，作《城隍庙碑草稿自跋》，首句："板桥居士作《城隍庙碑草稿》初就。"

——南京博物院藏墨迹

二月十日，作《竹图》条幅。

——《板桥书画拓片集》影印

四月四日，题《宋拓圣教序》，首句："金钱帖一钱易一字。"

——四川省博物院藏帖

五月，作《城隍庙碑记》，首句："乾隆十七年岁在横艾涒滩。"

——潍坊市十笏园藏碑

九秋，作《兰竹石图》，题画首句："世间盆盎空栽植。"

——《板桥书画拓片集》影印

十月二十五日，作自寿联句，上联首句"常如作客"，下联首句"定欲成仙"。

——《楹联丛话》卷十二

作《行书诗翰》册（八开），纸本。

——上海朵云轩藏墨迹

年底，去任。

——《榆园杂录》卷一

[按]关于板桥去官的原因，记载不一。《小豆棚》卷十六云："后因邑中有罚某人金事，控发，遂以贪婪褫职。嘻!板桥非百里才也，其贾祸以才故，而乃诬之以贝，冤矣!"《清代学者像传》云："以发饥为民请赈，忤大吏，遂乞病归。"《国朝画征续录》卷下云："曾知山东潍县事，以病归，遂不复出。"重修《兴化县志》卷八云："乞休归，囊橐萧然，卖书画以自给。"

十二月，作《行书赠钟启明并留别》轴，首句："一堂五世古今稀。"

——《支那墨迹大成》第八卷影印

作《尺牍·自序》，首句："板桥之尺牍。"

——《郑板桥尺牍》(1935年8月大通书社出版)，

《郑板桥外集》

[按]《郑板桥尺牍》收入书信五十五通，真伪待考。

作行书匾额《静俭斋》。

——潍坊市博物馆藏墨迹

文学家法式善生。

——1979年版《辞海》

边寿民（1684—1752）卒，年六十九。

——《中国历代绘画图录》

厉鹗（1692—1752）卒，年六十一。

——《历代名人年里碑传总表》

翁方纲、程晋芳、钱载登进士。

——《进士题名碑录》

二月，华喦渡江南归。

——《离垢集》卷五

二月，金农作《冬心先生续集序》。

——《扬州八家年表》

六月，卢见曾序汪士慎《感旧集》。

——《扬州八家年表》

十二月，李鱓寓崇川（今南通）西寺。

——《养拙斋书画记》

乾隆七年壬戌（1742）五十岁至乾隆十七年壬申（1752）六十岁

板桥在潍县断案时，每于状纸上留下眉批，据传，随年延续，状纸散出。一在县衙任职的小官吏酷爱其墨迹，将状纸上的批文剪下，装璜成册，流传至今的有数册，分别收藏于故宫博物院、中国历史博物馆、李一氓、高象九以及日人辻本氏等处，或曰《判词》、曰《判牍》、曰《呈批》，今依李一氓先生所编《郑板桥判牍》，统一定名为《判牍》。每则词有长短，字有大小，信手挥洒，自然天出，于行、楷中参以草、篆书笔意，有的从容、娟秀，有的果敢、雄劲。笔情墨意中，约略窥见出板桥的法治思想，作为书法艺术来欣赏，也别具风味。

——李一氓《郑板桥判牍》、《郑板桥书画》、《郑板桥书法集》影印

在潍任中颇多著述，所为诗词小曲，在民间广泛流传。其《潍县竹枝词》四十首，描绘潍县风土人情及民生疾苦，曲尽委婉，尤为脍炙人口。其一首句：“三更灯火不曾收。”

——《潍县文献丛刊》第一辑

郑方坤赠茶，板桥答谢作《家兖州太守赠茶》诗，首句：“头纲八饼建溪茶。”

——《郑板桥集详注》

为韩镐作行书七言联：“删繁就简三秋树，领异标新二月花。”

——潍坊市十笏园藏石刻

为君谋、翊清父子书七言联：“有子才如不羁马，知君身是后凋松。”

——潍坊市博物馆藏墨迹

书赠郎一鸣五言联："为善无不报，读书当及时。"

——《郎氏家乘》

为潍县城隍庙戏楼书七言联："切齿漫嫌前半本，平情只在局终头。"

——潍坊市博物馆藏照片

为潍县城隍庙戏楼书十言联："仪凤箫韶遥想当年节奏，文衣康乐休夸后代淫哇。"

——潍坊市博物馆藏照片

为潍县草庙子花园书六言联："花落家僮未归，鸟啼山客犹眠。"

——《郑板桥先生集外集》

为潍县城隍庙戏楼书匾额《神之听之》

——《潍县志稿》卷二十

为潍县城隍庙书匾额：《惟德是辅》。

——《潍县志稿》卷二十

于潍县官廨书匾额《吃亏是福》。

——潍坊市十笏园藏石刻

[按]就书法和思想来看，都不像板桥的作品，可能是后人仿照《难得糊涂》匾额伪造出来的。

作《九秋图》巨幅，题画首句："九秋宝艳胜春三。"

——《白蒲镇志》卷六

潍人求板桥书画者无弗应，政务冗忙时，辄令其弟子谭云龙代笔。

——子久恒庆跋谭云龙《竹石图》轴，青岛市博物馆藏墨迹过安邱，赞刘重庆书艺。

——《潍县志稿》卷四十二

与王俨友善。

——《潍县志稿》卷二十九

板桥画友许湘，曾在潍县幕中。

——《画录识余》《揽古轩书画录》

与朱士魁友善。

——《潍县志稿》卷三十二

与恒彻上人友善。

——《潍县志稿》卷四十二

乾隆十八年癸酉（1753）六十一岁

正月，作《隶书绝句二首》扇面，其一首句："老困乌纱十二年。"

——北京宝古斋藏墨迹

二月，作行书十一言联："课子小书斋聊可借观鱼鸟，连家新竹圃何须多构湖山。"

——潍坊市十笏园藏石刻

作《南园丛竹图》留别郭质亭先生、四弟芸亭先生，并题诗二首，其一首句"名园修竹古烟霞"，其二首句"七载春风住潍县"。

——《榆园杂录》卷一

画菊与某官留别，题画首句："进又无能退又难。"

——《郑板桥集·题画》、王家诚《郑板桥年谱》

别潍县绅士民，作竹图，题画首句："乌纱掷去不为官。"

——《郑板桥集·题画》

作《留别恒彻上人》诗，首句："隔城何处郁苍苍。"

——郭麐《潍县竹枝词》自注

春，板桥去官之日，百姓遮道挽留，家家画像以祀。并为建生祠，与赖光表等同祀。

——《潍县志稿》卷二十、《清代学者像传》、重修《兴化县志》卷八、《榆园杂录》卷一

返扬州日，板桥宴请诸友，李葂赠之以联："三绝诗书画，一官归去来。"

——《楹联丛话》卷十二

三月十五日，作《雨后新篁图》屏风，题画首句："余家有茅屋数间。"

——日本东京国立博物馆藏墨迹

[按]此屏风疑系伪作。

三月，作《墨竹图》轴，题画首句："二十年前载酒瓶。"

——南京博物院藏墨迹

九秋，友人书民强索其画，板桥为画《翠竹芝兰图》并题诗诮让之，首句："细雨微风枝上村。"

——曲阜文物管理委员会藏墨迹

十一月，作《远山烟竹》四连幅

——美国某人藏墨迹，《中国绘画总合图录》卷一影印

[按]此幅疑系伪作。

十二月二十五日，为粹西写兰·题诗首句："素心兰与赤心兰"

——齐鲁书社版《郑板桥全集》

为门生王允升作《墨竹图》轴。

——南京博物院藏墨迹

法式善（1753—1813）生。

——《中国历史人物生卒年表》

高翔（1688—1753）卒，年六十六。

——新《辞海》

罗聘、方婉仪结婚。

——《扬州八家年表》

金农，春日返杭州，请丁敬为诗集作序；秋日寓金陵陈博士家。

——《冬心先生续集》《扬州八家年表》

八月，李方膺与袁枚游金陵桂隐仙庵。

——《小仓山房诗集》卷九

李鱓客山西浦州（今永济县西南蒲州镇），作《花卉》屏十二幅。

——《李复堂花卉册》

卢见曾重返扬州，再任两淮盐运都转，连署九年。

——《雅雨堂诗文集》

程南陂重建扬州竹西亭，春暮会宴联吟。

——《雅雨堂诗文集》

乾隆十九年甲戌（1754）六十二岁

春至五月，游杭州；又应乌程知县孙扩图、湖州太守李堂之邀，畅游湖州诸名胜。作《与墨弟书》，首句："来银三十两。”

——《明清画苑尺牍》

又作《致墨弟书》，首句：“一到杭州即访杨四衙。”

——扬州市博物馆藏墨迹

为杨典史子孙补画盆兰一幅，既题前作，又系一诗，首句：“相思无计托花魂。”

——《郑板桥集·题画》

五月，作《赠济宁乌程知县孙扩图二首》，其一首句：“吴兴山水几家诗。”

——济宁·李既匋藏墨迹

六月十八日，作《竹石图》，题画首句：“竹少石多。”

——扬州市博物馆藏墨迹秋

秋八月下浣，作《花卉》卷，题诗多首，其一首句：“真菊重重画菊斜。”

——《郑板桥书画选》影印

[按]此卷疑系伪作。

重九日，作《竹石图》轴，纸本，水墨，217.4厘米×120.6厘米。题画首句：“昔东坡居士作枯木竹石。”

——上海博物馆藏墨迹

九月廿一日，为绍翁作《竹枝》大幅，题画首句：“新霜昨夜满沙洲。”

——湖北省武汉市文物商店藏墨迹

九月廿九日，与汪堂、药根上人等十余人集百尺楼，分韵赋诗。

——《淮海英灵集》丙集卷四、《昭阳述旧编》卷三十月，作《墨兰图》轴，题画首句："予作兰有年。"

——中国美术研究所藏墨迹

于潍县官斋，以真行相杂，为名桥书《道情词》卷。

——天津市博物馆藏墨迹

作《墨竹图》轴，纸本，水墨。题画首句："画竹曾经学石涛。"

——上海朵云轩藏墨迹

伊秉绶生。

——《碑传集》卷一一〇

吴敬梓（1701—1754）卒，年五十四。

——《中国历史人物生卒年表》

文学家纪昀（1724—1805）、王杲、钱大昕（1728—1801）中进士。

——《中国文学家大辞典》

李方膺，春日于金陵作《风竹图》轴，钤印三方，其一为"胸无成竹"。

——天津市博物馆藏墨迹

[按]《郑板桥集·题画·竹》云："文与可画竹，胸有成竹；郑板桥画竹，胸无成竹。"这说明李方膺、郑板桥的艺术见解是一致的。

李鱓八月作《墨竹图》页于兴化浮沤馆。

——《扬州八怪全集》

乾隆二十年乙亥（1755）六十三岁

清秋，作《行书节录苏轼尺牍》轴，首句："江边弄水挑菜。"

——辽宁省博物馆藏墨迹

冬，作《行书书评》轴，首句："张伯英书如龙威虎震。"

——编者藏墨迹照片

作《行书七言绝句》轴，纸本。

——北京市文物商店藏墨迹

作《墨竹图》轴，题画首句："直干千秋无妄曲。"

——苏州博物馆藏墨迹

作《竹石图》轴，纸本，水墨，85厘米×93厘米。

——广西壮族自治区博物馆藏墨迹

与李鱓、李方膺合作《三友图》，并题，首句："复堂奇笔画老松。"

——《郑板桥集·补遗》

李方膺，三月立夏后六日作《墨梅图》卷，有金农、袁枚及乾隆二十五年郑燮题跋；八月二日作《梅花》卷于金陵借园；九月三日卒于南通，年六十一。

——《支那南画大成》卷三、《扬州八怪全集》《扬州八怪》

马曰琯（1688—1755）卒，年六十八。

——《清代学者生卒及著述表》

沈凤（1685—1755）卒，年七十一。

——《历代名人生卒年表》

李鱓定居扬州，以"觶"代"鱓。"

——《扬州八家年表》

乾隆二十一年丙子（1756）六十四岁

二月三日，作《九畹兰花》，题识："乾隆二十一年二月三，予作一桌会，八人同席，各携百钱以为永日欢。座中三老人、五少年；白门程绵庄、七闽黄瘿瓢与燮为三老人；丹徒李御萝村、王文治梦楼，燕京于文濬石乡、全椒金兆燕棕亭、杭州张宾鹤仲谋为五少年。午后济南牛文震青雷又至，遂为九人会。因画《九畹兰花》以纪其盛。诗曰：“天上文星与酒星，一时欢聚竹西亭；何劳芍药夸金带，自是千秋九畹青。座上以绵庄为最长，故奉上程先生携去。”

——《郑板桥集·题画》

暮春，作《行书苏轼尺犊答贾耘老四首之四》条幅赠顾堂义子。首句：“今日舟中无他事。”

——中国国家博物馆藏墨迹

四月十四日，于移情书屋为文翁作《兰竹石》轴，题画首句：“古人云吾入芝兰之室。”

——扬州市文物商店藏墨迹

仲夏，作《行书李约社诗集序》，首句：“康熙间。”

——香港《书谱》总第22期影印

秋，作《六分半书五言诗》轴，首句：“酒罄君莫沽。”

——辽宁省博物馆藏墨迹

冬，作《竹石图》轴，纸本，水墨，约133厘米×66厘米。题画首句：“昔人画华封三祝。”

——天津市博物馆藏墨迹

跋《王李四贤手卷》，首句：“物不旧则火气逼人。”

——扬州·李梅阁藏墨迹

为燕老作《行书绝句》条幅，首句：“宦海归来两鬓星。”

——《击脑篇》

作《行书节录王维山中与裴秀才迪书》轴，首句："近腊月下。"

——扬州兴化·车国贵藏墨迹

作《行书七言联》，纸本。

——故宫博物院藏墨迹

作《行书苏轼文》轴，纸本。

——中国国家博物馆藏墨迹

作《行书论书》轴，纸本。

——上海博物馆藏墨迹

作《行书七言诗》轴，纸本，177厘米×91厘米

——上海朵云轩藏墨迹

作《竹石图》轴，纸本，水墨，184厘米×93厘米

——上海文物商店藏墨迹

作《露竹新晴图》轴，题画首句："客舍新晴。"

——《中国画家丛书·郑板桥》影印

华嵒（1682—1756）卒，年七十五。

——新《辞海》

六月一日，金农在扬州昔耶之庐画梅。

——《杂画题记》

七月，李鱓居扬州天宁寺。

——《扬州八家年表》

罗聘葬父母于金牛山下。因号"金牛山人"。

——《扬州八家年表》

乾隆二十二年丁丑（1757）六十五岁

正月二十三日。作《行书书目》横披。首句：“二典、三谟、《禹贡》、《洪范》、《旅獒》、《周官》、《武成》。”

——南通博物苑藏墨迹

三月初三日，转运使卢见曾主持盛大的红桥修禊。卢作七言律诗四首，其时和修禊韵者七千余人。板桥亦预其会，作《和雅雨山人红桥修禊》诗四首，其一首句：“一线莎堤一叶舟。”

——《扬州画舫录》卷十、

《郑板桥集·诗钞》、《郑板桥年表》

又作《再和卢雅雨》诗四首，其一首句：“广陵三日放轻舟。”

——《郑板桥集·诗钞》《郑板桥年表》

初夏，为继瞻作《墨竹图》轴，题画首句：“小苑茅堂静掩门。”

——江苏省国画院藏墨迹

五月，在修竹斋为履坦作《行书节录怀素自叙》轴，首句：“其述形似。”

——南京田原藏墨迹照片

五月，作《行书》四屏条，其一首句：“皇皇惟敬”；其二首句：“雨歇杨林东渡头”；其三首句：“枣花初落路尘香”；其四首句：“小院茅堂近郭门”。

——南京鼓楼公园藏漆屏

七月，作《兰竹石图》轴，纸本，水墨。题画首句：“世人只晓爱兰花。”’

——故宫博物院藏墨迹

秋八月，作《兰石图》轴，题画首句：“余种兰数十盆。”

——南通博物苑藏墨迹

九月，于焦山作《墨松》轴。

——《艺林旬刊》第44期影印

建子（十一）月为侣上和尚作《荆棘兰石》轴，纸本，水墨，187厘米×110.3厘米。题画首句：“不容荆棘不成兰。”

——常州市博物馆藏墨迹

为赐老年学老兄作《竹》轴，纸本，水墨，170厘米×91.5厘米。题画首句：“余家有茅屋二间。”

——天津市博物馆藏墨迹

为沛老作《墨竹图》轴，题画首句：“扬州鲜笋趁鲥鱼。”

——泰州市博物馆藏墨迹

为石兰作《墨竹图》轴，纸本，水墨，226.5厘米×91.5厘米，题画首句：“文与可题墨竹诗云。”

——《郑板桥书画选》影印

作《行书五言诗》轴，纸本。

——中国国家博物馆藏墨迹

作《行书自作诗》轴，纸本。

——北京市文物商店藏墨迹

在高邮，与分别二十余年的友人织文相会，流连数十日，作《行书赠织文》轴，首句：“织文世兄。”

——扬州市博物馆藏墨迹

作《竹》轴，纸本，水墨。

——广东省博物馆藏墨迹

作《行书李愿归盘谷序》卷，纸本，21.6厘米×141.7厘米。

——广东省博物馆藏墨迹

戏曲作家、文学家蒋士铨登进士，入翰林院编修。

——《进士题名碑录》

《扬州八家年表》

春，李鱓作《三友图》轴。

——江西省博物馆藏墨迹

[按]此画为李鱓存世最晚的作品。其后即无作品问世，或即此年逝世。

金农住扬州旧城西方寺。

——《冬心先生续集》

罗聘拜金农为师。

——《金农自写真题记》

郎世宁七十岁寿日举贺，清廷厚赏。

——《十骏图小传》

乾隆二十三年戊寅（1758）六十六岁

正月二十九日，作《与柳斋书》，首句："佳政满矣。"

——聂崇岐藏摹本

二月，为高凤翰题写墓碑："高南阜先生之墓。"

——山东省胶县文化馆藏碑

二月十七日，作《竹图》，题画句："满目黄沙没奈何。"

——石刻

二月，作《行书论苏轼书》轴，纸本。首句："苏翰林作字。"

——旅顺博物馆藏墨迹

三月二日，为肃公作《双松图》轴，题画首句："乾隆二年丁巳。"

——山东省博物馆藏墨迹

三月上浣，作《行书李壶庵道情十首》轴，其一首句："渔鼓儿。"

——济南市博物馆藏墨迹

三月，作《竹石图》轴，题画首句："秋风昨夜渡潇湘。"

——中国美术家协会藏墨迹

三月，作《兰竹石图》册（十二页）：一、《竹》，题画首句"一笔与两笔"；二、《竹》，题画首句"干是本家生"；三、《雪竹》，题画首句"干是本家生"；三《雪竹》，题画首句"满天皆大雪"；四、《竹石》，题画首句"悬崖百尺势嵯峨"；五、《竹石》，题画首句"进出新篁石缝中"；六、《竹石》，题画首句"我亦狂涂竹"；七、《兰》，题画首句"四笔叶"；八、《兰》，题画首句"买块兰花是整根"；九、《兰》，题画首句"吾宗所南翁"；十、《瓶兰》，题画首句"晓风含露未曾乾"；十一、《兰石》，题画首句"买块青山好种花"；十二、《兰石荆棘》，题画首句"托根先择地"。

——扬州李万才提供摹本照片

四月，作《沙水竹石图》，题画首句："竹之在山不待言。"

——苏州艺石斋《郑板桥题画》拓本

四月，作《竹图》，题画首句："昨游江山。"

——苏州艺石斋《郑板桥题画》拓本

四月，于范县官署作《竹石图》轴，纸本，水墨。题画首句："雷停雨止斜阳（出）。"

[按]此轴疑系伪作。

——上海博物馆藏墨迹

七月七日，作六分半书四言联："山随画活，云为诗留。"

——潍坊市十笏园藏石刻

八月，于明圣湖之勾留处作六分半书七言联："近水短桥皆画意，远峰晴雪有诗无。"

——江苏宜兴官林史庆康提供拓片钩摹本

秋杪，作《行书自遣诗》轴，首句："啬彼丰兹信不移。"

——无锡市文物商店藏墨迹

十月下浣，为瀛翁作《竹石图》轴，纸本，水爆，171厘米×91厘米，画之上方题画首句："四十年来画竹枝。"画右下，题画首句："无多竹叶没多山。"

——上海博物馆藏墨迹

冬日，作《清朝柱石图》轴，题诗首句："气骨森严色古苍。"

——台北国泰美术馆藏墨迹

作《清溪兰竹》横幅，纸本，水墨，108.2厘米×192厘米。题画首句："此是幽贞一种花。"

——无锡博物院藏墨迹

作《真州杂诗八首并及左右江县》，其一首句："春风十里送啼莺。”

——《郑板桥集·诗钞》、王家诚《郑板桥年表》

作《真州八首属和纷纷皆可嘉不辞老丑再叠前韵》，其一首句：“江头语燕杂啼莺。”

——《郑板桥集·诗钞》《郑板桥年表》

作词《贺新郎·西村感旧》，首句：“抚景伤飘泊。”

——《郑板桥集·词钞》《郑板桥年表》

为二女适袁氏作《兰竹石图》轴，题画首句：“官罢囊空两袖寒。”

——故宫博物院藏墨迹

作《竹石图》轴，纸本，水墨，199厘米×109厘米。题画首句：“吾家有茅屋二间。”

——日本·龟井氏摄心庵藏墨迹

为鹤洲作《山顶妙香图》轴，纸本，水墨，131.5厘米×72.2厘米，题画首句：“身在千山顶头上。”

——天津市博物馆藏墨迹

作《满山兰竹图》，题画首句：“竹叶兰花清耿耿。”

——新编《郑板桥全集》

作《兰竹石图》轴，题画首句：“古人云入芝兰之室。”

——扬州市博物馆藏墨迹

作《竹石》四屏条；一、《竹石图》，题画首句“且让青山出一头”；二、《竹石图》，题画首句“石缝山腰是我家”；三、《竹图》，题画首句“东西南北四面吹”；四、《竹》，题画首句“衙斋卧听萧萧竹”。

——南京市鼓楼公园藏漆屏

作《旧枝新篁图》。

——《知鱼堂书画录》

作《行书唐人七律三首》条幅，其一首句：“经过此地无穷事。”

——镇江市博物馆藏墨迹

作《行书七律绝句》轴，纸本，105厘米×50厘米。首句：“皓首归来种万松。”

——《兰千山馆法书目录》影印

作行书六言联：“打草稿用全力，说闲话无慢心。”

——《李初梨珍藏书画选》影印

诗人陶元藻客扬州，与郑板桥、金农、张铁青、陈对鸥、陈章、蒋秋泾每月联吟数次。

——《全浙诗话·陈章》卷四十九

五月，友人允禧卒。

——《读画辑略》

丁敬为金农刻“只寄得相思一点”章。

——《砚林印款》

乾隆二十四年己卯（1759）（六十七岁）

六月十二日，致朱青雷书札一通，首句：“潍署一别。”

——张伯驹《春游琐谈·板桥逸文》

七月十九日，又题《宋拓圣教序》，首句：“此《圣教序》之未断本也。”

——四川省博物院藏帖

新秋，作《草书祝允明诗》轴，首句：“风物幽妍上廓宽。”

——上海李广藏墨迹

为柿柏作《兰花》横幅，题画首句："叶长花则少。"

——南京市博物馆藏墨迹

作《兰竹石图》横幅，题画首句："近处香微远处賒。"

——西泠印社供稿

为廷翁作《竹石图》轴，纸本、水墨，198厘米×108.5厘米，题画首句："文与可墨竹诗云。"

——荣宝斋藏墨迹

作《竹石图》轴，纸本、水墨，题画首句："绕膝龙孙好节柯。"

——大连市文物商店藏墨迹

作《松芝延寿图》轴，纸本、水墨，260厘米×101厘米。左上款署，首句："乾隆二十四年。"

——上海博物馆藏墨迹

作《行草书柬云》卷。

——南京田原藏拓本

作《自在庵记》，首句："兴化无山。"

——《兴化县志》卷一、《郑板桥年表》

作《集唐诗序》卷首，首句："集唐诗则必读唐诗。"

——《集唐诗》卷首

从拙公和尚议，自定书画《润格》，首句："大幅六两。"

——潍坊市博物馆藏石刻

画家钱泳生。

——《历代名人年里碑传总表》

汪士慎（1686—1759）卒，年七十四。

——《中国历代人物生卒年表》

金农于扬州僧舍作《自画像》分赠丁敬、罗聘。

——《杂画题记》

乾隆二十五年庚辰（1760）六十八岁

五月，客通州，寓保培基井谷园

——《郑板桥年表》《郑板桥在通州》

为保培源居处艺园作匾额《无数青山作草庐》。

——《崇川咫闻录》

书赠保培源扇面《苏轼金山梦中作诗》，首句："江东贾客木绵裘。"

——镇江市博物馆藏墨迹

夏五，于通州题黄慎《丁有煜像》卷，引首："好藏之。"跋首句："郝香山。"

——南通博物苑藏墨迹

题丁有煜乾隆五年至六年所作《墨竹》册"以书为画"。

——南通博物苑藏墨迹

题高凤翰《香流幽谷图》轴并赠丁有煜。首句："燮自兴化来通州谒个老人。"

——南京博物院藏墨迹

赠丁有煜砚一方，砚背刻有板桥手书铭辞，首句："南唐宝石。"

——南通博物苑藏砚

五月十三日，于通州题李方膺《墨梅》卷，首句："兰竹画人人所为不得好。"

——兰州·顾子惠藏墨迹

《支那南画大成》卷三影印

李方膺之侄李霁为板桥治印“二十年前旧板桥”一方；并作《喜晤郑板桥》绝句二首，其一首句：“不见姿颜十五年。”

——《岑村集》

六月，客如皋。寓汪氏之文园。

——郑燮《行书满江红·客文园题赠汪璞庄观察一首》轴，无锡博物院藏墨迹

七月七日，在如皋汪氏之文园与汪之珩等人同度七夕，汪有《庚辰七夕同王竹楼、郑板桥、郭琅亭、黄瘦石》诗四首。

——《东皋诗存》卷四十七

七月十五日，作《行书满江红·客文园题赠汪璞庄观察一首》轴，纸本，118厘米×45.2厘米，首句：“我住文园。”

——无锡博物院藏墨迹

秋日，于汪氏之文园为柳村刘三作《刘柳村册子》，首句：“板桥自京师落拓而归。”

——青岛陈子良藏墨迹

于汪氏之文园作《板桥自序》，首句：“板桥居士读书求精不求多。”

——徐平羽藏墨迹

游如皋范大任之古澹园，作《过古澹园》诗，首句：“隔水名园问范家。”

——《通过直隶州志》卷二、《如皋县志》卷二十三

九月，过兴化吴公湖上作《兰竹图》轴，题画首句：“文与可、梅道人画竹未画兰也。”

——《中国名画集》第八册影印

秋，作《兰竹石图》横幅，题画首句："画兰之法。"

——中国美术家协会藏墨迹

秋杪，作《竹石图》轴，题画首句："秋风昨夜窗前到。"

——《广东画报》1982年第12期影印

题程邃《印拓册》，首句："生客会宴。"

——《击脑篇》

作《竹石》大堂幅，题画首句："柱石□盘大地。"

——北京刘九庵提供

作行楷书匾额《藏经楼》。

——镇江焦山藏木

刻作《柱石图》轴，纸本，水墨。

——广州艺术博物院藏墨迹

作《竹子石笋图》轴，纸本，水墨，140厘米×91.5厘米。

——广州市美术馆藏墨迹

跋李鱓《花卉蔬果》册，首句："复堂之画凡三变。"

——四川省博物院藏墨迹

张庚卒，年七十六。

——《中国历史人物生卒年表》

王文治中进士。

——《进士题名碑录》

二月，金农序书《自度曲》于龙梭仙馆，罗聘、杨爵出资开雕。

——《自度曲序》

罗聘作《冬心先生午睡图》轴。

——上海刘靖基藏墨迹

乾隆二十六年辛巳（1761）六十九岁

三月，作《芝兰全性图》轴，题画首句："昔人云。"

——上海博物馆藏墨迹

四月二十日，同江春、杭堇浦、汪石恬、陈江皋、李于亭、费茗溪、常莱畦、黄北垞游扬州铁佛寺、分赋得篆字。

——江春《随月读书楼诗集》卷中

清和月，作《兰竹石图》册页，题画首句："兰花质性太清幽。"

——南京许莘农藏图片

七月二日，作《与光缵书》，首句："承三枉顾。"

——南京·吴白匋藏墨迹

七月七日，作《墨竹》通屏，题画首句："画大幅竹。"

——湖北省博物馆藏墨迹

九月十四日，题汪士慎《乞水图》轴，题画首句："此画此诗此书。"

——美国普林斯顿大学美术馆藏墨迹

仲冬，作《楷书》轴，首句："桑蚕苦。"

——《古缘萃录》卷十四

为罗聘妻方婉仪三十初度作《石壁丛兰》轴，题画首句："板桥道人没分晓。"

——《书画鉴影》卷二十四

为乃心作《竹石图》，题画首句："虬松怪石。"

——《触机集》

为瞻乔作《兰石》大轴，题画首句："唯君心地有芝兰。"

——《梦园书画录》卷二十三

为载翁作《兰竹石图》轴，题画首句："老去仍然作画工。"

——《郑板桥书画艺术》影印

作《兰竹石》堂幅，题画首句："此山水之畏佳也。"

——中国国家博物馆藏墨迹

作《墨兰图》轴，题画首句："乌衣子弟何其盛。"

——《支那南画大成》卷一影印

作《墨竹图》轴，题画首句："竹里秋风应更多。"

——扬州徐笠樵藏墨迹

于扬州作《竹石图》轴，题画首句："一块峰峦耸太行。"

——《郑板桥书画艺术》影印

题高凤翰《画册》，其一，首句"睡龙醒后才伸爪"；其二，首句"此幅已极神品、逸品之妙"；其四，首句"此幅从何处飞来"；其五，首句"仿白石翁"；其八，首句"此幅三石挤塞满纸"。

——《高南阜画册》

作《墨竹图》册（十二页），题画：一、首句"神龙见首不见尾"；二、首句"莫漫锄荆棘"；三、首句"不是春风"；四、首句"一阵狂风倒卷来"；五、首句"一枝偶向崖边出"；六、首句"忽焉而淡"；七、首句"谁家新笋破新泥"；八、首句"短节古干"；九、首句"雨中听竹知秋意"；十、首句"水竹不如山竹劲"；十一、首句"竹林七竹如何六"；十二、首句"竹中有竹"。

——日本东京国立博物馆藏墨迹

四月，金农评论板桥画竹"颇得萧爽之趣"。

——《冬心先生杂画题记》

九月九日，金农为焦五斗题汪士慎《乞水图》。

——《冬心集拾遗》

秋日，黄慎作《商山四皓》轴于翠华官舍。

——故宫博物院藏墨迹

宋弼序高凤翰《南阜诗集》。

——《扬州八家年表》

乾隆二十七年壬午（1762）七十岁

花朝日（二月十五日），于扬州作《兰花竹石图》卷，卷首款署："乾隆二十七年花朝写于扬州。"题画首句："红兰主人以后有紫琼崖主人。"卷尾又款署："板桥郑燮。"

——上海博物馆藏

春日，于扬州为六源作《兰竹石图》轴，题画首句："老夫自任是青山。"

——扬州市博物馆藏墨迹

初夏，作《墨竹》四屏条，题画：一、首句"琼条玉线才开碧"；二、首句"秋风昨夜窗前到"；三、首句"细细的叶"；四、首句"老老苍苍竹一竿。"

——上海刘靖基藏墨迹、

1983年上海书画出版社出版

五月，为受老作《竹石图》轴，题画首句：“一半青山一半竹。”

——故宫博物院藏墨迹

蕤宾（五）月，作行书九言联：“霜熟稻粱肥几村农唱，灯红楼阁回一片书声。”

——香港《书谱》1976年总第10期影印

后五月二十八日，题《陆公伯瞻出使高丽赠送诗文卷子》，首句：“山海关雄蓟北门。”

——解勋藏墨迹

夏日，为静翁作《墨竹图》轴，题画首句：“茅屋一间。”

——中国国家博物馆藏墨迹

小春（十）月，作《兰竹图》轴，题画首勺：“昔人画竹者称文与可、苏子瞻、梅道人。”

——《支那南画大成》卷一影印

作《墨竹》，题画首句：“石上披兰更披竹。”

——《自怡悦斋书画录》卷七

作《竹石图》轴，纸本，水墨，198厘米×116厘米，题画首句：“进出新篁石缝中。”

——旅顺博物馆藏墨迹

为堂大弟作《竹石图》轴，题画首句：“七十老翁澹不求。”

——《郑板桥书画艺术》影印

作《竹石》堂幅，题画首句：“竹也瘦。”

——北京西单文物商店藏墨迹

作《竹石图》轴，题画首句："写来三祝仍三竹。"

——中国国家博物馆藏墨迹

作《焦山竹石图》，题画首句："焦山石块焦山竹。"

——扬州市个园藏木刻

作《兰竹图》轴，题画首句："日日红桥斗酒卮。"

——北京荣宝斋木刻水印

作《兰竹石图》轴，题画首句："竹石幽兰合一家。"

——天津市博物馆藏墨迹

作《兰竹石图》横幅，纸本，水墨，112厘米×195厘米，题画首句："索画者。"

——山西省博物院藏墨迹

作《兰竹石图》轴，题画首句："石多于兰。"

——《艺苑掇英》第8期影印

作《兰竹石图》，题画首句："介于石。"

——《郑板桥集·题画》

为诞老作《花卉》四屏条，题画：一、《兰竹芳香》，首句"兰竹芳香不等闲"；二、《甘菊谷泉》，首句"南阳甘谷家家菊"；三、《南山松寿》，首句"如南山之寿"；四、《柱石干霄》，首句"谁与荒斋伴寂寥"。

——南京博物院藏墨迹

[按]板桥最擅长画兰竹石，也最为人们所珍视。从文献资料和现存墨迹看，他除画兰、竹、石外，还画过以山水、松、梅、菊、荷、秋葵、蒲草、灵芝、桃、橘、樱桃、莲蓬、菱角、佛手、香橼、蒜头、虾、蟹、花瓶、水盂、如意等为题材的作品。

作《兰竹石》四屏条，题画：一、《竹》，首句“乾隆壬午”；二、《竹石》，首句“记得为官种竹枝”；三、《竹》，首句“满目黄沙没奈何”；四、《兰竹石》，首句“四时不谢之兰”。

——镇江金山寺文物馆藏拓本

作《兰蕙、竹石图》册（六开），绢本，水墨，37.5厘米×27厘米。

——福建省博物馆藏墨迹

为景翁书七言联：“民于顺处皆成子，官到闲时更读书。”

——扬州市文物商店藏墨迹

重建焦山自然庵，板桥书联云：“山光扑面因新雨，江水回头为晚潮。”

——《焦山志》卷一

李鱓（1686—1762）卒，年七十七。

——新《辞海》

[按]李鱓卒年，新《辞海》乃依《郑板桥集·题画·兰竹石》“今年七十，兰竹益进，昔复堂不再，不复有商量画事认也”而定，姑系于此。

朱孝纯中举人。

——《中国美术家人名辞典》

卢见曾告休，赵之璧接任两淮盐运都转。

——《扬州府志》

金农于乾隆南游行在进诗。

——《冬心集拾遗》

罗聘为金农编《画佛题记》。

——《罗两峰年谱》

乾隆二十八年癸未（1763）七十一岁

三月三日，与袁枚初遇于虹桥修禊席上，袁枚有“遇晚共怜双鬓短，才难不觉九州宽”诗句以赠，板桥有《赠袁枚》“室藏美妇邻夸艳，君有奇才我不贫”诗句以答。

——《板桥》（1985年）第3期

四月五日，应卢见曾之邀，板桥及杭世骏、金农、陈江皋诸名人泛舟虹桥，并各赋以诗。板桥作《和卢雅雨虹桥泛舟》诗，首句：“今年春色是何心。”

——《昭阳述旧编》卷三

四月，作《怀潍县二首赠郭伦升》，其一首句：“相思不尽又相思。”

——《潍县志稿》卷二十

八月，为尚宾老人作《论书法》横幅，首句：“苏学士用宣城诸葛齐锋笔作字。”

——南京博物院藏墨迹

八月，于吴公湖上，题朱逢年《山水人物图》册（十二页）：一、《山村渔归图》，首句“路转峰回一迳奢”；二、《牛角挂书图》，首句“不识他年作邺侯”；三、《仿米氏云山图》，首句“披图常爱米襄阳”；四、《朝为行云暮为行雨图》，首句“翩翩舞袖爱新妆”；五、《秋山疏林图》，首句“疏林落叶带霜红”；六《辰生图》，首句“由来五福寿为先”；七、《苍松雪山图》，首句“云满寒山水自流”；八、《细琴难字问相如图》，首句“一种风流祇自知”；九、《深山楼阁图》，首句“深山楼阁乱红飞”；十、《陆机督洛客进黄耳图》，首句“陆子曾停洛下车”；十一、《甘雨和风图》，首句“甘雨和风四月天”；十二、《徐孺下陈蕃之榻图》，首句“一声长啸月黄昏”。

——谚园宝藏墨迹

九月，为焦山咏江大师作六分半书七言联：“秋老吴霜苍树色，春融巴雪洗山根。”

——扬州市博物馆藏墨迹

于焦山作《幽兰图》轴，纸本，水墨，142厘米×66.5厘米。题画首句：“重曲径草为堂。”

——湖北省钟祥县博物馆藏墨迹

作《墨竹图》横幅，题画首句：“吾邑善画竹者。”

——沈阳故宫博物院藏墨迹

为木斋作《水竹》横轴，题画首句：“曲曲溶溶漾漾来。”

——《宝迂阁书画录》卷三

作《墨竹图》轴，纸本，水墨，147厘米×59厘米。题画首句：“养成便是干霄器。”

——武汉市文物商店藏墨迹

作《竹图》，题画首句：“山僧爱我画。”

——《支那南画大成》卷一影印

作《墨竹》四屏条，纸本，水墨，158.5厘米×44.5厘米。题画：一、《竹》，首句“虽然高下分浓淡”；二、

《竹》，首句“两鬓星故人”；三、《竹石》，首句“□（细）□（细）□（的）□（叶）”；四、《竹》，首句“干少枝稀叶又疏”。

——北京工艺美术进出口公司藏墨迹

作行书七言联：“操存正固称完璞，陶铸含弘若浑金。”

——《郑板桥书法集》影印

画家钱杜生。

——《历代名人年里碑传总表》

曹雪芹卒。

——《中国历史人物生卒年表》

罗聘、项均客西湖两月余。

——《冬心墨竹》跋

乾隆二十九年甲申（1764）七十二岁

二月，作七言联：“烹茶活火还温酒，洗砚馀波好灌花。”

——扬州兴化薛振国提供

九月，作《隶书岣嵝碑文》轴，首句：“承帝曰咨。”

——《郑板桥书画选》影印

秋日，作《竹石》立轴，纸本，水墨。题画首句：“绕膝龙孙好节柯。”

——《梦园书画录》卷二十三

秋杪，居兴化杏花楼作《竹石图》轴，纸本，水墨，126.4厘米×70.1厘米。题画首句：“画竹之法不贵拘泥成局。

——上海博物馆藏墨迹

秋杪，于杏花楼书八言联：“鹤矫云中霞飞天半，竹明水际松挺岩阿。”

——新编《郑板桥全集》

冬日，作《竹石兰花》轴，纸本，水墨，208.7厘米×139.3厘米，题画首句：“终日作字作画。”

——上海博物馆藏墨迹

作《墨竹图》轴，纸本，水墨，126.1厘米×70.1厘米，题画首句：“文与可墨竹诗云。”

——上海博物馆藏墨迹

作《墨竹图》轴，纸本，水墨。

——上海博物馆藏墨迹

为诞敷年学兄作《兰竹石图》轴，纸本，水墨，240.3厘米×120厘米，题画首句：“昔人云。”

——上海博物馆藏墨迹

作《墨竹图》轴，题画首句：“画有在纸中者。”

——北京黄苗子提供

作《墨竹图》轴，纸本，水墨，167.5厘米×74.3厘米。题画首句：“掷去乌纱不做官。”

——香港·至乐楼藏墨迹

作《墨竹》大幅，纸本，题画首句：“竹称为君。”

——《梦园书画录》卷二十三

为东序作《焦山竹石图》横幅，题画首句：“焦山石块焦山竹。”

——《中国画家丛书·郑板桥》影印

为敬翁作《竹石》大堂幅，题画首句：“渭川千亩入秦关。”

——辛冠洁藏墨迹

作《兰石》轴，纸本，水墨。

——中国国家博物馆藏墨迹

作《兰竹石图》横幅，纸本，水墨。

——河南省博物馆藏墨迹

为茂林作《兰竹石图》轴，纸本，水墨，102.7厘米×103.5厘米。题画首句：“揭天揭地之文。”

——无锡博物院藏墨迹

为郭芸亭作《行书七言绝句》轴，纸本，首句：“春风潍水足相思。”

——中国国家博物馆藏墨迹

作《题画诗六段》卷，纸本。

——中国国家博物馆藏墨迹

作《行书节录怀素自叙》轴，首句：“其述形似。”

——《郑板桥书画选》影印

题李方膺《画册》（六页）：一、《萱猫》，首句“最得闺中妇女怜”；二、《八哥》，首句“类同乾鹊将毋小”；三、《鹌鹑》，首句“鹌鹑两两唤同行”；四、《鹭鸶》，首句“鹭鸶拳足立溪边”；五、《菊花》，首句“菊花盘里是明珠”；六、《芙蓉》，首句“最怜红粉几条痕”。

——原扬州沈华藏墨迹

[按]此册，李方膺画伪，郑题真。

题朱炎《百瞎图》卷，首句：“说与闺中妇女知。”

——扬州·周斯达《板桥题画佚稿》

阮元生。

——《碑传集续》卷三

金农（1687—1764）卒，年七十八。

——《中国历史人物生卒年表》

丁有煜（1682—1764）卒，年八十三。

——《中华文史论丛》1980年第3期

乾隆三十年乙酉（1765）七十三岁

二月，作《墨竹图》轴，题画首句：“干少枝稀叶又疏。”

——山西省博物院藏墨迹

春，为咏亭作行书七言联：“琢出云雷成古器，辟开蒙翳见通衢。”

——扬州市博物馆藏墨迹

春，书十一言联：“百尺高梧撑得起一轮月色，数椽矮屋锁不住五夜书声。”

——泰州市博物馆藏墨迹

四月，作《竹石图》横幅，纸本，水墨，77.5厘米×98厘米。题画首句：“十笏茅斋。”

——兴化市郑板桥纪念馆藏墨迹

五月三日，作《修竹新篁图》轴，纸本，水墨，127.8厘米×43.8厘米。题画首句：“两枝修竹出重霄。”

——故宫博物院藏墨迹

作《墨竹》轴，纸本，水墨。

——北京市文物商店藏墨迹

为永公大和尚作《瘦竹图》轴，题画首句：“一枝瘦竹何曾少。”

——台北国泰美术馆藏墨迹

作《墨竹图》轴，题画首句：“宦海归来两袖空。”

——《支那南画大成》卷一影印

为济翁作《竹石图》轴，题画首句：“两枝修竹一新篁。”

——南京市博物馆藏墨迹

作《竹石图》轴，题画首句：“参差错落无多竹。”

——扬州市文物商店藏墨迹

为玉老作《竹石图》轴，题画首句：“十年作客广陵城。”

——《郑板桥书画选》影印

[按]此轴伪作。

作《六分半书苏轼文》轴，首句：“今日霁色。”

——《国泰美术馆选集》第一辑影印

作《行书节录苏轼答言上人》横幅，首句：“雪斋清境。”

——《国泰美术馆选集》第四辑影印

[按]此幅款署“郑杖桥”之“杖”系“板”字之误。

作《行书节录怀素自叙》轴，纸本。

——上海博物馆藏墨迹

作《行书高凤翰画跋》卷，纸本。

——上海文物商店藏墨迹

[按]此幅，傅熹年："临本"；杨仁恺："有原本对临。"

为蔚起作《行书江晴诗》扇面，首句："雾裹山疑失。"

——扬州市博物馆藏墨迹

十二月十二日卒，享年七十三。葬于兴化县城东管阮庄。以墨弟之子田（字砚耕）嗣。孙熔（字范金），曾孙国璋（字文址）。从孙銮（字砚）、铉（字景堂）。

——《郑板桥年表》《续纂扬州府志》

吴修生。

——《中国历史人物生卒年表》

丁敬（1695—1765）卒，年七十一。

——《历代名人年里碑传总表》

附录（二）郑板桥画目

一、著录画目

水墨兰竹　横挂

纸本。

题画首句："一片青山一片兰。"

胡积堂《笔啸轩书画录》卷上著录。

墨竹中轴

纸本。

题画首句："清秋早起。"

胡积堂《笔啸轩书画录》卷上著录。

墨竹轴　乾隆二十七年壬午（1762）作

纸本，长二尺九寸四分，阔一尺四寸五分。

张大镛《自怡悦斋书画录》卷七著录。

墨竹直幅

谢诚均《瞶瞶斋书画记》卷一著录。

墨竹大幅卷

题画首句："我亦有亭深竹里。"

谢诚均《瞶瞶斋书画记》卷二著录。

墨兰册页

题画首句："兰芳叶劲。"

李佐贤《书画鉴影》卷十八著录。

石壁丛兰轴　乾隆二十六年辛巳（1761）作

纸本，墨笔，高五尺五寸四分，宽二尺五寸。

题画首句："板桥道人没分晓。"

李佐贤《书画鉴影》卷二十四著录。

竹轴

纸本，墨笔，高六尺二寸，宽二尺九寸三分。

题画首句："始入画竹。"

李佐贤《书画鉴影》卷二十四著录。

竹屏

纸本，高五尺五寸，阔一尺四寸五分。

题画首句："一竿瘦。"

方濬颐《梦园书画录》卷二十三著录。

竹屏

纸本，高五尺五寸，阔一尺四寸五分。

题画首句："予家有茆屋二间。"

方濬颐《梦园书画录》卷二十三著录。

竹屏

纸本，高五尺五寸，阔一尺四寸五分。

题画首句："读书写画要先知。"

方濬颐《梦园书画录》卷二十三著录。

兰屏

纸本，高五尺五寸，阔一尺四寸五分。

题画首句："东坡画兰常带荆棘。"

方濬颐《梦园书画录》卷二十三著录。

兰屏

纸本，高五尺五寸，阔一尺四寸五分。

题画首句："风虽狂。"

方濬颐《梦园书画录》卷二十三著录。

兰屏

纸本，高五尺五寸，阔一尺四寸五分。

题画首句："买得沙壶花正开。"

方濬颐《梦园书画录》卷二十三著录。

竹石立轴　乾隆二十九年甲申（1764）秋日作

纸本，高五尺六寸，阔三尺三寸。

题画首句："绕膝龙孙好节柯。"

方濬颐《梦园书画录》卷二十三著录。

墨竹大幅　乾隆二十九年甲申（1764）作

纸本，高七尺，阔三尺四寸。

题画首句："竹为君。"

方濬颐《梦园书画录》卷二十三著录。

兰石大轴　乾隆二十六年辛巳（1761）作

罗文纸本，墨笔，高五尺八寸，阔二尺九寸。

题画首句："唯君心地有芝兰。"

方濬颐《梦园书画录》卷二十三著录。

柱石图立幅

纸本，高四尺六寸，宽一尺三寸八分。

幅首："柱石图"三字。

杜瑞联《古芬阁书画记》卷十八著录。

桃树直帧　乾隆四年己未（1739）夏日作

绢本，著色。

李玉棻《瓯体罗室书画过目考》卷三著录。

菊花竹篱立帧

设色。

李玉棻《瓯体罗室书画过目考》卷三著录。

竹兰巨册（十二开）

纸本，高约一尺一寸，阔约一尺四寸五。

桂馥《丁亥烬遗录》卷三著录。

竹石吊轴

纸本，高四尺，阔二尺。

桂馥《丁亥烬遗录》卷三著录。

墨竹轴

纸本，高四尺六寸，阔一尺八寸六分。

题画首句："曾栽密密小楼东。"

邵松年《古缘萃录》卷十四著录。

兰石立轴

纸本，高三尺零九分，阔一尺一寸一分。

题画首句："峭壁一千尺。"

郭照《铁如意室所藏书画录》卷一著录。

墨菊花立轴

纸本，高三尺七寸六分，阔九寸五分。

题画首句："十日菊花看更黄。"

郭照《铁如意室所藏书画录》卷二著录。

水竹横轴　乾隆二十八年癸未（1763）作

纸本，墨笔。

题画首句："曲曲溶溶漾漾来。"

陈夔麟《宝迂阁书画录》卷三著录。

墨竹扇面

纸本。

题画首句："敢云少少许。"

陈夔麟《宝迂阁书画录》卷四著录。

[按]此幅在《名人画扇精品》第一册中。

橘菊扇面

设色。

题画首句："橘皮香与菊花香。"

陈夔麟《宝迂阁书画录》卷四著录。

[按]此幅在《名人十字十花卉扇》册（二十开）中。

兰竹横披

纸本，高一尺七寸二分，阔三尺二寸九分。

题画首句："窗外石头窗里石。"

汪汝燮《陶风楼藏书画目》著录。

墨竹轴

纸本，高二尺五寸三分，阔一尺二寸六分。

题画首句："满目黄沙没奈何。"

汪汝燮《陶风楼藏书画目》著录。

兰竹石轴

纸本，高二尺五寸八分，阔一尺四寸二分。

题画首句："写兰宜省。"

汪汝燮《陶风楼藏书画目》著录。

墨竹轴

纸本，高一尺九寸四分，阔一尺一寸八分。

题画首句："乌纱掷去不为官。"

汪汝燮《陶风楼藏书画目》著录。

兰花轴

纸本，水墨，高一尺六寸，阔一尺一寸。

题画首句："石涛画兰不似兰。"

汪汝燮《陶风楼藏书画目》著录。

[按]此幅在《书画合景》轴中。

篮菊轴

绢本，高三尺六寸一分，阔一尺一寸二分。

题画首句："南阳甘谷家家菊。"

汪汝燮《陶风楼藏书画目》著录。

柱石图轴

纸本，高五尺二寸四分，阔二尺八寸九分。

题："柱石图。"

汪汝燮《陶风楼藏书画目》著录。

兰竹册（八开）

纸本，墨笔。

张伯驹《丛碧书画录》著录。

山水

清·沈心《孤石山房诗集·留别郑板桥》著录。

荷

清·陶元藻《泊鸥山房集·与郑板桥书》卷十一著录。

墨竹图

题画首句："竹君子。"

常州·何乃扬藏。新版《郑板桥集·补遗·题画》著录。

墨竹图

题画首句："栽竹拂枝。"

常州何乃扬藏。新版《郑板桥集·补遗，题画》著录。

墨竹图

题画首句："画根竹枝插块石。"

常州何乃扬藏。新版《郑板桥集·补遗·题画》著录。

墨竹图

题画首句："画竹插天盖地来。"

常州何乃扬藏。新版《郑板桥集·补遗·题画》著录。

墨竹图

题画首句："写根竹枝栽块石。"

常州何乃扬藏。新版《郑板桥集·补遗·题画》著录。

墨竹图

题画首句："乾笔淡墨画出细竹。"

常州何乃扬藏。新版《郑板桥集·补遗·题画》著录。

墨竹图

题画首句："画竹意在笔先。"

常州何乃扬藏。新版《郑板桥集·补遗·题画》著录。

墨竹图

题画首句："七十老人写竹石。"

常州何乃扬藏。新版《郑板桥集·补遗·题画》著录。

墨竹图

题画首句："虽然高下分浓淡。"

常州何乃扬藏。新版《郑板桥集·补遗·题画》著录。

墨竹图

题画首句："两盆兰草。"

常州何乃扬藏。新版《郑板桥集·补遗·题画》著录。

墨竹图

题画首句："兰草写三苔。"

常州何乃扬藏。新版《郑板桥集·补遗·题画》著录。

兰竹石图

题画首句："兰竹石。"

常州何乃扬藏。新版《郑板桥集·补遗·题画》著录。

兰竹石图

题画首句；"一竹一兰一石。"

常州何乃扬藏。新版《郑板桥集·补遗·题画》著录。

与李鱓、李方膺合作三友图　乾隆二十年乙亥（1755）作

题画首句："复堂奇笔画老松。"

常州何乃扬藏。新版《郑板桥集·补遗·题画》著录。

[按]何乃扬已故，以上所藏板桥画十四幅于"文革"中散失，今已不知下落。

二、现存画目

墨竹卷　乾隆七年壬戌（1742）十月至乾隆八年癸亥（1743）三月作

纸本，水墨。

故宫博物院藏，杨新提供。

[按]此卷画后书所南画墨竹卷后元、明、清诸人题诗、题跋。

兰花轴　乾隆十八年癸酉（1753）作

纸本，水墨，96.3厘米×48.2厘米。

故宫博物院藏。载《中国古代书画目录》，《郑板桥书画精品选》，《中国古代书画目录》第二册著录。

竹兰石图轴　乾隆二十二年丁丑（1757）秋七月作

纸本，水墨。

题画首句："世人只晓爱兰花。"

故宫博物院藏。该院1981年《清代扬州画家作品陈列》展出。载《梅兰竹菊画谱》。

[按]此幅又名《兰石图轴》

兰竹石图轴　乾隆二十三年戊寅（1758）为二女适袁氏者作

纸本，水墨。

题画首句："官罢囊空两袖寒。"

故宫博物院藏。1981年文物出版社出版。载《扬州八怪》。

竹石图轴　乾隆二十七年壬午（1762）夏五月午后作

纸本，水墨，208厘米×107.5厘米。

题画首句："文与可画竹胸有成竹。"

故宫博物院藏。载《郑板桥书画艺术》、《故宫博物院历代绘画陈列目录》、《文物》1980年第6期。

修竹新篁图轴　乾隆三十年乙酉（1765）作

纸本，水墨，127.8厘米×43.8厘米。

题画首句："两枝修竹出重霄。"

故宫博物院藏。

竹石图轴

纸本，水墨，120.5厘米×59.7厘米。

题画首句："扬州鲜笋趁鲥鱼。"

故宫博物院藏。载《郑板桥书画精品选》、《美的历程》、《文物》1978年第12期。

梅竹图轴

纸本，水墨，133厘米×31.2厘米。

题画首句："一生从未画梅花。"

故宫博物院藏。载《中国古代书画目录》二、三，《中国美术全集》绘画编11，《故宫博物院藏花鸟画选》，《扬州八怪》，《郑板桥书画精品选》，《郑板桥书画艺术》、《梅兰竹菊画谱》。《中国古代书画目录》第二册著录。

[按]此幅又名《梅竹双清图轴》。

兰竹轴　乾隆五年庚申（1740）九秋前作

纸本，水墨，128.8厘米×57.7厘米。

题画首句："饮牛四长兄。"

故宫博物院藏。载《中国古代绘画选集》、《中国美术全集》绘画编11、《扬州八怪》、《郑板桥书画艺术》、《中国画》1982年第1期。

墨竹图轴

纸本，水墨。

题画首句："减之又减无多叶。"

故宫博物院藏。该院1981年《清代扬州画家作品陈列》展出。

兰竹图册

（1）《兰》

款："板桥道人。"

（2）《兰》

题画首句："其叶甚短。"

（3）《兰》

题画首句："处世总无穷竭意。"

[按]此幅又名《幽兰图》。

（4）《竹》

题"微风倚少儿"。

（5）《竹》

题画首句：“新篁数尺无多子。”

（6）《竹》

题画首句：“敢云少少许。”

（7）《竹》

题画首句：“瘦条不减黄金缕。”

以上纸本，水墨。

故宫博物院藏。载《悔兰竹菊画谱》。

（1）（3）（5）（6）于该院1981年“清代扬州画家作品陈列”展出。

竹石册页

纸本，水墨。

题画首句：“石如叟竹如孙。”

故宫博物院藏。《击脑集》著录。

蕙扇面

故宫博物院藏。《扬州八家丛活》著录。

竹石横幅

纸本，水墨。

题画首句：“一拳岩下石。”

中国国家博物馆藏。《击脑集》著录。

兰竹石堂幅　乾隆二十六年辛巳（1761）作

纸本，水墨。

题画首句：“此山林之畏。”

中国国家博物馆藏。《击脑集》著录。

墨竹图轴　乾隆二十七年壬午（1762）夏日作

纸本。

题画首句："茅屋一间新篁数干。"

中国国家博物馆藏。新版《郑板桥集·补遗·题画》著录。

华峰三祝图轴　乾隆二十七年壬午（1762）作

纸本，水墨，167.7厘米×92.7厘米。

中国国家博物馆藏。载《中国古代书画目录》一。

兰石轴　乾隆二十九年甲申（1764）作

纸本，水墨。

中国国家博物馆藏。《中国古代书画目录》一著录。

竹石轴

纸本，水墨。

中国国家博物馆藏。《中国古代书画目录》一著录。

竹石轴

纸本，水墨。

中国国家博物馆。《中国古代书画目录》一著录。

新篁图轴

纸本，水墨。

中国国家博物馆藏。《中国古代书画目录》一著录。

兰竹石堂幅

纸本，水墨。

题画首句："春风昨夜入山来。"

中国国家博物馆藏。《击脑集》著录。

盆兰方幅

纸本，水墨。

题画首句："买块兰花要整根。"

中国国家博物馆藏。《击脑集》著录。

竹石图轴　乾隆二十三年（1758）著雍摄提格作

纸本，水墨。

题画首句："秋风昨夜渡潇湘。"

中国美术家协会藏。载《郑板桥书画精选》、新版《郑板桥集》。

兰竹石图横幅　乾隆二十五年庚辰（1760）作

纸本，水墨。

题画首句："画兰之法三枝五叶。"

中国美术家协会藏。载《郑板桥书画艺术》。新版《郑板桥·补遗·题画》著录。

竹石图轴

纸本，水墨。

题画首句："石依于竹竹依于石。"

中国美术家协会藏。载新版《郑板桥集》。

墨竹图轴

纸本，水墨。

题画首句："四时花草最无穷。"

中国美术家协会藏。载《中国绘画百图》、《郑板桥书画精品选》、《郑板桥书画艺术》、《中国画》1959年第11期。

石虎图

中国美术家协会藏。

[按]此幅系邓拓捐献。

兰竹

中国美术家协会藏。

[按]此幅系邓拓捐献。

竹石

中国美术家协会藏。

[按]此幅系邓拓捐献。

墨兰图轴　乾隆十九年甲戌（1754）十月作

纸本。

题画首句："予作兰有年。"

中国美术研究所藏。载《扬州八怪》。

竹石轴

纸本，水墨。

首都博物馆藏。《中国古代书画目录》第一册著录。

修篁图轴

纸本，水墨。

首都博物馆藏。《中国古代书画目录》第一册著录。

墨竹轴

纸本，115厘米×67厘米。

首都博物馆藏。《中国古代书画目录》一著录。

墨竹轴

纸本，水墨，173厘米×89厘米。

中央美术学院藏。

盆兰竹枝图轴

纸本，水墨，113厘米×46.1厘米。

题画首句："画得盆花蕙草新。"

清华大学美术学院藏。载《中国古代书画目录》一。

《中国古代书画目录》第一册著录。

墨竹轴

纸本，水墨，166厘米×85.6厘米。

题画首句："画工何事好离奇。"

清华大学美术学院藏。载《中国古代书画目录》一。

《中国古代书画目录》第一册著录。

竹石图轴

纸本，水墨，69.3厘米×120厘米。

题画首句："江南鲜笋趁鲥鱼。"

清华大学美术学院藏。载《中国古代书画目录》一。

《中国古代书画目录》第一册著录。

墨竹四条屏　乾隆二十八年癸未（1763）作

纸本，水墨，158.5厘米×44.5厘米。

其一题画首句："干少枝稀叶又疏。"

北京市工艺品进出口公司藏。载《中国古代书画目录》一。

《中国古代书画目录》第一册著录。

竹石轴　乾隆二十四年己卯（1759）作

纸本，水墨，198厘米×108.5厘米。

题画首句："文与可画竹题诗云。"

荣宝斋藏。载1950—1980年《荣宝斋三十周年纪念》册。

《中国古代书画目录》第一册著录。

竹石图轴　乾隆二十八年癸未（1763）作

纸本，水墨。

题画首句："竹石相交万万年。"

荣宝斋藏。载荣宝斋出版1981年中国画挂历。

墨竹轴　乾隆三十年乙酉（1765）作

纸本，水墨。

北京市文物商店藏。《中国古代书画目录》第一册著录。

竹石轴

纸本，水墨，195厘米×99.8厘米。

题画首句："两枝老干无多叶。"

北京市文物商店藏。载《中国古代书画目录》一、《郑板桥书画精品选》。《中国古代书画目录》第一册著录。

兰竹石轴

纸本，水墨，181厘米×96厘米。

题画首句："兰为椿主石为宾。"

北京市文物商店藏。载《中国古代书画目录》一。《中国古代书画目录》第一册著录。

双松兰竹图轴

纸本，水墨，245厘米×123厘米。

题画首句："秀顶双松最老苍。"

北京市文物商店藏。载《中国古代书画精品录》一、《中国古代书画目录》一、《郑板桥书画精品选》。《中国古代书画目录》第一册著录。

墨竹横幅

纸本，水墨。

北京市文物商店藏。《中国古代书画目录》第一册著录。

墨竹横幅

题画首句："文与可吴仲圭善画竹。"

宝古斋文物商店藏。《击脑集》著录。

画竹条幅

题画首句："煮肉烹鱼切笋新。"

北京西单文物商店藏。《击脑集》著录。

竹石堂幅

题画首句："竹也瘦。"

北京西单文物商店藏。《击脑集》著录。

梅竹

陈叔通旧藏。《扬州八家丛话》著录。

风竹图轴

纸本，水墨。

题画首句："衙斋卧听萧萧竹。"

徐悲鸿纪念馆藏。载《中国古代画家》《扬州八怪》《郑板桥书画艺术》。

墨竹轴

纸本，水墨。

题画首句："我是江北人。"

徐悲鸿纪念馆藏。载江苏美术出版社出版《徐悲鸿藏画选》（1987年挂历）。

墨竹图轴　乾隆二十九年甲申（1764）作

纸本，水墨。

题画首句："画有在纸中者。"

北京黄苗子藏。载新版《郑板桥集》。

兰竹

朱光藏。《扬州八家丛话》著录。

墨竹

徐平羽藏。《扬州八家丛话》著录。

枯木竹石轴

题画首句："东坡画枯木竹石。"

北京李初梨藏。《击脑集》著录。

兰石轴　乾隆十年乙丑（1745）秋八月作

题画首句："我在山头兰叶短。"

北京刘九庵提供。《击脑集》著录。

墨竹轴　乾隆二十四年己卯（1759）十二月雪晴作

题画首句："江馆新晴。"

北京刘九庵提供。《击脑集》著录。

竹石大堂幅　题画首句："柱石□盘大地。"

北京刘九庵提供。《击脑集》著录。

竹石　乾隆二十七年壬午（1762）秋日作

题画首句："竹与石皆君子也。"

北京启功提供。《击脑集》著录。

风声清影图轴

题画首句："茅屋一间。"

北京邓永清藏。江苏省兴化市郑板桥纪念馆陈列照片。

盆兰图

题画首句："西江绝妙赣州兰。"

北京裴济民藏拓片。

柱石图轴　乾隆二十年乙亥（1755）秋为树人作

纸本，水墨。

题画首句："世人作柱石图。"

天津市博物馆藏。载《支那名画宝鉴》。

竹石图轴　乾隆二十一年丙子（1756）作

纸本，水墨，170厘米×90厘米。

题画首句："昔人画华封三祝。"

天津市博物馆藏。载《天津艺术博物馆藏画集续集》、《中国古代书画目录》十、《扬州八家画选》、《郑板桥书画选》、《郑板桥书画精品选》、《郑板桥书画艺术》、《梅兰竹菊画谱》、《中国画》1982年第1期。

[按]此幅又名《华封三祝图轴》。

墨竹图轴　乾隆二十二年丁丑（1757）作

纸本，水墨，170厘米×91.5厘米。

题画首句："余家有茅屋二间。"

天津市博物馆藏。载《郑板桥书画精品选》。

山顶妙香图轴　乾隆二十三年戊寅（1758）作

纸本，水墨，131.5厘米×72.2厘米。

题画首句："身在千山头顶上。"

天津市博物馆藏。载《艺苑集锦》、《中国古代书画目录》十、《扬州八家画选》、《郑板桥书画精品选》、《郑板桥书画艺术》、《中国古代书画目录》第七册著录。

[按]又名《竹兰图轴》。

竹石图轴　乾隆二十七年壬午（1762）作。

纸本，水墨，175厘米×104厘米。

题画首句："竹石幽兰合一家。"

天津市博物馆藏。载《中国古代书画目录》十、《郑板桥书画精品选》。《中国古代书画目录》第七册著录。

春竹图轴

纸本，水墨。

题画首句："宦海归来两鬓星。"

天津市博物馆藏。载《扬州八家画选》。

兰竹石图轴

纸本，水墨。

题画首句："昔人云入芝兰之室。"

天津市博物馆藏。载《扬州八家画选》。

兰竹坡石图轴

纸本，水墨，175.5厘米×87厘米。

天津市博物馆藏。载《中国古代书画目录》十。《中国古代书画目录》第七册著录。

兰竹图册（六开）

纸本，水墨。

天津市博物馆藏。载《中国古代书画目录》十、《郑板桥书画精品选》。《中国古代书画目录》第七册著录。其中《竹石》（题画首句："石如叟竹如孙。"）、《兰草莆》（题画首句："玉盎金盆徒自贵。"）均载《扬州八怪》。

菊花册页

纸本，水墨。

天津市博物馆藏。载《扬州八怪》。

竹轴　乾隆二十二年丁丑（1757）作

纸本，水墨，170厘米×91.5厘米。

题画首句："余家有茅屋二间。"

天津市博物馆藏。载《中国古代书画目录》八。《中国古代书画目录》第七册著录。

竹轴

纸本，水墨。

天津市博物馆藏。《中国古代书画目录》第七册著录。

兰竹石图轴

绢本，水墨，165厘米×83.5厘米。

题画首句："石畔青青竹数竿。"

天津市杨柳青画社藏。载《天津杨柳青画社藏画集》、《中国古代书画目录》八、《郑板桥书画精品选》。《中国古代书画目录》第七册著录。

柱石图轴

纸本，水墨，150厘米×59厘米。

题画首句："一卷柱石欲擎天。"

天津市文物公司藏。载《中国古代书面图目》八、《郑板桥书画精品选》。《中国古代书画目录》第七册著录。

小竹轴

纸本，水墨。

题画首句："一枝高竹独挡风。"

在天津。载《扬州八家画选》。

竹石轴　乾隆二十六年辛巳（1761）写于扬州

纸本，水墨。

题画首句："一块峰峦耸太行。"

在天津。载《扬州八家画选》、《郑板桥书画艺术》、《中国青年》1979年第4期。

兰册页

纸本，水墨。

在天津。载《扬州八家画选》。

竹石册页

纸本，水墨。

在天津。载《扬州八家画选》。

竹石轴

纸本，水墨，101.5厘米×59厘米。

题画首句："一块石。"

河北省博物馆藏。载《中国古代书画目录》八、《郑板桥书画精品选》。《中国古代书画目录》第七册著录。

兰竹石图横幅　乾隆二十九年甲申（1764）作

纸本，水墨。

河南省博物馆藏。《中国古代书画目录》第七册著录。

兰竹石图横幅

纸本，水墨。112厘米×195厘米。

题画首句："索画者必有来意。"

山西省博物院藏。载《中国古代书画目录》八。《中国古代书画目录》第七册著录。

竹轴

纸本，水墨。

题画首句："干少枝稀叶又疏。"

山西省博物院藏。《中国古代书画目录》第七册著录，1980年山西人民出版社出版。

兰花（两幅）

中国美术家协会山西分会藏。

兰竹

中国美术家协会山西分会藏。

幽兰图轴

纸本，水墨，91.6厘米×51.4厘米。

题画首句："转过青山又一山。"

辽宁省博物馆藏。载《辽宁省博物馆藏画》、《郑板桥书画精品选》、《郑板桥书画艺术》、《梅兰竹菊画谱》、《艺苑掇英》1978年第3期。

花卉松竹屏（四幅）

辽宁省博物馆藏。

墨竹图横幅　乾隆二十八年癸未（1763）作

170厘米×91厘米。

沈阳故宫博物院藏。载《中国美术全集》绘画编11、《辽宁画报》1981年第2期。

竹石图轴

纸本，水墨，17厘米×77厘米。

沈阳故宫博物院藏。薛锋提供。

竹石轴　乾隆二十七年壬午（1762）作

纸本，水墨，198厘米×116厘米。

题画首句："迸出新篁石缝中。"

旅顺博物馆藏。载《郑板桥年谱》。

竹石轴

纸本，水墨，281.3厘米×139.8厘米。

题画首句："敲门欲看谁家竹。"

旅顺博物馆藏。刘广堂提供。

竹石轴

纸本，水墨。

题画首句："两竿修竹入云跟。"

旅顺博物馆藏。载《郑板桥书画艺术》、《辽宁画报》1979年第4期。

墨竹轴

纸本，水墨。

题画首句："小苑茆堂近郭门。"

旅顺博物馆藏。载《辽宁画报》1981年第2期。

竹石轴　乾隆二十四年己卯（1759）作

纸本，水墨。

题画首句："绕膝龙孙好节柯。"

大连文物商店藏。

古松图轴

吉林省博物院藏。载《社会科学战线》1981年第3期。

兰花竹石图卷　乾隆二十七年壬午（1762）作于扬州

纸本，水墨，30.9厘米×828.2厘米。

题画首句："红兰主人以后有紫琼崖主人。"

上海博物馆藏。载《中国古代书画目录》五。《中国古代书画目录》第三册著录。

兰竹石图卷

纸本，水墨，46厘米×141.6厘米。

题画首句："此花不是世间花。"

上海博物馆藏。载《中国古代书画目录》五、《郑板桥书画精品选》。《中国古代书画目录》第三册著录。

竹图轴　乾隆十六年辛未（1751）作

纸本，水墨。

题画首句："一两三枝竹竿。"

上海博物馆藏。《中国古代书画目录》第三册、《郑板桥集·补遗·题画》著录。

[按]此幅刘九庵、傅熹年："疑仿。"

竹图　乾隆十七年壬申（1752）作

题画首句："还似当年旧竹林。"

上海博物馆藏。《郑板桥集·题画·补遗》著录。

[按]此幅乾隆二十四年己卯（1759）后六月题。

竹石图轴　乾隆十九年甲戌（1754）作

纸本、水墨，217.4厘米×120.6厘米。

题画首句："昔东坡居士作枯木竹石。"

上海博物馆藏。载《中国古代书画目录》五、《中国美术全集》绘画编11、《郑板桥书画精品选》、《郑板桥书画艺术》、《书法》1979年第3期。《中国古代书画目录》第三册、《郑板桥集·补遗·题画》著录。

竹石图轴 乾隆二十三年戊寅（1758）作

纸本，水墨，171厘米×91厘米。

题画首句："四十年来画竹枝。"

上海博物馆藏。载《中国古代书画目录》五、《郑板桥书画精品选》、《郑板桥书画艺术》、《梅兰竹菊画谱》《艺苑掇英》第8期。《中国古代书画目录》第三册、《郑板桥集·补遗·题画》著录。

松芝延寿图轴 乾隆二十四年巳卯（1759）作

纸本，水墨，260厘米×101厘米。

上海博物馆藏。载《中国古代书画目录》五、《郑板桥书画精品选》。《中国古代书画目录》第三册著录。

兰竹图轴 乾隆二十六年辛巳（1761）作

纸本，水墨，172.7厘米×91.5厘米。

题画首句："昔人云入芝兰之室。"

上海博物馆藏。载《中国古代书画目录》五、《伟大艺术传统图录》下第十二辑、《郑板桥书画艺术》、《郑板桥书画选》、《郑板桥书画精品选》。《中国古代书画目录》第三册著录。

[按]此幅又名《芝兰全性图轴》。

墨竹图轴 乾隆二十九年甲申（1764）作

纸本，水墨，126.4厘米×70.1厘米。

题画首句："文与可墨竹诗云。"

上海博物馆藏。载《中国古代书画目录》五。《中国古代书画目录》第三册著录。

墨竹图轴　乾隆二十九年甲申（1764）作

纸本，水墨。

上海博物馆藏。《中国古代书画目录》第三册著录。

兰竹石图轴　乾隆二十九年甲申（1764）作

纸本，水墨，240.3厘米×120厘米。

题画首句："昔人云入芝兰之室。"

上海博物馆藏。载《中国古代书画目录》五、《郑板桥书画精品选》。《中国古代书画目录》第三册著录。

竹石兰花轴　乾隆二十九年甲申（1764）作

纸本，水墨，208.7厘米×139.3厘米。

题画首句："终日作字作画不得休歇。"

上海博物馆藏。载《中国古代书画目录》五。《中国古代书画目录》第三册著录。

竹石图轴　乾隆二十九年甲申（1764）作

纸本，水墨，179厘米×95厘米。

题画首句："画竹之法不贵拘泥成局。"

上海博物馆藏。载《上海博物馆》《扬州八家史料》《郑板桥书画艺术》。

竹图轴

纸本，水墨，102.6厘米×48.3厘米。

题画首句："我亦有亭深竹里。"

上海博物馆藏。载《中国古代书画目录》五、《郑板桥书画精选》。《中国古代书画目录》第三册著录。

竹石图轴

纸本，水墨。

上海博物馆藏。《中国古代书画目录》第三册著录（编号1—3888）。

竹石图轴

纸本，水墨。

上海博物馆藏。《中国古代书画目录》第三册著录（编号1—3889）。

芝兰图轴

纸本，水墨。

上海博物馆藏。《中国古代书画目录》第三册著录。

盆兰图轴

纸本，水墨。

上海博物馆藏。《中国古代书画目录》第三册著录。

兰石图轴

纸本，水墨，143.3厘米×74.5厘米。

题画首句：“昔游天目山。”

上海博物馆藏。载《中国古代书画目录》五、《郑板桥书画精品选》。《中国古代书画目录》第三册著录。

兰花图轴

纸本，水墨，191厘米×57厘米。

题画首句：“九畹兰花江上田。”

上海博物馆藏。载《中国古代书画目录》五、《郑板桥书画精品选》。《中国古代书画目录》第三册著录。

兰花图册页

纸本，水墨，30.3厘米×25厘米。

上海博物馆藏。载《中国古代书画目录》五。《中国古代书画目录》第三册著录。

[按]此幅在郑燮等《九家杂画册》（十二开）中。

竹兰图册　乾隆十二年丁卯（1747）作

纸本，水墨。

上海博物馆藏。《中国古代书画目录）第三册著录。

兰花册页

纸本，水墨，23.7厘米×31.3厘米。

上海博物馆藏。载《中国古代书画目录》五。《中国古代书画目录》第三册著录。

[按]此幅在郑燮《花卉》册（十二开）中。

墨竹扇面

纸本，水墨。

题画首句："敢云少少许。"

上海博物馆藏。载《上海博物馆藏明清扇面书画集》。

竹石扇面

纸本，水墨。

款署："越老年兄。板桥郑燮。"

上海博物馆藏。载《扬州八怪画集》。

兰竹石图轴

纸本，水墨，180厘米×105厘米，题画首句："挥毫已写竹三竿。"上海人民美术出版社藏。载《中国美术全集》绘画编11、《唐宋元明清画选》、《郑板桥书画艺术》、《梅兰竹菊画谱》、《艺苑掇英》1978年第1期。《中国古代书画目录》第四册著录。

兰竹石图轴

纸本，水墨，119厘米×58厘米。

题画首句："画得兰花与竹枝。"

上海友谊商店古玩分店藏。载《中国古代书画目录》十二。《中国古代书画目录》第四册著录。

兰花轴

纸本，水墨。

题画首句："九畹兰花江上田。"

上海朵云轩藏。载《朵云轩上海书画出版社成立二十周年》。

墨竹图轴　乾隆十九年甲戌（1754）作

纸本，水墨，131厘米×68厘米。

题画首句："画竹曾经学石涛"。

上海朵云轩藏。载《朵云轩藏画选》。

竹石图轴　乾隆二十一年丙子（1756）作

纸本，水墨，184厘米×93厘米。

题画首句："南山献寿高千尺"。

上海文物商店藏。载《中国古代书画目录》十二。《中国古代书画目录》第四册著录。

竹石图轴

纸本，水墨。

上海文物商店藏。《中国古代书画目录》第四册著录。

竹图轴

纸本，水墨。

上海文物商店藏。《中国古代书画目录》第四册著录。

[按]此幅编号沪11—319。

竹图轴

纸本，水墨。

上海文物商店藏。《中国古代书画目录》第四册著录。

[按]此幅编号11—320。

墨竹图

纸本。

题画首句：“扬州汪士慎。”

上海朱屺瞻藏。新版《郑板桥集·补遗·题画》著录。

墨竹四屏条　乾隆二十七年壬午（1762）作

纸本，水墨。

其一题画首句：“琼条玉线才开碧。”

上海刘靖基藏。1983年上海书画出版社出版。载上海书画社会出版1985年《郑板桥书画》挂历。

竹棘丛兰图卷

纸本，水墨。31.5厘米×508厘米。

南京博物院藏。载《南京博物院藏画集》下册、《中国古代书画目录》七、《扬州八家画集》、《扬州八怪》、《郑板桥书画艺术》、《郑板桥书画选》、《郑板桥书画精品选》、《梅兰竹菊画谱》。《中国古代书画目录》第五册著录。

[按]此幅又名《荆棘丛兰图卷》。

竹轴　乾隆十八年癸酉（1753）为门生王允升作

纸本，水墨，153.8厘米×74厘米。

南京博物院藏。1980年江苏人民出版社出版。载《郑板桥书画精品选》。《中国古代书画目录》第五册著录。

竹石图轴

纸本，水墨，159.5厘米×51.5厘米。

题画首句："咬定青山不放松。"

南京博物院藏载《郑板桥书画精品选》。《中国古代书画目录》第五册著录。

合作苔石图轴

纸本，水墨，93厘米×54.5厘米。

题画首句："郑家画石。"

南京博物院藏。新版《郑板桥集·补遗·题画》著录。

[按]此画与陈馥合作。

花卉屏四条　乾隆二十七年壬午（1762）作

（1）《兰竹芳馨图轴》

题画首句："兰竹芳馨不等闲。"

（2）《甘谷菊泉图轴》

题画首句："南阳甘谷家家菊。"

（3）《松茂南山图轴》

题画首句："如南山之寿。"

（4）《柱石图轴》

题画首句："谁与荒斋伴寂寥。"

以上纸本，水墨，189.6厘米×49.5厘米。

南京博物院藏。载《南京博物院藏画》、《中国古代书画目录》七、《中国美术全集》绘画编11、《扬州八家画集》、《郑板桥书画精品选》、《郑板桥书画艺术》、《郑板桥书画选》、《文物》1960年第7期。《中国古代书画目录》第五册著录。

墨竹图轴　乾隆二十二年丁丑（1757）作

纸本，水墨，177.5厘米×86厘米。

题画首句："小苑茆堂静掩门。"

江苏省国画院藏。载《扬州八怪画集》《郑板桥书画艺术》。

竹石图轴　乾隆三十年乙酉（1765）作

纸本，水墨。

题画首句："两枝修竹一新篁。"

南京市博物馆藏。

[按]此幅，原南京市文物商店藏。

丛篁图轴

纸本，水墨。

题画首句："文与可吴仲圭善画竹。"

南京市文物商店藏。载《扬州八怪画集》。《中国古代书画目录》第五册著录。

兰竹图轴

纸本，水墨。

题画首句："自古幽贞是此花。"

南京市博物馆藏。载《郑板桥书画艺术》。《中国古代书画目录》第五册著录。

墨兰图　乾隆二十四年己卯（1759）为柿伯作

纸本。

题画首句："叶长则花少。"

南京市文物商店藏。载《扬州八怪画集》。

竹石图屏（四条）　乾隆二十三年戊寅（1758）作

（1）《竹石图》

题画首句："请让青山出一头。"

（2）《竹石图》

题画首句："石缝山腰是我家。"

（3）《竹图》

题画首句："南北东西四面吹。"

（4）《竹图》

题画首句："衙斋卧听萧萧竹。"

南京市鼓楼公园藏漆器。

墨石图横幅

纸本。

题画首句："欲学云林画石头。"

南京陶白藏。载《扬州八怪画集》。

盆兰图　乾隆二十六年辛巳（1761）七月二日作

纸本，水墨。

南京大学吴白匋藏。载《扬州八怪画集》《郑板桥书法集》。

[按]此画在《手札》中。

墨竹图轴

纸本。

江苏省国画院宋文治藏。

兰竹石册页

题画首句："兰花质性太清幽。"

南京许莘农藏图片。

墨竹轴

题画首句："萧潇江上晚风寒。"

南京田原提供。

竹石图轴

题画首句："两枝瘦竹叶无多。"

南京田原提供。

竹石轴

题画首句："不须红紫夸颜色。"

南京田原提供。

兰竹石轴

题画首句："此是姑苏石上花。"

南京田原提供。

竹石图轴　乾隆二十一年丙子（1756）作

纸本，水墨。

题画首句："昨在西湖过六桥。"

徐州博物馆藏。《中国古代书画目录》第五册著录。

兰石图轴　乾隆二十二年丁丑（1757）秋八月作

纸本，水墨，148.5厘米×83.2厘米。

题画首句："余种兰数十盆。"

南通博物苑藏。

兰石图轴

纸本，水墨，141厘米×58厘米。

题画首句："小小茅斋也有山。"

南通博物苑藏。

兰竹石轴

纸本，水墨。

题画首句："有兰有竹有石。"

南通博物苑藏。

墨竹屏　乾隆二十八年癸未（1763）作

纸本，水墨，178.8厘米×46.6厘米。

南通博物馆苑藏。

墨竹轴　乾隆二十年乙亥（1755）作

纸本，水墨。

题画首句："直干千秋无妄曲。"

苏州博物馆藏。载《扬州八怪画集》。《中国古代书画目录》第五册著录。

墨竹图轴

纸本，水墨，142.5厘米×38.7厘米。

题画首句："咬定青山不放松。"

苏州博物馆藏。载《中国古代书画目录》六、《中国美术全集》绘画篇11、《扬州八怪画集》、江苏人民出版社出版1985年《扬州八怪画选》挂历。《中国古代书画目录》第五册著录。

[按]此幅，刘九庵："疑。"傅熹年："伪。"

兰竹石图轴

绢本，水墨，132厘米×47厘米。

苏州市文物商店藏。载《中国古代书画目录》六。《中国古代书画目录》第五册著录。

清溪兰竹图横幅　乾隆二十三年戊寅（1758）作

纸本，水墨，108.2厘米×192厘米。

题画首句："此是幽贞一种花。"

无锡博物院藏。载《中国古代书画目录》六、《郑板板书画精品选》。《中国古代书画目录》第五册著录。

兰竹石图轴　乾隆二十九年甲申（1764）作

纸本，水墨，102.7厘米×103.5厘米。

题画首句："掀天揭地之文。"

无锡市博物院藏。载《中国古代书画目录》六、《郑板桥书画精品选》、《郑板桥书画艺术》、《艺苑掇英》第八期。《中国古代书画目录》第五册著录。

兰竹石图轴

纸本，水墨。169.2厘米×91厘米

无锡市博物院藏。《中国古代书画目录》第五册著录。

兰竹荆棘图轴　乾隆二十二年丁丑（1757）作

纸本，水墨，187厘米×110.3厘米。

题画首句："不容荆棘不成兰。"

常州市博物馆藏。载《中国古代书画目录》六、《郑板桥书画精品选》。《中国古代书画目录》第五册著录。

梅花横幅

纸本，水墨。

题画首句："近日盆花绝□嫌。"

扬州市博物馆藏。

[按]此幅题画残缺。

墨竹横幅

纸本，水墨。

题画首句；“画大幅竹人以为难。”

扬州市博物馆藏。载《郑板桥书画精品选》《郑板桥书画艺术》。《中国古代书画目录》第五册著录。

墨竹图轴

纸本，水墨。

题画首句：“新竹高于旧竹枝。”

扬州市博物馆藏。载《郑板桥书画精品选》。《中国古代书画目录》第五册、新版《郑板桥集·补遗·题画》著录。

兰石图轴　乾隆二十三年戊寅（1758）作

纸本，水墨。

题画首句：“古人云入芝兰之室。”

扬州市博物馆藏。《中国古代书画目录》第五册著录。

兰石图轴　乾隆二十七年壬午（1762）作

纸本，水墨，197.2厘米×113.8厘米。

题画首句：“老夫自任是青山。”

扬州市博物馆藏。载《中国古代书画目录》六。《中国古代书画目录》第五册、新版《郑板桥集·补遗·题画》著录。

兰竹石图轴

纸本，水墨，178厘米×102厘米。

题画首句：“平生爱所南先生及陈古白画兰竹。”

扬州市博物馆藏。载《中国古代书画目录》六、《中国美术全集》绘画编11、《扬州八怪》、《郑板桥书画精品选》、《郑板桥书画艺术》。《中国古代书画目录》第五册、新版《郑板桥集·补遗·题画》著录。

幽兰佛手图轴

纸本，水墨，52.5厘米×60厘米。

题画首句："始则幽兰在谷。"

扬州市博物馆藏。载《中国古代书画目录》六、《郑板桥书画精品选》、齐鲁书社版《郑板桥全集》。《中国古代书画目录》第五册著录。

柱石图轴

纸本，水墨。

扬州市博物馆藏。

芝兰竹石图轴　乾隆二十一年丙子（1756）作

纸本，水墨，179厘米×97厘米。

题画首句："古人云。"

扬州市文物商店藏。载《中国古代书画目录》六、《郑板桥书画精品选》。《中国古代书画目录》第五册著录。

[按]《郑板桥书画精品选》误为"苏州市文物商店藏"。

竹石轴　乾隆三十年乙酉（1765）作

纸本，水墨。

题画首句："参差错落每多竹。"

扬州市文物商店藏。《中国古代书画目录》第五册著录。

竹石图轴

纸本，水墨。

扬州市文物商店藏。《中国古代书画目录》第五册著录。

兰花图轴

纸本，水墨。

扬州市文物商店藏。《中国古代书画目录》第五册著录。

兰竹石轴

纸本，水墨。

题画首句："昨夜大醉不能画。"

扬州市古籍书店藏。

墨竹图轴　乾隆二十六年辛巳（1761）作

纸本，水墨。

题画首句："竹里秋风应更多。"

扬州徐笠樵藏。载《郑板桥书画艺术》。新版《郑板桥集·补遗·题画》著录。

竹图

题画首句："文与可题画竹诗云。"

扬州周斯达藏拓片。载《郑板桥书法集》。

墨竹轴　乾隆二十二年丁丑（1757）作

纸本，水墨，76厘米×87厘米。

题画首句："扬州鲜笋趁鲥鱼。"

泰州市博物馆藏。载《郑板桥书画精品选》《扬州八怪画集》。《中国古代书画目录》第五册著录。

竹石轴　乾隆二十七年壬午（1762）作

纸本，水墨，138厘米×64厘米。

题画诗末句："织就湘帘护美人。"

泰州市博物馆藏。载《郑板桥书画艺术》。《中国古代书画目录》第五册著录。

墨竹横幅　乾隆三十年乙酉（1765）清和月作

纸本，77.5厘米×98厘米。

兴化市郑板桥纪念馆藏。

兰花轴

纸本，水墨。

题画首句："九畹兰花江上田。"

兴化市郑板桥纪念馆藏。载《兴化历代名人书画选》《扬州八怪画集》。

[按]此幅原上海朵云轩藏。

竹石轴

纸本，水墨，130厘米×72厘米。

题画首句："竹得此中仙境界。"

兴化市郑板桥纪念馆藏。载《兴化历代名人书画选》《郑板桥书画精品选》、上海书画出版社1985年出版的《郑板桥书画》挂历。

竹石图轴

纸本，水墨，130厘米×72厘米。

题画首句："石块玲珑整又歪。"

兴化市郑板桥纪念馆藏。载《兴化历代名人书画选》《郑板桥书画精品选》。

兰竹石图横幅

纸本，水墨，72厘米×119厘米。

题画首句："几枝修竹几枝兰。"

兴化市郑板桥纪念馆藏。载《兴化历代名人书画选》、《郑板桥书画精品选》、《板桥》1984年第1期。

竹石图轴

纸本，水墨，124厘米×66厘米。

题画首句："只有青山是我家。"

扬州市江都县图书馆藏。齐鲁书社版《郑板桥全集》著录。

兰竹石图轴

纸本，水墨，134.5厘米×72.5厘米。

题画首句："兰花与竹本相关。"

扬州市江都县图书馆藏。载《郑板桥书画精品选》。

雨洗琅玕图卷

纸本，水墨，95厘米×279厘米。

镇江市博物馆藏。载《中国古代书画目录》六。《中国古代书画目录》第五册著录。

[按]此幅题画首句缺七字。

竹石图轴

纸本，水墨。

题画首句："竹枝石块两相宜。"

镇江市博物馆藏。新版《郑板桥集·补遗·题画》著录。

竹石图轴

纸本，水墨，170.2厘米×100厘米。

题画首句："竹是新栽石旧栽。"

镇江市博物馆藏。新版《郑板桥集·补遗·题画》著录。

竹图　乾隆十年乙丑（1745）作

题画首句："晨起江边看竹枝。"

镇江市金山寺文物馆藏拓本。新版《郑板桥集·补遗·题画》。

竹图

题画首句：“邻家种修竹。”

镇江市金山寺文物馆藏拓本。新版《郑板桥集·补遗·题画》著录。

竹图

题画首句：“记得为官种竹枝。”

镇江市金山寺文物馆藏拓本。新版《郑板桥集·补遗·题画》著录。

竹图

题画首句：“疏疏密密复亭亭。”

镇江市金山寺文物馆藏拓本。新版《郑板桥集·补遗·题画》著录。

竹石图轴　乾隆二十四年己卯（1759）作

纸本，水墨，128.8厘米×68.5厘米。

浙江省博物馆藏。

《中国古代书画目录》十一。

《中国古代书画目录》第六册著录。

竹石图轴　乾隆二十七年壬午（1762）作

纸本，水墨，191厘米×105.5厘米。

中国美术学院藏。

《中国古代书画目录》十一。

《中国古代书画目录》第六册著录。

幽兰竹石图轴

纸本，水墨。

中国美术学院藏。

《中国古代书画目录》第六册著录。

柱石图轴　乾隆二十九年甲申（1764）作

纸本，水墨，140.9厘米×77.2厘米。

浙江省宁波市天一阁文物保管所藏。

《中国古代书画目录》十一。

《中国古代书画目录》第六册著录。

竹石图轴

纸本，水墨，164厘米×91厘米。

题画首句："六根清净之图。"

福建省博物馆藏。载《中国古代书画目录》十四。《中国古代书画目录》第九册著录。

竹轴

纸本，水墨。

福建省博物馆藏。《中国古代书画目录》第九册著录。

竹菊图轴

纸本，水墨，184厘米×51.5厘米。

福建省博物馆藏。载《中国古代书画目录》十四。《中国古代书画目录》第九册著录。

兰蕙竹石图册（六开）　乾隆二十七年壬午（1762）作

绢本，水墨，37.5厘米×27厘米。

福建省博物馆藏。载《中国古代书画目录》十四。《中国古代书画目录》第九册著录。

四季竹（四幅）

（1）《竹石》

题画首句："石峰一块俗撑天。"

（2）《竹》

题画首句：“今日醉明白饱。”

（3）《竹》

题画首句：“一片月光如洗。”

（4）《竹》

题画首句：“满天皆大雪。”

福建省泉州市古文物拓片商店藏拓片。

兰竹图轴　乾隆二十六辛巳（1761）作

纸本，水墨。

安徽省博物馆藏。

《中国古代书画目录》第六册著录。

兰竹石图轴　乾隆三十年乙酉（1765）作

纸本，水墨，284.5厘米×139.9厘米。

安徽省博物馆藏。《中国古代书画目录》十二影印。

《中国古代书画目录》第六册著录。

竹石图轴

纸本，水墨。

安徽省博物馆藏。

《中国古代书画目录》第六册著录。

墨竹轴

纸本，水墨，135厘米×64厘米。

题画首句：“未画以前胸中无一竹。”

安徽省博物馆藏。

载《中国古代书画目录》十二。

《中国古代书画目录》第六册著录。

墨竹轴

纸本，水墨，189.9厘米×103.5厘米。

安徽省博物馆藏

《中国古代书画目录》十二。

题画首句："文与可寄东坡墨竹。"

《中国古代书画目录》第六册著录。

兰芝图轴

纸本，水墨。

安徽省博物馆藏。

《中国古代书画目录》第六册著录。

墨竹轴

纸本。

题画首句："东坡与可太癫狂。"

江西省博物馆藏。载《郑板桥书画艺术》。

墨竹轴

纸本。

江西省博物馆藏。

双松图轴　乾隆二十三年戊寅（1758）三月二日作

纸本，水墨。

山东省博物馆藏。载《中国美术全集》绘画编11、《郑板桥书画精品选》、《郑板桥书画艺术》、《郑板桥书画》《人民画报》1978年10期、《山东画报》1984年第6期。

兰花图轴

纸本，水墨。

题画首句："素心花赠素心人。"

山东省博物馆藏。载《郑板桥书画》。

墨竹条山

纸本。

题画首句："不风不雨正晴和。"

山东省博物馆藏。载《郑板桥书画》。

墨竹扇面

题画首句："一二十片叶。"

山东省王国华藏。载《郑板桥书画》。

竹石图轴

纸本，水墨。

题画首句："咬定青山不放松。"

在济南市。刘汝醴提供。

竹石图轴

纸本，水墨。

题画首句："一节復一节。"

青岛市博物馆藏。载《郑板桥书画》。

峭壁兰花图轴

纸本，水墨。

题画首句："峭壁兰垂万箭多。"

潍坊市博物馆藏。载《郑板桥书画》、《山东画报》1979年第11期。

板桥书画拓片集（四十四幅，其中绘画十九幅）

（1）《竹图》

题画首句："七载春风在潍县。"

（2）《兰梅菊竹图》

题画首句："兰梅竹菊四名家。"

（3）《兰图》

题画首句："杭州金寿门题墨兰诗云。"

（4）《竹石图》

题画首句："一枝卧竹一枝昂。"

（5）《竹图》

题画首句："扬州汪士慎。"

（6）《芝兰图》

题画首句："芝兰之室。"

（7）《兰竹石图》乾隆十七年壬申（1752）九秋作。

题画首句："世间盆盎空栽植。"

（8）《兰花横幅》

题画首句："余种兰数十盆。"

（9）《竹石横幅》

题画首句："咬定青山不放松。"

（10）《竹图》

题画首句："蝶梦初回茗椀持。"

（11）《竹图》

题画首句："浑如燕剪翻风外。"

（12）《竹图》

题画首句："一节一节一节。"

（13）《竹图》

题画首句："一尺竹含千尺势。"

（14）《竹图》

题画首句："浓淡有时无。"

（15）《竹图》乾隆十七年壬申（1752）二月十日作。

（16）《竹图》

题："板桥郑燮。"

（17）《竹图》

题画首句："竹枝略与苇枝同。"

（18）《竹图》

题："板桥居士郑燮。"

（19）《兰花横幅》乾隆十六年辛未（1751）春三月作。

潍坊市工艺美术研究所编印。其中（3）（8）载《山东画报》1979年第11期。

盆兰图轴

纸本，水墨。

题画首句："买块兰花要整根。"

烟台市博物馆藏。载《郑板桥书画》。

墨竹图轴

纸本，水墨。

题画首句："只道霜[illegible]千欲枯。"

烟台市博物馆藏。载《郑板桥书画》。

兰石图轴　乾隆十四年己巳（1749）作

纸本，水墨。

题画首句："泰山高绝苦无兰。"

烟台地区文管组藏。载《郑板桥书画》。

墨竹宫灯片

题画首句："一枝折得淇泉竹。"

烟台地区文管组藏。载《郑板桥书画》。

墨竹宫灯片

烟台地区文管组藏。载《郑板桥书画》。

墨竹斗方

题画首句：“一尺竹含千尺势。”

烟台地区文管组藏。载《郑板桥书画》。

墨兰宫灯片　（二幅）

烟台地区文管组藏。载《郑板桥书画》。

翠竹芝兰图　乾隆十八年癸酉（1753）作

题画首句：“昔李涉过皖桐江上。”

曲阜县文管会藏。新版《郑板桥集·补遗·题画》著录。

兰竹石图

题画首句：“岱丁年老长兄。”

曲阜县文管会藏。新版《郑板桥集·补遗·题画》著录。

兰竹图

河南省博物馆藏。

墨竹图

新乡市博物馆藏。

墨竹通屏　乾隆二十六年辛巳（1761）七夕雨中作

纸本，水墨，222.5厘米×252厘米。

题画首句：“画大幅竹。”

湖北省博物馆藏。1983年8月长江文艺出版社出版。

墨竹图轴

纸本，水墨，147厘米×59厘米。

题画首句：“养成便是干霄器。”

武汉市文物商店藏。《各省市自治区征集文物汇报展览》展出。

竹枝大幅

题画首句："新霜昨夜满沙洲。"

武汉市文物商店藏。《击脑集》著录。

幽兰图轴　乾隆二十八年癸未（1763）作于焦山

纸本，水墨，142厘米×66.5厘米。

湖北省钟祥县博物馆藏。孟祥和提供。

盆兰图轴　乾隆十五年庚午（1750）作

纸本，水墨。

广东省博物馆藏。《中国古代书画目录》第九册著录。

竹轴　乾隆二十二年丁丑（1757）作

纸本，水墨。

广东省博物馆藏。《中国古代书画目录》第九册著录。

二清图轴（兰竹石图轴）

纸本，水墨，154.5厘米×92.5厘米。

题画首句："鲜笋鲥鱼味。"

广东省博物馆藏。载《中国古代书画目录》十三。《中国古代书画目录》第九册著录。

竹轴

纸本，水墨，141.8厘米×62.3厘米。

广东省博物馆藏。载《中国古代书画目录》十三。《中国古代书画目录》第九册著录。

竹轴

纸本，水墨。

广东省博物馆藏。《中国古代书画目录》第九册著录。

竹石图轴

纸本，水墨。

广东省博物馆藏。《中国古代书画目录》第九册著录。

兰花图轴

纸本，水墨。102厘米×45厘米。

题画首句："所南翁画兰好画根。"

广东省博物馆藏。载《广东省博物馆藏画集》、《中国古代书画目录》十三、《郑板桥书画精品选》。《中国古代书画目录》第九册著录。

柱石图轴　乾隆二十五年庚辰（1760）作

纸本，水墨。

广州艺术博物院藏。《中国古代书画目录》第九册著录。

竹子石笋图轴　乾隆二十五年庚辰（1760）作

纸本，水墨，140厘米×91.5厘米。

题画首句："秋风昨夜窗前到。"

广州艺术博物院藏。载《中国古代书画目录》十四、《郑板桥书画精品选》。《中国古代书画目录》第九册著录。

竹石图轴

纸本，水墨。

题画首句："画舫停桡倚汴河。"

广州艺术博物院藏。载《郑板桥书画精品选》。

竹石幽兰图轴

纸本，水墨，185厘米×105厘米。

题画首句："古人云孤松瘦石。"

广州艺术博物院藏。载《中国古代书画目录》十四。

《中国古代书画目录》第九册著录。

墨竹轴

题画首句："信手拈来都是竹。"

陈汉第旧藏。载《伏庐书画录》《郑板桥书画艺术》

竹石图轴　乾隆二十年乙亥（1755）作

纸本，水墨，85厘米×93厘米。

题画首句："自古龙孙无弱干。"

广西壮族自治区博物馆藏。载《中国古代书画目录》十四。

《中国古代书画目录》第九册著录。

片石图轴

纸本，水墨，137厘米×103厘米。

广西壮族自治区博物馆藏。载《中国古代书画目录》十四。

《中国古代书画目录》第九册著录。

竹轴

纸本，水墨。

广西壮族自治区博物馆藏。《中国古代书画目录》第九册著录。

兰花卷

题画首句："乱草荒蓬著处理。"

四川省博物院藏。《击脑集》著录。

兰竹松石卷

题画首句："板桥居士为范县令。"

四川省博物院藏。《击脑集》著录。

竹石立轴

题画首句："胸中墨汁三千斛。"

四川省博物馆藏。《击脑集》著录。

兰竹石四屏条

（1）《兰竹石》

题画首句："竹石幽兰不一家。"

（2）《兰竹石》

题画首句："石上青青一片兰。"

（3）《竹石》

题画首句："茆斋瘦竹长都成。"

（4）《兰竹石》

题画首句："有兰有竹有石。"

以上纸本，水墨。

中国美术家协会四川分会藏。

兰竹石堂幅

题画首句："□□□□含瑞色。"

成都戈壁舟藏。《击脑集》著录。

七月新篁图轴

纸本，水墨，66厘米×34.8厘米。

题画首句："竹叶阴浓盛夏时。"

重庆市中国三峡博物馆藏。载《郑板桥书画精品选》。

竹石大幅

题画首句："雷停雨止斜阳出。"

重庆市博物馆藏。《击脑集》著录。

兰花竹石图轴

纸本，水墨，88厘米×46厘米。

题画首句："有兰有竹有石。"

重庆市中国三峡博物馆藏。载《李初梨同志捐献文物图册》。

墨竹图轴

纸本，125厘米×65厘米。

题画首句："老干霜皮滑可扪。"

重庆市中国三峡博物馆藏。载《李初梨珍藏书画选》《扬州八怪》。

竹石大堂幅

题画首句："竿是本家生。"

重庆西南大学历史系藏。《击脑集》著录。

兰竹石轴

纸本，水墨，168厘米×92.5厘米。

题画首句："有兰有竹有石。"

西安美术学院图书馆藏。

芝兰轴　乾隆五年庚申（1740）十一月十二写于扬州寓斋

纸本，水墨。

题画首句："古人云入芝兰之室久而不闻其香。"

中国美术家协会陕西分会藏。

竹石轴

纸本，水墨。

中国美术家协会陕西分会藏。

竹石图屏条（四幅） 乾隆十年乙丑（1745）作

题画首句：

其一："咬定青山不放松。"

其二："幽篁一夜雪。"

其三："晨起江边看竹枝。"

其四："疏疏密密复亭亭"。

西安市碑祥阁藏拓片。

竹石轴

纸本，水墨。

题画首句："春风春雨正及时。"

兰州邓成城藏。

兰竹轴

钱定一藏。中国美术家协会南京分会筹委会、江苏省美术陈列馆筹备处1958年"宋元明清绘画展览"展出。

竹石大堂幅

题画首句："渭川千亩入秦关。"

辛冠洁藏。《击脑集》著录。

竹石条幅

题画首句："少年曾探上苑花。"

张述蕴藏。《击脑集》著录。

瘦竹图轴 乾隆三十年乙酉（1765）作

纸本，水墨，163.1厘米×88厘米。

题画首句："一枝瘦竹何曾少。"

台北国泰美术馆藏。载《中国绘画总合图录》第二卷"东南亚·欧洲篇"。

清朝柱石图轴　乾隆二十三年戊寅（1758）冬日作

纸本，水墨，188.3厘米×110.3厘米。

题画首句："气骨森严色古苍。"

台北国泰美术馆藏。载《中国绘画总合图录》第二卷"东南亚、欧洲篇"、《文人画粹编》第九卷《金农》。

墨竹石图轴

纸本，水墨，198厘米×87.3厘米。

题画首句："几枝新叶萧萧竹。"

台北国泰美术馆藏。载《中国绘画总合图录》第二卷"东南亚·欧洲篇"。

墨竹图轴　乾隆二十九年甲申（1764）作

纸本，水墨，167.5厘米×74.3厘米。

题画首句："掷去乌纱不做官。"

香港至乐楼藏。载《中国绘画总合图录》第二卷"东南亚·欧洲篇"。

竹石图轴

纸本，水墨，189.7厘米×104厘米。

题画首句："小院深斋静掩门。"

香港中文大学中国文化研究所文物馆藏。载《中国绘画总合图录》第二卷"东南亚·欧洲篇"。

墨竹图轴

纸本，水墨，180.9厘米×47.9厘米。

题画首句："江南鲜笋趁鲥鱼。"

香港虚白斋藏。载《扬州八怪全集》、《艺苑掇英》第32期。

墨竹图册（十二页）乾隆二十六年辛巳（1761）作

（1）《墨竹图页》

题画首句：“神龙见首不见尾。”

（2）《墨竹图页》

题画首句：“莫漫锄荆棘。”

（3）《墨竹图页》

题画首句：“不是春风。”

（4）《墨竹图页》

题画首句：“一阵狂风倒卷来。”

（5）《竹石图页》

题画首句；“一枝偶向崖边出。”

（8）《墨竹图页》

题画首句：“忽焉而澹。”

（7）《竹笋图页》

题画首句：“谁家新笋破新泥。”

（8）《墨竹图页》

题画首句：“短节古干如地下之鞭。”

（9）《墨竹图页》

题画首句：“雨中听竹知秋意。”

（10）《竹石图页》

题画首句：“水竹不如山竹劲。”

（11）《墨竹图页》

题画首句：“竹林七竹如何六。”

（12）《墨竹图页》

题画首句：“竹中有竹。”

以上纸本，水墨，34.3厘米×58.5厘米。

东京国立博物馆藏。载《中国绘画总合图录》第三卷“日本篇I博物馆”，《郑板桥书画艺术》，《书菀》第一卷的一、三、五、七、八、十号和第二卷的一、二、五、六、七、八号。

[按]此册原为日本高岛槐安藏。

墨竹图卷

纸本，水墨，32.6厘米×129.2厘米。

题画首句：“种得东南美干才。”

大阪市立美术馆藏。载《中国绘画总合图录》第三卷“日本篇I博物馆”，《中国绘画图录篇》、《郑板桥书画选》。

兰竹石图轴

纸本，水墨，133.7厘米×52厘米。

题画首句：“兰花本是山中草。”

黑川古文化研究所藏。载《中国绘画总合图录》第三卷“日本篇I博物馆”、《文人画粹编》第九卷《金农》。

墨竹图轴　乾隆二十九年甲申（1764）作

题画首句：“竹称为君。”

张允中藏。载《中国绘画总合图录》第四卷“日本篇Ⅱ寺院·个人”。

墨兰图卷　乾隆七年壬戌（1742）春作

题画首句：“知君本是素心人。”

江田勇二藏。载《中国绘画总合图录》第四卷“日本篇Ⅱ寺院·个人”。

兰竹图轴　乾隆二十七年壬午（1762）作

纸本，水墨，192.2厘米×51.3厘米。

题画首句："兰竹芳馨不等闲。"

贝塚茂树藏。载《中国绘画总合图录》第四卷"日本篇Ⅱ博物馆"。

墨竹图轴

纸本，水墨。

题画首句："不过数片叶。"

日本大阪本山彦一藏。载《支那名画宝鉴》、《域外所藏中国古画集》之八"清画"第三辑、《支那画人研究》、《郑板桥书画艺术》、《美术研究》1959年第1期、《艺苑掇英》第8期。

竹石图轴

纸本，水墨。

题画首句："竹劲兰芳性自然。"

日本东京河井荃庐藏。载《支那名画宝鉴》、《域外所藏中国古画集》之八"清画"第三辑、《中国绘画史图录》下册、《郑板桥书画艺术》、《郑板桥的故事》、《梅兰竹菊画谱》。

墨竹图轴

绫本，水墨。

题画首句："和风暖雨佳时节。"

日本京都桑名铁城藏。载《域外所藏中国古国集》之八"清画"第三辑。《日本现在支那名画目录》著录。

竹石立轴　乾隆二十三年戊寅（1758）作

纸本，水墨，199厘米×109厘米。

题画首句："吾家有茅屋二间。"

日本亀井氏摄心庵藏。载《书苑》4卷10号。

兰图轴

绢本，水墨，34.4厘米×26.3厘米。

题画首句："叶少花稀才数笔。"

新加坡卢氏藏。载《中国绘画总合图录》第二卷"东南亚·欧洲篇"。

竹石图轴　乾隆二十七年壬午（1762）作

纸本，水墨，168.9厘米×78.5厘米。

题画首句："七十衰翁淡不求。"

东亚美术馆（柏林）藏。载《中国绘画总合图录》第二卷"东南亚·欧洲篇"、《郑板桥书画选》。

空谷幽香图轴

纸本，水墨，133.5厘米×51.5厘米。

题画首句："两峰夹兰竹幽香。"

明德堂藏。载《由国绘画总合图录》第一卷"美国·加拿大篇"。

兰竹图卷　乾隆七军壬戌（1742）春为振凡作

纸本，水墨，34.6厘米×？厘米。

题画首句："知君本是素心人。"

艾里奥特藏。载《中国绘画总合图录》第一卷"美国·加拿大篇"。

兰竹石图卷

纸本，水墨，28.9厘米×？厘米。

题画首句："山中自有芝。"

修林卡藏。载《中国绘画总合图录》第一卷"美国·加拿大篇"。

兰竹石图轴　乾隆二十六年辛巳（1761）作

纸本，水墨，187.7厘米×93.2厘米。

题画首句："山多兰草却无芝。"

旧金山亚洲美术馆藏。载《中国绘画总合图录》，第一卷"美国·加拿大篇"、《文人画粹编》第九卷、《金农》、《郑板桥书画选》。

兰竹石轴　乾隆二十六年辛巳（1761）作

纸本，水墨。

题画首句："老去仍然作画工。"

1979年河北人民出版社出版。载《郑板桥书画艺术》。

墨竹轴

题画首句："宦海归来两鬓星。"

1983年山西人民出版社出版。

兰竹石图轴　乾隆二十四年己卯（1759）作

题画首句："近处香微远处赊。"

1984年西泠印社出版。载《梅兰竹菊画谱》。

墨竹图轴　乾隆二十二年丁丑（1757）作

纸本，水墨。

题画首句："文与可题墨竹诗云。"

载《八大山人、扬州八怪》《郑板桥书画选》《梅兰竹菊画谱》。

兰笋图轴

载《扬州八怪》。

竹石轴

题画首句：“江上家家种竹多。”

载世界书局出版《郑板桥全集》、胡蛮《中国美术史》、《中国美术会季刊》第1卷第2期。

焦山石竹图横幅

题画首句：“焦山石块焦山竹。”

载《郑板桥》。

丛兰竹石图横幅

题画首句：“几枝修竹几枝兰。”

载《郑板桥》。

兰竹石笋图轴

题画首句；“终日画兰画竹而不画石。”

载《郑板桥》。

栽兰点石图轴

题画首句：“栽兰点石宜也。”

载《郑板桥》。

碧叶清芬图轴

题画首句：“半边修竹半边兰。”

载《郑板桥》。

露竹新晴图轴

题画首句：“客舍新晴。”

载《郑板桥》。

竹图　乾隆二十八年癸未（1763）作

题画首句："山僧爱我画。"

载《支那南画大成》第一卷、《中国名画》第十二集。

兰图

题画首句："乌衣子弟何其盛。"

载《支那南画大成》第一卷。

兰竹图　乾隆二十七年壬午（1762）作

题画首句："昔人画竹者称文与可、苏子瞻、梅道人。"

载《支那南画大成》第一卷、《支那画人研究》。

竹石图　乾隆二十七年壬午（1762）作

题画首句："写来三祝仍三竹。"载《支那南画大成》第一卷、《支那画人研究》。

竹图　乾隆十九年甲戌（1754）作

题画首句："宦海归来两袖空。"

载《支那南画大成》第一卷。

竹册页

题画首句："一尺竹。"

载《支那南画大成》第一卷、《郑板桥》。

兰竹册

（1）《兰》

题画首句："叶少花稀根亦微。"

（2）《兰》

题画首句："更无佳处。"

（3）《竹》

款："板桥居士。"

（4）《竹》

款："板桥。"

载《艺苑掇英》第8期。

竹轴

题画首句；"老干新篁千万叶。"

载《支那南画大成》第一卷、《梅兰竹菊画谱》。

菊石图轴

题画首句："南阳菊水多耆旧。"

载《支那南画大成》第二卷、《支那南画集成》第一期、《中国名画》第七集、俞剑华《中国绘画史》、《郑板桥书画艺术》。《扬州八家丛话》著录。

[按]此幅又名《菊图》。

梅花轴

题画首句："牡丹芍药各争妍。"

载《支那南画大成》第三卷、《扬州八怪全集》。

画董爱江词意轴

题画首句："黄花盈瓮酒盈铛。"

载《支那南画大成》第四卷"续补"、《支那名画集》第一集。

[按]此画一名《竹枝词意图》轴。

兰竹图轴　乾隆二十五年庚辰（1760）秋九月作

题画首句："文与可、梅道人画竹。"

载《中国名画集》第八册。

竹色平安图

载《支那名画集》第一辑。《扬州八家丛话》著录。

竹

载《九华印室鉴藏画录》。《扬州八家丛话》著录。

竹林图

载《世界美术全集》第二十卷。《扬州八家丛话》著录。

兰竹

题画首句："几笔新篁几笔兰。"

载《扇面大观》第四集、《梅兰竹菊画谱》。《扬州八家丛话》著录。

竹石图

题画首句："偶学云林石法。"

载《东南日报·金石书画》第71期。《郑板桥集·补遗》著录。

竹石图

载《东南日报·金石书画》第73期。

墨竹图

轴题画首句："两枝高干无多叶。"

载《文物》1960年第7期。

墨兰图

题画首句："杭州金寿门题墨兰诗云。"

载《文物》1960年第7期。

墨松轴　乾隆二十二年丁丑（1757）秋九月作于别峰精舍之东窗

载《艺林旬刊》第四十四期。

三、板桥画存疑摹本伪作目

墨竹屏风　乾隆十八年癸酉（1753）作

题画首句："余家有茆屋数间。"

日本东京国立博物馆藏墨迹。《文入画粹编》卷九影印。

墨竹屏风　乾隆十八年癸酉（1753）仲冬作

题："远山烟竹。"

某人藏墨迹。《中国绘画总合图录》卷一影印。

竹横幅

题画首句："咬定青山不放松。"

《板桥书画拓片集》影印。

墨竹轴

题画首句："小苑茆堂近郭门。"

辽宁省博物馆藏墨迹。荣宝斋出版《中国历代名画》挂历封面影印。

墨竹图轴　乾隆十八年癸酉（1753）三月作

题画首句："二十年前载酒瓶。"

南京博物院藏墨迹，《中国古代书画目录》第五册著录。

墨竹轴

题画首句："种竹不须多。"

台北王世杰藏墨迹。《艺珍堂书真》影印。

墨竹轴

题画首句："年年画竹广陵城。"

美国大都会美术馆藏墨迹。《中国绘画总合图录》卷一影印。

墨竹轴

题画首句："画工何时好离奇。"

《郑板桥书画选》影印。

墨竹轴

题画首句："今日醉明日饱。"

《郑板桥书画选》影印。

墨竹条屏三幅

其一题画首句："策枝小园中。"

其二题画首句："杜若清清江水连。"

其三题画首句："画竹势如破竹。"

柳溥庆藏墨迹，南京沈涛提供图片，齐鲁书社会版《郑板桥全集·板桥集外诗文·题画》著录。

墨竹屏四幅　乾隆五十八年癸丑暮春作

其一，晴竹，题画首句："衙斋卧听萧萧竹。"

其二，风竹，题画首句："咬定青山不放松。"

其三，枯竹，题画首句："枝长叶少。"

其四，雨竹，题画首句："乌纱掷去不为官。"

杜瑞联《古芬阁书画记》卷十八著录。

墨竹条幅

题画首句："我亦有亭深竹里。"

南京马清志藏墨迹。齐鲁书社版《郑板桥全集·板桥集外诗文·题画》著录。

墨竹扇面

题画首句：“一二十片叶。”

山东王国华藏墨迹。《郑板桥书画选集》影印。

兰横幅

题画首句：“余种兰数十盆。”

《板桥书画拓片集》影印。

盆兰轴

题画首句：“兰蕙种种要栽盆。”

北京邓永清藏墨迹。

盆兰轴

题画首句：“风虽狂叶不扬。”

香港黄仲方藏墨迹。《中国绘画总合图录》卷二影印。

墨兰图轴　乾隆十六年辛未（1751）秋九月作

题画首句：“杭州金寿门题墨兰诗云。”

中埜又左卫门藏。《中国绘画总合图录》第四卷影印。

墨兰轴

题画首句：“扬州豪家索余画兰。”

《八大山人扬州八怪》影印。

竹石横幅

题画首句：“嶰谷风秋。”

《郑板桥书画选》影印。

竹石轴

题画首句；“我亦有亭深竹里。”

上海博物馆藏墨迹。《上海博物馆藏画》影印。

竹石轴

题画首句："雷停雨止斜阳□。"

上海博物馆藏墨迹。

《画苑掇英》上影印。

竹石轴

题画首句："东坡与可太癫狂。"

江苏省美术馆藏墨迹。《中国古代书画目录》第五册著录。

竹石轴

题画首句："竹是新栽石旧栽。"

镇江市博物馆藏墨迹。新编《郑板桥集·补遗·题画》著录。

竹石轴

题画首句："竹是新栽石旧栽。"

黄君璧藏墨迹。《白云堂藏画》上影印。

竹石轴

题画首句："写取一枝竹。"

泰兴私人藏。香港《龙语文物艺术》第七期（1991年）影印。

竹石轴

题画首句："文与可画竹胸有成竹。"

日本北野正男藏墨迹。《中国绘画总合图录》卷四影印。

竹石轴

题画首句："一峰石六竿竹。"

日本桥本大乙藏墨迹。《中国绘画总合图录》卷四影印。

竹石轴

题画首句："十年作客广陵城。"

《郑板桥书画选》影印。

竹石轴

题画首句："为嫌夏暑种琅玕。"

日本盛田昭夫藏墨迹。《中国绘画总合图录》卷四影印。

竹石轴

题画首句："新栽瘦竹小园中。"

《书画留真》第二册影印。新编《郑板桥集·补遗·题画》著录。

竹石轴

题画首句："少日曾探上苑花。"

南京王白坚提供照片。齐鲁书社版《郑板桥全集·板桥集外诗文·题画》著录。

竹石轴

题画首句："拂槛阴成握。"

《扬州八怪全集》影印。

兰竹轴

题画首句："山中觅觅复寻寻。"

《支那南画大成》卷一影印。

兰石轴

题画首句："□□□□□□草。"

《文人画粹编》卷九影印。

三清图卷　乾隆十九年甲戌（1754）秋八月下浣作

题画首句："真菊重重画菊斜。"

大英博物馆藏墨迹。《中国绘画总合图录》卷二影印。

兰竹石横幅

题画首句：“山上兰花早早开。”

潍坊市博物馆藏墨迹。

兰竹石轴

题画首句；“余种兰数十盆。”

南通博物苑藏墨迹。

兰竹石图轴

题画首句：“昨夜寻春出禁关。”

无锡博物院藏墨迹。《中国古代书画目录》六影印。

兰竹石轴

题画首句：“昨夜潇湘谒二妃。”

《文人画粹编》卷九影印。

兰竹石轴

题画首句：“缀玉含珠几箭兰。”

《郑板桥书画选》影印。

兰竹石轴

款署：“板桥。”

《书画鉴定概述》影印。

兰竹石条屏

题画首句：“兰竹芳馨不等闲。”

日本贝塚茂树藏墨迹。《中国绘画总合图录》卷四影印。

晚香图轴　乾隆十六年辛未（1751）作

扬州市博物馆藏墨迹。新编《郑板桥集》影印。

菊石图轴

《新美术》1992年第3期影印。

花卉册（八开）　乾隆十四年己巳（1749）作

《郑板桥书画选》影印

竹石册（八开）　乾隆十六年辛未（1751）作

《郑板桥书画选》影印。

兰竹石册（十一页）乾隆三十年乙酉（1765）作

（1）《竹》

题画首句：“年年画竹卖清风。”

（2）《竹》

题画首句：“两枝修竹过墙来。”

（3）《竹》

题画首句：“秃竹应须作钓竿。”

（4）《兰竹》

题画首句：“日日临池把墨研。”

（5）《兰竹》

题画首句：“屈大夫之清风。”

（6）《兰竹石》

题画首句：“兰草已成行。”

（7）《兰竹石》

题画首句：“一片青山一片兰。”

（8）《兰竹石》

题画首句：“一半青山一半竹。”

（9）《兰竹》

题：“兰竹争妍。”

（10）《芝兰》

题：“芝兰如意图。”

（11）《兰》

题画首句："春兰来了夏兰开。"

《支那南画大成》卷一影印

书画册（十二开，其中画六开）

《郑板桥书画选》影印。

郑板桥书画册（八开）

高阳李石曾藏墨迹。宣统元年（1909）世界名人书画社影印

书画册（十四页，其中画七页）

（1）《竹》

题画首句："剪取竹梢还掐叶。"

（2）《竹》

题画首句："邻家种修竹。"

（3）《竹》

题画首句："虽然高下分浓淡。"

（4）《兰》：

题画首句："许多含蓄意。"

（5）《兰竹》

题："兰芳竹翠香节之图。"

（6）《菊》

题："此是延年一种花。"

（7）《石》

题画首句："从来不用苔花点。"

常州潘茂提供照片。《郑板桥书画集》第二册影印。齐鲁书社版《郑板桥全集·郑板桥集外诗文·题画》著录。

附录（三） 郑板桥书目

一、著录书目

郑板桥渔家酒家等词卷　乾隆丁丑（1757）十月二十一日作

纸本，高八寸，长九尺四寸七分，纸一接。

《自怡悦斋书画录》卷十一手卷类著录。

九言楹帖（上联：霜熟稻梁肥几村农唱）

《瞆瞆斋书画记》卷二著录。

信札

纸本，高一尺内外……

首句："尊稿深造自得。"行书七行。

《书画鉴影》卷十六著录。

[按]此札系《第四册札》第九开（二幅，共二札）。

隶书七律扇面

首句："君恩郢上吟归去。"

《书画鉴影》卷十八著录。

书和洪觉范潇湘八景词册（八首九开）□午秋日书于范县衙斋

纸本，高阔不等。

《梦园书画录》卷十六著录。

[按]此九开在《国朝名人书册》（二十五开）中。

书词屏六幅

纸本，高五尺五寸，阔一尺四寸五分。

《梦园书画录》卷二十三著录。

[按]此六幅在《郑板桥书画屏十二幅》中。

隶书武王十四铭（十三开）　乾隆十一年（1746）人日作

绫本，高六寸八分，宽四寸八分。

《古芬阁书画记》卷八著录。

[按]此册在《高西园郑板桥隶书合册》中。

郑板桥字册（十七开）　乾隆己巳（1749）六月二十日作

纸本，高八寸五分，宽四寸六分。

《古芬阁书画记》卷八著录。

[按]此册行书王渔洋《冶春词》四首。

行书诗册

《瓯钵罗室书画过目考》卷三著录。

行楷大帧

同上。

楷书对联　乾隆某年月日作

赤青缣笺本，高六尺，阔一尽二寸。

《丁亥烬遗录》卷三著录。

行书潍县竹枝辞册

《丁亥烬遗录》卷三著录。

论地方利弊书（两函）

《丁亥烬遗录》卷三著录。

行楷诗翰七律一首扇面

白矾面。

首句："郑子曾夸盖世才。"

《古缘萃录》卷十三著录。

[按]此幅系《各名家书画扇面册》第十八开。

楷书轴　乾隆辛巳（1761）仲冬作

纸本，高二尺一寸五分，阔一尺三寸二分。

首句："桑蚕苦"。

《古缘萃录》卷十三著录。

题黄瘿瓢山水册（十二开）　乾隆五年（1740）五月—六月作

纸本，高六寸，阔四寸二分。对页板桥书，大小行草楷隶不一。

其一，小行楷书东坡语，首句："儿子于何处得宝月观赋。"

其二，行书唐多令词，首句："芦叶满汀洲。"

其三，横书二段，首句："黄山始信峰上有扰龙松。"

其四，隶书，首句："遵海南耶。"

其五，隶书《戒铭》二，首句："皇皇惟敬。"

其六，隶书岣嵝碑文，首句："承帝曰咨。"

其七，楷书，首句："有大石侧立。"

其八，行书，首句："元丰六年十月十二日夜解衣欲睡。"

其九，行楷，首句："红藕花多映碧阑。"

其十，草书，首句："昨有人出墨数寸。"

其十一，楷书二诗，首句："才闻战马渡滹沱。"

其十二，楷书王维与裴秀才书，首句："辄便往山中。"

《古缘萃录》卷十四著录。

小楷金陵怀古小令十首并跋册（十四开）　雍正辛亥（1731）秋七月作

纸本，高约尺。

《左庵一得续录》著录。

楷书养怡横额

纸本，高一尺余，长四尺余。

《左庵一得续录》著录。

楷书联（上联："静检羲轩册"）

纸本，高三尺五寸，阔八寸七分。

《铁如意室所藏书画录》卷二著录。

行书轴

纸本，高三尺一寸六分，阔一尺三分。

首句："日日江头数万山。"

《爱日吟庐书画录》卷四著录。

行书轴

纸本，高四尺一寸五分，阔二尺二寸五分。

首句："雨中禁火空斋冷。"

《陶风楼藏书画目》著录。

行书便面　丁巳（1737）花朝作

纸本，高六寸，阔一尺七寸。

首句；“红藕花多映碧阑。”

《陶风楼藏书画目》著录。

[按]此幅与墨兰装裱为《书画合景》轴。

行书轴

纸本，高二尺零二分，阔九寸六分。

首句：“江城如画里。”

《陶风楼藏书画目》著录。

书道情卷　乾隆二年（1737）人日作

纸本，高约六寸，长一丈有余。

《壮陶阁书画录》卷十八著录。

[按]卷后有何绍基跋。

书道情十首册　雍正十年（1732）九月作

《壮陶阁书画录》卷十八著录。

清郑板桥集手稿册（三十开）

《壮陶阁书画录》卷十八著录。

行书诗扇

白矾纸。

首句：“西园左笔寿门书。”

《壮陶阁书画录》卷二十著录。

小楷宋拓虞永兴破邪论序册

《壮陶阁书画录》卷二十二著录。

二、现存书目

行书板桥自叙卷　乾隆十四年己巳（1749）作

纸本，28.7厘米×190.1厘米。

故宫博物院藏。《书法丛刊》1993年第3期影印。《中国古代书画目录》第二册著录。

行草书恭颂徐母蔡二姑母诗轴　雍正十二年甲寅（1734）作

纸本。

首句："罗帏空复绣鸳鸯"。

故宫博物院藏。《郑板桥年谱》著录。

[按]此幅南京徐石桥捐赠。

行书王维答裴迪书轴　乾隆二年丁巳（1737）作

绫本。

故宫博物院藏。《中国古代书画目录》第二册著录。

行书苏轼文轴　乾隆三年戊午（1738）小春月作

纸本，142.8厘米×57.5厘米。

首句："惠州西南面五里所。"

故宫博物院藏。《书法丛刊》1993年第3期影印。

《中国古代书画目录》第二册著录。

[按]此幅又名《行书录东坡文》轴。

行书上晏斯盛四首轴　乾隆六年辛酉（1741）新秋作

纸本，135.5厘米×74厘米。

首句："虎瞰山高复彩云。"

故宫博物院藏。《中国古代书画目录》、《中国美术全集》书法编、《书法丛刊》1993年第3期、《郑板桥书画精品选》影印。《中国古代书画目录》第二册著录。

[按]此幅又名《行书七律诗》轴。

行书刘禹锡送李仆射赴镇诗轴　乾隆七年壬戌（1742）夏作

纸本，185.8厘米×85.7厘米。

首句："建节东行是旧游。"

故宫博物院藏。《郑板桥书画精品选》、《书法丛刊》1993年第3期影印。

《中国古代书画目录》第二册著录。

[按]此幅又名《行书七律诗》《行书诗》轴。

行书七律二首轴　乾隆十二年丁卯（1747）嘉平月作

纸本，115厘米×48厘米。

首句："风楼南面控三条。"

故宫博物院藏。《书法丛刊》1993年第3期影印。《中国古代书画目录》第二册著录。

[按]此幅又名《行书七言诗》轴。

行书为道士吴雨田作轴　乾隆十八年癸酉（1753）作

纸本，64厘米×35厘米。

首句："扬州北城道士吴雨田年十八。"

故宫博物院藏。《书法丛刊》1993年第3期影印。《中国古代书画目录》第二册著录。

[按]此幅又名《行书杂记》轴。

行书姑恶行七律诗轴　乾隆二十二年丁丑（1757）三月作

纸本181厘米×41厘米。

首句："一江离思水潺潺。"

故宫博物院藏。《中国古代书画目录》《郑板桥书画精品选》《书法丛刊》1993年第3期影印。《中国古代书画目录》第二册著录。

[按]此幅又名《行书姑恶行》轴。

行草王维与裴迪书轴

纸本。

故宫博物院藏。《中国古代书画目录》第二册著录。

隶书四言诗轴

纸本。

同上。

行书东坡诗轴

纸本。

同上。

行草怀素自叙帖轴

纸本，93厘米×59厘米。

故宫博物院藏。《郑板桥书画精品选》、《书法丛刊》1993年第3期影印。

《中国古代书画目录》第二册著录。

行书节录怀素自叙轴

纸本。

北京故宫博物院藏。《紫金城》第7期影印。

行草书苏轼文轴

故宫博物院藏。《紫金城》第7期影印。

行书诗轴

68.1厘米×49.6厘米。

题画首句。“逃署应能暂闭关。”

故宫博物院藏。《郑板桥书画精品选》影印。

行书诗叙册（十二开）　乾隆二十五年庚辰（1760）作

纸本，25.2厘米×40.2厘米。

首句：“板桥最穷最苦。”

故宫博物院藏。《书法丛刊》1993年第3期影印。

行书批牍册（十二开）

纸本。

故宫博物院藏。《中国古代书画目录》第二册著录。

[按]此册编号京1—5607。

行书批牍册（十二开）

纸本。

故宫博物院藏。《中国古代书画目录》第二册著录。

[按]此册编号京1—5608

行书七言联　乾隆二十一年丙子（1756）作

纸本。

故宫博物院藏。《中国古代书画目录》第一册著录。

行书七言联（上联：“云烟笼月长教澹”）乾隆二十三年戊寅（1758）作

纸本，142厘米×27.5厘米。

故宫博物院藏。《书法丛刊》1993年第3期影印。

行书五言律诗轴

纸本。

故宫博物院藏。《中国古代书画目录》第一册著录。

行书满庭芳词轴

纸本。

故宫博物院藏。《中国古代书画目录》第一册著录。

行书沁园春词轴

纸本。

故宫博物院藏。《中国古代书画目录》第一册著录。

题画诗六段卷　乾隆二十九年甲申（1764）作

纸本。

中国国家博物馆藏。《中国古代书画目录》第一册著录。

隶书歌谣轴　乾隆九年甲子（1744）作

纸本。

同上。

行书苏轼文轴　乾隆二十一年丙子（1756）作

同上。

行书五言诗轴　乾隆疆圉赤奋若蕤宾（二十二年丁丑，1757作）

同上。

行书七言绝句轴　乾隆二十九年甲申（1764）作

同上。

行书诗轴

同上。

草书满江红词轴

同上。

行书批词册（六开）

同上。

行书五言诗轴

纸本。

北京画院藏。《中国古代书画目录》第一册著录。

行书七言绝句二首轴

纸本。

清华大学美术学院藏。《中国古代书画目录》第一册著录。

行书七言绝句轴　乾隆二十年乙亥（1755）作

纸本。

北京市文物商店藏。《中国古代书画目录》第一册著录。

行书自作诗轴　乾隆二十二年丁丑（1757）作

北京市文物商店藏。《中国古代书画目录》第一册著录。

行书七言诗轴

北京市文物商店藏。《中国古代书画目录》第一册著录。

行书五言诗轴

北京市文物商店藏。《中国古代书画目录》第一册著录。

行书自作五言诗轴

北京市文物商店藏。《中国古代书画目录》第一册著录。

行书唐诗轴

北京市文物商店藏。《中国古代书画目录》第一册著录。

行书论兰亭序轴

纸本。

首句："古人作兰亭序。"

北京荣宝斋藏。《郑板桥书法集》影印。

行书真州诗轴

纸本。

首句："树中布谷县中啼。"

北京邓永清藏。

行书七律沛郊夫妇七十双寿轴

纸本。

首句："相携二老出华堂。"

北京邓永清藏。

行书祝寿诗轴

绫本，184厘米×41.8厘米。

天津市博物馆藏。《中国古代书画目录》十、《书法丛刊》1993年第3期、《郑板桥书画精品选》影印。

《中国古代书画目录》第七册著录。

行书怀素自叙轴

纸本，105.8厘米×63.5厘米。

同上。

行书金农拟夜台八景目册页

纸本，30.6厘米×44.3厘米。

首句："鬼门关话旧。"

天津市博物馆藏。《郑板桥书画精品选》《书法丛刊》1993年第3期影印。

[按]此页系《兰竹图》册（七开，画六，书一）之七。

行书五言联（上联："江秋逼山翠"）

纸本。

天津市杨柳青画社藏。《天津杨柳青画社藏画集》影印。

《中国古代书画目录》第七册著录。

行书自书诗词卷

纸本，26.5厘米×981.5厘米。

天津市文物公司藏。《中国古代书画目录》八影印。

《中国古代书画目录》第七册著录。

行书题朱逢年山水人物画册（十二开）　乾隆二十八年癸未（1763）作

粉色纸本，38.2厘米×23.3厘米。

天津谚园宝藏。《郑板桥年谱》著录。

[按]此册画十二开，题画诗十二开。

行书七绝诗轴

纸本，127.5厘米×49.5厘米。

河北省博物馆藏。《中国古代书画目录》八影印。《中国古代书画目录》第七册著录。

行书怀舍弟诗册页

纸本。

同上。

行书七言联

纸本。

河北省石家庄文物管理所藏。《中国古代书画目录》第七册著录。

草书七律诗轴

纸本，124厘米×56厘米。

首句："茂陵刘郎秋风客。"

河南省博物馆藏。《中国古代书画目录》八。《中国古代书画目录》第七册著录。

[按]此幅节录李贺《金铜仙人辞汉歌》。

隶书揭古碑文首句："武王十四铭。"

开封刘志刚藏拓本。

行书四言联（上联："山随画活"）

纸本。

湖北省博物馆藏，1984年长江文艺出版社出版。

行书自书七古一首横幅

纸本，63厘米×28.5厘米。

山西省博物院藏。《中国古代书画目录》八。《中国古代书画目录》第七册著录。

行书诗横幅

纸本。

山西省博物院藏。《中国古代书画目录》第七册著录。

行书苏轼文轴　乾隆二十年乙亥（1755）作

纸本。

辽宁省博物馆藏。《郑板桥年谱》影印。

行书五言诗轴　乾隆二十一年丙子（1756）作

辽宁省博物馆藏。《郑板桥书画精品选》、《郑板桥书画集》第二集影印。

行书七绝三首轴　乾隆十九年甲戌（1754）作

纸本。

其一首句："南朝宫纸女儿肤。"

其二首句："淮南二十四桥月。"

其三首句："乞郡三章字半斜。"

沈阳故宫博物院藏。《书法丛刊》1993年第3期影印。

行书为灵翁书七言联（上联："快意行时防失足"）

纸本。

沈阳故宫博物院藏。《书法丛刊》1993年第3期影印。

行草书田家四时苦乐歌卷　雍正七年己酉（1729）作

纸本，26.4厘米×158.7厘米。

上海博物馆藏。《中国古代书画目录》五、《郑板侨书画精品选》影印。《中国古代书画目录》第三册著录。

行书扬州杂记卷　乾隆十二年丁卯（1747）作

纸本，18.1厘米×158.3厘米。

同上。

行书信札卷　乾隆十三年戊辰（1748）作

纸本。

上海博物馆藏。《中国古代书画目录》第三册著录。

郑燮陆骖袁青管行书诗翰卷

同上。

行书贺新郎词轴　雍正八年庚戌（1730）作

纸本。128.4厘米×31.3厘米。

上海博物馆藏。《中国古代书画目录》五、《郑板桥书画精品选》影印。《中国古代书画目录》第三册著录。

行书论书轴　乾隆二十一年丙子（1756）作

纸本。

上海博物馆藏。《中国古代书画目录》第三册著录。

行书节录怀素自叙轴　乾隆三十年乙酉（1765）作

同上。

行书七言诗轴

同上。

草书五律诗轴

纸本，132.6厘米×29.8厘米。

首句："莫话诗中事。"

上海博物馆藏。《中国古代书画目录》五、《郑板桥书画精品选》影印。《中国古代书画目录》第三册著录。

隶书送别诗轴

纸本。

上海博物馆藏。《中国古代书画目录》第二册著录。

行书书评轴

同上。

行书潭合八景诗轴

同上。

行书论书轴

同上。

行书自书诗轴

纸本，70.8厘米×43.1厘米。

首句："茶香酒熟四千亩。"

上海博物馆藏。《中国美术全集》书法编影印。

行书唐多令思归扇面

上海博物馆藏。《郑板桥书画集》第一集影印。

行书七律诗轴

纸本。

上海友谊商店古玩分店藏。《中国古代书画目录》第四册著录。

[按]此幅，傅熹年："伪。"

行书七言诗轴　乾隆二十一年丙子（1756）作

纸本，177厘米×91厘米。

朵云轩藏。《中国古代书画目录》十二。《中国古代书画目录》第四册著录。

行书散文轴

纸本。

朵云轩藏。《中国古代书画目录》第四册著录。

隶书四言联

同上。

行书册（十开）　雍正十年壬子（1732）作

同上。

行书诗翰册（八开）　乾隆十七年壬申（1752）作

同上。

行书唐太宗记轴　乾隆六年辛酉（1741）作

纸本。

上海文物商店藏。《中国古代书画目录》第四册著录。

[按]此幅，傅熹年："伪。"

行书题高凤翰画跋卷　乾隆三十年乙酉（1765）作

同上。

[按]此幅，傅熹年："临本。"杨仁恺："有原本对临。"

草书祝允明诗轴　乾隆二十四年乙卯（1759）作

上海李广藏。《郑板桥年谱》影印。

小楷欧阳修秋声赋轴　康熙五十四年乙未（1715）作

上海陆平恕藏。《郑板桥年谱》影印。

行书五言联（上联："深心托豪素"）

上海陆平恕藏。《郑板桥对联辑注》影印。

行书笔谈一则横幅　乾隆二十八年癸未（1763）作

纸本。

南京博物院藏。《郑板桥书画精品选》《郑板桥画选》《书法丛刊》1993年第3期影印。《中国古代书画目录》第五册著录。

[按]此幅又名《行书论书》横幅。

行书七绝诗横幅

纸本。

南京博物院藏。《中国古代书画目录》第五册著录。

行书七律诗轴

纸本，150.3厘米×46厘米。

首句："汉水方城带百蛮。"

南京博物院藏。《中国古代书画目录》七、《郑板桥书画精品选》、《郑板桥书法集》影印。《中国古代书画目录》第五册、《中华文物鉴赏》著录。

行书重修城隍庙碑册（六开）　乾降十七年壬申（1752）作

纸本，22.3厘米×18.3厘米。

南京博物院藏。《中国古代书画目录》七。《中国古代书画目录》第五册著录。

行书扬州竹枝词序

纸本。

南京市博物馆藏。《书法丛刊》1993年第3期影印。

楷书王维与裴迪书册页　雍正十三年乙卯（1735）作

纸本，31.5厘米×21.5厘米。

南京市文物商店藏。《中国古代书画目录》六、《郑板桥书画精品选》影印。《中国古代书画目录》第五册著录。

行书四条屏　乾隆二十二年丁丑（1757）五月作

其一首句："皇皇惟敬。"

其二首句："雨歇杨林东渡头。"

其三首句："枣花初落路尘香。"

其四首句："小院茅堂近郭门。"'

南京鼓楼公园藏漆屏。《郑板桥年谱》著录。

手札卷　乾隆二十六年辛巳（1761）作

纸本。

南京吴白匋藏。《郑板桥书法集》影印。

行书董书业扬州竹枝词十七首卷

纸本。

南京陶白藏。《郑板桥书法集》影印。

行书陆种园诗十二首卷

纸本。

南京宋文治藏。《郑板桥书法集》影印。

小楷秦观水龙吟册页

纸本。

南京萧平藏。《郑板桥书法集》影印。

[按]此幅原许莘农藏。

草书唐人诗轴

绫本。

首句："罢钓归来不系船。"

南京周积寅藏。

破格书兰亭集序

南京许莘农藏木刻拓本，《郑板桥书法集》影印。

行书桃花寺小憩七律

南京许莘农藏拓本，《郑板桥书法集》影印。

行书苏轼文轴

纸本。

首句："江边弄水挑菜。"

南京田原提供墨迹照片。

行草百字令轴

纸本。

首句："劳□亭畔。"

同上。

行草书韦应物绝句寒食寄京师诸弟轴

纸本。

首句：“雨中禁火空斋冷。”

同上。

行书七言绝句轴

纸本。

首句：“茶香酒熟田千亩。”

同上。

行书四言联（上联：“山随画活”）

纸本。

同上。

行书五言联（上联：“江秋逼山翠”）

南京田原藏墨迹照片，《郑板桥书画集》第二集影印

行书七言联（上联：“入座芝兰吹气暖”）

同上。

行草束云横幅

南京田原藏拓片。《郑板桥书画集》第二集影印。

行书残片

同上。

行书浪淘沙渔村夕照

同上。

行书书目卷　乾隆二十二年丁丑（1757）作

纸本。

首句：“二《典》，三《谟》《禹贡》《洪范》《旅獒》《周官》《武成》。”

南通博物苑藏，齐鲁书社版《郑板桥全集》著录。

草书节录怀素自叙轴　雍正九年辛亥（1731）作

纸本。

首句："草稿之作。"

南通博物苑藏。《郑板桥年谱》影印。

行书七律诗轴

纸本。

首句："一到云堂画兴开。"

南通博物苑藏。《中国古代书画目录》第五册著录。

行书唐诗册（八开）

纸本。

南通博物苑藏。《郑板桥书法集》影印。《中国古代书画目录》第五册著录。

行书题丁有煜砚铭

南通博物苑藏砚，《郑板桥书法集》影印拓本。

行书五律诗轴

纸本。

南通市文物商店藏。《中国古代书画目录》第五册著录。

行书七律诗轴

纸本。

苏州博物馆藏。《中国古代书画目录》第五册著录。

行书七律诗轴

纸本。

苏州市文物商店藏。《郑板桥书法集》影印。《中国古代书画目录》第五册著录。

[按]此幅又名《行书小诗奉和药溪》轴。

行书诗文册（八开）　雍正十二年甲寅（1734）作

纸本，19.5厘米×23.5厘米。

苏州市文物商店藏。《中国古代书画目录》六。《中国古代书画目录》第五册著录。

行草自题画竹　乾隆二十三年戊寅（1758）作

首句："昨游江上。"

苏州艺石斋《郑板桥题画》拓本。

行书自题墨竹

首句："余家有茆屋二间。"

同上。

行书自题画竹

首句："江南鲜笋趁鲥鱼。"

同上。

行书自题画竹

首句："本为编篱护菊花。"

同上。

行书自题墨竹

首句："南北东西四面吹。"

同上。

行书自题竹石　乾隆二十三年戊寅（1758）作

首句："石缝山腰是我家。"

同上。

行书自题竹石

首句："竹之在山不待言。"

同上。

行书自题芝兰图

首句："一盆兰草一盆芝。"

同上。

行书轴

纸本。

常熟市文物管理委员会藏。

《中国古代书画目录》第五册著录。

草书吴野人诗卷

纸本，24厘米×230.2厘米。

无锡博物院藏。《中国古代书画目录》六。

《中国古代书画目录》第五册著录。

行书客文园词轴　乾隆二十五年庚辰（1760）作

纸本，118厘米×45.2厘米。

同上。

行书陶诗轴

纸本，72.5厘米×16.9厘米。

同上。

行书七言联（上联："阶下青葱留玉节"）

纸本，116厘米×21.5厘米。

无锡博物院藏。《周培源王蒂澂收藏古代书画选》影印。

行书东坡烟江叠嶂诗卷

纸本。

常州市博物馆藏。《中国古代书画目录》第五册著录。

行书诗稿册（十开）

纸本，22.8厘米×12.4厘米。

常州市博物馆藏。《中国古代书画目录》六。

《中国古代书画目录》第五册著录。

扬州竹枝词稿卷

纸本。

扬州市博物馆藏。《中国古代书画目录》第五册著录。

行书诗卷

纸本，17.2厘米×140.3厘米。

扬州市博物馆藏。《郑板桥书画精品选》、《郑板桥书法集》、《中国古代书画目录》六。《中国古代书画目录》第五册著录。

[按]此幅又名《行书七绝十五首》卷。

行书致墨弟信札卷

纸本，22厘米×55.5厘米。

扬州市博物馆藏。《郑板桥书画精品选》影印。《中国古代书画目录》第五册著录

行书节录怀素自叙诗轴　乾隆五年庚申（1740）作

纸本。

扬州市博物馆藏。《郑板桥书法集》影印。《中国古代书画目录》第五册著录。

行书七绝三首轴　乾隆十五年庚午（1750）作

纸本，78.2厘米×27.6厘米。

扬州市博物馆藏。《郑板桥书画精品录》《郑板桥年谱》影印。《中国古代书画目录》第五册著录。

[按]此幅又名《行书诗三首》条幅。

行书论书轴　乾隆二十年乙亥（1755）作

纸本。

扬州市博物馆藏。《中国古代书画目录》第五册著录

行书节录怀素自叙轴　乾隆二十年乙亥（1755）作

纸本。180.9厘米×107厘米。

扬州市博物馆藏。《郑板桥书画精品选》影印。

行书节录怀素自叙轴　乾隆二十七年壬午（1762）作

纸本。

扬州市博物馆藏。

行书七律诗轴

纸本。

扬州市博物馆藏。《中国古代书画目录》第五册著录。

行书自书诗轴

纸本，106.6厘米×73.8厘米。

首句："天台才子侯嘉璠。"

扬州市博物馆藏。《郑板桥书画精品选》、《中国古代书画图目》六。《中国古代书画目录》第五册著录。

草书杜诗三首轴

纸本，85.5厘米×35.2厘米。

扬州市博物馆藏。《中国古代书画目录》六、《书法丛刊》1993年第3期影印。《中国古代书画目录》第五册著录。

行书曹操诗轴

纸本。152厘米×68厘米。

扬州市博物馆藏。《郑板桥书画精品选》《郑板桥集》

影印。《中国古代书画目录》第五册著录。

行书书评轴

纸本。170厘米×92.8厘米。

首句："蔡邕书骨气洞达。"

扬州市博物馆藏。《郑板桥书画精品选》《郑板桥书法集》影印。《中国古代书画目录》第五册著录。

[按]此幅又名《书评》轴。

行书为织文书轴

纸本，176.7厘米×39.8厘米。

扬州市博物馆藏。《郑板桥书法集》、《中国古代书画目录》六。《中国古代书画目录》第五册著录

行书诗轴

纸本，83厘米×40厘米。

首句："遗却珊瑚鞭。"

扬州市博物馆藏。《郑板桥书画精品选》影印。

行书七言联（上联："操存正固称完璞"）乾隆二十八年癸未（1763）作

扬州市博物馆藏。《郑板桥书法集》影印。

行书七言联（上联："草因地暖春先翠"）

同上。

行书七言联（上联："浮碧一川思训画"）

同上。

行书七言联

洒金笺。

扬州市博物馆藏。《中国古代书画目录》第五册著录。

行书四言联

纸本。

同上。

行书坡公小品册（十开）

纸本，27厘米×15.2厘米。

扬州市博物馆藏。《郑板桥书画精品选》、《中国古代书画目录》六。《中国古代书画目录》第五册著录。

行草书诗册页

纸本，30厘米×17.9厘米。

首句："雨中禁火空斋冷。"

扬州市博物馆藏。《郑板桥书画精品选》影印。

行书五绝扇面　乾隆三十年乙酉（1765）作

纸本。

首句："雾裹山疑失。"

扬州市博物馆藏。《郑板桥书画精品选》《郑板桥书法集》影印。《中国古代书画目录》第五册著录。

行书歌吹古扬州匾额

扬州市博物馆藏木刻匾，《郑板桥书法集》影印拓片。

行书聊避风雨匾额

同上。

行书诗轴　乾隆二十六年辛巳（1761）作

纸本，140厘米×76厘米。

首句：“为有云屏无限娇。”

扬州市文物商店藏。《郑板桥书画精品选》影印。

行书七律诗轴　乾隆二十九年甲申（1764）作

纸本。

扬州市文物商店藏。《中国古代书画目录》第五册著录。

行书五言诗轴

同上。

行书十一言联　乾隆十八年癸酉（1753）作

同上。

行书七言联（上联：“民于顺处皆成子”）　乾隆二十七年壬午（1762）作

纸本。

扬州市文物商店藏。《郑板桥书画精品选》《郑板桥书法集》影印。《中国古代书画目录》第五册著录。

行书七言联（上联：“春物诱才归健笔”）

扬州市古籍书店藏。《郑板桥书画集》第二集影印。

行书七言联（上联：“秋老吴霜苍树色”）　乾隆二十八癸未（1763）作

扬州徐笠樵藏。《郑板桥书法集》影印。

行书寸鱼两竹之轩匾额

扬州周斯达提供拓片。

行书绝句扇面

首句：“十岁裁诗走马成。”

扬州李万才提供墨迹照片。

行书绝句

首句："科甲何能不朽人。"

扬州李万才提供拓片。

行书十一言联（上联："百尺高梧撑得起一轮月色"）

纸本。

泰州市博物馆藏。《艺苑掇英》第8期影印。

行书与四弟书（四开）

纸本。

首句："郭奶奶不肯来。"

泰州市博物馆藏。《郑板桥书法集》影印。

行草书韩愈送孟东野序卷

19厘米×309厘米。

首句："大凡物不得其平则鸣。"

兴化市郑板桥纪念馆藏。载《郑板桥书画精品选》。

行书王维与裴迪书横幅

53厘米×100厘米。

兴化市郑板桥纪念馆藏。《郑板桥书画精品选》《兴化历代名人书画选》影印。

行书词轴

64厘米×34厘米。

首句："才过清明节。"

兴化市郑板桥纪念馆藏。《兴化历代名人书画选》影印。

行书论画轴

133厘米×74厘米。

首句："画兰之法。"

兴化市郑板桥纪念馆藏。《兴化历代名人书画选》影印。

行书七绝轴

70厘米×42厘米。

首句："宦海归来两鬓霜。"

兴化市郑板桥纪念馆藏。《兴化历代名人书画选》《郑板桥书画精品选》影印。

行草书王绩五言绝句轴

纸本。

首句："此日常昏饮。"

兴化市郑板桥纪念馆藏。

行草书与二位王老爷书

纸本。

首句："太爷三太爷。"

兴化郑板桥纪念馆藏。《郑板桥书画精品选》影印。齐鲁书社版《郑板桥全集》著录。

行书王维山中与裴秀才迪书轴　乾隆二十一年丙子（1756）作

纸本。

首句："近腊月下。"

兴化车国贵藏。《郑板桥书法集》影印。

行书赠朗照扇面

纸本。

首句："今日舟中无他事。"

同上。

行书诗题陆伯瞻出使高丽赠送诗文卷　乾隆二十七年壬午（1762）作

纸本。

首句："出海关雄蓟北门。"

兴化解勋藏。《郑板桥年谱》影印。

行书节录自叙帖轴　乾隆十九年甲戌（1754）作

纸本。

镇江市博物馆藏。《中国古代书画目录》第五册著录。

行书七律二首轴　乾隆二十三年戊寅（1758）作

同上。

行书节录怀素自叙轴

同上。

草书节录怀素自叙帖轴

纸本。

镇江市博物馆藏。《郑板桥书法集》影印。

行书游焦山诗轴

纸本。

首句："日日江头数万山。"

同上。

行书七言联（上联："汲来江水烹新茗"）

镇江市博物馆藏拓片，《郑板桥书法集》影印。

行书苏轼金山梦中作扇面

纸本。

首句："江东贾客木棉裘。"

镇江市博物馆藏。《郑板桥书法集》影印。

[按]此幅原南通季修甫藏。

行书五言联（上联："室雅何须大"）

镇江市焦山藏木刻。

楷书藏经楼匾额　乾隆二十五年庚辰（1760）作

镇江市焦山藏木刻。《郑板桥书画集》第二集影印。

行书七绝诗轴

纸本。

镇江市文物商店藏。《中国古代书画目录》第五册著录。

行书五律轴

同上。

行书道情卷

纸本。

首句："暑往寒来春复秋。"

浙江省博物馆藏。《夏衍珍藏书画选》影印。

[按]此卷夏衍捐赠。

行书节录怀素自叙轴　乾隆十六年辛未（1751）作

纸本。

浙江省博物馆藏。

《中国古代书画目录》第六册著录。

行书唐诗轴

纸本。

浙江省博物馆藏。

《中国古代书画目录》第六册著录。

行书七言诗扇面

纸本。

首句："十载飘然绳检外。"

浙江省博物馆藏。

《中国古代书画目录》第六册著录。

行书八言联　乾隆十五年庚午（1750）作

纸本，175.3厘米×22.7厘米。

浙江省博物馆藏。

《中国古代书画目录》十一。

《中国古代书画目录》第六册著录。

行书五言联（上联："移花兼得蝶"）　乾隆二十四年己卯（1759）作

纸本。

宁波天一阁藏。《中国古代书画目录》第六册著录。

行书七律诗轴

纸本。

浙江省嘉兴市博物馆藏。

《中国古代书画目录》第六册著录。

行书七律诗轴

纸本。

安徽省博物馆藏。

《中国古代书画目录》第六册著录。

行书东坡记轴

纸本。

安徽省博物馆藏。

《中国古代书画目录》第六册著录。

行书食瓜一首轴

纸本，66厘米×42.4厘米。

安徽省博物馆藏。

《中国古代书画目录》十二。

《中国古代书画目录》第六册著录。

行书七律诗轴

纸本，190厘米×51.5厘米。

福建省博物馆藏。《中国古代书画目录》十四。《中国古代书画目录》第九册著录。

行书诗轴

纸本，189厘米×51.6厘米。

同上。

隶书瑞鹤仙词轴

纸本，188厘米×52厘米。

同上。

行书书评轴

纸本。

山东省博物馆藏。《郑板桥书画》影印。

行书李壶庵道情十首轴　乾隆二十三年戊寅（1758）作

纸本。

济南市博物馆藏。《郑板桥书画》影印。

行书诗露草堂匾额

纸本。

王国华藏。《郑板桥书画》影印。

行草书呈批六十二则

纸本。

高象九藏。《郑板桥书画》影印。

行书真州诗轴

纸本。

潍坊市博物馆藏。《郑板桥书画》影印。

楷书新修城隍庙碑记　乾隆十七年壬申（1752）作

潍坊市博物馆藏碑。《郑板桥书画精品选》《板桥书画拓片集》影印。

行书七言联（上联：“有子才如不羁马”）

纸本。

潍坊市博物馆藏。《郑板桥书画》影印。

行书静俭斋匾额

纸本。

潍坊市博物馆藏。《郑板桥书画》影印。

行书修潍县城记卷

纸本。

潍坊市文物商店藏。《郑板桥书画》影印。

行书五言联（上联：“天际识归舟”）

纸本。

潍坊市文物商店藏。《郑板桥书画》影印。

行书苏轼文赠韩梦周

《板桥书画拓片集》影印。

行书田游岩佚事一则

同上。

行书七绝二首

其一首句：“谁剪朝霞一片红。”

同上。

行书书评

《板桥书画拓片集》影印。

行书文昌阁记

同上。

行书润格

同上。

行书十一言联（上联：“课子小书斋聊可借观鱼鸟”） 乾隆十八年癸酉（1753）作

潍坊市十笏园藏石刻。《郑板桥年谱》影印。

行书七言联（上联：“删繁就简三秋树”）

同上。

行书七言联（上联：“墨竹一枝宣德纸”）

同上。

行书七言联（上联：“慧里聪明长奋跃”）

同上。

行书七言联（上联：“一面楼台三面树”）

同上。

行书七言联（上联：“作画题诗双搅扰”）

同上。

行书四言联（上联：“山奔海立”）乾隆十六年辛未（1751）作

同上。

行书四言联（上联：“山随画活”）乾隆二十三年戊寅（1758）作

同上。

行书难得糊涂匾额 乾隆十六年辛未（1751）作

同上。

隶书静轩匾额

同上。

楷书小书斋匾额

同上

楷书惟德是辅匾额

潍坊李金新提供木刻照片。

楷书神之听之匾额

同上。

行书与芸亭书

潍坊李金新提供墨迹照片。

行书封面题字《松筠桐荫馆集印》

潍坊李金新提供刊本照片。

隶书节录岣嵝碑文轴　乾隆四年己未（1739）作

纸本。

烟台市博物馆藏。《郑板桥年谱》影印。

隶书官灯片三幅

其一首句："明年三月桃花放。"

其二首句："寻春不觉归来晚。"

其三首句："云驶月晕。"

烟台地区文管组藏。《郑板桥书画》影印。

行书李愿归盘谷序卷　乾隆二十二年丁丑（1757）作

纸本，21.6厘米×141.7厘米。

广东省博物馆藏。《中国古代书画目录》十三。《书法丛刊》1993年第3期影印。《中国古代书画目录》第九册著录。

行草书道情十首卷

纸本，27厘米×211.5厘米。

广东省博物馆藏。《中国古代书画目录》十三。《书法丛刊》1993年第3期影印。《中国古代书画目录》第九册著录。

行书七律诗轴

纸本，102.6厘米×92厘米。

广东省博物馆藏。《中国古代书画目录》十三。《书法丛刊》1993年第3期影印。《中国古代书画目录》第九册著录。

行书七律诗轴

纸本，190.3厘米×49.8厘米。

同上。

隶书四言诗轴

纸本，72厘米×52厘米。

同上。

楷书轴　康熙六十一年壬寅（1722）作

纸本，71厘米×35厘米。

广州艺术博物院藏。《中国古代书画目录》十四。《书法丛刊》1993年第4期影印。《中国古代书画目录》第九册著录。

行书李白长干行一首轴

纸本，93.2厘米×47.7厘米。

首句："妾发初复额。"

四川省博物院藏。《中国美术全集》书法编影印。

行书跋李鱓花卉册　乾隆二十五年庚辰（1760）作

四川省博物院藏。《郑板桥书画精品选》《郑板桥书法集》《郑板桥年谱》影印。

行书赠织文诗轴

纸本。

其一首句“乱发团成字”，其二首句“乞食山僧寺”。

四川大学博物馆藏。

行书佛印上人寄苏子瞻惠州书轴

纸本。

首句：“子瞻胸中有万卷书。”

四川大学博物馆藏。

行草书扬州竹枝词卷

四川成都张本提供墨迹照片。1988年山东美术出版社出版。

行书七绝轴

纸本，200厘米×65.7厘米。

首句：“傲吏身闲笑五侯。”

重庆西南大学历史系藏。

行书苏轼文轴

纸本，113厘米×44厘米。

首句：“惠州西南五里所。”

重庆市中国三峡博物馆藏。《李初梨珍藏书画选》影印。

行书七言联（上联：“打草稿用全力”）乾隆二十三年戊寅（1758）作

纸本，128厘米×26厘米。

同上。

行书金缕曲轴　乾隆四年己未（1739）清和月十七日作

纸本，69.5厘米×38.3厘米。

首句：“烟月扬州路。”

贵州省博物馆藏。《书法丛刊》1993年3期影印。

行书苏轼文轴　乾隆三十年乙酉（1765）作

21厘米×34厘米。

首句：“今日雾色。”

台北国泰美术馆藏。《国泰美术馆选集》第一辑影印。

行书节录苏轼答言上人轴　乾隆三十年乙酉（1765）作

24厘米×34厘米。

首句：“雪斋清境。”

台北国泰美术馆藏。《国泰美术馆选集》第四辑影印。

行书李白秋登宣城谢朓北楼轴

纸本。

首句：“江城如画里。”

台北国泰美术馆藏。《国泰美术馆选集》第三辑影印。

行书七言联（上联：“墨兰数枝宣德纸”）　乾隆三年戊午（1738）作

台北国泰美术馆藏。《国泰美术馆选集》第八辑影印。

行书诗轴

纸本。

首句：“皓首归来种万松。”

台北兰千山馆藏。《兰千山馆法书目录》影印。

行书满江红轴

纸本。

首句：“蓦地逢君。”

黄氏白云堂藏。《台北国立故宫博物院珍藏书画》影印。

行书满庭芳词轴

纸本。285厘米×196厘米。

台北张正壁藏。南京胡建平提供照片。

行书节录怀素自叙轴

纸本。

首句："其述形似。"

香港虚白斋藏。《艺苑掇英》第32期影印。

行书节录怀素自叙轴　乾隆二十九年甲申（1764）作

纸本。

首句："其述形似。"

日本东京国立博物馆藏。《郑板桥书画选》影印。

草书苏轼文横幅

《中国书法大成》影印。

草书祝允明诗横幅

同上。

行书节录怀素自叙轴

《支那墨迹大成》卷八影印。

行书四言诗轴

首句："武功太白。"

《郑板桥画选》影印。

隶书岣嵝碑文轴　乾隆三十年乙酉（1765）作

首句："承帝曰咨。"

《郑板桥书画选》影印。

行书赠卢雅雨诗轴　乾隆四年己未（1739）作

首句："扬州自古风流地。"

《神州国光集》第二十一集影印。

行书苏轼文轴　乾隆七年壬戌（1742）作

首句："东坡道人少日学兰亭。"

日文版《中国书道史》影印。

行书杜诗二首轴　乾隆十二年丁卯（1747）作

其一首句："好雨知时节。"

香港《书谱》总第42期影印。

行书七律轴　乾隆十五年庚午（1750）作

纸本。

首句："曲江才子汉枚皋。"

香港《书谱》1976年第10期影印。

行书赠钟启明并留别诗轴　乾隆十七年壬申（1752）作

首句："一堂五世古今稀。"

《支那墨迹大成》卷八影印。

行书怀潍县绝句二首轴　乾隆二十八年癸未（1763）作

首句；"相思不尽又相思。"

《潍县志稿》影印。

行书苏轼文轴

首句："江边弄水挑菜。"

《明清书道图说》影印。

行书书评轴

首句："桓玄书如快马入阵。"

香港《书谱》1978年第4期影印。

行书书评轴

首句："梁鹄书。"

《中国书画》第11期影印。

行书书评轴

首句："古仪同书。"

1984年上海书画社出版。

[按]此幅在《郑板桥书画月历》（1985年）中。

行草书诗文四条屏

其一首句："惠州西南五里所。"

其二首句："朱槛在空虚。"

其三首句："孟夏爱吾庐。"

其四首句："三月眠。"

1984年上海书画社出版。

[按]此四条屏在《郑板桥书画月历》（1985年）中。

行草书古诗赠陈青门轴

首句："昨日入城市。"

《中国名画集》第十二集影印。

行书七言绝句轴

首句："延英引对碧衣郎。"

《支那墨迹大成》第八卷影印。

柳叶书七绝轴

首句："忽然湖上片云飞。"

1978年中华书局香港分局版《书法艺术》《郑板桥书法集》影印。

行书词满江红金陵怀古轴

首句："淮水东头。"

香港《书谱》。

草书古诗轴

首句："生年不满百。"

香港《书谱》。

书画合璧轴

首句："陶靖节云。"

《书菀》3卷11号影印。

草书陆种园诗册页

首句："说与里中新妇知。"

《书法》1979年第3期影印。

草书唐多令词册页

首句："雁度晚天霞。"

《碎玉集续集》影印。

行书与墨弟书

首句："来银三十两。"

《明清画苑尺牍》影印。

行书李约社诗集序轴　乾隆二十一年丙予（1756）作

首句："康熙间。"

香港《书谱》总第22期影印。

行书七言绝句扇面　乾隆十四年己巳（1749）作

首句："枣花初落路尘香。"

《书法丛刊》影印。

行书绝句二首扇面

首句："蜀葵花接柳堤长。"

《郑板桥画选》影印。

行书五言联（上联："黄山云似海"）

《明清楹联》影印。

行书五言联（上联："束云归砚匣"）

《名人楹联真迹大全》第三册木刻本。

行书七言联（上联："秋江欲画毫先冷"）

《名人楹联真迹大全》第二册木刻本。

行书七言联（上联："二三星斗胸前落"）

同上。

行书七言联（上联："搔痒不着赞何益"）

同上。

行书九言联（上联："霜熟稻梁肥几村农唱"）

香港《书谱》第10期影印。

行书十二月思情曲卷

纸本。

首句："□首。"

《书法丛刊》1993年第3期影印。

楷书杂记册页　雍正十三年乙卯（1735）作

纸本。

首句："近腊月下。"

《书法丛刊》1993年第3期影印。

三、郑板桥书存疑摹本伪作目

行书节录怀素自叙轴　乾隆二年丁巳（1737）作

首句："其述形似。"

南京田原提供照片。

行书节录怀素自叙轴

首句："其述形似。"

山东泰山地区文物管理处藏。

行书范县诗一首横幅　乾隆十六年辛未（1751）作

纸本。

首句："维蒿维蕨。"

香港霍宝材藏。《中国绘画总合图录》卷二影印。

行书七绝二首轴　乾隆二十年乙亥（1755）作

首句："红藕花多映碧阑。"

南京田原提供照片。

行书绝句赠国若轴

首句："雨歇杨林东渡头。"

南京卞春及藏。

行书挽志先诗轴

纸本。

首句："岁星昨夜落江城。"

扬州沈华藏。

行书苏轼文轴

首句："惠州西南五里所。"

安徽省博物馆藏。

行书游焦山诗轴

首句："老去依然一秀才。"

江西省博物馆藏。

草书五律轴

首句；“朱槛在空虚。”

山东烟台地区博物馆藏。《郑板桥书画》影印。

行书七律轴

美国克罗芙特藏。

行书浪淘沙条幅

首句：“秋水漾平沙。”

山西私人藏。

行书题画条幅

日本桥本大乙藏。《中国绘画总合图录》卷四影印。

书画册

之一，首句：“渔家泊在清淮口。”

之三，首句：“远水净无波。”

之五，首句：“我梦扬州。”

之八，首句：“宿雨昨宵晴。”

之九，首句：“宿雨新晴江气凉。”

之十一，首句：“谁买洞庭秋。”

《郑板桥书画选》影印。

书法册（六开）

之一，首句：“骏马似风飙。”

之二，首句：“我有万古宅。”

之三，首句：“我宿五松下。”

之四，首句：“县官清且俭。”

之五，首句：“八月湖水平。”

之六，首句：“渔家在江口。”

常州潘茂提供照片。

行书

题画首句："二弟在家不肯读书。"

南京田原提供拓片。

郑板桥道情词

求古斋石印本。

行书吃亏是福匾额

《板桥书画拓片集》第二集影印。

行书四言联（上联："移花得蝶"）

扬州市博物馆藏。

行书四言联（上联："打松算盘"）

扬州周斯达藏拓本。

行书八言联（上联："古鼎藏书百年相伴"）

镇江市博物馆藏。

行书题画团扇

首句："画竹多于买竹钱。"

扬州私人藏。

附录四 郑板桥题画录

一、竹

郑所南先生《墨竹》一卷，题咏甚富，古岩王先生录而藏之有年矣。乾隆七年见板桥画竹，谬奖有所南家法，不愧其子孙，命作长卷。板桥羞汗，不敢当，又不敢辞，画成并录旧题于后，奉教命也。

乾隆七年十月画竹，画后即录是跋，至八年三月，乃克录完。扬州秀才板桥郑燮记。纸不尽处，板桥画兰。

——《墨竹图》卷，故宫博物院藏墨迹

种得东南美干材，编篱加土尽滋培；

阶前已见龙孙长，又报平安持上来。

板桥郑燮。钤印：《郑燮印》（白文长方形）、《橄榄轩》（朱文长方形）。

——《墨竹图》卷，日本大阪市立美术馆藏墨迹吾邑普画竹者，以禹鸿胪为最，而渔庄尚友次之。禹竹称于上都，渔庄之名遍于湘楚，皆童而习之。老而入妙。予不逮二公远甚。今年七十有一，不学他技，不宗一家，学之五十年不辍，亦非首而已也。翔高老长兄四十初度，索予写竹为寿，且曰：宁乱毋整，当使天趣淋漓，烟云满幅，此真知画意者也。予既出机轴，亦复远追禹、尚二公遗笔。是不独郑竹，并可谓之尚竹、禹竹，合是三家，以为华封人之三祝，有何不可!乾隆二十八年岁在癸未，板桥道人郑燮画并题。

——沈阳故宫博物院藏墨迹

文与可、吴仲圭善画竹，吾未尝取为竹谱也。东坡、鲁直作书非作竹也，而吾之画竹往往学之。黄书飘洒而瘦。吾竹中瘦叶学之；东坡书短悍而肥，吾竹中肥叶学之。此吾画之取法于书也。至吾作书，又往往取沈石田、徐文长、高其佩之画以为笔法。要知书画一理，用以奉翔高老长兄一笑也。板桥郑燮。

——墨竹横幅，南京市博物馆藏墨迹

晨起江边看竹枝，一团青翠影离离；
牡丹芍药夸颜色，我亦清和得意时。
乾隆乙丑，板桥郑燮。

——竹图，镇江金山寺文物馆藏拓本

一两三枝竹竿，四五六片竹叶；
自然淡淡疏疏，何必重重叠叠？
乾隆辛未秋，板桥居士郑燮。

——墨竹图轴，上海博物馆藏墨迹

老干扶疏新叶放，龙孙原种后来枝。

乾隆辛未秋，郑板桥写。钤印：郑燮之印、直心道场。

——竹条屏，扬州黄俶成藏木刻拓片

七载春风在潍县，爱看修竹郭家园；

今日写来还赠郭，令人长忆旧华轩。

板桥郑燮。

——《板桥书画拓片集》影印

南园画竹赠郭质亭先生。

我辈为官困煞人，到君园馆长精神；

请看一片萧萧竹，画里阶前总绝尘。

——《潍县志稿·营缮》著录

乾隆癸酉，板桥居士郑燮画竹，留赠门生王允升字泰阶。钤印：丙辰进士（朱文方印）。

——南京博物院藏墨迹

新霜昨夜满沙洲，竹叶青青色更遒；

贯彻四时浑一气，不知天地有清秋。

绍翁年学长兄先生教画。板桥居士郑燮，乾隆甲戌九月二十有一日漫笔。钤印：《郑板桥》《乾隆东封书画史》。

——竹枝大幅，湖北省武汉市文物商店藏墨迹

画竹曾经学石涛，近来老笔转萧萧；

无多竹叶无多干，自有清风纸上飘。

乾隆甲戌，为嵩年老长兄，板桥郑燮。钤印：《郑燮》（白文方印）、《克柔》（白文方印）。

——墨竹图轴，《朵云轩藏画选》影印

直干千秋无妄曲，儿孙个个总成龙。

乾隆乙亥，写似（以下缺字），板桥郑燮。钤印：《红

雪山樵》（白文方印）、《丙辰进士》（朱文方印）。

——墨竹图轴，苏州博物馆藏墨迹

余家有茆屋二间，南面种竹，夏日新篁初放，绿阴照人，置一小榻其间，甚凉适也。秋冬之际，取围屏骨子，断去两头，横安以为窗棂，用匀薄洁白之纸糊之，风和日暖，冻蝇触窗纸上，冬冬作小鼓声。于时一片竹光零乱，岂非天然图画乎！凡余作画无所师承，多得于纸窗粉壁日光月影中耳。写为赐老年学世兄。乾隆丁丑，板桥郑燮。

——竹轴，天津市博物馆藏墨迹

文与可题墨竹诗云："拟将一段鹅溪绢，扫取寒梢万尺长。"梅道人有云："我亦有亭深竹里，亦思归去听秋声。"皆诗意清绝，不独以画传也。不独以画传而画益传。余既不能诗，又不能画，然亦勉题数句曰："只道霜筠干已枯，谁知碧叶又扶疏，风雷昨夜清江上，拔出龙竹一万株"。鄙夫之言，有愧前哲也。唯石兰同学老世长兄政之。乾隆丁丑，板桥郑燮画并题。

——墨竹图轴，《郑板桥书画选》影印

小苑茅堂静掩门，科头竟日拥山尊；
夜来叶上萧萧雨，窗外新栽竹数根。
写似继瞻年学世兄，乾隆丁丑初夏，板桥郑燮。

——江苏省国画院藏墨迹

扬州鲜笋趁鲥鱼，烂煮春风上巳初；
说与厨人休斫尽，清光留此照摊书。
乾隆丁丑，写似沛老年长兄。

——泰州市博物馆藏墨迹

满目黄沙没奈何，山东只是吃馍馍；

偶然画到江南竹，便想春风燕笋多。

乾隆戊寅二月十七日，板桥郑燮画。

——竹图石刻，新编《郑板桥集·补遗·题画》著录

昨游江上，见修竹数千株，其中有茅屋，有棋声，有茶烟，飘扬而出，心窃乐之。次日过访其家，见琴书几席，净好无尘，作一片豆绿色，盖竹光相射故也。静坐许久，从竹缝中向外而窥，见青山大江，风帆渔艇，又有苇洲，有耕犁，有馌妇，有二小儿戏于沙上，犬立岸傍，如相守者，直是小李将军画意，悬挂于竹枝竹叶间也。由外望内，是一种境地；由中望外，又是一种境地。学者诚能八面玲珑，千古文章之道。不出于是，岂独画乎？乾隆戊寅清和月，板桥郑燮画竹后又记。

——竹图，苏州艺石斋《郑板桥题画》拓本

画大幅竹，人以为难，吾以为易。每日只画一竿，至完至足，须五七日画五七竿，皆离立完好。然后以淡竹、小竹、碎竹经纬其间。或疏或密，或浓或淡，或长或短，或肥或瘦，随意缓急，便构成大局矣。昔萧相国何造未央宫，先立东阙、北阙、前殿、武库、太仓，然后以别殿、内殿、寝殿、宫室、左右廊庑、东西永巷以经纬之，便尔千门万户。总是先立其大者，则其小者易易耳。一丘一壑之经营，小草小花之渲染，亦有难处；大起造大挥写，亦有易处，要在其人之意境何如耳。板桥郑燮画并题。乾隆辛巳七夕雨中成此。钤印：《青藤门下牛马走》《老画师》《橄榄轩》《雪浪斋》《樗散》……

——墨竹通屏，湖北省博物馆藏墨迹

竹里秋风应更多，打窗敲户影婆娑；
老夫不肯删除去，留与三更警睡魔。
乾隆辛巳，板桥郑燮画并题。

——墨竹图轴，扬州徐笠樵藏墨迹

老老苍苍竹一竿，长年风雨不知寒；
好教真节青云去，任尔时人仰面看。
板桥郑燮。

——墨竹条屏，上海刘靖基藏墨迹

琼条玉线才开碧，凤尾鸾翎已扫空；
自是书窗借青翠，砚池茶碗色如葱。
乾隆壬午初夏，板桥郑燮。

——墨竹条屏，同上

茅屋一间，新篁数干，雪白纸窗。微侵绿色。此时独坐其中，一盏雨前茶，一方端砚石，一张宣州纸，几笔折枝花，朋友来至，风声竹响，愈喧愈静，家僮扫地，侍女焚香，往来竹阴中，清光映于画上，绝可怜爱。何必十二金钩，梨园百辈，须置身子清风静响中也。

壬午夏日写此，静翁年兄政。板桥老人郑燮画并题。

——墨竹图轴，中国国家博物馆藏墨迹

石上披兰更披竹，美人相伴在幽谷；
试问东风何处吹？吹入湘波一江绿。
乾隆壬午，板桥郑燮。钤印：《郑燮印》《潍夷长》《橄榄轩》。

——墨竹，《自怡悦斋书画录》卷七著录

虽然高下分浓淡，总是新篁得意时。

乾隆癸未，板桥郑燮。

——墨竹屏条，北京市工艺品进出口公司藏墨迹

养成便是干霄器，废置将为爨下薪；

千古兰亭修竹茂，事因王谢几家人。

乾隆癸未，板桥郑燮。

——墨竹图轴，武汉市文物商店藏墨迹

山僧爱我画，画竹满其欲，落年饷我脆萝卜。乾隆癸未，板桥郑燮。

——墨竹图轴，《支那南画大成》卷一影印

曲曲溶溶漾漾来，穿沙隐竹破莓苔；

此间清味谁分得，只合高人入茗杯。

为木斋老长兄政，板桥郑燮。乾隆癸未。钤印：《燮何力之有焉》《橄榄轩》《歌吹古扬州》《七品官耳》。

——水竹横轴，《宝遇阁书画录》卷三著录

画有在纸中者，有在纸外者。此番竹竿多于竹叶，其摇风弄雨，含露吐雾者，皆隐跃于纸外乎！然纸中如抽碧玉，如削青琅玕，风来戛击之声，铿然而文，锵然而亮，亦足以散怀而破寂。纸中之画，正复清于纸外也。

乾隆甲申，七十二老人板桥郑燮写此。

——墨竹图轴，黄苗子提供

乾隆甲申。

掷去乌纱不做官，归来江上钓鱼竿；

问渠钓具从何买，笔底新篁万尺宽。

宜纶年学兄正画，板桥郑燮。

——墨竹图轴，香港至乐楼藏墨迹

干少枝稀叶又疏，清光也复照窗书；
万竿烟雨何能及，引得秋风拂草庐。
乾隆乙酉春二月，板桥郑燮。

——墨竹图轴，山西省博物院藏墨迹

两枝修竹出重霄，几叶新篁倒挂梢；
本是同根复同气，有何卑下有何高。
乾隆乙酉五月三日，板桥郑燮。

——墨竹图轴，北京故宫博物院藏墨迹

一枝瘦竹何曾少，十亩丛篁未是多；
勘破世间多寡数，水边沙石见恒河。
乾隆乙酉，为永公大和尚正，板桥郑燮。

——瘦竹图轴，台北国泰美术馆藏墨迹

宦海归来两袖空，逢人卖竹画清风；
还愁口说无凭据，暗里赃私遍鲁东。
板桥老人郑燮自赞又自嘲也。乾隆乙酉，客中画并题。

——《支那南画大成》卷一影印

减之又减无多叶，添又加添著几枝；
爱竹总如教子弟，数番剪削又扶持。
板桥居士郑燮。钤印：《郑燮之印》（白文方印）、《潍夷长》（白文方印）。

——墨竹图轴，北京故宫博物院藏墨迹

画工何事好离奇，一干掀天去不知；
若使循循檐下立，拂云擎日待何时。
广翁年学长兄正，板桥郑燮。

——墨竹轴，清华大学美术学院藏

衙斋卧听萧萧竹，疑是民间疾苦声；

些小吾曹州县吏，一枝一叶总关情。

翁年学先生教吾，橄榄轩主人郑燮。

——风竹图轴，徐悲鸿纪念馆藏墨迹

我是江北人，爱画江南竹；

此竹在江中，焦山西北麓。

板桥。

——墨竹图轴，徐悲鸿纪念馆藏墨迹

敲门欲看谁家竹，姓字先须问主人；

绿荫清风藏一榻，正宜贤主对嘉宾。

板桥老人郑燮。

——墨竹图轴，旅顺博物馆藏墨迹

扬州汪士慎，字近人，妙写竹。曾作两枝，并瘦石一块，索杭州金农寿门题咏。金振笔而书二十八字，其后十四字云："清瘦两竿如削玉，首阳山下立夷齐。"自古今题竹以来，从未有用孤竹君事者，盖自寿门始。寿门愈不得志，诗愈奇，人亦何必汩富贵以自取陋!芸亭年兄一粲，板桥郑燮。

——上海朱屺瞻藏墨迹

东西南北四面吹，此君淡若不闻知；

雨晴风定亭亭立，一种清光足羽仪。

板桥郑燮。钤印：《克柔》《北海》。

——竹条屏，南京市鼓楼公园藏漆屏

萧萧江上晚风寒，薄宦归来两鬓斑；

栽得数枝清瘦竹，明年砍去作鱼竿。

板桥郑燮。

——墨竹图轴，南京田原提供

竹君子，石大人。千岁友，四时春。

——墨竹图，常州何乃扬藏，

新编《郑板桥集·补遗·题画》著录

干笔淡墨，画出细竹。抽得心丝，无不肖曲。

——墨竹图，同上

栽竹拂枝，拂尘洒露。君子取之，最有用处。

——墨竹图，同上

画竹意在笔先，用墨干淡并兼；
从人不得其法，今年还是去年。

——墨竹图，同上

虽然高下分浓淡，总是新篁得意时。

——墨竹图，同上

画竹插天盖地来，翻风复雨笔头栽；
我今不肯从人法，写出龙须凤尾排。

——墨竹图，同上

新竹高于旧竹枝，全凭老干为扶持；
明年再有新生者，十丈龙孙绕凤池。
烂石十哥弄璋之兆，板桥弟郑燮。

——墨竹图轴，扬州市博物馆藏

邻家种修竹，时复过墙来；
一片青葱色，居然为我栽。
幽篁一夜雪，疏影失青绿；

莫被风吹簸，玲珑碎寒玉。

——竹图，金山寺文物馆藏拓本

疏疏密密复亭亭，小院幽篁一片青；
最是晚风藤榻上，满身凉露一天星。

——竹图，同上。

今日醉，明日饱，说我情形颇颠倒，哪知腹中皆画稿，画他一幅多惊异，又说画卷画得好。请问世人此中情，一说反复何多少，吁嗟乎。一日反复何多少。板桥。

——竹屏，泉州古文物拓片商店藏拓本

一片月竹如洗，护竹何劳刑杞；
仍将竹作篱笆，求人不如求己。
燮。

——竹屏，同上

满天皆大雪，雪压千竿叶；
可知清真操，雪不扰坚节。
板桥郑燮。

——竹屏，同上

东坡与可大癫狂，画竹千枝又万行；
袖里玲珑还有石，拈来压倒米元章。
板桥郑燮。

——墨竹图轴，江西省博物馆藏墨迹

不风不雨正晴和，翠竹亭亭好节柯；
最爱晚凉佳客至，一壶新茗泡松萝。
板桥老人郑燮。

——墨竹图轴，山东省博物馆藏墨迹

蝶梦初回茗椀持，一瓯清墨仿天池；
萧萧几叶凉生笔，是画摇风带雨枝。
板桥燮。

——竹图，《板桥书画拓片集》影印

竹枝略与韦枝同，瘦瘦圆圆节节重；
他日江头作渔父，钓竿便在画图中。
板桥。

——竹图，同上

竹叶阴浓盛夏时，画工聊写两三枝；
无端七月新篁进，不怕秋风发迹迟。
板桥居士郑燮。钤印：《郑板桥》（白文方印）、《乾隆东封书画史》（白文方印）、《歌吹古扬州》（朱文长方印）。

——七月新篁图轴，重庆市中国三峡博物馆藏墨迹

信手拈来都是竹，乱叶交枝戛寒玉；
却笑洋洲文太守，早向从前构成局。
我有胸中十万竿，一时飞作淋漓墨；
为凤为龙上九天，染遍云霞看新绿。
板桥郑燮。

——《伏庐书画录》影印

未画以前，胸中无一竹，既画以后，胸中不留一竹。方其画时，如阴阳二气，挺然怒生，抽而为笋为篁，散而为枝，展而为叶，实莫知其然而然。韩干画御马，云："天厩中十万匹，皆吾师也。"予客居天宁寺西杏园，亦曰："后园竹十万个，皆吾师也，复何师乎？"板桥。

——墨竹图轴，孙大光藏墨迹

不过数片叶，满纸俱是节。

万物要见根，非徒观半截。

风雨不能摇，雪霜颇能涉。

纸外更相寻，千云上天阙。

板桥居士。

——墨竹图轴，日本大阪本山彦一藏墨迹

时夜春雷平地起，儿孙都领上青云。

板桥燮。

——龙孙起蛰图轴，日本罔山县柚木玉村藏墨迹

和风暖雨佳时节，长出龙孙万丈高。

房母江老人八十荣寿。板桥郑燮。

——墨竹图轴，日本京都桑名铁城藏墨迹

宦海归来两鬓星，春风高卧竹西亭；

而今再种扬州竹，依旧江南一片青。

——墨竹图轴，1983年山西人民出版社出版

老干新篁千万叶，世间君子不嫌多。

板桥郑燮写。

——《支那南画大成》卷一影印

两枝高干无多叶，几许柔篁大有柯；

若论经霜抵风雪，是谁挺直又婆娑。

维翁□老年学长兄正，板桥郑燮画并题

——墨竹图轴，《文物》1960年第7期影印

始余画竹，能少而不能多；既而能多矣，又不能少。此层功力，最为难也。近六十外，始知减枝减叶之法。苏季子曰：简炼以为揣摩。文章绘事，岂有二道!此幅似得简字诀。

板桥郑燮。

——《书画鉴影》卷二十四著录

一竿瘦，两竿凑，三竿够，四竿救。疏疏密密，欹欹侧侧，其中妙理，悟者自得。板桥。钤印：《郑大》《鹧鸪》。

——竹屏，《梦园书画录》卷二十三著录。

读书写画要先知，除此奇能未足奇；
莫谓个中皆上品，两竿修竹有高低。

板桥郑燮。钤印；《七品官耳》《橄榄轩》《樗散》。

——竹屏，《梦园书画录》卷二十三著录

曾栽密密小楼东，又听疏疏夜雨中；
满砚冰花三寸结，为君图写旧清风。

板桥郑燮。钤印：《郑燮》《丙辰进士》。

——墨竹轴，《古缘萃录》卷十四著录

神龙见首不见尾，竹，龙种也，画其根，藏其末，其犹龙之义乎？

乾隆辛巳，板桥郑燮画并题。

莫漫锄荆棘，由他与竹高；
西铭原有说，万物总同胞。

板桥。

不是春风，不是秋风。新篁初放，在夏月中。
能驱吾暑，能豁吾胸。君子之德，大王之雄。

板桥道人。

一阵狂风倒卷来，竹枝翻回向天开；

扫云扫雾真吾事，岂屑区区区扫地埃。

板桥戏题。

一枝偶向崖边出，便晓山中筱荡多；

寄语采樵人莫羡，留他君子在岩阿。

板桥。

忽焉而淡，忽焉而浓。究其胸次，万象皆空。

板桥。

谁家新笋破新泥，昨夜春风到竹西；

借问竹西何限竹，万竿转眼上云梯。

板桥。

短节古干，如地下之鞭，忽飞腾于地上。

然则地上之竹，独下可飞腾于天下耶？

高卑固无一定也。

板桥。

雨中听竹知秋意，秋在书窗小榻边。

板桥。

水竹不如山竹劲，画来须向石边青。

板桥居士。

竹中有竹，竹外有竹。渭川千亩，此为巨族。

乾隆辛巳，板桥道人画并题。

——墨竹大册（十二开），日本东京国主博物馆藏墨迹微风倚少儿。板桥。

——墨竹册页，北京故宫博物院藏墨迹

新篁数尺无多子，蓄势来年长万寻。

板桥。

——墨竹册页，同上

瘦条不减黄金缕，嫩叶浑如乳燕飞。

板桥。

——墨竹册页，同上

一尺竹，数寸根。何处栽，古瓦盆。

板桥。

——墨竹册页，《支那南画大成》卷一影印

一尺竹含千尺势，老夫胸次有灵奇。

板桥。钤印：《橄榄轩》（朱文长方印）。

——墨竹斗方，烟台地区文管组藏墨迹

一节一节一节，一叶一叶一叶；

浑然一片玲珑，苏轼文同郑燮。

钤印：《郑燮之印》《七品官耳》。

——墨竹斗方，《板桥书画拓片集》影印

浓淡有时无变节，岁寒松柏是知心。

板桥。钤印：《郑板桥》《扬州兴化人》《以天得古》。

——墨竹斗方，同上

一枝折得淇泉竹，想见当年卫武公。

板桥道人。

——墨竹宫灯片，烟台地区文管组藏墨迹

敢云少少许，胜人多多许；
努力作秋声，瑶窗弄风雨。
板桥。

——墨竹扇面，上海博物馆藏墨迹

二、兰

乱草荒蓬著处埋，兰花无地可安排；
想因赋质多灵秀，定要移根上苑栽。
为锡贶贤契老年侄画并题，板桥郑燮。

——兰花卷，四川省博物院藏墨迹

叶长花则少，叶短花则多；
万事有余不足，英雄豪杰如何!
乾隆己卯，写为杮伯表弟，板桥郑燮。

——墨兰图横幅，南京市博物馆藏墨迹

古人云，入芝兰之室，久而不闻其香，不不闻也，闻之久与俱化也。日与士人君子相磨切，岂复有不善之事乎？画芝兰如见君子逊逊室中，屋室俱美。

板桥郑燮。乾隆五年十一月十有二日写于扬州寓斋。钤印：《郑燮之印》（白文）、《板桥》（朱文）、《游思六经结想五岳》（朱文）。

——芝兰轴，中国美术家协会陕西分会藏墨迹

乾隆癸酉十二月二十有五日，为粹西道友写兰，板桥居士郑燮。

素心兰与赤心兰。总把芳心与客看；

岂是春风能酿得，曾经霜雪十分寒。

板桥又题。

——墨兰图轴，北京故宫博物院藏墨迹

予作兰有年，大率以陈古白先生为法。及来扬州，见石涛和尚墨花，横绝一时，心善之而弗学，谓其过纵，与之自不同路。又见颜君尊五，笔极活，墨极秀，不求异奇，自有一种新气。又有友人陈松亭，秀劲拔俗，矫然自名其家，遂欲仿之。兹所飘擎擎，其在颜、陈之间乎，然要不知似不似也。乾隆甲戌十月，板桥郑燮画并记。

——墨兰图轴，中国美术研究所藏墨迹

乌衣子弟何其盛，酷似南朝王谢家；

百种老人多种德，自然九畹尽开花。

乾隆辛巳，板桥郑燮。

——墨兰图轴，《支那南画大成》卷一影印

重慊曲径草为堂，四座幽兰四壁芳；

况复盆栽犹未尽，留余滋味最悠长。

乾隆癸未，板桥郑燮画并题，时在焦山。钤印：《郑燮之印》《爽鸠氏之官》《橄榄轩》。

——幽兰图轴，湖北省钟祥县博物馆藏墨迹

九畹兰花江上田，写来八畹未成全；

世间万事何时足，留取栽培待后贤。

郑板桥画并题。

——兰花图轴，上海博物馆藏墨迹

竹石萧疏又写兰，春风江上解春寒；

不须红紫夸桃李，秀色如君尽可餐。

郑燮画并题。钤印：《爽鸠氏之官》《七品官耳》。

——兰花条屏，镇江石炜提供拓本

素心花赠素心人，二月风光是好春；

他日老夫归去后，对花犹想旧情亲。

景文年兄一笑。板桥居士郑燮写。

——兰花图轴，山东省博物馆藏墨迹

买块兰花要整根，神完力足长儿孙；

莫嫌今岁花犹少，请看明年花满盆。

板桥老人郑燮。

——盆兰图轴，烟台市博物馆藏墨迹

所南画兰好画根，余好画兰不画蕙，皆各有僻处，然画根者谓天下无地可栽。予不作此激烈语，不画蕙者愚意欲香远而长，花少而炎又何讥焉。板桥写。

——墨兰图轴，广东省博物馆藏墨迹

叶少花稀才数笔，世间清品不须多。

板桥。

——兰图轴，新加坡卢氏藏墨迹

杭州金寿门题墨兰诗云：“苦被春风勾引出。和葱和蒜卖街头。”盖伤时不遇，又不能决然自引去也。芸亭年兄索余画，并索题寿门句。使当事尽如公等爱才，寿门何得出此恨句？板桥郑燮。

——墨兰轴，《文物》1960年第7期影印

江西绝妙赣州兰，曾买盆花几上看；

画里不知还得似，故乡风露未全干。

奉寄冰翁年老先生大人教正，板桥郑燮。钤印：《燮何

力之有焉》《七品官耳》《橄榄轩》。

——拓本

东坡画兰，长带荆棘，见君子能容小人也。吾谓荆棘不当尽以小人目之，如国之爪牙、王之虎臣，自不可废。兰在深山，已无尘嚣之扰，而鼠将食之，鹿将龉之，豕将豚之，熊、虎、豺、麛、兔、狐之属将啮之，又有樵人将拔之割之。若得棘刺为之护撼，其害斯远矣。板桥郑燮。钤印：《郑燮之印》《老画师》《丙辰进士》。

——兰条屏，《梦园书画录》卷二十三著录

风虽狂，叶不扬，品既雅，花亦香。问是谁与友，是我郑大郎。友他在空谷，不喜见炎凉。原吾后嗣子，婚媾结如兰。钤印：橄榄轩、无数青山拜草庐。

——兰条屏，同上

买得沙壶花正开，化为空谷不凡材；

耳闻鼻臭同心语，先在王朝御史台。

板桥。钤印：《樗散》。

——兰条屏，同上

石涛画兰不似兰，盖其化也；板桥画兰酷似兰，犹未化也。盖将以吾之似，学古人之不似。嘻，难言矣。馥翁年学长兄，板桥郑燮。钤印：《郑燮之印》。

——小幅兰花，《陶风楼藏书画目》著录

[按]此幅在《书画合锦》轴中。

既入芝兰之室，岂无廊庙之材；

虽然盆壶瓦罐，宜与细做粗胎。

——盆兰，扬州寄啸山庄藏木刻

兰花几箭又添芝，何处寻来问画师；

总为一身心上寻，果然培得自然知。

——盆兰，同上

何劳绿叶扶持我，自有孤芳压服他。

板桥。钤印：《郑兰》（白文）、《俗吏》（朱文）、《书带草》（白文）。

——兰，《丁亥烬遗录》卷三著录

其叶甚短，其花甚茂。蓄其力，以有为；扬其芳，以逞意。物莫能两大，亦有余补不足之理。板桥道人。

——兰花册页，《梅兰竹菊画谱》影印

处世总无穷竭意，看花全在未开时。

板桥道人。钤印：《郑燮之印》（白文方印）。

——幽兰图册页，北京故宫博物院藏墨迹

更无佳处，只是春夏之气居多耳。板桥。钤印：《欲吏》（朱文长方印）、《郑兰》（白文方印）。

——兰花册页，《支那南画大成》卷一影印

叶少花稀根亦微，风前亦有暗香飞；

何人种我砂盆钵，固本添泥雨后肥。

板桥居士。

——兰花册页，同上

兰芳叶劲，神柔笔硬。清品清材，此交可订。

为慧如大师法正。板桥燮。钤印：《郑》《燮》（联珠白文方印）。

——墨兰册页，《书画鉴影》卷十八著录

三、石

世人作柱石图，皆居中正面，窃独以为不然。国之柱石，如公孤保傅，虽位极人臣，无居正当阳之理。今特作为偏侧之势，并系以诗：一卷柱石欲擎天，体自尊崇势自偏；却是武乡侯气象，侧身谨慎几多年。乾隆乙亥秋，为树人年学兄正，板桥道人郑燮漫笔。

——柱石图轴，《支那名画宝鉴》影印

谁与荒斋伴寂寥，一枝柱石上云霄；
挺然直是陶元亮，五斗何能折我腰。
诞老年学兄正，板桥郑燮。

——柱石图条屏，南京博物院藏墨迹

欲学云林画石头，愧他笔墨太轻柔；
而今老去心知意，只向精神淡处求。
板桥郑燮。

——南京陶白藏墨迹

郑家画石，陈家点苔。出二妙手，成此峦岩。傍人不解，何处飞来。陈馥、郑燮画并题。

——郑燮、陈馥合作苔石图轴，南京博物院藏墨迹

四、兰　竹

日日红桥斗酒卮，家家桃李艳芳姿；

闭门只是栽兰竹，留得春光过四时。

乾隆壬午，板桥郑燮。

——兰竹图轴，浙江省博物馆藏墨迹

昔人画竹者称文与可、苏子瞻、梅道人。画兰者无闻。近世陈古白、吾家所南先生，始以画兰称，又不工于竹。惟清湘大涤子山水、花卉、人物、翎毛无不擅长，而兰竹尤绝妙冠时。盖以竹干叶皆青翠，兰花叶亦然，色相似也；兰有幽芳，竹有劲节，德相似也；竹历寒暑而不凋，兰发四时而有蕊，寿相似也。清湘之意，深得花竹情理。余故仿佛其意。又闻有明三百年，文人皆善兰竹，今不概见，不识何故。乾隆二十七年，岁在壬午小春月，板桥郑燮。

——兰竹图轴，《支那南画大成》卷一影印

挥毫已写竹三竿，竹下还添几笔兰；

总为本源同七穆，欲修旧谱与君看。

观文家兄教画，乾隆癸未，板桥愚弟燮。

——兰竹图轴，上海人民美术出版社藏墨迹

画得盆花蕙草新，春风已过有余春；

折来数片新篁叶，好为名葩小拂尘。

卫老年学兄正，板桥郑燮。

——盆兰竹枝图轴，清华大学美术学院藏墨迹

几笔新篁几笔兰，芳条翠叶碧琅玕；

老夫本是琼林客，只画春风不画寒。

为楚材年学兄，板桥郑燮。钤印:《郑》《燮》（联珠白

文方印）。

——兰竹扇面，《扇面大观》第四集影印

五、竹　石

人间四月正清和，雨气□□□□科；

今日写来千万干，配君高义子孙多。

宪翁年学长兄，板桥居士郑燮。

——竹石卷，镇江市博物馆藏墨迹

焦山石块焦山竹，逐日相看坐古苔；

今日雨晴风又便，扁舟载得过江来。

乾隆甲申为序东年学兄，板桥郑燮画并题。

——焦山竹石图横幅，《中国画家丛书·郑板桥》影印

十笏茅斋，一方天井，修竹数竿，石笋数尺，其地无多，其费亦无多也。然而风中雨中有声，日中月中有影，诗中酒中有情，闲中闷中有伴，非唯我爱竹石，即竹石亦留恋我也。彼千金万金造园亭，而游宦四方，或终其身不能到。而吾辈欲游名山大川，又一时不得即往，何如一室小景，有情有味，历久弥新乎!对此画，构此境，敛之则退藏于密，未尝不放之弥六合也。

乾隆乙酉清和月，板桥郑燮画。钤印:《郑燮印》（白文）、《燮何力之有焉》（白文）、《橄榄轩》（朱文）。

——竹石图横幅，兴化市郑板桥纪念馆藏墨迹

竹少石多，竹小石大，直是以石为君，聊复以数片叶点

缀之耳。画竹何须千万枝，两三片叶峭撑持；千秋不必嵩衡岳，不靠青山却靠谁？乾隆十九年六月十八日雨中，板桥道人郑燮画并题。

——竹石轴，扬州市博物馆藏墨迹

昔东坡居士作枯木竹石，便有枯木石而无竹，则黯然无色矣。余作竹作石，固无取于枯木也。意在画竹，则竹为主，以石辅之。今石反大于竹、多于竹，又出于格外也。不泥古法，不执己见，惟在活而已矣。渐老年兄属，乾隆甲戌重九日，板桥郑燮画。钤印：《七品官耳》（白文方印）《丙辰进士》（朱文方印）。

——竹石轴，上海博物馆藏墨迹

客舍新晴，晨起看竹，露浮叶上，日在梢头，胸中勃勃，遂有画意，其实胸中之竹，并不是眼中之竹也。因而磨墨展纸运笔，又是一格，其实手中之竹，又不是意中之竹也。步步变相，莫可端倪，其天机流露，有莫知其然而然者，独画云乎哉！

乾隆丙子，板桥郑燮画并题。

——竹石轴，《中国画家丛书·郑板桥》影印

昨在西湖，过六桥，入小有天国，上南屏山，丛篁密箓，嵌岩充谷，牵衣挽裾，满身皆湿翠也。归而绘其意，并题诗曰：昨自西湖烂醉归，满身细竹乱牵衣；回舟已下金沙港，翘首清风在翠微。乾隆丙子，澄轩年学兄雅鉴，板桥郑燮。

——竹石轴，徐州市博物馆藏墨迹

昔人画华封三祝。一峰而已，兹益一峰。是增其寿也；三竹而已，兹益以二而为五，是增其福也。上天申锡，有加无

已，盖甚显上令德之君子有以致此也。乾隆丙子冬，写似章翁乡祭酒年，老长翁，有是德即有是福，岂不信然。板桥郑燮。

——竹石轴，天津市博物馆藏墨迹

秋风昨夜渡潇湘，触石穿林惯作狂；
惟有竹枝浑不怕，挺然相斗一千场。

乾隆著雍摄提格姑洗之月，板桥郑燮画并题。

——竹石轴，中国美术家协会藏墨迹

四十年来画竹枝，日间挥写夜间思。
冗繁削尽留清瘦，画到生时是熟时。

乾隆戊寅十月下浣，板桥郑燮画并题。

无多竹叶没多山，自有清风在此间；
好待来年新笋发，满林青绿翠云湾。

为瀛翁年学老长兄正，板桥郑燮又题。钤印：《郑燮之印》（白文方印）、《二十年前旧板桥》（朱文方印）、《郑》《燮》（联珠白文方印）、《青藤门下牛马走》（白文长方印）。

——竹石图轴，上海博物馆藏墨迹

石缝山腰是我家，棋枰茶灶足烟霞；
有人编缚为条帚，也与神仙扫落花。

乾隆戊寅，板桥郑燮画。钤印：《爽鸠氏之官》《郑大》。

——竹石条屏，南京市鼓楼公园藏漆屏

清朝柱石图。板桥郑燮画。

气骨森严色古苍，严如公辅立朝堂；
竹枝亦复多情事，靠定青山有主张。

乾隆戊寅，板桥郑燮又题。钤印：《丙辰进士》（朱文方印）、《七品官耳》（白文方印）、《燮》（白文方印）、《二十年前旧板桥》（朱文方印）。

——竹石图轴，台北国泰美术馆藏墨迹

昨自西湖烂醉归，漫山密篆乱牵衣；
摇舟已下金沙港，回首清风在翠微。
乾隆己卯，板桥道人郑燮写。

——竹石轴，浙江省博物馆藏墨迹

秋风昨夜窗前到，竹叶相敲石有声；
及至晓来浓露湿，又疑昨夜未秋清。
乾隆庚辰秋抄，板桥郑燮。钤印：《郑燮印》（白文方印）、《丙辰进士》（朱文方印）。

——竹石轴，广州艺术博物院藏墨迹

一块峰峦耸太行，两枝修竹画潇湘；
湖南泽绛三千里，都入吾家郭外庄。
乾隆辛巳，板桥郑燮写于扬州。

——竹石轴，《扬州八家画选》影印

一半青山一半竹，一半绿阴一半玉；
请君茶熟睡醒时，对此浑如在岩谷。
受老年学兄正。板桥道人郑燮。
乾隆壬午夏五月午后写此。

文与可画竹胸有成竹，郑板桥画竹胸无成竹，所谓渭川千亩在胸中也。板桥之无，成如雷霆霹雳，草木怒生，有莫知其然而然者，盖大化之流行，其道如是。与可之有，板桥之无，是一是二，解人会之。燮又记。钤印：《郑燮私印》（白文方印）、《丙辰进士》（朱文方印）、《有数竿竹无一点尘》（白文长方印）、《二十年前旧板桥》（朱文长方印）、《歌吹古扬州》（朱文长方印）。

——竹石图轴，北京故宫博物院藏墨迹

写来三竹仍三竹，画出华封是两峰；

总是人情真爱戴，大家罗拜主人翁。

乾隆壬午，板桥郑燮。

——竹石图轴，中国国家博物馆藏墨迹

迸出新篁石缝中，数枝清瘦戛玲珑；

已经扫尽尘氛气，多谢先生又画风。

乾隆壬午，板桥郑燮。钤印：《郑燮之印》（白文）、《爽鸠氏（白文）之官（朱文）》、《歌吹古扬州》（朱文）。

——竹石轴，旅顺博物馆藏墨迹

竹也瘦，石也瘦，不讲雄豪，只求纤秀，七十老人尚留得少年气候。板桥郑燮。钤印：《郑燮之印》（白文）、《潍夷长》（白文）。

——竹石堂幅，北京西单文物商店藏墨迹

七十衰翁澹不求，风光都付老春秋；

画来密筱才逾尺，让尔青山出一头。

燮堂大弟教画，愚兄板桥郑燮。

——竹石图轴，德国柏林东亚美术馆藏墨迹

记得为官种竹枝，泰山脚下峰山陲；

应知尔日新篁发，定有清风忆我时。

乾隆壬午，板桥郑燮。

——竹石条屏，镇江金山寺文物馆藏拓片

七十老人画竹石，石更崚嶒竹更直；

乃知此老笔非凡，挺挺千寻之壁立。

乾隆癸未，板桥郑燮。

——竹石轴，《郑板桥书画艺术》影印

竹石相交万万年，两家节介本天然；

请看十月清霜后，一种苍苍笼碧烟。

乾隆癸未二月，写似碧岑老世兄，板桥道人郑燮。

——竹石轴，北京荣宝斋藏墨迹

绕膝龙孙好节柯，居中柱石老嵯峨；

春风夏雨清光满，历到秋冬翠更多。

乾隆甲申秋日，板桥道人郑燮。钤印：《郑燮印》《潍夷长》《歌吹古扬州》。

——竹石立轴，《梦园书画录》卷二十三

画竹之法，不贵拘泥成局，要在会心人得神，所以梅道人能超最上乘也。盖竹之体，瘦劲孤高，枝枝傲雪，节节干霄，有似乎士君子豪气凌云，是（其）生也；依于石而不囿于石，是其节也；落于色相而不滞于梗概，是其品也。竹其有知，必能谓余为解人；石如有灵，亦当为余首肯。甲申秋杪，归自邗江，居杏花楼。对雨独酌，醉后研墨拈管，挥此一幅，留赠主人。板桥。

——竹石轴，上海博物馆藏墨迹

渭川千亩入秦关，淇澳清清水一弯；

两地高风来拱向，中间突兀太行山。

乾隆甲申，为敬翁同□老长兄并慰故乡之意。板桥居士郑燮。钤印：《爽鸠氏之官》《燮何力之有焉》。

——竹石大堂幅，辛冠洁藏墨迹

竹称为君，石呼为丈。锡以嘉名，千秋无让。

空山结盟，介节贞朗。五色为奇，一青足仰。

乾隆甲申，板桥郑燮写。

——竹石图轴，日本张允中藏墨迹

两枝修竹一新篁，柱石相依对画堂；

日日平安来好信，又宜温暖又宜凉。

乾隆乙酉，为济翁年学兄正画，板桥郑燮。

——竹石轴，南京市博物馆藏墨迹

参差错落无多竹，引得春风入座来。

乾隆乙酉，板桥郑燮。

——竹石轴，扬州市文物商店藏墨迹

一拳岩下石，几叶风前竹；

笔底转洪钧，春光自然足。

板桥郑燮。

——竹石横幅，中国国家博物馆藏墨迹

石依于竹，竹依于石。弱草靡花，夹杂不得。

郑板桥。

——竹石轴，中国美术家协会藏墨迹

两枝老干无多叶，让尔新篁正殿翎；

铁骨霜皮终有用，他时留取造柯亭。

板桥郑燮写。

——竹石轴，北京市文物商店藏墨迹

宦海归来两鬓星，故人怜我未凋零；

春风写与平安竹，依旧江南一片青。

板桥居士。

——竹石轴，天津市博物馆藏墨迹

一枝高竹独当风，小竹因依笼盖中；
画出人间真具庆，诸孙罗抱阿家翁。
板桥郑燮。

——竹石轴，在天津，《扬州八家画选》影印

一块石，两竿竹。小窗前，清趣足。
伴读书，戛寒一。夜灯红，画纸绿。
板桥郑燮。

——竹石轴，河北省博物馆藏墨迹

两竿修竹入云跟，下有峰峦石势尊；
甘雨和风三四月，满庭篁禁是儿孙。
写似刚翁年学老长兄正画，板桥郑燮。

——竹石轴，旅顺博物馆藏墨迹

细细的叶，疏疏的节。雪压不垂，风吹不折。
板桥郑燮。

——竹石条屏，上海刘靖基藏墨迹

咬定青山不放松，立根原在破岩中。
千磨万击还坚劲，任尔东西南北风。
孟翁年学老长兄教，板桥郑燮。钤印：《十年县令》（朱文椭圆印）等。

——竹石轴，南京博物院藏墨迹

且让青山出一头，疏枝瘦干未能遒；
明年百尺龙孙发，多恐青山逊一筹。

板桥郑燮并题。钤印：《扬州兴化人》《古狂》。

——竹石条屏，南京市鼓楼公园藏漆屏。

两枝瘦竹叶无多，何处移来小节科；
须知地下龙孙劲，穿透石根爬薜萝。
板桥郑燮。

——竹石轴，南京田原提供墨迹照片

竹得此中仙境界，天台走过石梁桥。
向夫年学长兄，板桥郑燮。钤印：《郑燮》（白文方印）、《潍夷长》（白文方印）。

——竹石轴，兴化市郑板桥纪念馆藏墨迹

石块玲珑整又歪，离奇秀峭公自裁；
旁添竹叶浓兼淡，不费先生再点苔。
板桥。

——竹石轴，兴化市郑板桥纪念馆藏墨迹

只有青山是我家，峰根岸缝迸秋砂；
因兹秉得坚刚性，历尽东风瘦不斜。
板桥郑燮画并题。

——竹石轴，江都县图书馆藏墨迹

竹枝石块两相宜，群卉群芳尽弃之；
春夏秋时全不变，雪中风味更清奇。
板桥郑燮。

——竹石轴，镇江市博物馆藏墨迹

石峰一块欲撑天，小竹低头却不然；
昨日邻家买新笋，未曾看我一根鞭。

板桥。

——竹石条屏，泉州古文物拓片商店藏拓本

一节复一节，千枝连万叶。
我自不开花，免撩蜂与蝶。
板桥郑燮。

——竹石轴，青岛市博物馆藏墨迹

一枝卧竹一枝昂，石笋萧然与竹长；
好是倪迂清闷阁，阶前点缀不寻常。
板桥郑燮。

——竹石，潍坊市博物馆藏书拓本

画航停桡倚汴河，扬鞭走马竹西过；
春雷昨夜抽新笋，新竹高于旧竹多。
板桥老人郑燮写。

——竹石图轴，广州市艺术博物院藏墨迹

胸中墨汁三千斛，腕底清毫十万茎；
喷洒却于何处用，石先生与竹先生。
板桥。

——竹石轴，四川省博物院藏墨迹

苑斋瘦竹长都成，手把风枝几旧情；
记得读书窗纸破，为予夜半起秋声。

板桥郑燮。钤印：《郑燮印》（白文）、《歌吹古扬州》（朱文）

——竹石条屏，中国美术家协会四川分会藏墨迹

竿是本家生，叶是邻家过；
清风咫尺间，隔篱相唱和。

板桥郑燮。

——竹石大堂幅，西南大学藏墨迹

春风春雨正及时，亭亭翠竹满阶墀；

主人茶罢巡廊走，喜见新篁发几枝。

板桥。钤印：《郑燮之印》《二十年前旧板桥》。

——竹石轴，兰州邓成诚藏墨迹

少日曾探上苑花，乌纱一顶负烟霞；

而今老去亲兰竹，江北江南总是家。

板桥郑燮。

——竹石条幅，张述蕴藏墨迹

几枝新叶萧萧竹，数笔横皴淡淡山；

正好清明连谷雨，一杯香茗坐其间。

板桥郑燮画并题。

——竹石轴，台北国泰美术馆藏墨迹

江上家家种竹多，傍添石块更阿那；

且应一景相看待，恍似湘山立楚娥。

板桥郑燮。

——竹石轴，世界书局《郑板桥全集》影印

偶学云林石法，遂摹与可新篁；

一片青葱气色，居然雨过斜阳。

板桥郑燮。

——竹石轴，《东南日报·金石书画》第71期影印

遇着青山便栽竹，短长高下总清风。

板桥道人郑燮。钤印：《郑板桥》（白文方印）、《爽鸠氏（白文）之官（朱文）》（方印）、《橄榄轩》

（朱文长方印）。

——竹石轴，1986年天津人民美术出版社出版

石如叟，竹如孙，或老或幼皆可人。

板桥。

——竹石册页，天津市博物馆藏墨迹

六、兰 石

泰山高绝苦无兰，特写幽姿送宰官；

石缝峰腰都布遍，一团秀色尽堪餐。

恺亭高六弟之任泰安，板桥同学愚兄，郑燮作此奉赠，乾隆己巳。

——兰石横幅，烟台地区文管组藏墨迹

我在山头兰叶短，尔在山腰兰叶长；

后来居上前贤让，定抵先生十倍香。

晓堂贤友粲正，乾隆乙丑秋八月，板桥居士郑燮画寄。

——兰石轴，秦裕藏墨迹

昔游天目山，与老僧坐密室中，闻幽兰香，不知所出。僧即开小窗，见矫壁千尺，皆芳兰披拂，而下又有枯树根，怪丑坏烂，兰亦寄生其上，如虬龙勃怒，鬐鬣皆张，实异境也。省堂老伯游湘楚中，所见必多此种，惜不得人为之图写耳。小侄郑燮敢画此以献于左。

——兰石轴，上海博物馆藏墨迹

栽兰点石宜也，兰多则石小，兰少则石长，若兰整根整

块而又甚巨，与盆相称，则无所用石矣。是幅盆小兰密，虽有美石，何以安点，故置之盆外。世有剜肉医疮，强栽硬捺者亦可以返矣。蔗圃三兄安顿一花一石，皆有妙理，故写此石质之。板桥郑燮。

——栽兰点石图轴，《中国画家丛书·郑板桥》影印

峤壁兰垂万箭多，山根碧蕊亦婀娜；
天公雨露无私意，分别高低世为何。
板桥郑燮写。

——峭壁兰花图轴，潍坊市博物馆藏墨迹

峭壁一千尺，兰花在空碧；
下有采樵人，伸手折不得。
板桥。钤印：《郑大》（蓝色印）。

——兰石轴，《铁如意室所藏书画录》卷一著录

七、兰竹石

知君本是素心人，画得幽兰为写真；
他日江南投老去，竹篱苑舍是芳邻。

乾隆七年春，为振凡先生画并题，统求教正，板桥弟郑燮拜手。

——兰竹石图卷

乾隆二十七年花朝写于扬州。

红兰主人以后有紫琼崖主人，今又有素鞠主人，皆天潢的派词源大手笔也。恨不得见红兰而得，侍紫琼翰墨已幸

甚，今又见素鞠亦生平之幸也。因以拙笔兰竹奉献，兰芳竹劲石介芝灵，唯主人足当之。见主人则红兰、紫琼如在目前不远。橄榄轩记。

板桥郑燮。

——兰花竹石图卷，上海博物馆藏墨迹

此花不是世间花，好与青山翠竹遮；

借问画工何仿佛，先生心地发灵芽。

希翁年老先生大人教画，板桥郑燮拜手。

——兰竹石图卷，上海博物馆藏墨迹

满幅皆君子，其后以棘刺终之，何也？盖君子能容纳小人，无小人亦不能成君子。故棘中之兰，其花更硕茂矣。名桥老哥，君子也。特此意以处京畿，无往不利。千里之外，无所赠寄，姑以此为压缄之物耳。板桥弟郑燮。

——竹棘丛兰图卷，南京博物院藏墨迹

[按]此幅又名《荆棘丛兰图》卷，画有兰、竹、石、荆棘。

山中自有芝，人寻寻不到；

千岩万壑深，但闻波浩浩。

板桥道人郑燮画并题。

——兰竹石图卷，美国休林卡藏墨迹

乾隆戊寅。

此是幽贞一种花，不求闻达只烟霞；

采樵或恐通来径，更取高山一片遮。

写似□京年学兄长政画，板桥道人郑燮。

——清溪兰竹图横幅，无锡博物院藏墨迹

[按]此幅画有兰、竹、石、溪水。

文与可、梅道人画竹，未画兰也。兰竹之妙始于所南翁，继以古自先生。郑则元品，除则明笔。近代白丁、清湘，或浑成，或奇纵，皆脱古维新特立。近日禹鸿胪画竹，颇能乱，甚妙。乱之一字，甚当体任，甚当体任！乾隆庚辰秋九月，登高不果，过吴公湖上写此。板桥郑燮。

——兰竹石图横幅，《中国名画》第二十一集影印

画兰之法，三枝五叶；画石之法，丛三聚五。皆起手法，非为兰竹一道仅仅如此，遂了其平生学问也。古之善画者，大都以造物为师。天之所生，即吾之所画，总需一块元气团结而成。此幅虽属小景，要是山脚下洞穴旁之兰，不是盆中磊石凑栽之兰，谓其气整故尔。聊作二十八字以系于后：敢云我画意无师，亦有开蒙上学时；画到天机流露处，无今无古寸心知。乾隆庚辰秋，板桥郑燮。

——兰竹石横幅，中国美术家协会藏墨迹

索画者必有来意，某处画兰，某处画竹，某处画石，而作画者又倔强不依此，两两所以背谬也。殊不知即其所索之中依其位置而略为剪裁，稍加伸缩，既不失主人意指，而亦不愧自家笔墨，顾不美乎？主司命题如此，而我之作文偏不如此。虽锦绣珠玑与题何涉。善作者绝不与众人同，而却不与命题□□，求匠心独得乎!吾之此画亦只是兰竹石，而绝不与众家同，亦绝不与自家同，或亦有匠心焉。乾隆壬午板桥老人郑燮。

——兰竹石图横幅，山西省博物院藏墨迹

几枝修竹几枝兰，不怕春寒，不畏秋残。飘飘远在碧云

端，云里湘山，梦里巫山。画工老兴未全删，笔也清闲，墨也斓斑。借君莫作图画看，文里波澜，字里机关。

右调一剪梅，西老年兄政，板桥郑燮画并题。钤印：《郑燮印》（白文长方印）、《老画师》（白文方印）、《橄榄轩》（朱文长方印）。

——兰竹石图横幅，兴化市郑板桥纪念馆藏墨迹

饮牛四长兄，其劲如竹，其清如兰，其坚如石，行辈中无此人也。屡索予画，未有应之。乾隆五年九秋过予寓斋，因检家中旧幅奉赠。竹无干，兰叶偏，石势侧，恐不足当君子之意，他日当作好幅赎过耳。板板弟郑燮。钤印：《郑燮印》（朱文方印）、《克柔》（朱文方印）。

——兰竹石图轴，北京故宫博物院藏墨迹

世间盆兰空栽植，唯有青山是我家；
画入悬崖孤绝处，兰花竹叶两相遮。

乾隆壬申九秋，板桥居士郑燮写于北海。

——兰竹石图，《板桥书画拓片集》影印

世人只晓爱兰花，市买盆栽气味差；
明月清风白云窟，青山是我外婆家。

乾隆丁丑秋七月，板桥道人郑燮画并题。

先构石，次写兰，次衬以竹，此画之展次也。石不点苔，惧其浊吾画气。燮又题。

——兰竹石图轴，北京故宫博物院藏墨迹

不容荆棘不成兰，外道天魔冷眼看；
看到鱼龙都混杂，方知佛法浩漫漫。

倡公大和上政。板桥郑燮。乾隆二十二年建子月。

——荆棘兰石图轴，常州市博物馆藏墨迹

[按]此幅画有兰、竹、石、荆棘。

官罢囊空两袖寒，聊凭卖画佐朝餐；

最惭吴隐奁钱薄，赠尔春风几笔兰。

乾隆戊寅，板桥老人为二女适袁氏者作。

——兰竹石图轴，北京故宫博物院藏墨迹

身在千山顶上头，突岩深缝妙香稠；

非无脚下浮云闹，来不相知去不留。

乾隆戊寅，鹤洲年学长兄正，板桥道人郑燮写。

——兰竹石图轴，天津市博物馆藏墨迹

近处香微远处赊，随风飘渺透烟霞；

青山翠竹方为伴，洗尽凡心看此花。

画兰画竹已多年，竖抹横拖近自然；

更向云中画山石，令人如望藐姑仙。

乾隆己卯，板桥郑燮。钤印：《郑燮之印》（白文）、《二十年前旧板桥》（白文）、《歌吹古扬州》（朱文）。

——兰竹石图轴，浙江崇寿德藏墨迹

乾隆辛巳。

此山林之畏，佳也。若以时下之剪裁植绳之，则左矣。大率作画之道，先从天而入于人，则规矩法律井然；后从人而返于天，则造化生成无迹。老拙之谈，不识玉川老铭弟何以教我。板桥郑燮。

——兰竹石堂幅，中国国家博物馆藏墨迹

老去仍然作画工，题诗题上石玲珑；

远看却似磨崖刻，藏在兰条竹叶中。

乾隆辛巳，为载翁同学老长兄，板桥道人郑燮。

——兰竹石图轴，《郑板桥书画艺术》影印

乾隆辛巳。

昔人云：入芝兰之室，久而忘其香。夫芝兰在室，室则美矣，芝兰弗乐也。我愿居深山巨壑之间，有芝不采，有兰不掇，各全其天，各安其命，乃为诗曰：

高崖峻壁见芝兰，竹影遮斜几片寒；

便以乾隆为巨室，与君高枕卧其卧其间。

绣章老长兄亲翁政画，板桥居士姻弟郑燮拜手。

山多兰草却无芝，何处寻来问画师；

总要向君心上觅，自家培养自家知。

板桥又题。

——兰竹石图轴，美国旧金山亚洲美术馆藏墨迹

老夫自任是青山，颇长春风竹与兰；

君正虚心素心客，岩阿相借又何难。

乾隆壬午春日，扬州寓斋写赠六源同学兄，并题二十八字见志。板桥道人郑燮。

——兰竹石图轴，扬州市博物馆藏墨迹

竹石幽兰合一家，乾坤正气此间赊；

任渠霜雪连冰冻，苍翠何曾减一些。

乾隆壬午，板桥郑燮。

——兰竹石图轴，天津市博物馆藏墨迹

石多于兰，兰多于竹，无紫无红，惟青惟绿，是为君子之谷。

乾隆壬午，板桥郑燮画并题。

——兰竹石图轴，《艺苑掇英》第8期影印

兰竹芳馨不等闲，同根并蒂好相攀；

百年兄弟开怀抱，莫谓分居彼此山。

诞敷大兄一笑，并为诸郎君勖之。七十老人板桥郑燮。

——兰竹石条屏，南京博物院藏墨迹

终日作字作画，不得休歇，便要骂人。三日不画，又想一幅纸来，以舒其沉闷之气，此亦吾曹之贱相也。今日客中早起，洗面、嗽口、啜茗，即以洗面之水涤砚中滞墨，而友人之纸适至。欣然命笔，先写石，次写竹，次写兰，又以小竹点缀以兰石之傍，有得时得笔之乐，总以数日不画故也。索我画偏不画，不索我画偏要画，极是不可解处，然解人于此自笑而听之。乾隆甲申冬日，板桥老人郑燮。

——竹石兰花图轴，上海博物馆藏墨迹

揭天揭地之文，震电惊雷之字，呵神骂鬼之谈，无古无今之画，固不在寻常蹊径中也。未画以前，不立一格，既画之后，不留一格。乾隆甲申为茂林年学兄哂正。板桥郑燮。

——兰竹石图轴，无锡博物院藏墨迹

和君胸次有幽兰，竹影相扶秀可餐；

世上邪无荆棘刺，大人容纳百千端。

绍言老寅长兄教画。板桥弟郑燮。钤印：《郑燮之印》（白文方印）、《扬州兴化人》（白文方印）。

——兰竹石图轴，北京故宫博物院藏墨迹

春风昨夜入山来，吹得芳兰处处开；

惟有竹为君子伴，更无他卉可同栽。

写为大老年兄，板桥郑燮。

——兰竹石堂幅，中国国家博物馆藏墨迹

四时花草最无穷，时到芬芳过便空；
唯有山中兰与竹，经历春夏又秋冬。
殷荐二兄正画，板桥郑燮。

——兰竹石图轴，中国美术家协会藏墨迹

兰为桩主石为宾，石势翻成大王人；
总是世间无定局，画工随便付陶钧。
板桥郑燮。

——兰竹石图轴，北京市文物商店藏墨迹

转过青山又一山，幽兰藏躲路回环。
众香国里谁能到，容我书呆屋半间。
板桥郑燮。

——兰竹石图轴，辽宁省博物馆藏耀迹

此是姑苏石上花，披兰带竹势欹斜；
老夫画得江南意，挂在衙斋若到家。
板桥道人郑燮写意。

——兰竹石图轴，南京田原提供墨迹照片

小小茅斋也有山，芳兰种在石中间；
春风何限阶庭秀，当得三秋桂子攀。
庶康年学老世兄弄璋之庆，作此贺之。板桥郑燮。

——兰竹石图轴，南通博物苑藏墨迹

兰竹石，相继出，大君子，离不得。

——兰竹石图，常州何乃扬藏墨迹，
《郑板桥集·补遗·题画》著录

平生爱所南先生及陈古白画兰竹，既又见大涤子画石，或依法皴，或不依法皴，或整或碎，或完或不完。遂取其意，构成石势，然后以兰竹弥缝其间。虽学出两家，而笔墨则一气也。宏翁同学老长兄善品题书画，故就正焉。板桥郑燮。

——兰竹石图轴，扬州市博物馆藏墨迹

兰花与竹本相关，总在青山绿水间；

霜雪不凋春不艳，笑人红紫作客玩。

济老年兄，板桥居士郑燮。

——兰竹石图轴，江都县图书馆藏墨迹

四时不谢之兰，百节长青之竹，万古不移之石，千秋不变之人，写三物与大群子为四美也。板桥老人郑燮。

——兰竹石图条屏，镇江金山寺文物馆藏拓本

岱丁年老长兄，以巉岩峤壁之姿，为衡、霍、嵩、华之长。秦松汉柏，皆依丽于是麓间，自号岱丁不虚。画中峭石，恐不足方百之一也。岱丁本吾江南人，幽兰之贞，竹箭之美，含芳植节，莫与京抗，合南北之灵秀，萃集一身。口敢在下风，以钦德意。板桥弟郑燮。

——兰竹石图，曲阜文物管理委员会藏墨迹

竹石幽兰不一家，妙香清品不争差；

画来一片山中起，得志终为上苑花。

板桥郑燮。钤印：《郑燮印》（白文）、《潍夷长》（白文）、《歌吹古扬州》（朱文）。

——兰竹石条屏，中国美术家协会四川分会藏墨迹

石上青青一片兰，写来碎竹不须竿；

乾坤大地春光满，纵有微霜那觉寒。

板桥郑燮。

——兰竹石条屏，同上

有兰有竹有石，有香有节有骨；
已知万古相亲，更喜四时一色。

——兰竹石条屏，同上

有兰有竹有石，一种多情历历；
何须碧绿丹黄，千载墨痕一色。

板桥。

——兰花竹石图轴，重庆市中国三峡博物馆藏墨迹。

有兰有竹有石，有芳有节有骨；
非唯春夏青葱，更看秋冬颜色。

秀林年学兄政画，板桥郑燮。钤印：《郑燮之印》（白文）、《七品官耳》（白文）。

——兰竹石图轴，西安美术学院图书馆藏墨迹

竹劲兰芳性自然，南山石块更遒坚；
祝君花甲应无算，加倍先过百廿年。

奉祝有三老亲翁六十荣寿，板桥郑燮。

——兰竹石图轴，日本东京河井荃庐藏墨迹

两峰夹兰竹，幽香在空谷；
何必世人知，相知有樵牧。

郑板桥。

——空谷幽香图轴，美国·明德堂藏墨迹

兰竹石头各一家，不曾水乳乱槎枒；
板桥居士聊安点，莫定高卑总不差。

——兰竹石轴，美国耶鲁大学艺术馆藏墨迹

终日画兰画竹而不画石，不过小小局面，即兰竹之精神面目，亦复缺而不全，今为石笋二枝，以兰竹夹杂其中，则石有情而兰竹亦有托矣。乃为诗曰：窄处安身密处藏，石腰石缝是吾乡；四时不老全香节，蛱蝶游蜂那用忙。

板桥郑燮。

——兰竹石笋图轴，《中国画家丛书·郑板桥》影印

半边修竹半边兰，碧叶清芬满近山；

总是一团春夏意，略无秋气杂其间。

板桥老人郑燮。

——碧叶清芬图轴，《中国画家丛书·郑板桥》影印

八、杂　画

乾隆二年丁巳，始得接交于肃公同学老长兄。见其朴茂忠实，绰有古意，如松柏之在岩阿，众芳不及也。后十余年，再会如故。又三年复会，亦如故。岂非松柏之质本于性生，春夏无所争荣，秋冬亦不见其摇落耶？因画双松图奉赠。弟至不材，亦窃附松之列，以为二老人者相好相倚借之一证也。又画小竹衬贴其间，作竹苞松茂之意，以见公子孙承承绳绳，皆贤人哲士，盖朴茂忠实之报有必然者。乾隆二十三年岁在戊寅三月二日，板桥弟郑燮画并题。

——双松图轴，山东省博物馆藏墨迹

如南山之寿，祝其太夫人也；如松之盛，祝其身之德行

并子孙之挺拔也。诞老年学兄其并承之。板桥郑燮。

——松茂南山图条屏，南京博物院藏墨迹

秀顶双松最老苍，双勾兰竹更芬芳；

知君百尺凌高志，并与青山作主张。

立先焕文两长兄，板桥老人郑燮。

——双松兰竹图轴，北京市文物商店藏墨迹

南阳菊水多耆旧，此是延年一种花；

八十老人勤采啜，定教霜鬓变成鸦。

板桥居士郑燮画并题。

——《菊石图》轴，《支那南画大成》卷二影印

南阳甘谷家家菊，万古延年一种花。

板桥郑燮。

——甘谷菊泉图条屏，南京博物院藏墨迹

兰梅竹菊四名家，但少春风第一花；

寄与东君诸子弟，好将文事夺天葩。

板桥郑燮。

——兰竹菊图，《板桥书画拓片集》影印

偶然画竹浑无色，又向秋风写菊花；

不敢自夸君子节，愿从陶令作篱笆。

一幅齐纨七尺长，不画春芳，不画秋芳，写来蕙草意飘飏，恍在潇湘，又在沅江。红罗斗帐挂深堂，月夜流光，雨气新凉。薄衾碧簟拥韦娘，帐里花香，帐外花香。调一剪梅，郑燮。

——兰竹菊帐额，《壮陶阁书画录》卷十八著录

陶靖节云：少乐琴书，……。王逸少云：修植桑果，……

兰亭，逸少之遗踪。篱鞠，陶潜所爱玩。故书其言，复画其意。板桥郑燮。

——菊图，《书苑》三卷十一号影印

[按]此画在《书画合璧》轴中。

本为编篱护菊花，谁知老竹又生芽；

千秋名士原同调，陶令王猷合一家。

板板郑燮。

——竹菊图，苏州艺石斋《郑板桥题画》拓本

橘皮香与菊花香，都入陶家漉酒缸；

醉后便饶春意味，不知天地有秋霜。

板桥郑燮。

——《宝迂阁书画录》卷四著录

牡丹芍药各争妍，叶乱花翻臭午天；

何似竹篱茅屋净，一枝清瘦出朝烟。

板桥郑燮题。

——墨梅轴《支那南画大成》卷三影印

一生从未画梅花，不识孤山处士家；

今日画梅兼画竹，岁寒心事满烟霞。

板桥。

——梅竹图轴，故宫博物院藏墨迹

板桥居士为范县令，官事县不能办，何论家事!一应米盐琐屑，皆王君体一为予任其劳。暇日作画，亦以兰竹松石之

琐者报之。藏此不废，他日相逢犹记匆匆不暇给时也。

——兰竹松石卷，四川省博物院藏墨迹

牡丹富贵号花王，芍药调和宰相祥；

我亦终葵称进士，相随丹桂状元郎。

板桥郑燮题。

——秋葵石笋图，《神州大观集》影印

九秋宝艳胜春三，时雨何如露水甘；

不遣鞭蓉入图画，恐惊颜色梦江南。

——九秋图，《白薄镇志》卷六著录

玉盎金盆使自望，只栽蒲草不栽兰。

板桥。

——蒲草兰花册页，天津市博物馆藏墨迹

芳兰才向盆中植，便有灵芝地上生；

寄语青阳司节候，好春先送济南城。

会稽陶四达先生时客历城，正偕燕婉，故有此祝。弟板桥郑燮。

——芳兰灵芝图，上海博物馆藏墨迹

芝兰之室，君子居之。

板桥居士郑燮。

——芝兰图，《板桥书画拓片集》影印

年年风景皆如意，水暖花香竹叶肥。

——兰竹如意小幅，《榆巢杂识》卷上著录

始则幽兰在谷，继则一手拿元，以是相望，即以此相贺矣。板桥居士郑燮。

——佛手香橼兰花轴，扬州市博物馆藏墨迹

黄花盈瓮酒盈铛，扫径呼朋待月生。

剥蒜捣姜同一嚼，看他螃蟹不横行。

午饭梳头倦不胜，棉衣须补补何曾。

秋波未觉秋风冷，自向门外看老菱。

董爱江竹枝词二首，板桥居士郑燮写其意。

——兰竹菊莲蓬菱蒜虾蟹图轴，

《支那南画大成·补遗》续集卷四影印

九、题他人画

[按]板桥在华嵒、高凤翰、汪士慎、李鱓、金农、黄慎、高翔、李方膺等人画上所题诗文，多在本书第三章《郑板桥与“扬州八怪”诸家交游考》中引用，此不录。

牧山雅人，文公韵士，如兰如石，相得益彰。往余在京师，遇牧山，极道文公不置；及来扬，遇文公，又道牧山不去口。余以非材谫陋，得二公雅爱，且喜且惭，亦如苔斑墨汁，乱点于幽兰怪石间也。板桥弟郑燮。乾隆五年六月廿有二日。

——图清格《兰石》条幅，中国国家博物馆藏墨迹

主人画笔最清幽，何苦芭蕉写作愁；

夜雨半窗风半榻，怎教宋玉不悲秋。

许衡州画，郑板桥题。

——许湘《芭蕉》轴，南京博物院藏墨迹

东阐簇簇小山幽，有廓无填瘦笔钩；

从此素心兼素叶，天涯传说许衡洲。

——许湘《双钩兰》，《榆园杂录》卷一著录

一阵旋风卷地来，竹枝敲打靠成堆；
无端又是萧萧雨，凤羽鸡毛理不开。
板桥题，天印山农挂看。

——陈馥《墨竹》轴，北京故宫博物院藏墨迹

只作画图看，不必云写照。
闭目自凝神，开眼得幽奥。
孤行复孤吟，冷怀谢同调。
同调非无人，人多徒取闹。
板桥老人郑燮为若汀贤友题。

——丁皋《曹若汀行看子图》轴，南京许莘农提供

以书为画。
个道人《墨竹》册，弟郑燮题。

——丁有煜《墨竹》册，南通博物苑藏墨迹

鳄鱼驯暴衡云开，同谷七歌酸以哀。
千磨万炼成巨器，杜韩不尽夸天才。
美酒肥羊饱纨绔，声色埋人无出路。
我辈岂是寻常人，摧残屈折皆调护。
先生文章政绩两殊绝，天意雕镌未休歇，
欲使飞腾破九霄，故教蜿蜒蟠邱垤。
寒云黄，日青咽；寒草短，雪严啮。
寒水溅溅，冰老成石；
塞风拉拉，树硕成玦。
南望长城二千里，秦时古苔未磨灭。

北过瀚海弄石子，五色斑花绣成块。
磊落胸中万卷书，一夜悲笳尽欲裂。
首断魂僵梦亦枯，英雄气冷何由热？
岂知天意正有以，不是逢槮摧即折。
剑闪芙蓉百炼深，马雄天厩千场贴。
凤阁颁书早晚归，玉堂此画须高揭。
万钟于我何加损，未容换此灰中劫。
扬州后学板桥郑燮。

——高凤翰、叶芳林、张珩《卢见曾出塞图》北京故宫博物院藏墨迹

蔡晴江，丹徒人，名器，一作罂，字琢成，一字卓臣。善画，尤工花卉。卢观察雅雨先生千金买妓，以三百金延之教画，则其声价可知也。晴江美丰仪，善谈笑，少予三十岁，予未尝不羡之。卓臣书法，尤荟雅可爱，绝无俗韵。板桥郑燮记。

——蔡器《花卉》册，扬州周斯达编《板桥题画佚稿》著录。

说与闺中妇女知，嫁夫须要嫁盲儿；
缺额掀唇都不见，恩情到老是西施。
乾隆甲申。

——朱炎《百瞎图》卷，同上

枝叶尽凋谢，难扶汝傲霜；
由来花放足，风过不闻香。

——李寅《残菊》轴，扬州李涤尘《郑板桥集外吟》著录

玉露秋华湛碧空，欣看秋圃绽芳丛；
一声雁泪江天外，七尺珊瑚贯顶红。

——李寅《秋色图》，同上

神龙潜何处，纷纷辩有无；
昔闻生大泽，今岂辱泥涂。
不见叶公好，荒言列子屠；
南阳有遗迹，鼾卧在江湖。

——周璕《龙图》，同上

松声瀑响满虚亭，高士闲眠侧耳听；
几个樵夫寻不到，古苔幽径万年青。
愚溪画，板桥题。

——罗愚溪《山水》条幅，
扬州市文物商店藏墨迹

几枝枯树结茅斋，卒岁从无俗客来；
漫道此间幽奥绝，隔林荒屋靠悬岩。
愚溪画，板桥题。

——罗愚溪《山水》条幅，同上

一瓶一瓶又一瓶，岁朝图画笔如生；
莫将片纸嫌残缺，三百年来爱古情。

乙丑冬十月二月，游扬州东郭，见市上有此画，几于破烂不堪，属装画者托之，常挂几席间，聊以存元初笔仗云。板桥郑燮灯志。

——李萌《岁朝图》，《自怡悦斋书画录》卷一著录

附录(五) 诸家评论辑要

一、总 论

郑燮，字克柔，江苏兴化人。乾隆元年进士，官山东范县知县，调潍县，以请赈忤大吏，乞疾归。少颖悟，读书饶别解。家贫，性落拓不羁，喜与禅宗尊宿及期门子弟游。日放言高谈，臧否人物，以是得狂名。及居官，则又曲尽情伪，餍塞众望。官潍县时，岁歉，人相食。燮大兴修筑，招远近饥民赴工就食。籍邑中大户，令开厂煮粥轮饲之。有积粟，责其平粜，活者无算。时有循吏之目。善诗，工书画，人以“郑虔三绝”称之。……内行醇谨，幼失怙恃，赖乳母教养，终身不敢忘。……晚年归老躬耕，时往来郡城，诗酒唱和。尝置一囊，储银及果食，遇故人子及乡人之贫者，随手取赠之。与袁枚未识面，或传其死，顿首痛哭不已云。著有《板桥诗钞》。

——《清史列传·文苑传三·郑燮传》卷七十二

郑燮，字克柔，号板桥，兴化人。乾隆丙辰举于乡，连登进士第。授范县知县，改调潍县，以疾乞归。板桥少颖悟，读书饶别解，绰有文名。家固贫，落拓不羁。壮岁客燕市，喜与禅宗尊宿及期门、羽林诸子弟游。日放言高谈，臧否人物，无所忌讳，坐是得狂名。既得官，慈惠简易，与民休息，人亦习而安之。而嵚崎历落，于州县一席，实不相宜。世方以武健严酷为能，而板桥以一书生，欲清净无为，坐臻上理，闻者实应且憎，不则怒骂谴诃及矣。雅善书法，……。所画兰草竹石，亦峭蒨有别致。诗内所云“时时作画，乱石秋苔。时时作字，古与媚偕”者是已。诗取道性情，务如其意之所欲出。……板桥徒以狂，故不理于口，然其为人，内行醇谨，胸中具有泾渭。……异乎放荡以为高者，信贤者之不可测也。昔晋文王称阮嗣宗为至慎，吾于板桥亦云。

——郑方坤《本朝名家诗钞小传·板桥诗钞小传》

潍县知县郑板桥燮，扬州人。乾隆丙辰进士，与吾胶南阜老人高风翰善。余曾于南阜处见郑往来笔札，心慕其人。辛未五月，下第归，过潍，招饮友人家。潍俗重贾，二三贾客与语焉。语次及板桥，余亟问曰：“何如？”群贾答曰：“郑令文采风流，施于有政，有所不足。”余曰：“岂以诗酒废事乎？”曰：“喜事。丙寅、丁卯间，岁连歉，人相食，斗粟值钱千百。令大兴工役，修城凿池，招来远近饥民，就食赴工；籍邑中大户，开厂煮粥，轮饲之；尽封积粟之家，责其平粜。讼事则右窭子而左富商。监生以事上谒，辄庭见，据案大骂：驮钱驴有何陈乞，此岂不足君所乎！命皂卒脱其帽，足蹋之，或摔头黥面驱之出。”余曰：“令素怜才爱士。此何道？”曰：“惟不与有钱人面作计。”余笑而言曰：“贤令，此过乃不恶!”群贾相视愕，起坐去。语曰：“商贾之言，匠匠之心。”录其事以俟采风者。

——法坤宏《书事》，见《国朝耆献类征》初编卷二百三十三

……乾、嘉之间，浙西画学称盛，而扬州游士所聚，一时名流竞逐。其尤著者，为高凤翰、郑燮、金农、罗聘、奚冈、黄易、钱杜、方薰等。……

燮，字板桥，……官山东潍县知县，有惠政。辞官鬻画，……慷慨啸傲，慕明徐渭之为人。

——赵尔巽等《清史稿·列传二百九十一·艺术三·华嵒》卷五百四

郑燮，号板桥，乾隆丙辰进士，兴化人。工诗词，善书画。……为人慨慷啸傲。曾知山东潍县事，以病归，遂不复出。

——张庚《国朝画征续录》卷下

板桥，……所著有板桥诗、词钞及《家书》《小唱》。

——鲁骏《宋元以来画人姓氏录》卷三十一

……别有清湘恣肆，破格标奇。具广大之神通，括群能而皆善。墨渖酣嬉，竹梅固成绝诣；大力包举，山水另辟径途。窠臼脱而别趣含，丘壑罗而生气出。司农嗟其难及，耕烟韪为知言。斯固吾扬奇正之精英，康、乾艺林之领袖者焉。所惜同时并举，另出偏师，怪以八名，如李复堂、啸村之类。画非一体，似苏、张之捭阖，偭徐、黄之遗规。率汰三笔五笔，覆酱嫌粗；胡诌五言七言，打油自喜。非无异

趣，适赴歧途。示崭新于一时，只盛行乎百里。幸来闽叟新罗山人力挽颓波。……

——汪鋆《扬州画苑录》卷二

郑燮工书画

……为人疏宕洒脱。……官知县，有惠政，以岁饥，为民请赈，忤大吏，罢归。

——窦镇《国朝书画家笔录》卷二

郑燮，……官山东潍县知县，有政声。在任十二年，囹圄囚空者数次。以岁饥，为民请赈，忤大吏，遂乞病归。去官日，百姓痛哭遮留，家家画像以祀。先生为人，疏宕洒脱，天性独挚。

——叶衍兰等《清代学者像传》第一集第二册

十四世长门进士，立庵公第，子克柔公，讳燮，号板桥。生于康熙癸酉年十月廿五日子时。娶徐氏、郭氏，侧饶氏。殁于乾隆乙酉年十二月十二日未时，寿七十三岁。葬于管阮庄。雍正壬子举人，乾隆丙辰进士。历任山东潍县、范县知县。有《板桥诗钞》。生子犉殀。嗣子田。女三：一适赵，二适袁，三适李。

——《昭阳郑氏族谱》嘉庆修

大清乾隆元年进士题名碑录　丙辰科

赐进士第第一甲三名

金德英……

……

赐进士出身第二甲九十名

蔡新……

……

郑燮江南扬州府兴化县人。

邓时敏……

孟瑛……

赐同进士出身第三甲二百五十一名

……

——《国朝历科题名碑录初集》

板桥先生出宰潍县，爱民有政迹。余督学时，潍之士犹感道之不衰。片纸只字，皆珍若圭璧，固知此君非徒以文翰名世也。己卯夏，乡人阮元识。

——阮元《题板桥先生行吟图》，北京荣宝斋藏墨迹

郑燮，字克柔。兴化人。乾隆元年进士，授山东范县，徙潍县。潍邑韩生，贫而好学，燮夜行，闻读书声，心许之，时给薪水，后成进士，有知己之感。值岁饥，道殣相望，不俟申报，即出仓谷以贷。秋又歉，捐廉代输，取领券火之。潍人为建生祠。燮生有奇才，性旷达，不拘小节，于民事纤悉必周。官东省先后十二年，无留牍，无冤民，以疾归，囊橐萧然，图书数卷而已。诗宗陶、柳，书出入汉隶中而别开生面，兼以余事写兰竹，一缣一楮，海内争重之。著有《板桥诗钞》、《词钞》、《家书》与《题画诗》行世。卒年七十三。

——姚文田等《重修扬州府志·人物志三·国朝》卷四十八

郑燮，……官山东潍县令。燮工诗文词画，都有盛名。既谢事归，寓城北竹林寺。郡中后学争趋之，又与四方才彦经过者相应和。

——范用宾等《增修甘泉县志·人物·寓贤》卷十五

郑燮，……知范县，爱民如子。绝苞苴，无留牍。公余辄与文士觞咏，有忘其为长吏者。调潍县，岁荒，人相食。燮开仓赈贷，或阻之，燮曰："此何时？俟辗转申报，民无孑遗矣。有谴，我任之。"发谷若干石，令民具领券借给，活万余人。上宪嘉其能。秋又歉，捐廉代输。去之日，悉取券焚之。潍人戴德，为立祠。燮生有奇才，性旷达，不拘小节，于民事则纤悉必周。尝夜出，闻书声出茅屋，询知韩生梦周，贫家子也。给薪水助之。韩成进士，有知己之感焉。官东省先后十二载，无留牍，亦无冤民。乞休归，囊橐萧然，卖书画以自给。……其需次春明也，慎郡王极敬礼之。一缣一楮，不独海内宝贵，即外服亦争购之。著《板桥诗钞》诸书。

——刘熙载等《重修兴化县志·人物志·仕迹》卷八

郑燮，……罢官后浪游大江南北，寓蒲最久，与镇中诸郑叙谱谊，定称呼，以月以年，流连不忍去，故书画遗墨，莫多于蒲上。

——姚鹏春《白蒲镇志·人物志·流寓国朝》卷六

郑燮，兴化县人。进士。通达事理，作养人才。

——唐晟等《范县志·官师·国朝知县》卷二

郑燮，兴化人。兼署。

——杜子林等《朝城县续志·官吏·守令》卷一

（乾隆）十一年，郑燮，江南兴化人，进士。国朝知县。秩正七品。俸四十五两。养廉一千四百两。朝帽起花金顶。带用素银圆版。鸂鶒补服。敕授文林郎宣德郎。

——张耀璧等《潍县志·官师志·秩官·秩官表》卷三

板桥道人老更狂，弃官落拓游淮阳。

——王文沼《梦楼诗集·丁香馆中集》卷五

一官轻弃返初心，游戏人间岁月深。

曾到蓬莱看东海，题诗笑付老龙吟。

——罗聘《香叶草堂诗存·江上怀人绝句十五首》

郑板桥先生燮，兴化进士，以庶常改山东潍县令尹。晚年乞休归里，往来扬郡，字画易钱。时人但以字之怪，画之随意，不惜分金而换易之，而不知所擅长者，则在闲言戏语，题幅中多妙趣耳。

——林苏门《邗江三百吟·趋时清赏门·板桥题画》

板桥落拓诗中豪，辞官卖画谋泉刀，画竹挥尽秋兔毫，时人雅谑常呼"猫"。

——凌霞《天隐堂集·扬州八怪歌·郑燮》

板桥先生以风流倜傥之性，纵情翰墨间，其为诗词书画，酝酿古人，自开面目，海外争宝藏之，而衣钵真传，不逾是集。

——茶坨子《板桥集·跋》，

清晖书屋、善成堂、西山堂刻《板桥集》卷首

郑板桥，以不羁才，隐于为宰。其磊落瑰奇之气，一寄之书画间。人第见其洒落多姿，风流自赏，而不知下帷攻苦，纯而后肆，其兴酣落笔，尉然经籍之光，皆自读破万卷来也。

——谈国桓《郑板桥四子书真迹·序》，乙卯寒食前三日

郑燮，……知山东潍县及范县。岁饥，为民请赈，大吏忤之，罢归。其诗有云："长官好善民已愁、况以不善司民

牧。”真至言也。工画兰竹，书法以隶楷行三体相参，古秀独绝。潍县人感其正直，至今宝其书画，多有效其体者。性疏宕，……作诗不拘体格，……著《板桥诗钞》二卷、《词》一卷、《家书》一卷。

——阮元《淮海英灵集·丙集》卷四

板桥大令有三绝：曰画、曰诗、曰书。三绝之中有三真：曰真气、曰真意、曰真趣。

——张维屏《松轩随笔》

郑板桥燮令潍县（范县），后调范县（潍县）。以岁饥为民请赈，以是忤大吏罢归。元在山东过潍县，见邑人宝其书画。多能仿效其体，其流风余韵，入人深矣。板桥尝有诗云：“长官好善民已愁，况以不善司民牧。”盖板桥实不愧古良吏，或以山人游客目之，非也。

——阮元《广陵诗事》卷一

郑燮，……除山左潍县令。才识放浪，磊落不羁。能诗、古文，……工书，……善画兰竹，……画幅间常用一印曰：“七品官耳。”又一印曰：“康熙秀才、雍正举人、乾隆进士。”

——查礼《铜鼓书堂遗稿·词话》卷三十二

江左郑板桥大令燮兀奡自喜，书法如其人，尤善画兰，至今片纸只字，争相什袭。所著诗词，皆自选自刻，世人亦多称之。……其治行则颇可称，顾鲜有知者。

——丁绍仪《听秋声馆词话》卷二十

扬州郑板桥燮大令书画步武青藤山人，自称其书为“六分半”，又有“徐文长门下走狗郑燮”私印。诗文琐亵不入格，词独胜。

——谢章铤《赌棋山庄集·词话》九

板桥道人郑燮，……诗词书画皆旷世独立，自成一家。……板桥题画之作，与其书画悉称，故觉妙绝，他人不宜学也。

——蒋宝龄《墨林今话》卷一

板桥解组归田曰，有李啸村者，赠之以联。板桥方宴客，曰；“啸村韵士，必有佳语。”先观其出联云：“三绝诗书画，”板桥曰：“此难对。昔契丹使者以‘三才天地人’属语，东坡对以‘四诗风雅颂’，称为绝对。吾辈且共思之，限对就而后食。”久之不属，启视之，则“一官归去来”也，感叹其工妙。

——梁章钜《楹联丛话·杂缀》卷十二

板桥，……风流雅谑，极有书名，……诗词亦不屑作熟语。为人慷慨啸傲，超越流辈。印章笔力朴古，逼近文、何。知山东潍县事，后以病归，遂不复出。

——秦祖永《桐阴论画》卷下

板桥先生书画风流倜傥，豪迈多姿，而伪迹最多。余收得书画两轴、楹帖一副，皆属真迹。尚有小册一本，集装呈词批语，并标日等字，亦颇别致，殆当时好事者所为也。

——邵松年《古缘萃录·郑板桥楷书轴》卷十四

郑板桥最爱青藤诗，常刻一印云：“徐青藤门下走狗郑燮。”童二树亦重青藤，题青藤小像云：“抵死目中无七子，岂知身后得中郎。”又曰：“尚有一灯传郑燮，甘心走狗列门墙。”

——袁枚《随园诗话》卷六

板桥先生印册

……青藤门下牛马走……

……

按：先生仍有“古狂”阴文一章，未收录，附记于此。又某书谓先生尝自署为“青藤门下走狗”，今按册内乃“牛马走”，可证前说之诬。

——徐兆丰《风月谈余录》卷六

公之子田告予云：“画象颇占家事。”“麻丫头针线”“眼大如箕”“七品官耳”皆公自用图书中语。

——周榘《题板桥先生行吟图》，北京荣莹斋藏墨迹

凡日用图章，总以稳切新颖为妙。……兴化郑板桥未第时，薄游扬州，人无识者。既贵复来，则持金帛乞书画者，户外屦恒满。因自镌一印曰：“二十年前旧板桥。”……此皆游戏之中，寓感愤之意者也。

——黄协埙《锄经书舍零墨·图章》卷四，见《申报馆丛书》续集、《古今说部丛书》第九集、《笔记小说大观》第三辑

郑板桥图章，皆出沈凡民凤、高西园凤翰之手。如《板桥道人》，如《十年县令》，如《雪浪斋》，如《郑大》，如《爽鸠氏之官》，如《所南翁后》，如《心血为炉熔铸今古》，如《然黎阁》，如《游好在六经》，如《畏人嫌我真》，如《恨不得填漫子普天饥债》，如《直心道场》，如《思贻父母令名》，如《乾隆东封书画史》，如《潍夷长》，如《鹧鸪》，如《无数青山拜草庐》，如《私心有所不尽鄙陋》，如《扬州兴化人》，如《燮何力之有焉》，如《樗散》，如《以天得古》，如《老画师》，如《敢征兰

乎》，如《七品官耳》：皆切姓、切地、切官、切事。又有云：《康熙秀才雍正举人乾隆进士》。至有一印云《麻丫头针线》，则太涉习气矣。

——阮元《广陵诗事》卷九

[按]马宗霍《书林纪事》卷二、孙静庵《栖霞阁野乘》卷六、《清朝野史大观》卷十亦载此事。

板桥道人图章，多出凡民手。时有《西凤楼印谱》，凡民而外，则胶州高西园凤翰、天台潘桐冈西凤、江都高翔凤岗也。竹木交错，石章亦少，晶玉皆无。不过十余页。圯幼时曾见之维扬市中。

——黄学圯《东皋印人传·沈凤》卷下

合肥既陷，东走维扬，独骑疲驴，遍访诸胜，悉颓废不堪。乃游廛市，再购书画，亦多赝本，并无真迹。唯获《板桥集》四卷，虽属木板，尚系初刻，因购以归，聊供赏玩。板桥书画，名满天下。书中有画，画中亦有书，盖兼擅胜长，而又互用其法者也。至书法，则杂以篆隶，行草亦有似兰竹者。人莫不赏其超逸狂纵，如羽士高人，乘鹤往来于空山古寺间。而余独喜其沉着兀奡，如奇石苍虬，屈蟠偃蹇于大海风涛际。人又多赏其《题画》诸词，以为飘飘有别趣。而余独爱其《家书》数首，曲尽人情，多见道言。板桥盖隐于书画者耳!宣圣所谓“古之狂也肆”者，非其人欤？非其人与？其宰山东时，亦多惠政，至今人尸祝之，又岂狂放士所能为哉!

——方玉润《星烈日记汇要》卷二十六

郑板桥先生燮题《随园雅集图》既毕，复于诗后大书特书云："笔有余墨，乘兴画兰数枝。"想见名士风流，兴酣落笔之概。

——袁志祖《随园琐记》卷上

郑板桥大令，通率诡诞，书画多奇气，世咸以才人目之。

——陈康祺《郎潜纪闻》卷十三

书法则有……郑板桥书札七福。语皆有味，录之。……

名画则有……郑板桥通景竹六帧屏，平生见板桥以此为第一。

有自题诗。……

——震钧《天咫偶闻》卷六

兴化郑进士板桥，善书，体兼篆隶，尤工兰竹，人争重之。

——孙静庵《栖霞阁野乘·郑板桥之受骗》卷四

兴化郑板桥以书画名海内，真迹渐少，当时已有扬州某观道士，学其体，足以乱真。后又有同县黎氏仿之，皆书也。兰竹，理氏昌凤能为之。板桥楹帖，粉牋为多。

——徐珂《清稗类钞·郑板桥字自为一体》第三十册

二、绘画评

郑燮，……所绘兰竹石亦精妙，人争宝之。

——《清史列传》卷七十二

郑燮，……所画兰草竹石，亦峭蒨别致。

——郑方坤《郑燮小传》，

见《国朝耆献类征》初编卷二百三十三

郑燮，……工画兰竹，兰叶用焦墨挥毫，以草书之中竖长撇法运之；画竹神似坡公，多不乱，少不疏，脱尽时习，秀劲绝伦。

——叶衍兰等《清代学者像传》

燮，……辞官鬻画，作兰竹，以草书中竖长撇法为兰叶。

——赵尔巽等《清史稿》卷五百四

郑燮，……长于兰竹，兰叶尤妙，焦墨挥毫，以草书中之中竖长撇法运之，多不乱，少不疏。脱尽时习，秀劲绝伦。

——张庚《国朝画征续录》卷下

郑燮，……长于写意兰竹，用草书法，脱尽时习。画石尤妙。（《墨林韵语》《画征续录》）

——彭蕴璨《历代画史汇传》卷五十七

兴酣发兰竹，秀叶交纵横。槎枒吐肝肺，掩冉香风生。

——王衍梅《昭阳述旧编·题郑板桥先生像》卷三

郑燮，……兼以余事写兰竹，一缣一楮，海内争重之。

——姚文田等《重修扬州府志》卷四十八。

燮……作墨竹，风枝露叶，翛然自成蹊径。

——范用宾等《增修甘泉县志》卷十

郑燮，……以余事写兰竹，随意挥洒，笔趣横生。……一缣一楮，不独海内宝贵，即外服亦争购之。

——刘熙载等《重修兴化县志》卷八

郑燮，……善画兰竹，不离不接，每见疏淡超脱。

——查礼《铜鼓书堂遗稿》卷三十二

其视古人亦罕所心服，惟徐青藤笔墨真趣横逸，不得不俯首耳。道人兰竹之妙，张瓜田论之已详。其随意所写花卉杂品，天资奇纵，亦非凡手所能，正与青藤相似。

——蒋宝龄《墨林今话》卷一

郑燮能品

郑进士板桥燮，笔情纵逸，随意挥洒，苍劲绝伦。此老天姿豪迈，横涂竖抹，未免发越太尽，无含蓄之致。盖由其易于落笔，未能以酝酿出之，故画格虽超，而画律犹粗也。

——秦祖永《桐阴论画》卷下

郑燮，……兰竹石称三绝。

——李斗《扬州画舫录》卷二

其（板桥）画兰竹，枝叶多似山谷行草，波磔皆有奇趣。

——方玉润《星烈日记汇要》卷二十六

兴化郑进士板桥，风流雅谑，……十年前，予与先后游广陵，相亲相洽，若鸥鹭之在汀渚也。又善画竹，雨梢风箨，不学而能。广陵故多明童，巧而黠，俟板桥所欲，每逢酒天花地间，各持枒牋纨扇，求其笑写一竿，板桥不敢不应其索也。若少不称陈蛮子、田顺郎意，则更画，醉墨渍污上襟袖，不惜也。今试吏于齐东潍县矣。便娟之径，可添伎席否？翠蛾红靥之围，讵少涤砚按纸之人耶？吾索性爱竹，近颇画此，亦不学而能，恨板桥不见我也。

——金农《冬心先生画竹题记》

予仿昔人自为写真寄板桥。板桥擅墨竹，绝似文湖州，乞画一枝，洗我满面尘土可乎？

——金农《冬心先生自写真题记》

近复画竹不倦，别出新意，自渭老文、坡公无此法。时兴化郑进士板桥曾为七品官，亦擅此长。见一诗云："画竹多于买竹钱，纸高八尺价三千。”予尝对人吟讽不去口，益信吾两人画竹，皆见重于世人也。板桥闻之，能不辗然一笑乎？

吾友兴化郑板桥进士，擅写疏篁瘦篆，颇得萧爽之趣。予间写此，亦其流派也。设有人相较吾两人画品，终逊其有林下风度耳。辛巳四月，荐举博学宏词杭郡金农记。

——金农《冬心先生杂画题记》

山人画竹如画龙，渭川千亩收心胸。
兴酣率尔弄笔墨，满堂何事苍烟封。
秋浦嗜此世莫比，往往把玩入骨髓。
只宜同作淇园人，莫矜独赏潇湘意。
君不见二有堂中声萧萧，孤高势欲凌青霄。
凄凄风雨遥相忆，“二十年前旧板桥”。

——富森泰《夺画诗》，见《钦定熙朝雅颂集》卷八十二

板桥道人老更狂，弃官落拓游淮阳。
兴来散笔挥筼筜，风枝露叶相低昂。
吴君何从得此本，尺幅之势千寻强。
瘦干欲上转欹侧，如敲水槛送昼凉。
却忆板桥始识我，竹西古寺园地荒。
便命深缸共斟酌，月移邻禁来破墙。
平生结交几老苍，江湖阻深道里长，
抚君此卷心彷徨。

——王文治《梦楼诗集·丁香馆中集·为吴香亭题郑板桥画竹》卷五

故人远为范县宰，卒岁遗我青琅玕。

胸中在昔有成竹，壁上于今增暮寒。
南国投书随雁下，西山高节拂云看。
调饥向晚苦岑寂，风雨对此还加餐。

——汪颀《题郑明府燮所寄画竹》，
见《东皋诗存》卷四十六

晚风萧萧云堕地，湘妃独立野宫阒。
苔花初冷透山根，老篁惨淡啸魑魅。
板桥好奇爱画竹，一枝两枝压山麓。
试携鸱夷读《离骚》，桂旗窈窕森在目。
忆昔挝鼓初放衙，官斋开遍樱桃花。
对客挥毫写屏幛，画成一缕日痕斜。
我官淮南思一见，仙人已去凌霄殿。
公子重逢面无光，一缣相赠愁思乱。
时余种竹斋南北，对竹看画凌秋色。
白发门生感旧事，楚江浪泣龙吟笛。

——韩梦周《板桥先生墨竹》，
见《潍诗采录·国朝诗》卷三

近今好手推郑燮，县堂挥毫苦敏捷。
鹅溪百轴供迅扫，快马如风迫不及。
一洗陋习出新意，不许时人偷笔法。
我今作此亦偶然，敢与郑老争后先。

——屠倬《是程堂集·题画竹赠张少府槃》卷一

板桥画竹如作书，篆籀龙蛇意起伏；豪情逸致师青霞，出手秋风满林麓。

——徐嘉《味静斋诗存·题张篔谷何予之画竹》卷四

《板桥竹谱》，向无传者。谢方塘藏其墨迹廿四幅，珍若拱璧。尝择录明清诸贤咏竹之什，取其与画意近似者，各题一首于每幅之后。……今宝华斋主人李氏借得原本，刻以为谱，诚足以增重艺林，有功郑氏矣。

——贾恩绂《板桥竹谱缘起》

萧散一格，板桥先生喜为之，此其小品也。丙午三月谷雨，子治作于石鸥池馆。

——瞿应绍自题《竹石图》《支那南画大成》卷二影印

淡处有烟痕如影，板桥先生笔意如此。棣香写。

——张焕棠自题《竹》册，《支那南画大成》卷二影印

竹易于密而难于疏，惟板桥能密亦能疏，此专师其疏处。

板桥意最阔，吉金气亦豪；

两君取神似，俱是九方皋。

——戴熙《赐砚斋题画偶录》

此仿板桥道人，力求其韵，转失其气，难学难学。

竹自板桥、寿门，力振宗风，文、苏真面目方出，下视诸日如、沈左臣辈，不啻衙官屈、宋耳。

——戴熙《习苦斋画絮》卷十

郑板桥墨竹

纸本，长二尺九寸四分，阔一尺四寸五分。石上披兰更披竹，……乾隆壬午，板桥郑燮。

近日板桥赝本，不计其数。此是真迹，颇有生动之趣。

——张大镛《自怡悦斋书画录》卷七

余得板桥墨竹直幅，秀劲绝伦，书亦兼参隶体，别有风致。

——谢诚均《瞶瞶斋书画记》卷一

郑板桥竹轴

纸本，高六尺二寸，宽二尺九寸三分。墨竹一竿独立，旁附小筱三枝。干叶俱用侧锋，着墨无多，清超拔俗，题在左：“始人画竹，……板桥郑燮。”行书三行。押尾白文“七品官耳”方印。

——李佐贤《书画鉴影》卷二十四

郑板桥书画屏十二幅

纸本，今尺高五尺五寸，阔一尺四寸五分。兰竹各三幅，书词六幅。板桥书画赝本最多。此十二幅笔墨精细，姿趣横生，洵为笔也。词见本集，兹不载。

——方濬颐《梦园书画录》卷二十三

[按]三幅竹，题画首句：其一，“一竿瘦”，其二，“予家有茆屋二间”，其三，“读书写画要先知”。三幅兰，题画首句：其一，“东坡画兰长带荆棘”，其二，“风虽狂”，其三，“买得沙壶花正开”。分别钤有《郑大》《鹧鸪》《二十年前旧板桥》《七品官耳》《康熙秀才雍正举人乾隆进士》《橄榄轩》《樗散》《郑燮之印》《老画师》《丙辰进士》《无数青山拜草庐》等印。

郑板桥墨竹大幅纸本，今尺高七尺，阔三尺四寸。新竹三竿，巨石中峙，墨色浓淡相同。

——方濬颐《梦园书画录》卷二十三

[按]此幅题识：“竹称为君，……乾隆甲申板桥郑燮写。”钤印《郑燮之印》《爽鸠氏之官》《乾隆东封书画史》。

李衎《竹谱》、张退公《墨竹记》论画竹详矣。板桥道人于二谱之外，参以新意，妙极变化，论者谓其画皆竹影也，似亦确评。凡事皆今不如古，惟画则古不及今，人心日巧，取象惟肖，浑厚处虽逊古人，而气韵则独推来者。即以画竹论，宋推文与可，元推梅道人，皆一时卓卓也。文画不少概见，吴画传本尚多，试与板桥较之，当亦后来居上矣。

赞曰：昔人卜居，不可无竹，端赖此君，日与医俗。妙笔写生，万竿簇簇，橄榄轩前，坠云飞绿。板桥有《橄榄轩》印章。

——杜瑞联《古芬阁书画记》卷十八

郑板桥墨竹轴

纸本，高四尺六寸，阔一尺八寸六分。笔力劲达，风致萧疏，能为此君写照者。题右边偏下。

——邵松年《古缘萃录》卷十四

[按]板桥题画内容："曾栽密密小楼东，又听疏疏夜雨中；满砚冰花三寸结，为君图写旧清风。板桥郑燮。"印：《郑燮》《丙辰进士》。

郑燮水竹横轴

纸本，墨笔。款题右上方，行书曰："曲曲溶溶漾漾来，……板桥郑燮。乾隆癸未。"有《燮何力之有焉》《橄榄轩》《歌吹古扬州》印，又左下角有《七品官耳》印。

此轴修竹盈坡，琅玕舞翠，清泉一道，自竹中曲折流出，活泼自然。右上方只画竹根十余株，苍老无匹。如此巨幅，横看东涂西抹，而竹叶之浓淡，竹枝之疏密，无不挥洒适宜，非板桥安有此笔力。

——陈夔麟《宝迂阁书画录》卷三

名人画扇精品第一册

共十六开。……十三、墨竹，款曰："敢云少少许，……板桥。"《谷口》印。

此册于数百扇面中，择其至精，始得此数。微特纸白版新，即各家生面，亦属无上上品。昔人云：画扇最难，以其篇幅小而难于结构也。然如册内……板桥之竹，何尝不游刃有余，……

——陈夔麟《宝迂阁书画录》卷四

溉夫画松松支离，板桥画兰兰离披。
兰离披，兰有香。松枝拂之松风长。
披风坐，北窗凉，老奴消受太清狂。

——高凤翰《郑板桥画兰，陈溉夫画松，南阜山人题诗》，见《国朝山左诗钞》卷五十四

板桥作字如写兰，波磔奇古形翩翻。
板桥写兰如作字，秀叶疏花见姿致。
下笔别自成一家，书画不愿常人夸。
颓唐偃仰各有志，常人尽笑板桥怪。
花十一朵叶卅枝，写于何年我不知。
丛兰荆棘忽相傍，作诗题画长言之。
板桥当初弄烟墨，似感人情多反侧。
举以蹭君心地直，花叶中间有消息。
君生兰渚旁，熟精种艺方。
叶虽欹斜具劲力，花却静好含幽香。
君今一麾仍出守，长挹清芬怀旧友。
板桥不作花不言，题送君行当折柳。

——蒋士铨《忠雅堂诗集·题郑板桥画兰送陈望亭太守》卷十八

每忆扬州郑板桥，纵横笔墨兴何饶。
湘江春色骚人意，闲写幽思破寂寥。

——沈宏远《撚瓢诗钞·画兰》

两地关情臭味同，生绡一幅寄春风。

美人哀怨才人笔，都在《离骚》一卷中。

——丁御《江上草堂集·郑板桥画兰见贻》

板桥道人工兰花，破盆带土叶参差，横扫草隶如飞麻。

——潘呈雅《七山人歌·郑燮》，

见《济宁直隶州续志》卷二十二

净室空山气味长，百年荣悴只寻常。

人间何地无荆棘，不碍幽兰自在香。

——吴嵩梁《香苏山馆今体诗钞·

书觉生詹事题郑板桥画兰诗后》卷十五

打破乌盆得自然。鹧鸪词客笔疑仙。

青霞逸韵今何许？认取丛兰瘦石边。

——徐嘉《味静斋诗存·题画·郑板桥燮破盆兰》

郑板桥作画，横逸处直逼徐青藤，惟才差逊耳。杭城陷后，语溪倪处士稻荪耘过访，谈画尽日而去。生沐并出观板桥《兰竹》卷，随笔所书，颇涉天趣，因检其题跋录之，时咸丰庚申三月十三日记。庭芬。

——管庭芬《板桥题画跋》，见《近花楼丛书》

板桥道人画兰，粗头乱服，得豪迈之气，然去此君风调远矣。

——吴谷祥自题《墨兰》册三，

日本《书菀》第2卷第7号

元明人写兰，专尚风韵，愈淡愈妍。吴梅村《画兰曲》“似能不能得花意”，此一语能状元明人用笔之妙，正如倪迂山水，无意为佳。今所见吴兴二赵石刻及文衡山、陈古白辈墨迹，皆此类池。至徐天池、蓝田叔、石涛诸公，或以豪放古茂见长，或以静逸苍劲擅胜，乱头粗服，雄深秀发，大变元明宗派。实亦各写其胸中逸气，发抒自家性灵，而其不谬风雅，不戾物情，与宋明则一也。厥后学者，或失犷悍，或病直率。能矫弊救失，改弦而更张之者，厥惟两家：郑板桥专意写生，资以书卷，丰致古逸，几复元明之旧，是欲以秀逸救犷悍者；蒋矩亭纵横雅键，秀绝人寰，正如簪花美女，援镜笑春，又如二（三）河年少，风流自赏，是欲以遒婉救直率也。

今人写兰，有所谓铁线者，笔笔匀瘦，此不足为训，且大戾物理。王石谷论画山水云："凡作一图，用笔有粗有细、有浓有淡、有干有湿，方称妙手，若出一律，则光矣。"画兰何独不然。然余尤重随浓随淡随干随湿，一气呵成，淋漓融洽，愈见有生气。青藤、石涛、板桥、箨石皆然，即古人亦无不然。

近今学者，多宗矩亭、板桥两家，缘两家最近，真迹流传尚多。然两家异法：郑氏兰叶尚古健，不尚转折，用笔直来直去，却逐步顿挫，留得笔住，否则便直率无余味矣；蒋氏叶尚纵横、尚转折，而用笔却极挺劲流利，不复逐步顿挫，以顿挫则软弱无力矣。郑叶转处用笔蹲，蒋叶转处用笔提，郑氏体劲而用婉，蒋氏体婉而用劲。此余悉心体验而得者。郑氏写花，雄浑挺拔；蒋氏则超逸如作草书，纯有笔尖为之，较有风趣，蕙花尤喜疏疏密密不匀排，尤有致也。

——马棪《论画兰》，

见杨鹿鸣《兰言四种·画兰琐言》第一

吾乡画兰，自郑板桥流风所被，煽及大江南北。（《大江南北画兰》）

板桥燮兰幅四张，兰石清幽，章法奇峭，隽品也。（《品画兰》）

余论画兰，以最初有所南、彝斋两家，而鸥盟（马棪）谓近代亦有板桥、矩亭两家，实能发此中真诠。（《马鸥盟论画兰》）

画兰最妙在生熟之间，宁生毋熟，生要拙，熟忌俗也。陈曼生鸿寿为某画兰自跋云：“明人如文衡山、李长蘅、唐子畏、沈石田、董思翁，皆工山水，兼工写兰，不必专门也。本朝山水推四王，而写意兰竹殊不概见。郑板桥、高西园善写兰，尚有习气。以书卷酝酿，流露于兰石间者，惟箨石宗伯一人而已。”古人虽作画亦讲运腕之法，近人以短笔作山水，宜其窘于写兰耳。曼生书画，笔用长锋，故能画兰，此诚有然者，但恐不免于生；谓板桥、西园写兰有习气，虽系自护其短语，板桥或不免于熟。在生熟之间者，其惟睢州一老乎!（《陈曼生画兰自跋》）

画兰故实有兴趣者，如……板桥曰：“索我画偏不画，不索偏要画。”此类恒少。……（《画兰故实》）

昔东坡以党祸被谪岭表，画兰常带荆棘，谓惟君子能容小人。所南为宋遗老，画兰不画荆棘，谓纯是君子绝无小人。板桥则躬际隆平，每兰棘相参，谓“荆棘不当尽以小人目之，如国之爪牙、王之虎臣，自不可废”。并谓宋代幽并十六州之痛，以无荆棘故。画小道耳，而文人寄兴，亦随身之安危、世之隆替为转移。区区荆棘，其不苟作有如此。

（《荆棘兰》）

《绘事微言》又曰："画要天资带来，非蹈常袭故，依样葫芦谓之画。即天资聪明，亦各有别，大抵聪明近庄重边便不佻，近磊落边便不俗，近豪旷边便不拘，近秀媚边便不粗。"余谓其他绘事不及知，历观古今画兰，如吴兴二赵之雅健，姑苏文氏父子之秀特，板桥、矩亭二氏之纡余卓荦，孰非自天资带来，摩诘所谓"前身老画师"是也。画非有天资不可，画兰有天资。尤非襟怀纯洁不可，此又验诸古今画兰者可知也。（《画兰要有天资人品》）

（段）扶青一日谓余曰："箨石作画，谓'胸中空洞无一物，笔与造化相淋漓'，板桥兴到挥毫，谓'未画之前不立一格，既画之后不留一格'，然则画兰不必胸有成竹，尽可信手挥洒耶？"余曰："是不然。钱曰'胸中空洞无一物'，郑曰'未画不立一格'。谓画意无执滞也。未有胸无成竹而能作画者。'笔与造化相淋漓'，是何气象，是何胸襟；'既画不留一格'，则俯仰反正，各极其致，岂胸无成竹而能之耶!画兰以命意为第一步，命意高则自臻超妙，命意深则自具层次，成竹在胸，乃有下笔处，东坡早传其秘矣。"（《与扶青论画》）

友人中画兰师板桥而兼法矩亭者，前有孝感程厚之、兴化成兰荪，后有高甘来、马鸥盟诸公皆是也。近见固始易梦康晋，画法清挺，其矫健处直摩蒋睢州之垒，盖梦康本睢州之乡后学而有戚谊者也。……闻其论画曰："近今画兰，既不能外郑、蒋两先生独树一帜，当各师其所长，则两美适合。若元明人画兰，专尚简淡，愈简逾贵，愈淡愈妍，必不能作大幅，终

成小品。且多兼画竹，非以画兰为专长，甚无取也。”此与鸥盟所论各有异同，然吾道不孤矣。（《易梦康论画》）

画兰之法，贵秀逸而非柔媚，贵奔放而非粗野，贵峭健而非生硬，贵朴茂而非拙塞，然总宜有春夏气，乃为可贵耳。昔板桥老人作折枝兰蕙，自题云：“非有他巧，不过春夏气为多耳。”此语妙双关，能明画法而得春夏气，无论娟娟烟痕，萧萧雨影有之，即纵横驰骤，破笔焦墨，亦自有蓬勃之致。惟画法端有积学而成，而画兰尤以立品为要。彝斋高逸，故萧疏闲淡；衡山清远，故洒落风流。所南本穴之花，乃天人姿泽。此又不可仅以画法论，而画法实自三公以传。偶论画法，特于此一泄其秘。（《画法》）

——杨鹿鸣《兰言四种·画兰锁言》第一

余早年因画兰辑古今画兰诗，兼及词赋，共得八百余首。……自序略云：忆翁题兰尚险易，板桥题兰多真率，皆古今画兰最著者。此种诗，在二郑专集中，率不过数首或十数首耳。……（《骚屑》序并类目）

兰中荆棘，画者咏者，用意人各不同，画者如东坡、所南、板桥俱见《画兰琐言》。（《荆棘兰诗》）

——杨鹿鸣《兰言四种·咏兰琐言》第二

北宋人画兰，每用双钩，微伤刻画。至赵子固、郑所南诸公，始作墨兰，独得天趣。赵松雪、倪云林、文徵明、沈石田诸贤。于模山范水之余，兼工写生，书卷之气，溢于纸索之外，最为艺林所赏。近世则郑板桥、蒋矩亭犹擅其胜。

——朱益藩《题兰林百种》，

《支那南画大成·题跋集下》续集六

郑板桥柱石图立幅

纸本，今尺高四尺六寸，宽一尺三寸八分。大写立石凡一，高今尺三尺六寸。幅首“柱石图”三字。幅尾之中，“板桥郑燮”行书一行。押尾《郑燮之印》阴文方印一、《板桥道人》阳文方印一；幅首之中，《橄榄轩》阳文方印一幅首押角《丙辰进士》阳文方印一。

论曰：宋韩拙论画石详矣。或层叠而秀润，或崔巍而颠崄，有崖岩嵯峨者，有怪石硗荦者，或直插入水而深不可测者，或根石浸水而脚石相辅者，皋岣嶙峋，千怪万状，纵横放逸，其体无定。至皴法，有披麻者，有点错者，有斫磔者，有横皴者，一点一画，各有古今家数存焉，要之不外分凹凸，判背向，皴拂阴阳，点均高下而已。板桥画石，磊落雄壮，动合古人，尤精于一笔石，盖董文敏所谓熟后熟也。所画《柱石图》，矗立峥嵘，尤具盘空气象。米老见之，当肃衣冠再拜稽首而退。

赞曰：高而不骄，直而不摇，润而不滑，秀而不佻。岩岩气象，撑柱当朝，斯人谁与？噫噫石交。

——杜瑞联《古芬阁书画记》卷十八

郑燮册，首页写湖石一块，衬瘦笑大叶之竹数笔，雅有别趣。

——谢堃《春草堂集·书画所见录卷下》卷二十八

郑板桥竹石立轴

纸本，今尺高五尺六寸，阔三尺三寸。石笋一峰。丛篁争翠。

——方濬颐《梦园书画录》卷二十三

[按]此幅题识："绕膝龙孙好节柯，……乾隆甲申秋日板桥道人郑燮。"钤印《郑燮印》《潍夷长》《歌吹古扬州》。

湘兰淇竹高人格，写照传神不在奇；

法拟石涛能用活，板桥居士是吾师。

——董伟业《扬州杂咏》

壬戌载阳月吉，板桥老先生留宿光明寓斋，适值草兰盛开。小酌兴发，图此长卷，并题见赠，即席依韵称谢，兼祈教正。

仆本江干落拓人，金兰投契信天真。

何当九畹传湘管，丽句清辞许结邻。

偶生程铎草。

——程铎《题郑燮兰竹图卷》，美国艾里奥特藏墨迹

与板桥别十余年矣。江乡千里，晤言无因，适程君振凡以其所画兰竹示余，慨然如见故人，岁寒之盟，同心之臭。有不随形迹疏者，因题数语志之，至其笔墨超俊，世所共赏，故不复云。丁丑三月朔，紫琼道人识。

——允禧《题郑燮兰竹图卷》，美国艾里奥特藏墨迹

幽兰况幽人，写蹭情何已。

浥浥墨香浮，似共光风起。

会然兴远怀，江南渺烟水。

振翁老先生以我板桥夫子兰卷属题，

敬赋应命。

平陵外史朱文震。

——朱文震《题郑燮兰竹图卷》，美国艾里奥特藏墨迹

书法作兰竹，意在笔墨先。

下手快风雨，蕴真合自然。

画师虚想象，那得穷清妍。

板桥好奇者，书法无取焉。

独写兰竹照，往往全其天。

位置间瘦石，幽峭纷目前。

得非稽山曲，无乃楚江边。

卷末看题字，结习并洗湔。

仙灵辟魔障，美人谢朱铅。

真趣有相感，高怀得所宣。

莫令俗客市，车马声喧嗔。

竹以虚心著，兰因空谷传。

己卯秋日，振凡先生以板桥道人画命题，因请教正。梅坡后学顾元揆。

——顾元揆《题郑燮兰竹图卷》，美国艾里奥特藏墨迹

熙伯先生得板桥道人《兰竹》长卷，甚精。示恢，恢读而善之，因作长歌赞叹焉，其辞曰：

郑板桥，郑板桥，原是人中豪。

一麾出守制百里，归来依旧安蓬茆。

觉世文章尽情说，说敝澜翻广长吞。

乐府盲词播管弦，铜琶铁板冰壶裂。

论书知古不知今，汉刻秦碑僻处寻。

饕餮穷奇画变相，依然不失先民心。

以其余力事图画，墨渖淋漓恣荒怪。

犹是龙蛇太古书，不徒专守青藤派。

此图修竹与幽兰，数笔萧萧着意寒。

扫地焚香一展对，恍如坐我潇湘滩。
板桥板桥荥阳郑，恣态丰神出生硬。
只有冬心一片心，江南江北相辉映。
人皆以怪病，我独以怪敬。
无盐丑女列贞贤，怀中别有光明镜。
辛丑十月，廉夫恢未是稿。

——陆恢《题郑燮兰竹图卷》，美国艾里奥特藏墨迹

画兰不多三五茎，画竹不多三五竿。
纸宽墨润腕力余，更添古石三五片。
微香馥馥清影摇，满堂观者增欣羡。
齐东有竹却少兰，玉版尊师唯悟半。
板桥家法所南翁，心花无根舒烂漫。
平生妙墨懒收拾，偶欲追寻从友案。
胸中事即对人言，与弟家书刊共看。
啥颠字怪剧游嬉，叵耐折腰趋下县。
西范东潍十载宽，自怜天鉴超忧患。
同心知我称石交，为拂古瓦摅柔翰。
别人争讶鬓霜盈，逢稀似类优昙现。
径题长句画中间，如使两人长对面。

——金德英《金桧门诗存·题郑板桥赠兰竹画》卷三

兰芬竹劲石暂岩，点缀幽姿总不凡。
题赠王郎莫轻出，世多寒具漫开缄。
“二十年前旧板桥”，相逢读画坐昏朝。
笔床茶灶人何在，剩有图中逸兴飘。

——沈廷芳《隐拙斋续集·题郑板桥画》卷三

童年我读《板桥集》，却喜板桥用笔奇。
板桥童年亦坎壈，胸有奇气人不知。
发为文章露光怪，余事犹能称画师。
饮墨数斗如饮酒，纵笔挥洒有神思。
一竿两竿竹作态，三朵五朵兰弄姿。
春风拂拂入幽谷，秋雨潇湘洗深绿。
人间富贵不挂眼，骨瘦神清无由俗。
君子劲节自可风，美人香草动遐瞩。
等闲抛却七品官，卖画扬州殊不辱。

——徐世昌《水竹村人集·题郑板桥画兰竹》卷十二

修竹宜近水，丛竹宜在山。
傥移城市中，便失好容颜。
君子坚多节，美人必幽闲。
板桥信可人，妙笔不踰闲。
悬崖写兰蕙，敻绝不可攀。
间作数枝竹，下拂泉潺潺。
幽意无断绝，长揖谢尘寰。
巨幅挂我壁，弄墨衫袖斑。
欲结兰竹契，柴门镇日关。

——徐世昌《归云楼题画诗·题郑板桥悬崖兰竹》

郑板桥石壁丛兰轴

纸本，高五尺五寸四分，宽二尺五寸，墨笔。左半石壁削成，石上丛兰，乱叶繁花，间以篆竹，不留余地，布景绝奇。题在石壁之左："板桥道人没分晓，…郑燮草稿。"行书三行，押尾白文《乾隆东封书画史》方印、白文《七品官耳》方印。

——李佐贤《书画鉴影》卷二十四

郑板桥兰石大轴

罗文纸本，今尺高五尺八寸，阔二尺九寸。石壁突耸，墨兰附石而生，芝草数茎，高茁峰顶，兰极畅茂，间以竹枝，石上苔点，皴法清古入化。下钤《甘泉唐氏收藏之印》。

——方濬颐《梦园书画录》酱二十三

[按]此幅题识："唯君心地有芝兰，……乾隆辛巳，为瞻乔老长兄画并题。板桥郑燮。"钤印《郑板桥》《燮何力之有焉》《鹁鸪》《橄榄轩》。

郑板桥胸次潇洒，零纸剩墨，随意点染，且有清夷出尘之致。尝见一小幅，写一花尊供兰枝，飞竹叶数个，左侧一水盂浸兰花数朵，横写一如意，题句云："年年风景皆如意，水暖花香竹叶肥。"其风韵可想也。

——赵慎畛《榆巢杂识》卷上

郑板桥墨菊花

纸本立轴，高三尺七寸六分，阔九寸五分。草草作菊石数笔，自有天趣。板桥多作兰竹，此亦罕觏。

——郭照《铁如意事斫械书画录》卷二

[按]此幅有板桥题识："十日菊花吾更黄，破篱笆外斗秋霜，不妨更看十余日，避得暖风禁得凉。板桥。"钤印《板娇》。

名人十字十花卉扇册

共廿开。……六、设色橘菊，款曰："橘皮香与菊花香，……板桥郑燮。"《板桥》印。

此册……郑板桥折枝花果，别具秋心，什袭藏之，亦铭心之品也。

——陈夔麟《宝迂阁书画录》卷四

郑燮，……中年间作花木。……心泉上人藏有设色桃树直帧，笔雅色妍，题识工整，学山谷，款署：“乾隆四年夏日，写祝师母大人五十千秋。”……余藏有设色菊花竹篱立帧，赵怀玉题七绝一首。

——李玉棻《瓯钵罗室书画过目考》卷三

康、雍间，复堂李先生与金寿门、郑板桥辈，并著盛名于维扬，有“八怪”之目。之数人者，皆学问博雅，天资卓绝，即不必以画传，而其人亦无不可传。顾“怪”非美德，吾以为非称之，而诬之也。倘易“怪”为“狂”，庶几当乎!

复堂，兴化人，以孝廉为县令。其出处，与板桥略同，特板桥登甲科耳。然复堂曾献诗口外，蒙圣祖谕李鱓花卉去得交蒋相同教习徐、黄法，其际遇之荣，胜板桥多矣。就画而论，亦复堂优于板桥，盖郑画用力量，李画用性灵，一由外入，一从内出也。画之由外入者，今时比比皆是。朝犹茫茫举笔，暮即诩诩自夸，一切成法，漫然不识，而耳食者且盲从之，此又板桥之罪人也。

——顾麟士《题李鱓花卉屏》，

《支那南画大成·题跋集》续集六

三、书法评

郑燮，……少工楷书，晚杂篆隶，间以画法。

——《清史列传》卷七十二。

郑燮，……雅善书法，真行俱带篆籀意，如雪柏风松，挺然而秀出于风尘之表。

——郑方坤《郑燮小传》，见《国朝耆献类征》初编卷一百三十三

郑燮，……书有别趣。

——吴修《昭代名人尺牍小传》卷二十

郑燮，……书有别致，从隶楷行三体相参，圆润古秀；楷书尤精，惟不多作。

——叶衍兰等《清代学者像传》

燮，……书杂分隶法，自号“六分半书”。

——赵尔巽等《清史稿》卷五百四

郑燮，……书有别致。

——张庚《国朝画征续录》卷下、彭蕴璨《历代画史汇传》卷五十七

郑燮，……书法以隶楷行三体相参，有别致，古秀独绝。

——窦镇《国朝书画家笔录》卷二

作书尤可喜，一一龙蛇惊。

——王衍梅《昭阳述旧编·题郑板桥先生像》卷三

先生任濰县，治臻上理。又摹《兰亭序》，极佳。

——周继华《题郑板桥先生遗像》，

见《续修兴化县志》卷十四

郑燮，……书出入汉隶中而别于开生面。

——姚文田等《重修扬州府志》卷四十八、

刘熙载等《重修兴化县志》卷八

燮……字多参古隶。

——范用宾等《增修甘泉县志》卷十五

兴化郑进士板桥，风流雅谑，极有书名，狂草古籀，一字一笔，兼众妙之长。

——金农《冬心先生画竹题记》

板桥作字如写兰，波磔奇古形翩翻。

……

下笔别自成一家，书画不愿常人夸。

颓唐偃仰各有态，常人尽笑板桥怪。

——蒋士铨《忠雅堂诗集·题郑板桥画兰送陈望亭太守》卷十八戊子下

未识顽仙郑板桥，非人非佛亦非妖。

晚摹《瘗鹤》兼山谷，别辟临池路一条。

——蒋士铨《忠雅堂诗集·题杂家书画册子七首》

卷二十三丁酉下

板桥世大父生于康熙癸酉十月廿又五日，殁于乾隆乙酉十二月十有二日。此书在乾隆八年七月合诸家而成一体，正公学力精到时也。公少习怀素，笔势奇妙，惜不可多见。中年始以篆隶之法阑入行楷，蹊径一新，卓然名家，而不知者或以野狐禅目之，妄矣。

——郑銮《跋郑燮破格书兰亭序》，
嘉庆庚辰冬至后二日于羊城行馆

板桥道人此书，为吴山尊学士所刻。岁己巳夏四月，范湖居士、退楼主人重刻于沪上。此后范湖、退楼书画润笔，皆准板桥所定，即以此帖为仿单，不复增减，诸公先送润资，书画约日准有。附白。

——周闲、吴云《板桥笔榜跋》，
《书菀》第1卷第4号影印

秘书谈子铁隍，诚笃士也。一日。欣欣告余，谓有故家出版《四书》墨迹待价。余意郑子旷逸，其在少年，与徐宗于、陆白义辈，以《四书》《五经》相切劘，要在阐剔讲贯而已，岂遽手钞成帙哉。无何，谈子竟以书来，婀娜遒劲，粲若列星，真迹也。传之子孙，可以永宝矣。

——张锡銮《郑板桥四子书真迹·序》

字画索润，古人所有，板桥笔榜小卷，盖自书书画润笔例也。见之友人处，其文云："大幅六两，……"此老风趣可掬，视彼卖技假名士，偶逢旧友，貌为口不言钱，而实故靳以要厚酬者，其雅俗真伪，何如乎!

——叶廷琯《鸥陂渔话·郑板桥笔榜》卷六

郑板桥少为楷书极工，自谓世人好奇，因以正书杂篆隶，又间以画法，故波磔之中，往往有石纹兰叶。

——阮元《广陵诗事》卷八

板桥工书，行楷中多隶法，意之所之，随笔挥洒，遒劲古拙，另具高致。

——查礼《铜鼓书堂遗稿》卷三十二

扬州马氏小玲珑山馆中有郑板桥所撰楹帖云：“咬定几句有用书，可忘饮食；养成数竿新生竹，直似儿孙。”以八分书之，极奇伟。

——梁章钜《楹联续话·格言》卷二

郑板桥，如灌夫使酒骂座，目无卿相。

——桂馥《国朝隶品》

板桥道人郑燮，……书隶楷参半，自称六分半分，极瘦硬之致，亦间以画法行之。

——蒋宝龄《墨林今话》卷一

李孟初、韩仁皆以疏秀胜，殆蔡有邻之所祖。然唐隶似出《夏承》为多。王恽以《夏承》飞动，有芝英龙凤之势，盖以为中郎书也。吾谓《夏承》处自是别体，若近今冬心、板桥之类，以论语核之，必非中郎书也。……

——康有为《广艺舟双楫·本汉》第七

板桥善用蹲笔。

——曾国藩《求阙斋日记》，见马宗霍《书林藻鉴》卷十二

板桥始学《鹤铭》、山谷，后以分书入行楷，纵横驰骤，别成一格，与金冬心异曲同工，在帖学行时代，能独辟蹊径，可渭豪杰之士矣。

——向燊语，见马宗霍《书林藻鉴》卷十二

板桥以分书入山谷体，故摇波驻节，非常音所能纬。

——马宗霍《霎岳楼笔谈》《书林藻鉴》卷十二

郑燮册，首页写湖石……。后九页，皆已书家信、道情、诗词不一，字亦奇古。

——谢堃《春草堂集·书画所见录卷下》卷二十八

扬州郑板桥雅擅三绝，然其书无古无今，自成一格，故有《六分半书》印。余有板桥九言楹帖云："霜熟稻粱肥，几村农唱；灯红楼阁迥，一片书声。"字极古拙。上有《康熙秀才雍正举人乾隆进士》，下有《橄榄轩》诸印，篆刻亦精。又得墨竹大幅卷之笔，大似吴仲圭，上有句："我亦有亭深竹里，也思归去听秋声。"亦梅道人诗也。

——谢成均《腈腈书斋画记》卷二

郑板桥字册

纸本，今尺高八寸五分，宽四寸六分。凡十七幅，幅二行，行书王渔洋《冶春词》四首，尾书"乾隆己巳六月二十日早饭后书，板桥郑燮"。引首《七品官耳》阳文长印一，押尾《臣燮之印》阴文方印一。

论曰：板桥尝汇古近体诗及《道情》《家书》为一集，手自书之，付诸手民，乞今收藏家家有其书，固爱其才笔之清超，尤爱其字画之古拙也。是册笔力坚卓，气味渊深，信是传作。

——杜瑞联《古芬阁书画记》卷八

郑燮，……书法《瘗鹤铭》而兼黄鲁直。合其意为分书，通其意写兰竹。……心泉上人……又藏有小行书诗册，秀逸动人，与伪托者迥别。余藏……又行楷大帧，晚年兼隶意。

——李玉棻《瓯钵罗室书画过目考》卷三

又楷书对联真迹妙品

赤青缣笺本，高六尺，阔一尺二寸。端正楷书八言，字句日久不忆。左书乾隆某年月日，右书板桥郑燮，下有名号印章，字圆劲而肥大，似颜鲁公，沉著痛快，乃似苏东坡。

山谷论书所谓瘦硬易作，肥劲难得是也。余又有先生所作《潍县竹枝辞》三十余首，并行书成册。又与某县令《论地方利弊书》，先后两函。与对联，用笔圆净而劲，风神洒落，姿态备具，不似题画之字，疏疏密密，随意缓急，而欹倾侧媚，狂怪怒张，然而离绳矩之内，乃有超轶绝尘处，以意想作，殊不能得其仿佛。惟先生书画，赝作颇多。并有墨刻对联，无不飞扬跋扈，丑怪百出，见之欲呕。先生有言，后世有假我书画者，吾当作厉鬼击之。作赝家竟尔胆大，可发一笑。

——桂馥《丁亥烬遗录·书画灾烬目录》卷三

各名家书画扇面册

第十八开，白矾面，郑板桥诗翰七律一首。余纸写“锄禾日当午”四句，都十六行。行楷有别趣。

——邵松年《古缘萃录》卷十三

[按]板桥诗翰七律一首：“郑子曾夸盖世才，尘埃一跌事张乖。歌残街上莲花落，忘却天边桂子开。风雪有情飘瓦罐，雨云无梦到阳台。可怜衣上千千结，尽是恩情博得来。板桥道人。”二印不辨。

郑板桥楷书轴

纸本，高二尺一寸五分，阔一尺三寸二分，大行楷三行，款一行。笔势古雅，奇而不诡于正。印首《二十年前旧板桥》。

——邵松年《古缘萃录》卷十四

[按]楷书轴所书内容：“桑蚕苦，女红难，得新忘故后必寒。辛巳仲冬，板桥郑燮。”印：《郑燮之印》《丙辰进士》。

板桥书《道情词》，余屡见之，词亦不尽同，盖随手更易耳。一生跌宕牢骚，奇趣横溢，俱流露于词中。字仿山谷，间以兰竹意致，尤多别趣。山谷草法，源于怀素。素师得法于张长吏，其妙处在不见起止之痕。前张后黄，皆当让素师独步，即板桥亦未能造此境也。连日借得杨石泉中丞所藏怀素《自叙帖》，把玩不忍释。忽于澹如观察兄处，持示此卷，欣然记此。板桥有知，恐不谓然也。同治庚午冬至前一日，何绍基漫记于定香亭室。

——何绍基跋《清郑板桥书道情卷》，见裴景福《壮陶阁书画录》卷十八，广东省博物馆藏墨迹

此板桥随意稿书，如行云流水，变态百出，天趣活泼，较之传世应酬诸作，矫揉造作以求工者，真有天理人欲之别。

包安吴收板桥入《国朝书品》，应取其稿书为佳。此册，《家书》最潇洒团结，《词钞》稍散漫，别具宽博之气。要其深于晋唐人草法，故无施不可。板桥传世书，人咸以狂怪目之，而稿书纯净至此，殊足玩也。板桥在国朝，是第三等人材，然嘉、道后，已不可得。无他，八股、试帖小楷限之也。

——裴景福《壮陶阁书画录·清郑板桥集手稿册》卷十八

宋拓虞永兴破邪论序册

……板桥跋，小楷，学此论，乃深知于晋法，传世书，其变体也。

——裴景福《壮陶阁书画录》卷二十二

[按]板桥跋："书法与人品相表里，……板桥郑燮。"

清郑板桥诗扇

白矾纸。大行书。奇姿诡状，较平日书顿长数倍。诗见画识。“幅”作“札”，“散”作“去”。

——裴景福《壮陶阁书画录》卷二十

[按]诗扇内容：“西园左笔寿门书，海内朋交索向予。短幅长笺都散尽，老夫赝作亦无余。俚句博稽留山民一笑。前代友人求画竹小幅，久未寄下，无已，仍劣捉刀，恐损湖州彭城盛名也。郑燮。”钤印《板桥》（白文）、《潍夷长》（白文）。

郑燮，……工隶书，后以隶楷相参，自成一派。关帝庙道士吴雨田从之学字，可以乱真。

——李斗《扬州画舫录》卷二

郑燮，……以八分书与楷书相杂，自成一派，今山东潍县人多效其体。

——李斗《扬州画舫录》卷十

板桥郑燮，……精书法，隶草相杂，号“六分半书”，观者谓其创，而实则因钟繇碑而广之，唐时已有草隶之说，此类是也。

——曾衍东《小豆棚·杂记·郑板桥》卷十六

郑板桥尝书四字于座右，曰：“难得糊涂”，此极聪明人语也。余谓糊涂人难得聪明，聪明人又难得糊涂，须要于聪明中带一点湖涂，方为处世守身之道。若一味聪明，便生荆棘，必招怨尤，反不如糊涂之为妙用也。

——钱泳《履园丛话·难得糊涂》廿四

（黎学渊）又见余所书箑，尤奇之，曰：“郑板桥不如也。板桥书法飘逸，此乃沉着透快，殆寝馈《论坐帖》

得来。”噫，此何说欤!余书于板桥，尚未窥其藩篱，岂敢自信过之，唯谓从《论坐帖》中来，则非深明书法者不能道。

——方玉润《星烈日记汇要》卷十三

扬州郑进士板桥，曾任山东潍县令，恃才玩世，以是去官。遇夜出，惟令两役执灯前导，亦不署衔，自书“板桥”二字，体兼篆隶，其放诞如此。尤工诗，余最爱其“满架秋风扁豆花”之句。

——戴延年《秋灯丛话》

乾隆时，兴化郑燮工书画，书增减真隶，别为一格，如秋花倚石，野鹤戛烟，自然成趣。时称“板桥体”，多效之者，然弗能似也。有《道情》十首，颇足醒世。

——朱克敬《雨窗消意录》甲部卷一

板桥初学晋帖，雍正辛亥，书杜少陵《丹青引》横幅，体仿黄庭，后乃自为一体。

——徐珂《清稗类钞·郑板桥字自为一体》第三十册

惟书法近学郑板桥，则殊不必。板桥书法野狐禅也，游客中有寿门、楚江诸公，皆是一丘之貉，乱爬蛇蚓，不足妃豨，以揠苗助长之功，作索隐行怪之状，亦如孙寿本无颜色，又不肯定心梳里，故为龋齿笑，坠马妆，以蛊惑梁冀秦宫耳。若西施王嫱，天然国色，明珰玉珮，整整齐齐，岂屑为此矫揉造作小家子态哉!昔人论诗，道苏东坡如名家女，大脚步便出，黄山谷缩头拗颈，欲出不出，有许多作态，为是甚的，字亦如是。

——袁枚《与庆晴村都统书》

近时钱献之……老年病废，以左手作书，难以宛转，遂将钟鼎文、石鼓文及秦汉铜器款识、汉碑题额各体参杂其中，忽圆忽方，似篆似隶，亦如郑板桥将篆、隶、行、草铸成一炉，不可以为训也。

——钱泳《书学·小篆》

乾隆之世，已厌旧学。冬心、板桥参用隶笔。然失则怪，此欲变而不知变者。

——康有为《广艺舟双揖·尊碑第三》

板桥行楷、冬心分隶，皆不受前人束缚，自辟蹊径，然以为后学师范，或堕魔道。

——杨守敬《书学迩言》

郑板桥中年学苏、学黄，颇有功力。予收其书十九言楹帖一联，字大五寸，即专用苏、黄书法者，笔健墨丰，卓然可观。其寻常自称为“六分半书”者，以隶楷行三体相兼，只可作为游戏笔墨耳，不足言书法也。

板桥天分甚高，愿也甚大，颇欲集古今书法大成，而不知分期课程，须在多写，仅凭一时之小慧，妄欲造成一特创之字形，于是一笔篆、一笔隶、一笔真、一笔草，甚至取法帖中钟、王、颜、柳、欧、虞、董、薛，东取一笔，西取一画，又加之一笔竹叶、一笔兰花，自以为极天地造化之极，而成一不伦不类，不今不古之儿戏字体。予尝谓作文作书之法，譬彼良庖，以山珍海错野味家禽并而煎熬之，鼎中之变，精妙微纤，及其既化，然后去其渣滓，留其膏汁，各味皆具，而人不能名。此必取材富、用功深。而后能集众长，以成一奇特美味也。若就各种材料，杂凑一裔，鸡、猪、鱼、鸭、山珍、海味，堆成一碗，毫无烹煮之功，调和之味，尚复成何肴馔!如北平酒家之全家福一品，不知言珍羞矣。板桥之书，无乃类是？至其画兰竹，平正而有变化，不愧作手。即画菊、画梅、画石，亦皆能参以书法。盖画家之雄才，而书家之外道也。

以久负书名，不得不论正之。

——王潜刚《清人书评·郑燮》

四、诗文评

郑燮，……诗言情述事，恻恻动人，不拘体格，兴至则成，颇近香山、放翁。……词吊古摅怀，尤擅胜场，或比之蒋士铨。……所为《家书》，忠厚恳挚，有光禄《庭诰》《彦氏家训》遗意。

——《清史列传》卷七十二

郑燮，……诗取道性情，务如其意之所欲出。其自序有云：“余诗格卑下（卑），七律尤多放翁习气。屡为知己诟病（二三知已屡诟病之），好事者又促余付梓。自度后来亦未必能进，姑从谀而背直惭愧汗下”云云，其言可谓不自满矣。然其诗流露灵府，荡涤埃壒，视世间无结轖不可解之事，即无梗咽不可道之词。空山雨雪，高人独立；秋林烟散，石骨自青，差足肖之。非彼借口白战，以自诩为羌无故实者也。……所刻寄弟书数纸，皆老成忠厚之言，大有光禄

《庭诰》《颜氏家训》遗意。

——郑方坤《郑燮小传》，见《国朝耆献类征》初编卷二百三十三

燮，……诗词皆别调，而有挚语。

——赵尔巽等《清史稿》卷五百四

郑燮，……词亦不屑作熟语。

——张庚《国朝画征续录》卷下

郑燮，……诗近香山、放翁，吊古诸篇，激昂慷慨。词亦不肯作熟语。……《家书》数篇，情真语挚，悱恻动人。

——叶衍兰等《清代学者像传》

郑燮，……诗近香山、放翁。……词胜于诗，吊古摅怀，激昂慷慨。与集中《家书》数篇，皆不可磨灭。

——窦镇《国朝书画家笔录》卷二

文章聊放达，按之实和平。……将非李青莲，而岂徐青藤？夫子适自量，笑者冠绝缨。隔靴赞何益，入木骂亦精。

——王衍梅《昭阳述旧编·题郑板桥先生像》卷三

郑燮，……诗宗陶、柳。

——姚文田等《重修扬州府志》卷四十八

燮工诗文词画，在都有盛名。……诙谐玩俗，挥洒淋漓，乞其辞翰者盈户外，无贫富咸得其意以去，风流至今传之。

——范用宾等《增修甘泉县志》卷十五

郑燮，……文宏博雄丽，诗宗范、陆，词尤工妙。

——刘熙载等《重修兴化县志》卷八

君竹君兰最擅奇，商量仿佛在诗词。

大都俗韵宜删去，万疾无如最忌医。

——赵玉森《醉侯诗稿·题板桥家书》

郑板桥先生诗集，出自手订。镌板竣，誓不许后人妄行增续。然其宰吾潍时，零缣断句，其集中所无者，多为世所传诵，而《竹枝词》尤脍炙人口。……其间深刻之语，游戏之词，谅非先生报最之作，然藉考一时社会之风俗，亦不无裨益云尔。

——丁锡田《板桥竹枝词小叙》，

民国二十年九月九日

郑燮

字克柔，号板桥。……作诗不拘体格，兴至则成，颇近香山、放翁。

——阮元《淮海英灵集》丙集卷四

板桥画、书、诗号称三绝，自出手眼，实皆胎息于古诗，多见性情，荒率处弥真挚有味，世乃以狂怪目之，浅矣！《道情十首》，乃乐府变格，豪情逸韵，与熊鱼山《万古愁曲》相颉颃，亦可传之作。

——徐世昌《晚晴簃诗汇》卷七十四

板桥深于时文，工画，诗非所长。佳句云："月来满地水，云起一天山。""五更上马披风露，晓月随人出树林。""奴藏去志神先沮，鹤有饥容羽不修。"皆可诵也。板桥多外宠，常言：欲改律文笞臀为笞背，闻者笑之。

——袁枚《随园诗话》卷九

板桥词最为直捷痛快，魄力自不可及。若再加以浩瀚之气，便可亚于迦陵。

——陈廷焯《词则·放歌集》卷六

险道神郑板桥燮。有《板桥诗钞》。

——舒位《乾嘉诗坛点将录》

郑板桥"看月不妨人去尽"句，非绝顶性灵说不出。此公诗，虽学浅，而气清神爽。随园谓诗非其所长，殊不尽然。

——钱振锽《诗话》卷上

郑燮，……能诗、古文，长短句别有意趣。未遇时曾谱《沁园春·书杯》一阕云："花亦无知，月亦无聊，……细写凄情。"其风神豪迈，气势空灵，直逼古人。

——查礼《铜鼓书堂遗稿·词话》卷三十二

江左郑板桥大令燮……所著诗词，皆自选自刻，世人亦多称之。然如《满江红》云："我忆（梦）扬州，便想到扬州忆（梦）我。……将无（毋）左。"语虽俊迈，终非词苑正宗。

——丁绍仪《听秋声馆词话》卷二十

扬州郑板桥……诗文琐亵不入格，词独胜。《自叙》云："燮年三十至四十，气盛而学勤，……至五十外，读一过便不得意。""忘己丑而信前是"，"可知其心力日浅"。又云："为文再三更改，……是学人一片苦心也。"又云："少年游冶学秦、柳，……人亦何能逃气数也!"此皆身历艰苦之言，不止长短句一道为然也。《唐多令·寄怀刘道士并示酒家徐郎》云："一抹晚天霞，……故人赊。"《金缕曲·赠王一姐》云："竹马相过日，……最难得。"《满江红·思家》云："我梦扬州，……将毋左。"其余《菩萨蛮·晚景》云："流水远天波似乳，断烟飞上斜阳去。"《金缕曲·赠陈周京》云："莫向人前谈往事，……

妆聋哑。”《有赠》云：“嚼花心红蕊相思汁，共染得，肝肠赤。”《菩萨蛮·留春》云：“云消春又到，……东风正怨侬。”《留秋》云：“江上山无数，……夕阳新酒楼。”《沁园春·恨》：“难道天公，还箝恨口，不许长吁一两声？”《落梅》云：“昨夜三更，灯昏月淡，铁马檐前说是非。”《踏莎行》云：“分明一见怕销魂，却愁不到销魂处。”《虞美人》云：“撩他花下去围棋，故意推他劲敌让他欺。”莫不谢华启秀，新意宜人。《满江红》旧有平仄二体，板桥填《田家四时苦乐歌》，一阕前后苦乐分押，目为“过桥新格”，亦词苑别调也。板桥少失恃，受抚于乳母费氏，集中有《乳母诗》，言之极沉痛。又有绝句云：“小印青田寸许长，……岂有胸中百卷藏!”题曰：《县中小皂隶有似故仆王凤者见之辄黯然》，相传板桥多外宠，尝欲改律文笞臀为笞背，闻者笑之。

宋李之仪《姑溪词》附录黄鲁直、贺方回和作。近《曝书亭集》并载联句。板桥学词于陆种园震，集中特刊二阕，以见渊源，虽非通例，亦可知其在三谊重矣。

——谢章铤《赌棋山庄集·词话》九

刘改之、蒋竹山，皆学稼轩者，然仅得稼轩糟粕。既不沉郁，又多枝蔓，同之衰，刘、蒋为之也。板桥论词云：“少年学秦、柳，中年学苏、辛，老年学刘、蒋。”真是盲人道黑白，令我捧腹不禁。竹山词，多不接处。……古人脱接处，不接而接也。竹山不接处，乃真不接也。大抵刘、蒋之词，未尝无笔力，而理法气度全不讲究，是板桥、心余辈所祖，乃词中左道。有志复古老，当别有会心也。

——陈廷焯《白雨斋词话》卷一

板桥词颇多握拳透爪之处，然却有魄力，惜乎其未纯也。若再加以浩翰之气，便可亚于迦陵。

板桥《贺新郎·徐青藤草书》云："半生未挂朝衫领，……人间病。"痛快之极，不免张眉怒目。

板桥《金陵十二首》，瑕瑜互见。惟《胭脂井》一篇，用笔最胜。余独爱其《满江红》二句云："碧叶伤心亡国柳，红墙堕泪南朝庙。"凄凉哀怨，为《金陵怀古》佳句。

其年词，沈雄悲壮，是本来力量如此，又加以身世之感，故涉笔便作惊雷怒涛，所少者深厚之致耳；板桥、心余未落笔时，先有意为刘、蒋，金刚怒目，正是力量歉处。

板桥诗境颇高，间有与杜陵暗合处，词则已落下乘矣。然毕竟尚有气魄，尚可支持。心余则力弱气粗，竟有支撑不佳之势。后人为词，学板桥不已，复学心余，愈趋愈下，弊将何极耶!

板桥诗胜于词。

——陈廷焯《白雨斋词话》卷四

激昂慷慨，原非正声，然果能精神团聚，辟易万夫，亦非强有力者，未易臻此。国朝为此调者，迦陵尚矣。后来之俊，必不得已，仍推板桥。若蒋心余、黄仲则辈，丑态百出矣。

——陈廷焯《白雨斋词话》卷五

宋无名氏《题项羽庙·念奴娇》一阕，魄力雄大，劲气直前，更不作一浑厚语，开其年、板桥一派。此学稼轩而有流弊者，稼轩不任其咎也。

至陆种园《满江红》云：“《赠王正子》同是客，……摇头去。”暴言竭辞，何无含蓄至此!板桥幼从种园学词，故笔罐亦与之化。

板桥论诗，以“沉著痛快”为第一。论词。取刘、蒋，亦是此意。然彼所谓“沉著痛快”者，以奇警为“沉著”，以豁露为“痛快”耳!吾所谓沉著痛快者，必先能沉郁顿挫，而后可以沉著痛快。若以奇警豁露为“沉著痛快”，则病在浅显，何有于“沉”？病在轻浮，何有于“著”？病在卤莽灭裂，何有于“痛”与“快”？

板桥词，如“把天桃斫断，……乞食风情”。似此恶劣不堪语，想彼亦自以为沈著痛快也。蒋竹山词：“春晴也好，春阴也好，著些儿春雨越好。”同此恶劣。

近时兴化刘熙载论词，颇有合处，尚不染板桥余习。

——陈廷焯《白雨斋词话》卷六

东坡词，全是王道。稼轩则兼有霸气。然犹不悖于王也。其年则竟似老瞒、石勒一流人物。板桥、心余辈，不过赤眉、黄巾之流亚耳。后之学者，不究本原，好作壮语，复向板桥、心余词求生活，则是鼠窃狗偷，益卑卑不足道矣。

东坡一派，无人能继。稼轩，同时则有张、陆、刘、蒋辈，后起则有遗山、迦陵、板桥、心余辈。然愈学稼轩，去稼轩愈远。稼轩自有真耳，不得其本，徒逐其末，以狂呼叫嚣为稼轩，亦诬稼轩甚矣。

——陈廷焯《白雨斋词话》卷八

康、乾之际，言词者几莫不以朱（彝尊）、陈（其年）为范围。惟朱才多，不免于碎；陈气盛，不免于率。故其末派，有俳巧奋末之病。钱塘厉鹗、吴县过春山，近朱者也；兴化郑燮、铅山蒋士铨，近陈者也。

——徐珂《近词丛话·词学名家之类聚》

《蝶恋花·晚景》："断烟飞上斜阳去"，与白石翁"冷香飞上"诗句同一峭拔。

《贺新郎·徐青藤草书一卷》："墨沛余香剩，……"袁宏道《徐文长传》谓其不得志于时，遂为狂疾。尝持斧击破其头，血流被面，头骨皆折。又以利锥锥其两耳。深入寸行。然则文长之不遇于时，抱愤而卒，亦深可悲矣。非石公之笔，不能为之传；亦非板桥之笔，不能题其书。

《贺新郎·落花》："念海棠春老谁能嫁？泪暗湿，香罗帕。"一种幽秀之气，不让白石翁矣。

——《板桥集》五家评，中国科学院图书馆藏西山堂刻《板桥集》

《赠博也上人》："闭门何处不深山，……"神似放翁。

——《板桥集》五家评，北京图书馆藏清晖书屋刻《板桥集》

《寄许生雪江三首》："诗去将吾意，……还忆读书声。"板桥诗，苦于说得太尽，令人有一览无余之憾。此首较含蓄有味。先生以"沉着痛快"为主，若以无含蓄少之，必为先生所骂。要知说得尽，却有不尽，说不尽，却有尽处。若《三百篇》中，"报畀豺虎"云之，可谓说煞，然有一种浑朴之味，溢于言表，知味者当领略于酸咸之外也。"闭吟聊免俗，极贱到为儒。"狂态忍俊不禁矣。

《悍吏》："呜呼长吏定不知，知而故纵非人为。"忠厚恻怛中有严毅之气。

《私刑恶》："游魂荡漾不得死，……云昏雨黑苍天泣。"末句与第八句究嫌犯复。

《赠巨潭上人三首》："山骨苍寒压古墙，坏廊拳曲入僧房。"先生词好于诗，然往往词中字眼阑入诗句，识者自能辨之也。

《题程羽宸黄山诗卷》："黄山擘空青，……"硬语盘空，是学昌黎者。

《读昌黎上宰相书因呈执政》："也应不肯他途进，惟有修书谒相公。"此意发前人所未发，足为韩公解嘲。

《瓮山示无方上人》："松梢雁影度清秋，……"全似剑南矣。

《乳母诗》："乳母费氏，……遂以无疾终。平生所负恩，……"语语真挚，无凑泊痕，一序亦佳，足与诗称。

《孤儿行》："孤儿踯躅行，……叔母脸厉秋铮铮。……"此种诗，风世厉俗，有功名教，当与《姑恶》一首，并传不朽。"娇儿坐堂上，……受笞骂。"古意盎然，此老擅场之作"莖刍伤指，……生此无能者"。愈说得尽，愈足垂戒。"豪奴丽仆，……诸奴树下卧凉。"世果有此等人，恨吾剑不快也。"老仆不分涕泣，骂诸奴骨轻肉重，……老仆携纸钱，出哭孤儿父母，……"《姑恶》篇以翁作衬，此借老仆作衬，同一机杼。"墓树萧萧，夕阳黄瘦，西风夜雨。"结得沉痛，苍茫无际。

《后孤儿行》："绿林君子，……孤儿不敢不听从强梁。"仿古诗《孤儿》篇，极琐碎，极古朴，所谓血泪结掇而成者。“西日惨惨，……行刑人泪相续。”想当日真有此人此事，是亦民牧之责也。读之发冲一尺，泪堕一斗。

《姑恶》：“未知伉俪情，……欲言先嗫嚅。”质朴有味。“翁令处闺阁，……持刀入中厨。”极有古乐府遗意。“姑曰：‘幼不教，……吾儿将伏蒲。’今日肆詈辱，明日鞭挞俱。……‘汝肉尚可切，……汝活吾命殂。’……”读之颇不耐，能描画悍狠之状，口吻逼真，可以垂戒。“一言及姑恶，生命无须臾!”题是《姑恶》，而以不敢言“姑恶”作收，妙。

《道情十首》。板桥《道情》，千古绝调，近吾同里胡铁庵兵部，亦有道情之作，摹拟入妙，并堪绝倒。

——《板桥集》五家评，扬州图书馆藏清晖书屋刻《板桥集》

《瑞鹤仙·田家》：“匏尊瓦缶，……情亲姑舅。”摹情入画。

——《板桥集》五家评，扬州图书馆藏《板桥集》翻刻本

郑板桥先生所作《道情》，虽似浅俚，然点醒痴顽，正复不少，果能随遇而安，亦省却多少怨尤，况蒙以养正，圣功之始，未可以其幼小而忽之也。

——陈鸿寿《印跋·教几个小小蒙童》

板桥，……诗词书画，皆旷世独立，自成一家。

——蒋宝龄《墨林今话》卷一

慎，……郑板桥赠其诗曰：“闽中妙手黄公懋，大妇温柔小妇贤；妆阁晓开梳洗罢，看郎调粉画神仙。”纪实

事也。

——谢堃《春草堂集·书画所见录卷下·黄慎》卷二十八

清郑板桥书道情卷

纸本如新，高约六寸，长一丈有余。前后说白，与刻集不同。有《墨缘堂来氏收藏书画记》《桢父审定》《桂□真赏之章》《来未叔陆士鉴赏印》《秦岐丞收藏》。板桥《道情》，脍炙人口，昔从父昌平公善拍唱，系传之桐城江待园先生。声情激越，几欲击碎唾壶，今成《广陵散》矣。

——裴景福《壮陶阁书画录》卷十八

[按]板桥书道情卷："暑往寒来春复秋，……雍正三年，……乾隆二年人日，板桥居士郑燮书并识。"钤印《郑燮印》白文方印、《克柔》朱文方印。此墨迹今藏广东省博物馆。

板桥诗不入格，题画小品颇妙。

——裴景福《壮陶阁书画录·清郑板桥集手稿册》卷十八

铭之为体，于诗词外另具笔墨，冬心先生以古胜，板桥先生以峭胜，频罗老人以趣胜，各臻其妙。

——梁绍壬《两般秋雨庵随笔·铭》卷五

郑板桥大令，……读其集中《家书》数篇，语语真挚，肝肺槎牙，跃然纸上，非骚人墨客比也。

——陈康祺《郎潜纪闻》卷十三

明刘念庵副使效祖有《沈醉东风》词云："东华路，……到头安稳。"又一阕云："门巷外，……何须在酒。"本朝郑板桥有道情歌，中一阕云："老书生，……"皆富贵场中一服清凉散也。

——金武祥《粟香随笔》卷八

板桥道人《词钞》有断句云："分明一见怕消魂，却愁不到消魂处。"又"撩他花下去围棋，故意推他劲敌让他欺"诸句，是非深于风怀者不能道。

——孙橒《余墨偶谈·板桥词》卷五

附录（六）参考书目

一、画家著述目

文　集

《诗钞》《词钞》

乾隆七年（1742）板桥手写付梓。

《小唱》

乾隆八年（1743）板桥手写付梓，刻者司徒文膏。

《家书》《诗钞》《词钞》

乾隆十四年（1749）板桥重订并手写付梓。

《郑板桥全集》

乾隆四十八年（1783）二月，延陵清晖书屋刻本，将《诗钞》《词钞》《小唱》《题画》《家书》五类作品合为一部，题为斯名。其中《题画》乃据靳畬编校本。

《板桥集》

民国十五年（1926）上海梁溪图书馆铅字标点本。

《详注郑板桥全集》

松江雷瑨注，民国十五年（1926）扫叶山房楷字石印本。卷首载《郑板桥先生事迹汇编》十六则。

《影印真迹郑板桥全集》

民国二十四年（1935）八月国学整理社出版。排版次序为《家书》《诗钞》《词钞》《小唱》《题画》。附有王淄尘《读板桥集》一文，板桥像一幅、竹石图一幅。

《郑板桥集》

1962年中华书局出版。

共分六辑：《家书》《诗钞》《词钞》《小唱》《题画》《补遗》。附录传记、年表等，书前有傅抱石撰写的前言《郑板桥试论》以及书画插图若干幅。

《郑板桥集》

1979年上海古籍出版社出版。

在中华书局出版《郑板桥集》第四版的基础上修订重版，又增加了新收得的十则题画诗文，并将原《补遗》中的《题画》部分重新作了编排。

《板桥先生印册》

收录在徐兆丰《风月谈余录》卷六中，光绪丁未年（1907）刊本。原迹已佚，今仅见文字著录部分。

《板桥诗词撷英》

陈书良选注，1983年广西人民出版社出版。

《郑板桥全集》

1985年6月齐鲁书社出版。

全集分：《板桥集》《板桥集外诗文》《板桥研究资料》三大部分。此集原为卞孝萱、周积寅合编，待出版时署名只有卞一人。1987年2月周向法院起诉，1991年3月18日江苏省高级人民法院做出终审判决，该书著作权由卞、周共同所有。

《郑板桥集详注》

王锡荣注，1986年吉林文史出版社出版。

《郑板桥外集》

郑炳纯编，1987年山西人民出版社出版。

《板桥对联》

任祖镛编，1990年2月山西人民出版社出版。

《郑板桥对联》

刁骏编，1991年4月上海文化出版社出版。

书画集

（1）书画专集

《郑板桥道情词》

求古斋石印。

此为《近代碑帖大观》续集第四册，乃后人伪造之劣品。

《郑板桥道情十首》

乾隆二年（1737）作民国八年（1919）石印本。

《郑板桥书画选》

何恭上编。

1978年台北艺术图书公司出版。

《板桥书画拓片集》第一、二集

潍坊市工艺美术研究所编印。

《郑板桥书画》

山东省文物局、潍坊地区出版办公室编。

1984年山东美术出版社出版。

《郑板桥书法集》

周积寅编著。

1985年江苏美术出版社出版。

《城隍庙碑》

1985年9月北京中国书店出版。

《碎玉集郑板桥书法》

王诚龙编。

1986年5月湖南美术出版社出版。

《碎玉集续集郑板桥书法》

王诚龙编。

1988年5月湖南美术出版社出版。

《郑板桥判牍》

李一氓编。

1987年10月文物出版社出版。

《郑板桥四子书真迹》

1988年4月北京日报社出版。

《郑板桥题画》

苏州艺石斋拓本。

《郑板桥书法三种》

1991年4月北京出版社出版。

《郑板桥书画集》第一、二集

周积寅编。

1991年12月人民美术出版社出版。

《郑板桥书画精品册》

1993年1月世界图书出版公司广州分公司出版。

（按）据（台）书艺出版社版重印。

《郑板桥书画精品选》

兴化郑板桥艺术节组织委员会编。

1993年6月文物出版社出版。

《书法丛刊》1993年第3期

本期为郑板桥书法专辑。

有关书画专集。

《扬州八家画集》

许莘农编。

1959年文物出版社出版。

《八大山人扬州八怪》

米泽加圃、鹤田武良编。

昭和五十三年（1978）四月株式会社讲谈社出版。

《扬州八怪全集》

柳声白编。

1979年台北艺术图书公司出版。

《扬州八怪》

杨新作序。

1981年文物出版社出版。

《扬州八家画选》

天津市艺术博物馆编。

1982年天津人民美术出版社出版。

《扬州八家画集》

1985年江苏美术出版社出版。

《扬州画派》

1985年台北艺术图书公司出版。

《扬州八怪书法印章选》

张郁明编著。

1993年8月江苏美术出版社出版。

二、他人著述目

专　著

《郑板桥评传》　陈东原著

1928年商务印书馆出版。

《郑板桥传》　王家诚著

1978年台北艺术图书公司出版。

《郑板桥》　潘茂著

1980年上海人民美术出版社出版。

（按）此系《中国画家丛书》之一。

《郑板桥书画艺术》　周积寅著

1982年天津人民美术出版社出版。

《郑板桥》　何琼崖、潘宝明著

1982年江苏人民出版社出版。

（按）参见王益谦《关于〈郑板桥〉一书的辨误》（《清代扬州画派研究集》第五集）。

《郑板桥》　房文斋著

1988年贵州人民出版社出版。

《郑板桥年谱》　周积寅　王凤珠著

1991年12月山东美术出版社出版。

《郑板桥评传》　杨士林著

1992年10月安徽人民出版社出版。

《绝世风流郑板桥》　陈书良、李湘树著

1993年2月湖南出版社出版。

《郑板桥在潍县》　李金新著

1993年2月潍坊市新闻出版局出版。

《郑板桥小传》　黄傲成著

1993年11月百花文艺出版社出版。

专　文

《论清初一个思想激进的作家——郑板桥》　朱永璋

《东吴学报》第3卷第3期，1925年7月。

《板桥生活》 唐国梁

《磐石杂志》第2卷第1期、2期，1932年6月、1933年5月。

《怪杰郑板桥》

《大公报·艺术周刊》第47期，1935年8月24日。

《谈郑板桥》 林达祖

《大公报·小公园》，1935年1月24、25日。

《什记板桥》 陶钰

《论语》第74期，1935年10月。

《漫谈郑板桥》 罗家伦

《晨光》第1卷第3期，1953年5月。

《扬州画派的郑板桥》 郭味渠

《文物》1960年第7期。

《一代怪人郑板桥》 柳絮

（台北）《中央日报》1960年8月4—8日。

《郑板桥论》 曹思彬

《光明日报》1960年12月25日。

《郑板桥试论》 傅抱石

《人民日报》1962年2月16日。

《郑板桥评传》 梁一成

（台湾）《国语日报》1965年4月10日。

《闲话郑板桥》容天圻

《台湾新闻报》1965年6月15日。

《郑板桥评传》 何勇仁

（台湾）《新天地》第4卷第8期。

《传统里的反传统》　陈桥

（台湾）《文星》第16卷第7期，1965年11月。

《清初画家郑板桥》　李福顺

《美术学报》1975年第4、5期合刊。

《郑板桥其人其事》　戴安

（香港）《书谱》第10期，1976年。

《多情率真的郑板桥》　李鎏

（台湾）《中央月刊》第9卷第3期，1977年1月。

《率真风趣的郑板桥》　李鎏

（台湾）《江苏文物》1977年第1期。

《再谈郑板桥》　瘦鹤

（台湾）《江苏文物》1978年第10期。

《郑板桥奇闻奇行》　罗石补

（台湾）《江苏文物》第4卷第2期，1979年9月。

《扬州一怪》　李国桢

《艺坛》1980年第2期。

《八怪之一郑板桥》　汪贤度

《百科知识》1981年第2期。

《郑板桥散论》　芦笛

《新美术》1981年第3期。

《板桥叙传》　黄俶成

《扬州师院学报》1982年2月。

《郑板桥》　秦岭云

（香港）《美术家》第27~28期，1982年。

《板桥青少年时代及其家世》 黄傲成
《扬州师院学报》1982年第3、4期合刊。
《郑板桥“怪”在哪里？》 翟墨
《美术史论》第2辑，1982年。
《一枝一叶总关情》 范志亭
《今昔谈》1982年第6期。
《板桥的喜怒》 陈维雄
《嘉兴师专学报》1983年第2期。
《试论郑板桥对人民的态度》 胡明
《河北师院学报》1983年第2期。
《郑板桥——一个狂怪而真挚的形象》
《上海电视》1983年第3期。
《何处觅板桥》 李德成
《合肥晚报》1983年11月6日。
《一枝一叶总关情》 黄均
《文物天地》1984年第1期。
《先生何许人也》 李亚如
《板桥》第1期，1984年。
《扬州八怪中的郑板桥》 史遵晔
《宁夏日报》1985年3月24日。
《郑板桥》 挹清、锦骝
《中国旅游》第63期，1985年。
《谈郑板桥的怪与美》 韩柳
《河南大学学报》1985年第3期。

《板桥身世》　江帆

（台湾）《建设》第13卷第9期，1965年2月。

《郑板桥生前死后》　李德成

《少年文史报》1983年2月24日。

《郑板桥早年困顿》　南湖

（台北）《中央日报》1962年6月12日。

《郑板桥晚年生活及身后事》　黄俶成

《南京师大学报》1984年第4期。

《郑板桥与饶五娘》　单国霖

《文物天地》1983年第3期。

《郑板桥婚姻及恋爱事迹考辨》　陈书良

《清代扬州画派研究集》第五集。

《郑板桥的婚姻“怪癖”》　文毅

《妇女生活》1984年第6期。

《郑板桥嫁女的启示》　潘欣

《家庭》1984年第2期。

《郑板桥治家之怪》　李德成

《家庭》1984年第4期。

《郑板桥谈读书》　韦唐

《中国青年报》1961年8月11日。

《板桥谈读书》　斯嘉

《新民晚报》1962年4月7日。

《郑板桥谈做学问》　石陶

《雨花》1962年第4期。

《郭橐驼种树和郑板桥养鸟》 严修

《解放日报》1980年12月23日。

《汪芳藻慧眼识板桥》 喻蘅

《朵云》1982年第3期。

《郑板桥在仪征镇江事迹考》 许舍北

《群众论丛》1980年第1期。

《郑板桥在通州》 赵鹏

《清代扬州画派研究集》第5辑。

《郑板桥与杭州二三事》 戴盟

《西湖》1984年第7期。

《郑板桥的两次杭州游》 戴盟

《旅游天地》1985年第1期。

《郑板桥在山东》 高宝庆

《东岳论丛》1982年第3期。

《郑板桥在范县》 荫邵

《中州古今》1984年第5期。

《郑板桥为官的怪》 祝德顺

《南京日报》1981年3月22日。

《郑燮丢官考》 黄俶成

《扬州八怪考辨集》，1992年江苏美术出版社出版。

《修城凿池救民水火》 郭子宣

《文物天地》1984年第1期。

《贬损当道为民请命》 喻蘅

《文史知识》1984年第7期。

《郑板桥主要交朋录》 祝德顺

《文教参考资料》1983年第4期。

《郑板桥交游行踪漫考》 王锡荣

《板桥》1985年第3期。

《郑板桥和“扬州八怪”》 杨新

《文史知识》1993年第3期。

《郑板桥与李复堂的交游》 薛永年

《板桥》第4期，1986年。

《宦海常从李鱓游》 戴盟

《板桥》第5期，1987年。

《郑燮与金农袁枚交谊考辨》 喻蘅

《复旦学报》1987年第4期。

《郑燮袁枚交游考》 韦明铧

《扬州八怪考辨集》，1992年3月江苏美术出版社出版。

《郑板桥与康熙二十一子》 徐石桥、黄傚成

《文物天地》，1984年第3期。

《陆种园与郑板桥》 任祖镛

《板桥》第5期，1987年。

《郑板桥和孙扩图》 张树基

《板桥》第7期，1990年。

《郑板桥与盐城郝氏》 薛振国、董保康

《美术研究》1984年第4期。

《曹雪芹与郑板桥》 曾杨华

《红楼梦学刊》1984年第3期。

《谈谈青藤与板桥》 戴盟

《板桥》第6期，1988年。

《郑板桥的木工》 双翼

（香港）《文汇报》1983年5月19日。

《板桥故里话板桥》 郑艺宣

《书法丛刊》1993年第3期。

《郑板桥的思想的剖析》 余我

（台湾）《出版月刊》第24期，1967年5月。

《郑板桥的世俗社会生活态度初探》 任祖镛

《扬州师范学院学报》1984年第4期。

《郑板桥伦理思想初探》 杨本红

《扬州师院学报》1985年第4期。

《也谈郑板桥伦理观》 鞠景祥

《清代扬州画派研究集》第6集。

《郑板桥社会政治观辨析》黄俶成

《扬州八怪评论集》，1989年1月江苏美术出版社出版。

《略论郑板桥的思想和艺术倾向》周明增

《美术学报》1975年第4、5期合刊。

《郑板桥的艺术思想》温廷宽

《美术研究》1959年第1期。

《郑板桥的世界观和艺术观》黄纯尧

《关于清代扬州画派学术研究参考资料》，美协江苏分会1962年2月编印。

《略论郑板桥的文艺思想》 李贵良

《齐齐哈尔师范学院学报》1979年第1期。

《郑板桥谈艺》　沈默

《新疆艺术》1982年第3期。

《郑板桥文艺观简论》　黄傚成

《学术论坛》1982年第6期。

《郑板桥的艺术观》　何琼崖、潘宝明

《文学评论丛刊》第16辑，1982年。

《郑板桥的文艺思想》　詹赤钢

《上饶师专学报》1982年第2期。

《试论郑板桥的文艺思想》　谢圣明

《江汉论丛》1982年第4期。

《郑板桥叛逆艺术观初探》　袁伯诚

《固原师院学报》1985年第2期。

《郑板桥艺术观散论》　袁伯诚

《宁夏大学学报》1985年第3期。

《从几篇佚文谈郑板桥的文学主张》　汪贤度

《文汇报》1961年8月16日。

《试论郑板桥的文学主张》　严济宽

《江海学刊》1962年第2期。

《试论郑板桥的文学思想》　朱大刚

《华东师大学报》1980年第6期。

《略论郑板桥的文学主张及其实践》　叶元章、黄薇

《青海师专学报》1984年第1期。

《胸无成竹》　李智超

《河北美术》1962年7、8期合刊。

《论郑板桥的眼中之竹胸中之竹手中之竹》 杨建侯

（香港）《美术家》1979年第10期。

《胸有成竹和胸无成竹》 诸斌杰

《光明日报》1980年1月20日。

《胸有成竹和胸无成竹》 王双启

《名作欣赏》1981年第3期。

《略论郑板桥的美学思想》 庄严

《求索》1982年第6期。

《郑板桥美学思想初探》 李长庆

《社会科学战线》1984年第1期。

《郑板桥的诗书画》 王恢

（香港）《人生》第8卷第12期，1954年11月；（香港）《思斋集》，1958年。

《杰出的文学家和艺术家郑板桥》 温廷宽

《北京日报》1961年7月13日。

《郑板桥的杰出艺术成就》 杨建侯

《关于清代扬州画派学术研究参考资料》，美协江苏分会1962年2月编印。

《郑板桥其人及其三绝》 怀萱

（香港）《人生》第30卷第10期，1966年4月。

《记诗书画三绝的郑板桥》 介庵

（台湾）《中国文选》第107期，1976年3月。

《郑板桥和他的书画艺术》 周积寅

《南艺学报》1978年第2期。

《郑板桥的三绝》　高拜石

（台湾）《海外文摘》第370期，1978年12月。

《郑板桥的诗书画》　郭子宣

《山东画报》1979年第11期。

《郑板桥的“三绝”和“三真”》　陈乔

《中国历史博物馆馆刊》1981年第3期。

《郑板桥和他的“三绝”》　王溟濂

《课外学习》1982年第6期。

《诗书画印与板桥风格》　潘宝明

《美育》1983年第2期。

《板桥书画》　一士

《新民晚报》1983年11月24日。

《试论郑板桥的“三绝”》　刘夜峰

《艺谭》1984年第2期。

《论郑板桥的三绝艺术》　王卫

《收藏天地》革新版创刊号1989年8月15日。

《对郑板桥及其艺术的再认识》　周积寅

《东南文化》1992年第5期。

《郑板桥的文学》　姜华

《中大季刊》第1卷第2期，1926年6月。

《读新版〈郑板桥集〉》　陈子良

《江海学刊》1964年第4期。

《郑板桥集评介》　伍稼青

《自由谈》第14卷第1期，1963年1月。

《板桥集五家评》 卞孝萱

《文献》第19辑，1984年。

《郑燮的诗词欣赏》 谭浩

（台湾）《畅谈》第38卷第3期，1968年9月。

《郑板桥诗词赏析》 沈贤析

（台湾）《幼狮文艺》第50卷第3期。

《略论郑板桥诗词的特色》 陈书良

《光明日报》1983年8月2日。

《论郑板桥的咏史诗词》 任祖镛

《板桥》第7期，1990年。

《民间诗人郑板桥》 君实

《晨报》1928年5月1—10日。

《郑板桥与陆放翁的诗》 唐国梁

《磐石杂志》第2卷第3期，1934年3月。

《板桥思想与其诗歌》 金台

《北平晨报学园》，1936年9月8、9日。

《郑板桥一诗罢官》 素存

（台北）《中央日报》1958年4月3日。

《三绝诗人郑板桥》 刁抱石

（台湾）《谈古今》第153期，1978年2月。

《郑板桥的（七歌）》 陆家骥

（台湾）《江苏文物》第2卷第5期，1978年11月。

《读〈郑板桥集·诗钞〉札记》 祝德顺

《书评》1980年第3期。

《郑板桥及其诗》　朱其铠

《山东师范学院学报》1979年第6期。

《郑板桥及其诗风的探讨》　黄尚信

（台湾）《体育学报》1980年第9期。

《录郑板桥佚诗十七首》　陶白

《新华日报》1983年11月23日。

《郑板桥和他的诗话》　祝德顺

《文教资料》1983年第4期。

《郑板桥集以外的诗和题字》

《文教资料》1983年第4期。

《郑板桥（诗钞）人名笺证》　卞孝萱

《中国历史博物馆馆刊》1983年第5期。

《乾隆焚书与〈板桥诗钞〉铲板》　卞孝萱

《文物》1983年第10期。

《郑板桥诗艺三谈》　孟繁仁

《板桥》1984年第1期。

《江山如画民不聊生——论（郑板桥集）里有关农民的诗》王同书

《板桥》第6期，1988年。

《郑板桥的词》　傅抱石

（台北）《中华日报》1954年9月8日。

《郑板桥词浅测》　叶柏树

《浙江师范学院学报》1983年第4期。

《从四首词看郑板桥的初恋》　曲辰

《书林》1983年第1期。

《郑板桥手书陆种园诗词》 卞孝萱

《扬州师院学报》1984年第4期。

《郑板桥〈蝶恋抡·晚景〉赏析》 娄元等

《文科月刊》1985年第5期。

《郑板桥行书真迹中的八首词》 卞孝萱

《学林漫录》第10集，1985年。

《郑板桥的〈潍县竹枝词〉》 陈子良

《江海学刊》1961年第8期。

《郑板桥（潍县竹枝词〉赏析》 喻蘅

《文科月刊》1985年第5期。

《疑是民间疾苦声——论郑板桥的〈潍县竹枝词〉》 李延锦

《板桥》第5期，1987年。

《郑板桥和他的道情诗》 朱明坤

《南京日报》1980年8月16日。

《发现郑板桥〈乡村演戏词〉的前前后后》 张才宝

《板桥》第7期，1990年。

《郑板桥的佚文遗事之一二》 陈子良

《文史哲》1962年第4期。

《郑板桥青年时代的一篇佚作》 张袁祥

《新华青年报》1985年1月20日。

《郑板桥佚文初探》 李百

《学术月刊》1986年4月号。

《郑板桥的两封家书》 文益谦

《人民日报》1962年5月26日。

《傅抱石的桌子和郑板桥的家书》　王一民

《南京日报》1980年7月19日。

《郑板桥家书四十六通辨伪》　卞孝萱

《松辽学刊》1984年第1期。

《读郑板桥的一副楹联想到的》　戴钦祥

《光明日报》1980年1月23日。

《古为今用——读郑板桥的一副楹联》　臧克家

《光明日报》1980年9月7日。

《郑板桥楹联五十二副》　卞孝萱

《淮阴师专学报》1984年第1期。

《漫谈郑板桥的楹联》　潘茂

《板桥》第6期，1988年。

《板桥楹联漫话》　戴盟

《板桥》第7期，1990年。

《淋漓翰墨析鬼神——郑板桥撰〈新修城隍庙碑记〉》郭子宣

《文物天城》1982年第1期。

《郑燮的一份手稿》　杨莘

《文物》1961年第3期。

《关于〈郑燮的一份手稿〉释文的商榷》　李圣贤

《文物》1961年第10期。

《郑板桥〈刘柳村册子〉墨迹残本》　陈子良

《中华文史论丛》1963年第4辑。

《郑板桥和“板桥体”》　左海

《光明日报》1963年11月21日。

《郑板桥的“体”》　静之

（香港）《书谱》1975年第2期。

《郑燮书李约社诗集叙真迹》　伽藏

（香港）《书谱》1978年第3期。

《关于郑板桥手书书评》　广庵

（香港）《书谱》1978年第4期。

《郑燮诗轴》　之华

（香港）《书谱》1978年第4期。

《郑板桥书法之我见》　张人希

（香港）《书谱》1978年第5期。

《井田式大砚和郑燮书“难得糊涂”石刻》　陈兆弘等

《文博通讯》1978年6月25日。

《郑板桥盼“难得糊涂”石额》　曹云歧

《文汇报》1982年7月11日。

《“难得糊涂”琐议》　宋协周

《随笔》第10期，1982年。

《扬州八怪郑板桥和汪巢林的书艺》　蒋华

《书法》1979年第3期。

《入木三分骂亦精》　梁光弟

《人民日报》1980年9月6日。

《郑板桥的书法艺术》　鲁锋

《文物天地》1981年第4期。

《风流倜傥的六分半书》　王冬龄

（香港）《书谱》1981年第5期。

《郑板桥其字》　拓涛

（香港）《书谱》1981年第5期。

《郑板桥的书法艺术》　沈默

《艺丛》1982年第1期。

《湖南省桃江发现郑板桥真迹》　龚瑛

《文物》1982年第11期。

《郑板桥五言诗轴》　张彦儒

《书法丛刊》1983年第6辑。

《试谈郑板桥的书法艺术》　杨士林

《书法研究》1983年第2期。

《郑板桥栖居小海赠字画留芳百世》　李万振等

《人民政协报》1984年1月18日。

《浅识郑板桥在潍县所遗碑刻》　李金新、郭玉安

《板桥》第1期，1984年。

《郑板桥书法的演变及其成就》　蒋华

《扬州师院学报》1984年第4期。

《郑板桥的早期的手书寿序》　陈词、张袁祥

《文物》1985年第4期。

《风乎云乎玉条瘦乎》　张树基

《天津日报》1985年12月9日。

《从〈润格〉看郑板桥的书法》　秦永龙

《板桥》第7期1990年。

《我心中的郑板桥》　启功

《书法丛刊》1993年第3辑。

《震电惊雷之字——纪念郑板桥诞辰三百周年》 周积寅
《书法丛刊》1993年第3辑。
《郑板桥“六分半书”漫议》 季戈
《书法丛刊》1993年第3辑。
《谈郑板桥竹兰石画的阶级性》 王明居
《合肥师范学院学报》1960年第1期。
《郑板桥和他的画》 周积寅
《新华日报》1978年10月22日。
《细察·凝神·妙笔》 金晓东
《文汇报》1978年11月5日。
《未央宫与画竹》 金晓东
《文汇报》1979年4月22日。
《郑板桥画竹》 庚辰
《中国青年》1979年第4期。
《板桥画竹偶拾》 巍然
《湘江文艺》1979年第4期。
《郑板桥的墨竹》 李万才
《艺术世界》1980年第1期。
《谈郑板桥巨幅墨竹及其题跋》 钟鸣天
《江汉考古》1980年第1期。
《郑板桥的墨竹》 什凡
《辽宁画报》1981年第2期。
《郑板桥画竹与咏竹》 张蔷
《南艺学报》1981年第2期。

《郑板桥的〈高山幽兰图〉》　胡舜庆等

《文物》1981年第7期。

《郑燮〈墨竹图〉》　陈德宏

《福建教育》1982年第3期。

《郑板桥绘画作品年表》　周积寅

《美术纵横》第1辑，1982年。

《梓庆雕鐻和郑燮画竹》　陈传席

《安徽美术通讯》1982年第2期。

《郑板桥和竹》　洪欣

《奔流》1993年第3期。

《郑板桥双松图》　李方玉

《江苏画刊》1984年第2期。

《郑板桥画竹》　陶然

《集萃》1984年第3期。

《郑板桥画兰竹石之外》　卞孝萱

《文物天地》1984年第6期。

《郑板桥的怪画及其题诗》　希晋

《南方日报》1985年5月5日。

《郑板桥画竹及其他》　朱小平

《龙门阵》1985年第4期。

《浅谈郑板桥的画竹艺术》　李钟淮

《老同志之友》1985年第3期。

《读郑板桥〈潇湘晴翠图〉》　胡舜庆

《板桥》1985年第3期。

《板桥绘画谈真伪》 周积寅

（香港）《龙语文物艺术》1991年第7期。

《板桥画竹题跋》 小闲

《北京晨报艺圃》1936年6月16、17日。

《郑板桥题画》 潘茂

《文汇报》1961年11月23日。

《关于郑板桥的题竹诗》 洪达

《南方日报》1979年1月7日。

《郑板桥题李方膺墨竹册》 雪桥

（台湾）《艺术家》第68期，1981年1月。

《〈板桥题画〉非郑燮所编、刻、印》 卞孝萱

《社会科学战线》1983年第3期。

《郑板桥和他的题画诗》 贺江

《语文园地》1983年第6期。

《郑板桥题画诗的“怪”与“真”》 林坚

《盐城师专学报》1984年第1期。

《郑板桥的题画诗》 李栖

《集萃》1984年第1期。

《郑板桥的题画诗》 谢丰

《大连师专学报》1984年第1~2期。

《板桥画竹赠包括题诗的意境和背景》 喻蘅

《板桥》第6期，1988年。

《谈谈郑板桥的题画诗文》 许图南

《板桥》第7期，1990年。

《板桥先生印册》　卞孝萱

《雨花》1962年第8期。

《谈〈板桥先生印册〉》　卞孝萱

《文汇报》1962年10月24日。

《郑燮〈板桥先生印册〉注》　卞孝萱

《扬州师范学院学报》1980年第3期。

《从八十方印章看郑板桥》　黄俶成

《文艺研究》1981年第5期。

《关于〈从八十方印章看郑板桥〉的通信》　陈书良、张树基、黄俶成

《文艺研究》1982年第3期。

《谈谈郑板桥的治印》　吴岭岚、冯少华

《文博通讯》1982年第3期。

《秦祖永辑板桥〈印跋〉考辨》　卞孝萱

《故宫博物院院刊》1983年第4期。

《板桥用印》　凌士欣

《人物》1983年第2期。

《郑板桥有多少印章》　张崇琛

《文史知识》1983年第11期。

《板桥印章与浙派》　戴盟

《板桥》第3期，1985年。

《“订正”莫如并存——同卞孝萱先生商榷》　黄俶成

《扬州画派研究集》第6辑。

1993年11月22日—24日（兴化）

郑板桥艺术思想国际研讨会论文目录

《中国文学艺术中的“法”与“无法”》（论纲）

德国特里尔大学汉学系 卜松山

《郑板桥的生平思想及其他》

吉林大学 王锡荣

《尊天道以行人道——从郑板桥家书窥其哲学面貌》

安徽师范大学 方迎玖

《千古文章两怪才——郑燮与龚自珍》

安徽师范大学 孙文光

《“难得糊涂”小考》

江苏兴华市委组织部 孙华

《板桥的艺术风范》

扬州市博物馆 李万才

《郑板桥与潍县》

山东潍坊市博物馆 李金新

《郑板桥艺术的表现特色》

山西大学 李德仁

《郑板桥与泰州》

江苏泰州梅兰芳史料陈列馆 刘华

《郑板桥题画述评》

江苏文史研究馆 刘昌裔

《论郑板桥诗文的人民性》

江苏省兴化中学 任祖镛

《日本的墨竹与郑板桥》

日本多摩美术大学 近藤秀实

《郑板桥其人其画》

日本金沢美术工艺大学　远藤光一

《少精而异新——从一副对联看郑板桥的诗书画艺术创作特色》

山东潍坊市博物馆　张守杰

《怪才与奇才——从两首投赠诗看郑板桥和袁枚》

江苏省兴化中学　张丙嘉

《论郑板桥之人品和艺术》

文化部艺术研究所　张重梅

《试论郑板桥的家政观》

中共江苏省纪检委　张跃进

《郑板桥的重农思想与咏农诗词浅探》

镇江师专　吴宗海

《胸无成竹贵在创新——议郑板桥书画艺术》

扬州国画院　陈绍棣

《论郑板桥》

山东昌潍师专　房文斋

《郑板桥美学思想》

南京艺术学院　周积寅

《三绝诗书画一官归去来》

山东潍坊市博物馆　郭玉安

《看纪念馆谈郑板桥》

南京太平天国历史博物馆　郭存孝

《情深语切诗意浓坎坷生世动人怜——读板桥诗随感》

江苏扬州　钱辰方

《郑板桥交游初探》

江苏兴化市文化局 高岩

《郑燮诗文集版本源流考》

扬州大学 黄俶成

《板桥书艺探微》

江苏常州市文管会 潘茂

《郑燮及其书画艺术丛论》

北京故宫博物院 潘深亮

有关著述

《清史列传·文苑传·郑燮传》 清国史馆臣

《本朝名家诗钞小传》 郑方坤

《书事》 法坤宏

《昭代名人尺牍小传》 吴修

《清代学者像传》 叶衍兰等

《清史稿》 赵尔巽等

《国朝画征续录》 张庚

《宋元以来画人姓氏录》 鲁骏

《扬州画苑录》 汪鋆

《历代画史汇传》 彭蕴璨

《国朝书人辑略》 震钧

《国朝书画家笔录》 窦镇

《国朝书画家小传》 叶铭

《重修扬州府志》 姚文田等

《续纂扬州府志》　方濬颐等
《增修甘泉县志》　范用宾等
《扬州北湖续志》　阮先
《仪征县续志》　颜希源等
《重修仪征县志》　刘文淇等
《重修兴化县志》　刘熙载等
《续修兴化县志》　魏儁等
《泰州志》　曹楙坚等
《通州直隶州志》　季念诒等
《如皋县志》　马汝舟等
《白蒲镇志》　姚鹏春
《丹徒县志》　李恩绶等
《焦山志》　吴云
《曹州府志》　周尚质等
《范县志》　唐晟等
《朝城县续志》　杜子楙等
《潍县志》　张耀璧等
《潍县志稿》　常之英等
《章邱县志》　曹楙坚等
《济宁直隶州志》　许瀚等
《济宁直肃州续志》　唐烜等
《湘潭县志》　陈嘉榆等
《国朝隶品》　桂馥
《印跋》　陈鸿寿
《赐砚斋题画偶录》　戴熙

《习苦斋画絮》 戴熙
《东皋印人传》 黄学圯
《云庄印话》 阮充
《墨香居画识》 冯金伯
《墨林今话》 蒋宝龄
《桐阴论画》 秦祖永
《广艺舟双楫》 康有为
《观画百咏》 叶德辉
《八旗画录》前编 李充国
《海上墨林》 杨逸
《兰言四种》 杨鹿鸣
《论画兰》 马棪
《清人书评》 王潜刚
《书林藻鉴》 马宗霍
《春草堂集》 谢堃
《笔啸轩书画录》 胡积堂
《自怡悦斋书画录》 张大镛
《赓赓斋书画记》 谢诚均
《书画鉴影》 李佐贤
《梦园书画录》 方濬颐
《古芬阁书画记》 杜瑞联
《瓯钵罗室书画过目考》 李玉棻
《古缘萃录》 邵松年
《左庵一得续录》 李佳
《宝迂阁书画录》 陈夔麟

《陶风楼藏书画目》　汪汝燮
《壮陶阁书画录》　裴景福
《丛碧书画录》　张伯驹
《扬州画舫录》　李斗
《小豆棚》　曾衍东
《榆园杂录》　郭榆寿
《啸亭续录》　昭梿
《两般秋雨庵随笔》　梁绍壬
《履园丛话》　钱泳
《昭阳述旧编》　李福祚
《风月谈余录》　徐兆丰
《鸥波渔话》　叶廷琯
《星烈日记汇要》　方玉润
《玉井山馆笔记》　许宗衡
《随园琐记》　袁志祖
《郎潜记闻》　陈康祺
《粟香随笔》　金武祥
《榆巢杂识》　赵慎畛
《秋灯丛话》　戴延年
《雨窗消意录》甲部　朱克敬
《春在堂随笔》　俞越
《余墨偶谈》　孙檉
《锄经书舍零墨》　黄协埙
《梡鞠录》　朱祖谋
《天咫偶闻》　震钧

《栖霞阁野乘》　孙静庵
《清稗类钞》　徐珂
《清代名人轶事》　葛虚存
《清朝野史大观》　小横香室主人
《谭子犹印谱序》　贾桢
《淮海英灵续集》　阮亨
《国朝闺秀正始集》　恽珠
《支那画人研究》　（日）八幡关太郎
《关于清代扬州画派学术研究参考资料》
　　1962年2月美协江苏分会编印。
《扬州八家史料》　顾麟文
　　1962年10月上海人民美术出版社出版。
《中国文人画家传》　王家诚
　　1971年台北艺术图书公司出版。
《扬州八家丛话》　秦岭云
　　1985年5月上海人民美术出版社出版。
《扬州八怪评论集》（当代部分）　郑奇、黄俶成
　　1989年6月江苏美术出版社出版。
《扬州八怪与扬州商业》　薛永年、薛锋
　　1991年3月人民美术出版社出版。
《扬州八怪现存画目》　周积寅、王凤珠
　　1991年6月江苏美术出版社出版。
《扬州八怪考辨集》　薛永年
　　1992年3月江苏美术出版社出版。
《扬州八怪书画年表》　王凤珠、周积寅
　　1992年12月江苏美术出版社出版。

《扬州八怪年谱》下　薛锋

1993年5月江苏美术出版社出版。

《扬州八怪传》　丁家桐

1993年2月上海人民美术出版社出版。

《中国美学史大纲》　叶朗

1985年11月上海人民出版社出版。

《中国美学思想史》　敏泽

1989年8月齐鲁书社出版。

《谈清中叶扬州画派中的"异端"特质》　赵俪生

《文史哲》1956年第2期。

《扬州八怪》　絜兹

《北京日报》1959年3月7日。

《扬州八怪——中国文人画在清中叶的发展》　虞复

《中国画》1960年第1期。

《文如其人看"扬州八怪"画展》　钱江

《新民晚报》1960年6月16日。

《略谈扬州画派的艺术成就》　温肇桐

《河北美术》1961年第6期。

《扬州画派的格调》　阎丽川

《河北美术》1961年第6期。

《扬州八怪和他们的画》　张映雪

《天津日报》1961年10月25日。

《扬州八怪之我见》　孙龙父

《雨花》1961年第11期。

《扬州八怪略论》 龚斧

《扬州师范学院学报》1961年第12期。

《扬州八怪的承先启后》 俞剑华

《光明日报》1962年2月15、16日。

《扬州八怪面面观》 潘英乔

《文汇报》1962年4月25日。

《江南花鸟画与扬州画派》 罗叔子

《关于清代扬州画派学术研究参考资料》，1962年2月美协江苏分会编印。

《扬州八怪漫谈》 杜负翁

（台湾）《畅谈》第37卷第8期，1968年6月。

《扬州八怪简论》 庄申

（台湾）《大陆杂志》第48卷第4期，1974年4月。

《扬州八怪专辑》 凌祖锦等

（台湾）《艺术家》，1976年1月。

《扬州八怪》 舒华

《文物》1978年第12期。

《谈谈清代扬州八怪》 惠桦

《光明日报》1979年1月24日。

《清代扬州画派》 周积寅

《江苏画刊》1979年第6期。

（日本）《萌春》1981年第7期。

《试论扬州画派的形成及其艺术特点》 崔锦、孙宝发

《美术》1979年第7期。

《大胆革新的扬州八怪》 陈念培

《艺术世界》1980年第1期。

《谈扬州画派》　张安治

《艺苑掇英》第8期，1980年4月。

《扬州八怪》　杨新

《文物》1980年第6期。

《扬州八怪的艺术特色》　俞顺福

《南京日报》1980年7月24日。

《谈扬州八怪》　何琼崖、潘宝明

《钟山》1980年第3期。

《诗书画三绝的扬州八怪》　李万才

《文汇报》1980年9月20日。

《对扬州八怪艺术风格的一些探索》　蒋华

《江苏美术通讯》，1980年。

《扬州八怪的“八”与“怪”》　李亚如

《文汇报》1981年5月13日。

《扬州八怪的四君子画》　蒋华

《文物》1981年第9期。

《试论清代扬州画派的形成》　李亚如

《扬州师范学院学报》1981年第3期。

《关于“扬州八怪”的创新》　薛锋

《江苏画刊》1982年第1期。

《清代扬州画派试述》　薛锋

《美术纵横》第一辑，1982年。

《我国历史上的“扬州八怪”》　史秉有

《并州文化》1982年第2期。

《扬州八怪的艺术风格》　陈大羽
《美术纵横》第1辑，1982年。
《漫谈扬州八怪的“怪”》　王树恒
《晋阳文艺》1983年第1期。
《扬州八怪扩大了文人画的表现领域》　施阑
《文物》1983年第5期。
《谈扬州八怪的诗画结合》　薛锋
《美术研究》1983年第2期。
《扬州八怪为何聚集扬州》　李德诚
《工人日报》1983年8月14日。
《伯克莱扬州画派之展》　张安治
《中国画》1984年第1期。
《扬州八怪之所以怪——在香港中文大学文物馆答客问》
《清代扬州画派研究集》第6集。
《八怪笔下的兰花》　朱小平
《艺术世界》1984年第4期。
《扬州八怪》　枚羽
《江苏画刊》1985年第5期。
《不是扬州人的扬州八怪》　李德诚
《学术文摘》1985年第6期。
《文人画与扬州八怪》　李亚如
《扬州师范学院学报》1985年第4期。
《清代扬州画派研究综述》　薛锋、张郁明
《清代扬州画派研究集》第5集。

《扬州八怪研究述评》　郑奇、黄傲成

《板桥》总第6期，1988年。

《扬州八怪与京江派之联系初探》　赵力

《扬州八怪考辨集》，1992年3月江苏美术出版社出版。

《扬州八家的题记》　石楚青

《文汇报》1961年9月3日。

《扬州八怪的题画艺术》　许莘农

《文汇报》1962年4月25日。

《美术纵横》第1辑，1982年。

《扬州八怪与戏剧曲艺关系考》　韦明铧

《扬州八怪考辨集》，1992年3月江苏美术出版社出版。

《郑板桥研究》莫其康

2012年12月凤凰出版社出版。

跋

“明清中国画大师研究丛书”历经两年的策划与撰写终于出版问世了。

从整个中国绘画的发展历史来说，明清绘画无疑占有重要的地位。但如何历史、全面地评价这一时期绘画的文化品位和艺术成就，长久以来无论是在美术史论家还是画坛人士中间都不尽相同或多有歧义。从把它划为中国绘画中的“文学化时期”到贬为“沉滞时期”；从把它尊为文人画的“鼎盛时期”到抑为传统绘画的“衰微时期”乃至“末流之弊”，不同的观点和说法大相径庭。出现上述现象有种种因素，其中对明清画家、画派专题研究的不足，恐怕也是一个重要原因。明清画家、画派在中国绘画史上的作用和影响是显而易见的，无论就其山水花鸟画的特色、水墨写意的盛行，还是文人画的地位、笔墨情趣的意境，都在绘画史上留下一席之地。

就具体的画家来说，明清众多的画坛人物作为一定历史时期的艺术群体，既有共同的艺术风格和美学特征，又有不同的自我追求和独特的品位。就“丛书”研究的十六位大师来看，这里既有以吴门画派所追求的气韵神采、风流倜傥、秀丽纤细为特色的画家，也有以个人独特艺术风格享誉画坛的才子；既有在绘画上追求简练、突兀、奇特、刚健等不同绘画特色的人物，也有抒发强烈个人审美感受的画家。对各个大师的研究一向对探讨绘画艺术史的发展规律有不可替代的意义，这是由于一部绘画史，归根结底无非是由众多画家及其作品构成的，而真正的艺术家又都是以独创性、卓尔不群的艺术风格在画坛上占有一席之地。对十六位大师进行专题性研究，虽然不能反映明清画坛的全貌，但对明清时代文化背景、艺术氛围、美术思潮乃至表现技法、绘画特色、师承关系等都会有更深的认识。因而，对每一位画家进行翔实、具体的进行研究，无疑使明清绘画史论探索得到进一步的开拓和深入。

当然，明清画坛流派林立，画家众多，对十六位中国画大师的研究还是远远不够的，尚未涉及的画派和画家还有很多。为此，四川美术出版社在此基础上将要推出“中国画派研究丛书”。我们相信，明清画家、画派的专题研究对中国美术史论的建设、对我国当代美术创作、对扩大对外文化交流，都将是一项有益的事业。

刘丛星

郑板桥图片赏析

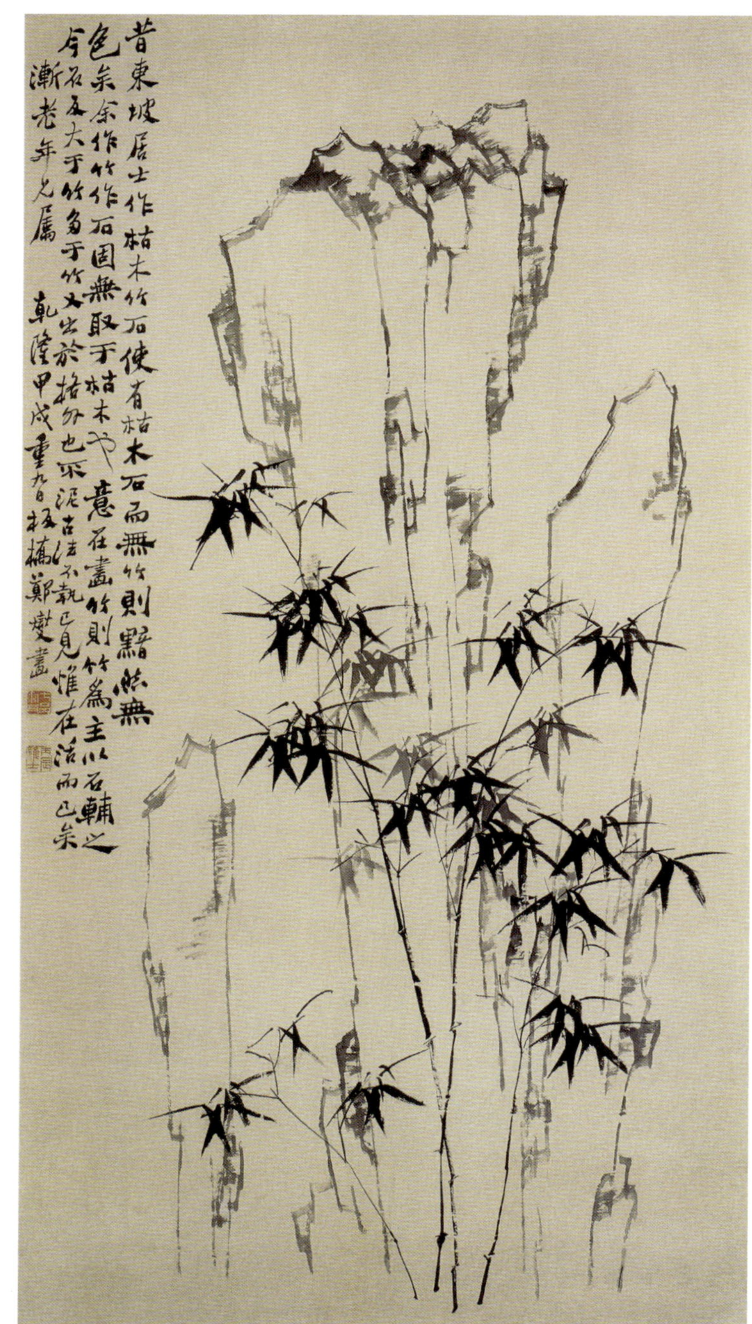
昔東坡居士作枯木竹石使有枯木石而無竹則黯然無
色矣余作竹作石固無取于枯木也意在畫竹則竹為主以石輔之
今石反大于竹多于竹又出於格外也不泥古法不執己見惟在活而已矣
漸老年兄屬
乾隆甲戌重九日板橋鄭燮畫

竹石图轴

蔡邕書骨氣洞達爽爽有
神力邯鄲淳書應規入矩方
圓乃成崔子玉書如危峰阻日孤
松單枝王右軍書字勢雄強如
龍跳天門虎臥鳳闕為
素翁老年學臺先生
板橋鄭燮

书法

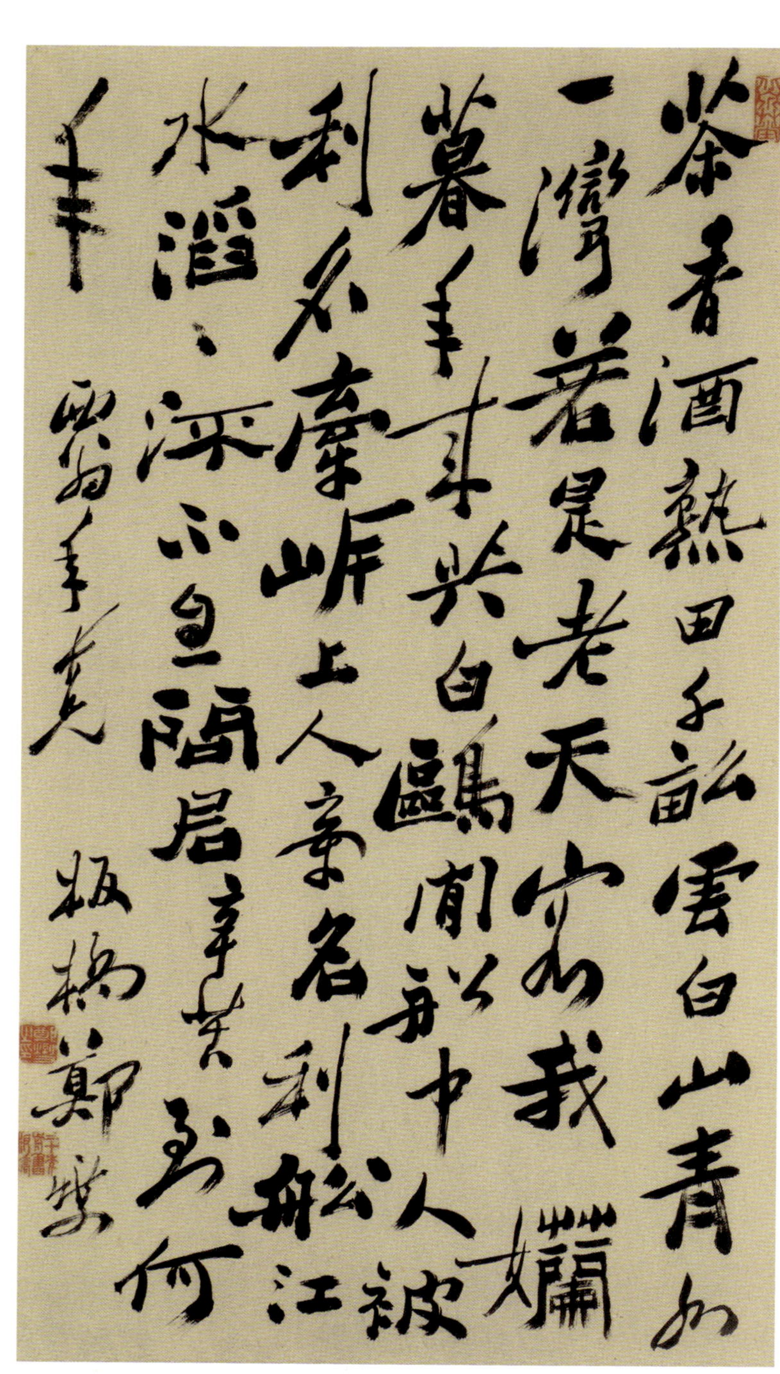

六分半书　自书诗轴

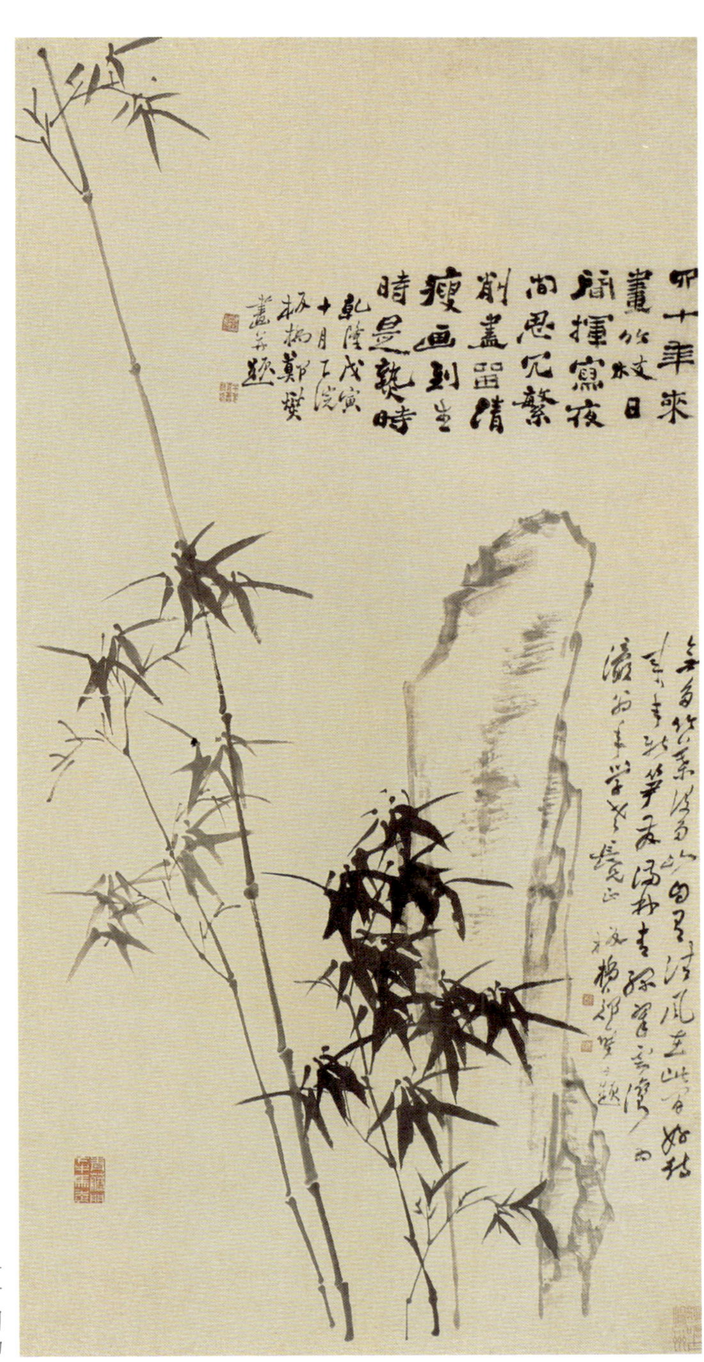

竹石图轴

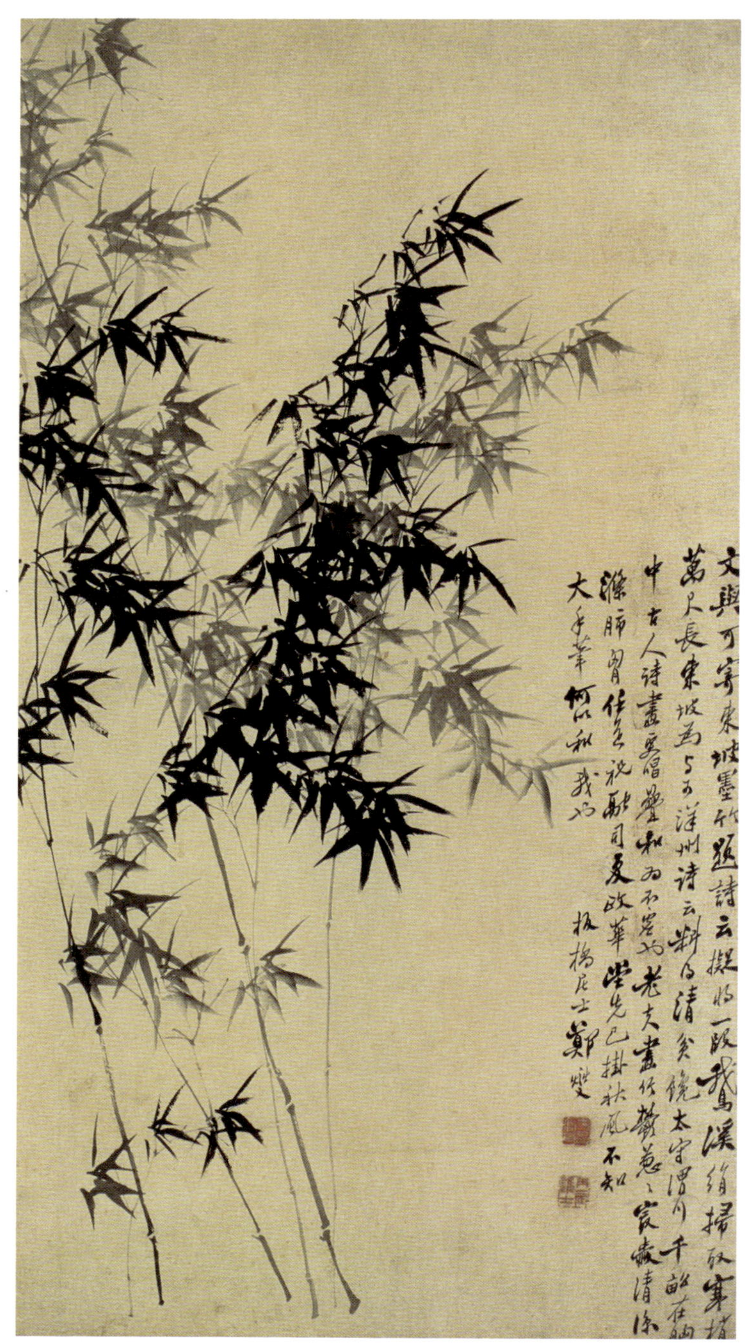

墨竹图

竹石图轴

甘谷菊泉图轴

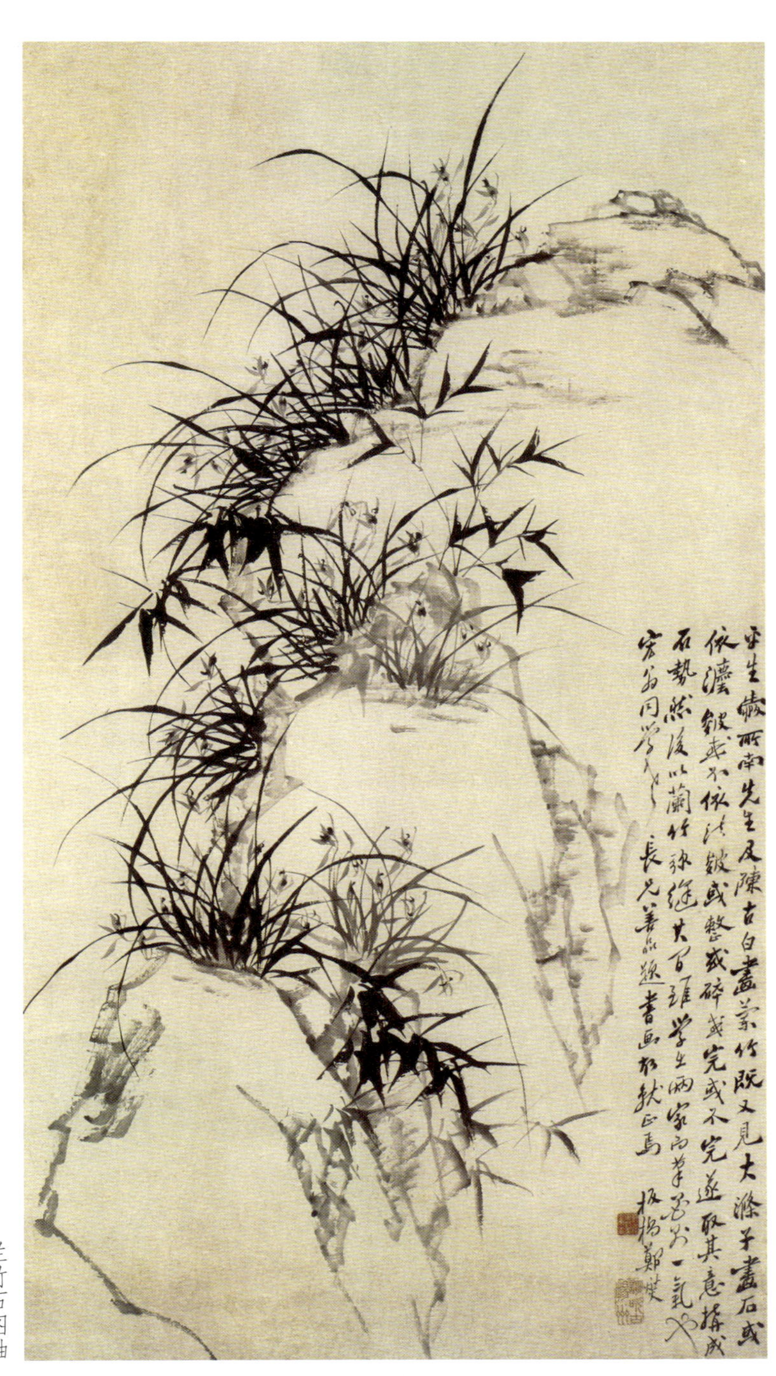

兰竹石图轴

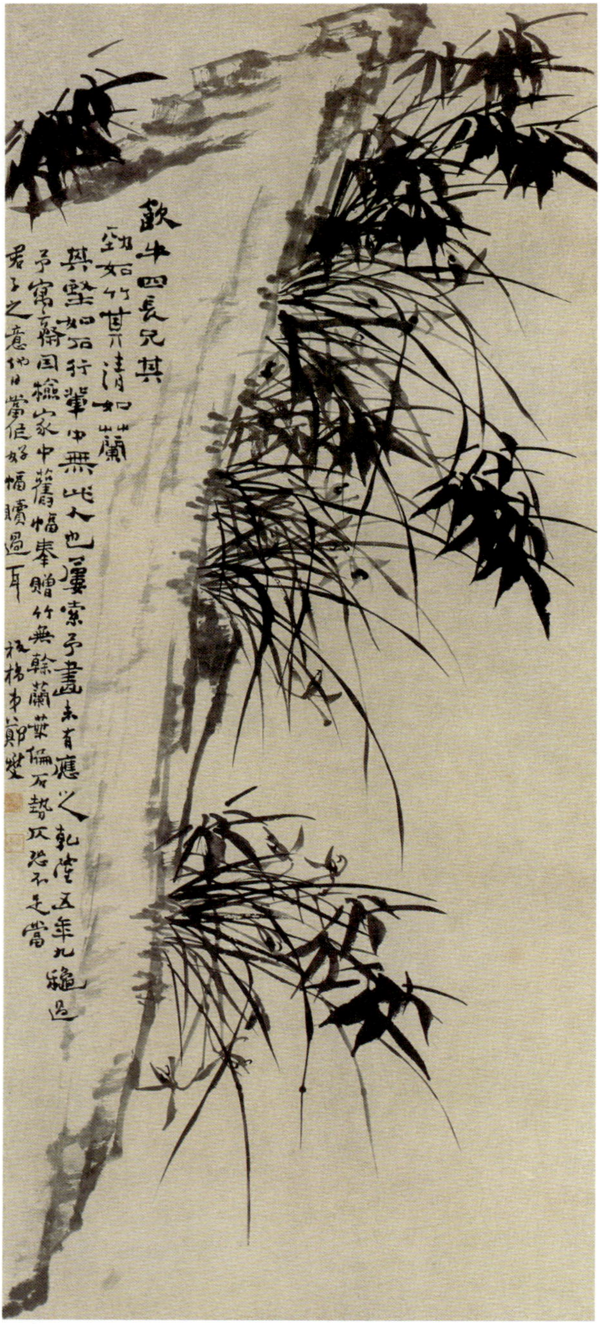

兰竹石图轴